원불교100주년기념대회 기록집
원기 101(2016)년 4월 25일 ~ 5월 1일
물질이 개벽되니 정신을 개벽하자

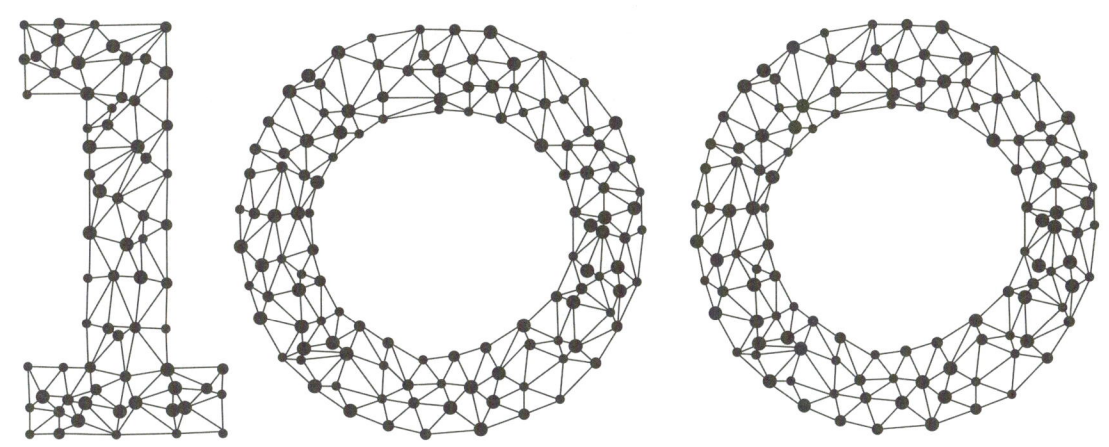

물길이 개벽되니
정신을 개벽하자

대종사 당시의 시국을 살펴 보시사 그 지도 강령을 표어로써 정하시기를
「물질이 개벽(開闢)되니 정신을 개벽하자」 하시니라.
○ 대종경 제1 서품(序品) 4장

Observing the realities of his time,
the Founding Master declared his guiding principle in a motto:
"With this Great Opening of matter, let there be a Great Opening of spirit."
○ Chapter: Prefatory, 4, The Scripture of the Founding Master

INTRO

- 10 일원상
- 12 소태산 대종사
- 14 역대 종법사
- 16 격려사
- 17 발간사
- 19 기념대회 기본개요
- 20 기념대회 엠블럼
- 22 기념대회 7일간의 하이라이트
- 36 100일 개벽기도
- 38 기념대회 일지
- 40 인포그래픽
- 64 조직도

특별천도재
둥근 빛으로 다시 오소서

사전준비

- 68 해탈천도를 위한 기원
  49일 특별천도재 시작
- 73 대적공의 천도재로 만나소서
  해원·상생·치유·화합의 특별천도재
- 78 감응하고 동행하다
  감상담
- 82 지극한 정성으로 하나 되소서
  독경단 모집부터 리허설까지
- 99 솥! 치유의 불공을 담다
  무대 구성
- 108 일심 정성으로 합력
  천도재 인력배치
- 111 서울광장으로 안전하게
  교통, 의료

종재의식

- 113 둥근 빛으로 다시 오소서
  진혼무
- 115 해원·상생·치유·화합
  주제영상
- 120 완전한 천도를 축원하옵니다
  영상축원
- 121 번뇌를 놓고 해탈을 부르는 종소리
  경종 10타
- 123 문을 열다
  개식
- 124 고요한 나를 만나다
  입정
- 125 음계의 해원이 양계의 화합으로
  천도보고
- 127 이 법공을 받으소서
  청정법계 둘 아니니
- 129 영령들이시여, 향을 올립니다
  분향, 헌화
- 132 49일간 깊은 참회는 감사의 마음으로
  고사
- 135 그 무엇에도 걸림없는 자유를 얻으소서
  설명기도
- 137 생사윤회의 해탈과 위력을 얻으소서
  성주 3편
- 139 듣고 들으시나이까
  천도법문
- 141 일심다류, 여러 소리를 한 마음으로 모으다
  독경
- 145 상생의 정치로 대한민국 국민이 행복한 삶을 살게 하소서
  축원문
- 147 일원상 깃발 아래 새 삶으로 거듭나소서
  종법사 법문
- 149 진리의 손! 연꽃이 되다
  원무 연화헌공
- 153 해원·상생·치유·화합의 등을 밝힙니다
  천도법등 밝히기
- 157 잊지 않겠습니다
  서원의 대동천도
- 159 생명·평화·통일을 이루는 종교적 회심으로
  해원·상생·치유·화합의 약속
- 160 따뜻한 마음은 새 희망을 열고
  나눔의 인사, 폐식
- 163 특별천도재 이모저모
  부스행사

개벽순례
소태산의 발자취

182   **기쁨과 자부심의 현장**
        내가 느낀 개벽순례

183   **원불교 문화교화**
        서울성적지 개벽순례

186   **개벽순례의 공도자**
        서울 원문화해설단

195   **원불교 100년을 서울에 새긴다**
        코스 구성 및 운영

205   **우리의 발걸음은 계속 되리라**
        100주년기념대회 그 이후

10년 대정진 기도
100년의 희망

216   **전 교도의 기도정성 3,654일간의 대합력**
        100년성업 10년 대정진 기도 해제식

국제학술대회
원불교100주년·원광대학교 개교 70주년

228   **종교·문명의 대전환과 큰적공**
        국제학술대회

기념대회

물질이 개벽되니 정신을 개벽하자

환영과 만남

- 242 종단 간 유대와 사회적 역할 약속
  세계종교지도자 접견과 만찬

100년의 꿈 우리의 약속

- 246 물질이 개벽되니 정신을 개벽하자
  기념대회 개요
- 247 창립정신으로 돌아가자
  기념대회의 세 가지 주요내용
- 248 함축적·안정적·미래지향적 축제 분위기
  연출방향
- 250 두근거림을 설렘으로
  감상담
- 255 우리는 한울안
  한겨레 중·고등학교 합창
- 256 소태산의 개벽시대를 열자
  아! 소태산! 개벽의 혼불이여
- 261 원불교 100년 역사
  1에서 100년 카운트업 영상
- 264 천하에 울리는 법음
  경종 10타
- 269 영성의 꽃으로 피어 장엄된 인간세상 구현
  대회 기념 서곡
- 273 일원이 대명하고
  종법사 입장
- 275 원불교, 세상과 함께하다
  내빈소개
- 277 한마음으로 축하합니다
  영상축사
- 285 위대한 여정, 더 큰 서원
  개회선언
- 287 고요한 나를 만나다
  입정
- 288 일심 정성으로 천지와 하나 되다
  영주 7독
- 290 간절히 원하옵니다
  기원문
- 294 교화의 초석, 구인선진의 은혜
  구인선진 법훈서훈
- 300 진리의 손, 연꽃으로 피어나다
  원무, 연화헌공
- 304 백년 꽃이 활짝 피네
  100주년기념대회 주제가
- 308 법을 설하소서
  종법사 법문
- 310 원불교100년 교서 정역 20년
  10개 언어 교서 정역 봉고
- 312 세계 보편종교로의 발걸음
  10개 언어 교서 정역 증정
- 318 일심합력! 일천정성!
  100년성업 발자취
- 323 은혜·상생·평화·하나의 세계
  정신개벽 서울 선언문
- 328 일원화 만발하라
  경축가
- 330 가야할 미래 새로운 희망
  새천년 맞이 개벽 한마당
- 336 대적공 대적공 대적공
  엔딩크레딧
- 338 5만 대중의 시선이 모이다
  무대, 시스템, 리허설
- 358 이 회상 100년, 한자리에 모이다
  좌석배치
- 372 도착부터 입장, 퇴장까지
  내빈, 의전
- 383 도착부터 입장, 퇴장까지
  대중 안내
- 406 의료봉사로 기념대회 성공 기여
  응급 의료대책
- 411 살피고 다시 살피고
  재난재해 대비
- 413 처처불상 적공뱅크단
  자원봉사운영
- 435 우리는 하나
  부대행사

ADDITION

446 빅워크와 함께하는 원불교
454 대한민국 근·현대 100년 특별천도재 재비 사회환원
456 원불교100주년기념대회 현수막과 우리는
459 우리는 개벽삼총사와 함께
480 원불교100주년 기념우표 발행
484 원불교100주년기념대회 기록집과 화보집

494 행사평가
497 편집후기
498 광고 목록표
504 언론보도 목록표
537 기념대회일지

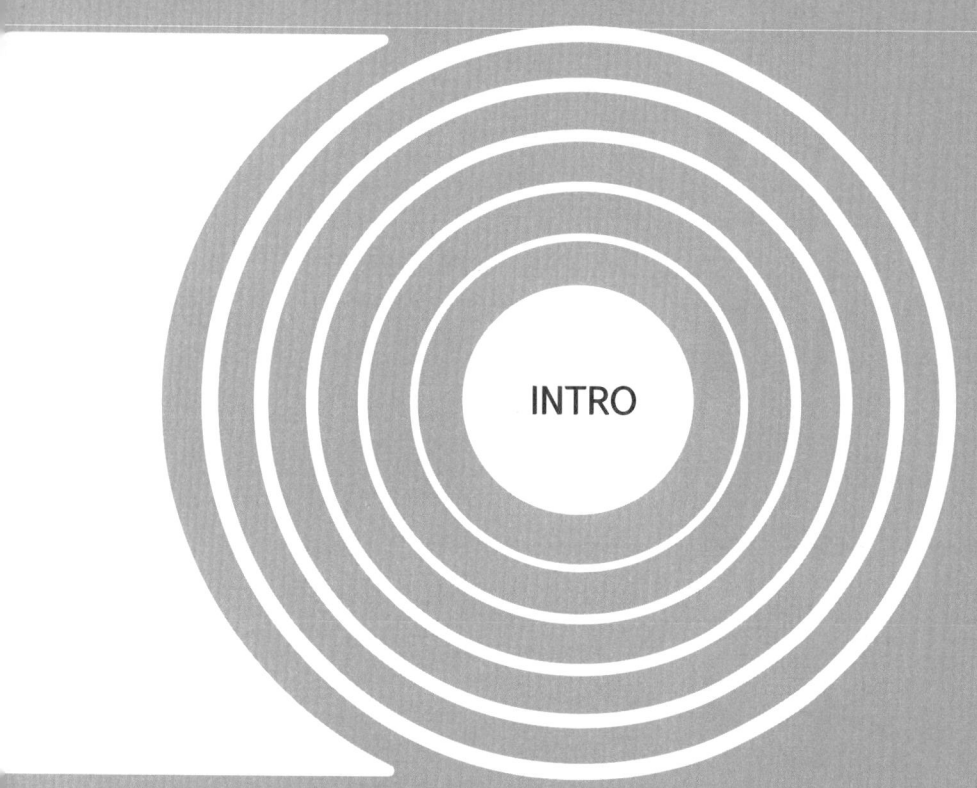

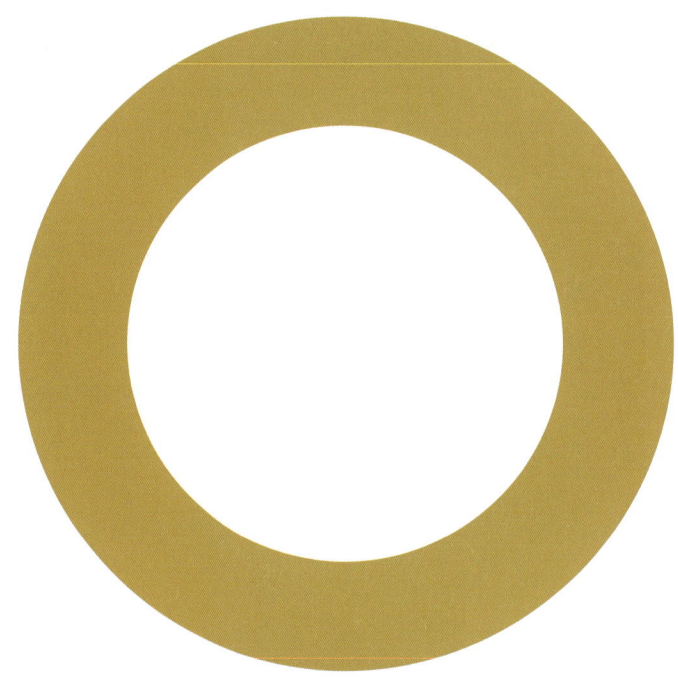

원불교
WON-BUDDHISM

원불교100주년기념대회 | INTRO

불법(佛法)의 시대화, 생활화, 대중화를 실천하는 원불교

원불교에서는 궁극의 진리를 일원상(○)으로 표현하며 법신불 일원상이라고 부른다.
펼쳐서 보면 법신불 사은(四恩-천지은, 부모은, 동포은, 법률은)이 되고
삼학(三學 - 정신수양, 사리연구, 작업취사)의 공부법으로 원만구족한 삶을 추구한다.

원각성존 소태산 대종사

(1891-1943)

원불교 교조이신 소태산 대종사(박중빈 1891~1943, 재임 원기 1년~28년 5월)는 1891년 양력 5월 5일 전라남도 영광에서 부친 박성삼, 모친 유정천의 아들로 태어났다.

7세부터 자연현상과 인생에 대하여 특별한 의심을 품고, 스스로 도(道)에 발심하여 20여 년간 구도고행을 계속하여 마침내 1916년 4월 28일, 큰 깨달음을 얻었다. 소태산 대종사는 대각 후 "물질이 개벽되니 정신을 개벽하자"는 표어를 주창하고, 미신타파, 문맹퇴치, 저축조합운동을 통해 혼란한 시국 속에서도 희미해져 가는 민족의 혼을 일깨우고, 땅에 떨어진 인류의 정신을 바로 세우고자 하였다. 새회상 창립의 경제적 기초를 세운 정관평(貞觀坪) 2만 6천여 평의 방언공사, 인류구원을 위한 혈성의 기도로 법계의 인증을 받은 법인성사(영산), 법신불 일원상을 최고의 종지로 삼아 교리와 제도를 제정한 봉래제법(변산), 교화·교육·자선의 중심지 총부 건설(익산) 등 소태산 대종사의 제세경륜은 인류의 빛이요, 거룩한 주세성자의 생애였다.

> 있는 것은 없어지기도 하고
> 없는 것은 다시 있어지기도 한다
> 있는 것과 없는 것이
> 서로 끊임없이 돌고 돌다 보면
> 마침내 둘 다 텅 비어버리는 경지에 도달하게 되나
> 텅 빈 곳에서 다시 모든 것을 다 갖추어 있어서
> 무궁무진한 조화가 나타난다

偈頌
有는 無로 無는 有로
돌고 돌아 至極하면
有와 無가 俱空이나
俱空亦是 具足이라

제 2대 종법사 정산 송규 종사

1900 – 1962

제 3대 종법사 대산 김대거 종사

1914 – 1998

제 4대 종법사 좌산 이광정 상사

1936 -

現 경산 장응철 종법사

1940 -

격려사

따스한 햇살이 만물의 생명을 키워가던 봄날 한민족의 젖줄인 아리수의 끝자락, 옛적 갈대 우거져 뭇 생명들의 안식처가 되었던 상암벌에 울려 퍼졌던 정신개벽의 힘찬 함성은 원불교100년을 갈무리하고 새롭게 맞이할 100년의 마중물이 되었습니다.

원불교100주년기념대회는 재가출가가 함께 이뤄낸 감동과 환희의 장이었으며, 교도님들께서 보여주셨던 일심합력과 순일한 정성은 교단의 숭고한 자산임을 확인하는 소중한 자리였습니다.

10년의 적공으로 천지의 기운은 상생과 화합으로 하나 되고, 소태산의 성적을 찾은 발걸음은 성자의 혼을 닮아가는 개벽의 염원으로 하나가 되었습니다.

종교적 회심을 통한 시대적 아픔과 상처를 치유한 천도 적공은 세상과 이웃의 위로가 되고 소통하는 교법 나눔의 사회적 실천으로 하나 되는 시간이었습니다.

종교·문명의 대전환을 위한 시대적 과제를 공유한 국제학술대회는 세계를 향한 원불교학의 보편화를 선포하는 소중한 기연이 되었고, 10개 언어 교서 정역은 원불교 2세기 결복교운을 열어 갈 디딤돌이 될 것입니다. 무엇보다도 교단 창립의 시기에 소태산 대종사님의 뜻을 받들어 순일한 삶으로 정신적 토대를 세워주신 구인선진님들의 법훈 서훈은 세계주세교단을 향한 숭고한 발자취가 될 것입니다.

원불교 100년의 역사는 문명의 충돌과 시대적 아픔의 질곡 속에서 피어난 상생과 평화를 위한 개벽정신이었습니다.

이제 우리는 지난 100년의 위대한 역사와 가치를 재조명하고, 고귀한 창립정신을 이어받아 더 큰 서원과 적공으로 미래를 힘차게 열어가고 세계주세교단 건설의 염원을 결집하는 과제 앞에 서 있습니다.

재가출가가 함께 신성과 적공으로 만들어 온 원불교100주년기념대회의 역사가 시대의 화두를 공유하고, 공동의 기억을 보존함으로써 후진들에게 가치있는 역사·문화적 유산이 되기를 바랍니다.

역사는 과거와 현재의 끊임없는 대화라고 합니다. 역사는 기록을 통해 정보가 되고 문화가 되는 것입니다. 기록은 의사소통의 수단으로 과거와 현재, 현재와 미래가 공존하는 정보자원이라 할 것입니다. 따라서 원불교100주년기념대회 결과보고서 발행은 지난 100년의 역사와 원불교 2세기를 연결하는 소중한 정보자원이 될 것입니다.

원불교100주년기념대회를 마무리하고 결과보고서가 나올 수 있도록 정성으로 이끌어오신 집행위원장과 위원회 실무진들의 노고에 감사드립니다.

여타원 한은숙 합장(원불교 교정원장, 원불교100주년기념대회 대회장)

발간사

소태산 대종사님의 개벽의 꿈을 현화(現化)하였습니다.

벅찬 감동으로 가득찬 원기 101년(서기2016년) 5월 1일!
세계 각지에서 달려오신 원불교인들은 "물질이 개벽되니 정신을 개벽하자"라는 소태산 대종사님의 개교정신을 마음 깊이 새기며 서울월드컵 경기장에서 하나가 되었습니다. 원불교100주년 기념대회에 참가한 우리 5만여 명 교도들의 열기는 뜨거웠습니다. 세계종교인평화회의 의장단, 아시아종교인평화회의 의장단, 한국종교인평화회의 회원들 그리고 정치, 경제, 사회, 교육, 문화의 대표들은 원불교 100년을 축하해 주셨습니다.
저는 한동안 원불교100주년기념대회에 참석한 한 분 한 분 교도님의 맑고 푸른 눈빛들이 떠올라 잠을 이룰 수 없었습니다. 일주일 동안 서울에서 진행한 100주년기념 행사들은 원불교가 다음 세기를 어떻게 열어갈 것인가에 대한 깊은 성찰이었으며, 그 첫걸음인 '대한민국 근·현대 100년 해원·상생·치유·화합의 특별천도재'로 문을 열었습니다.
지구촌 각지의 원불교 교당은 3.13 초재부터 4.25 서울광장 종재까지 특별천도재를 봉행했으며 전 교도는 한마음으로 시대의 아픔을 위로하고, 화합으로 승화시켜 장차 이 한반도가 세계정신의 지도국이며 도덕의 부모국이 되기를 기원하였습니다. 교도님들의 발의로 시작된 10년 대정진 기도 적공에 100일 개벽기도를 더해 일심정성으로 피어난 일원화는 개벽의 환희를 안겨준 밑거름이 되었습니다. 대회장을 거룩하게 한 것은 대종사님의 제자이신 구인선진을 이 시대의 성자로 받드는 법훈 서훈이었습니다. 원불교 교전을 10개의 언어로 정역한 봉고식은 원불교가 한국의 울을 넘어 세계에 향하는 것을 상징하는 기점이었습 운 법통의 중심이신 경산 종법사님의 법문은 우리에게 정신개벽과 시대적 사명을 마음속에 자리하게 하셨습니다. 선진님들의 혈성과 전무출신의 무아봉공, 재가 교도님의 헌신과 생활 속 불법(佛法) 구현으로 이룩한 원불교 100년. 다시 상생·평화의 씨앗을 심을 것을 다짐하며 채택한 '정신개벽 서울선언문'은 원불교의 시대정신과 역사적 사명을 선언하는 자리였습니다.
원불교100주년기념대회를 한 마음으로 이끈 주인공들, 한 분 한 분을 다시 보고 싶습니다.
설렘, 눈물, 전율, 긍지로 대회를 이끌어 주셨던 그리운 님들!
우리는 이번 서울 대회를 통해 한국을 원불교 성지로 선포하였습니다.
'소태산·개벽·적공·천도'를 우리 사회의 화두로 던졌습니다.
이번 대회를 담아내는 결과보고서 작업에 올 여름 폭염을 견디어준 실무진, 편집위원들과 지도해 주신 대회장님께 감사를 드립니다.

흑석동 100주년 기념관 건축현장에서
수산 정상덕 합장(원불교100년기념성업회 사무총장)

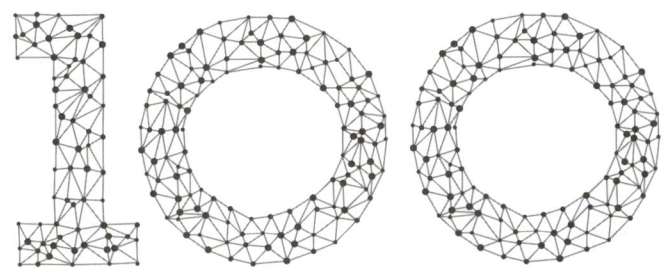

기념대회 기본개요

○ **행사명**
  - 원불교100주년기념대회

○ **일정**
  - 2016년 4월 25일(월) ~ 5월 1일(일)
  - 메인행사: 5월 1일(일)

○ **대상**
  - 국내외 전 교도 & 시민, 종교인, 외국인

○ **주제**
  - 물질이 개벽되니 정신을 개벽하자

○ **표어**
  - 소태산의 개벽시대를 열자
  - 마음공부로 새 세상의 주인이 되자
  - 울을 넘어 하나의 세계를 개척하자

○ **목표**
  - 개교 100년의 결산
  - 세상과의 소통 및 희망 나눔
  - 새로운 미래를 향한 비전 선포

○ **5대 지향점**
  - 교단역량 결집
  - 세계종교 원불교
  - 초연결 사회 통합
  - 종교적 회심
  - 원불교 교화대불공

원불교100주년기념대회

물질이 개벽되니 정신을 개벽하자

경산 종법사 친필

원불교100주년기념대회 | INTRO

내가 주체가 되어	하나되는 진리의 세상	다음 미래를 열어감
我	天 地	未來

- 내가 주체가 되어 세상과 소통하고 하나되는 세상을 만들어가는 100주년기념대회의 지향을 시각화
- 1은 진리의 중심이 되는 주체로서의 나(我, I)자신이 미래의 희망임을 상징함
- 첫 번째 0은 일원의 진리가 동심원이 되어 세상에 울려 퍼지는 희망과 교화대불공을 지향함
- 두 번째 0은 다시 적공으로 종교적 회심과 미래 비전을 선포하는 움직임을 표현함

M ; 47 Y : 100
Pantone 144C

M ; 35 Y : 18
Pantone 176C

M ; 99 Y : 62 K : 11
Pantone 192C

K : 70
Pantone Warm Gray 10C

원불교100주년기념대회 7일간의 하이라이트

원불교 100년 대한민국 근·현대 100년 해원·상생·치유·화합의 특별천도재

둥근 빛으로 다시 오소서

원불교 100년 근·현대 100년 해원·상생·치유·화합의 특별 천도재
둥근 빛으로 다시 오소서

서울성적지 개벽순례
소태산의 발자취 서울순례길

원불교100주년기념대회 | INTRO

100년 성업 10년 대정진 기도 해제식
3,654일. 10년의 바람(願), 100년의 희망

원불교100주년기념대회 | INTRO

원불교 100주년・원광대학교 개교 70주년기념 국제학술대회
종교・문명의 대전환과 큰적공

원불교100주년기념대회 | INTRO

기념대회
물질이 개벽되니 정신을 개벽하자

원불교100주년기념대회 | INTRO

서울월드컵경기장
원기 101(2016)년 5월 1일(일)

기념대회
물질이 개벽되니 정신을 개벽하자

원불교100주년기념대회 | INTRO

원불교100주년기념대회 100일 개벽기도

대자대비하옵신 법신불 사은님!
저희들은 100년 성업의 결실인 원불교100주년기념대회를 거룩하게 봉찬할 것을 다짐하오며, 초심을 실천하고 나의 삶을 축복하여 은혜를 서로 나누며 대환희로 맞이 하고자 하나이다. 물질이 개벽되니 정신을 개벽하자 하신 소태산 대종사님의 개교정신이 세상에 널리 실현되고, 대한민국 근·현대 100년의 상처를 치유하고 사회통합과 평화통일을 이루기 위한 해원·상생·치유·화합의 특별천도재가 전 국민의 합력으로 진행되기를 염원하옵나이다.
100주년기념대회를 통해 재가출가 전 교도의 법력 증진과 세계교화의 문이 열리고 종교화합으로 세계평화의 초석이 될 수 있도록 정진 적공하겠사오니 호념하여 주시옵소서.

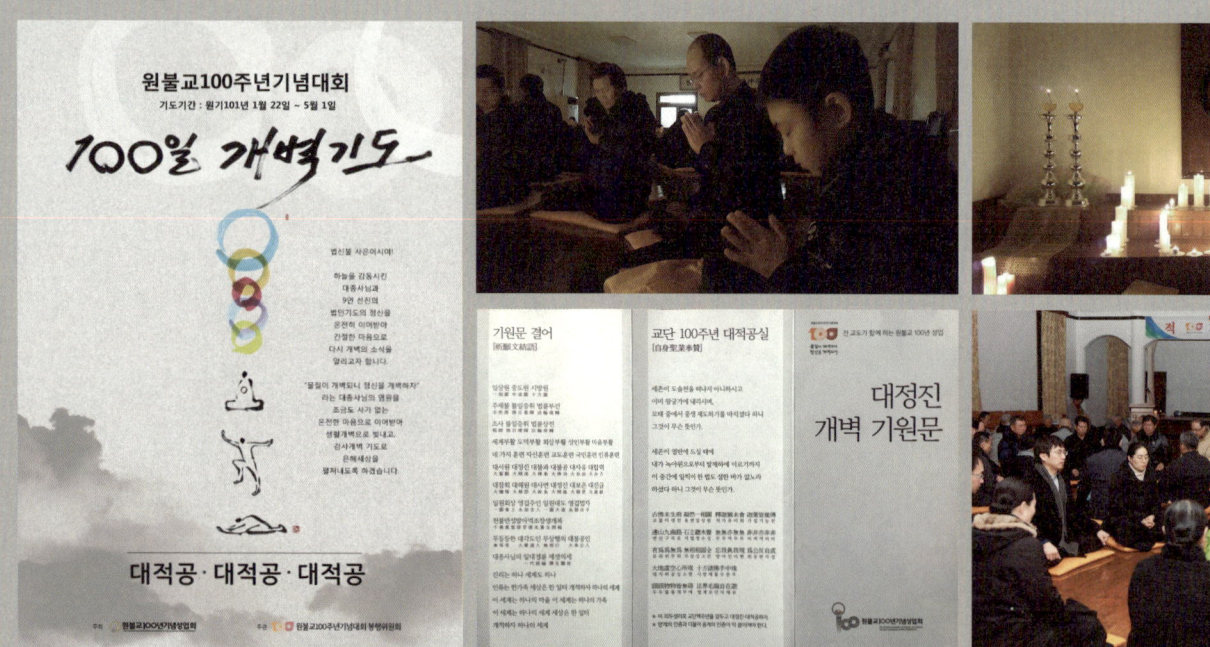

100일 개벽기도, 말하는 대로 기도하는 대로

22일 중앙총부 대각전의 결제식을 시작으로 기념대회 주간인 4월 30일까지 100일간의 대적공 개벽기도 이야기가 다양하게 펼쳐지고 있다. 중앙총부는 새벽 좌선시간을 개벽기도로 전환하여 운영함과 동시에 오전 8시 50분에 대각전에서 총부 전 직원이 개벽기도에 정진 중이다. 100주년기념대회를 준비하는 성업회 및 봉행위원회도 매일 하루의 시작을 '개벽기도'로 기념대회를 향한 발걸음을 시작한다.

개벽기도는 10년간의 대정진기도에 100주년기념대회를 100일 앞두고 대한민국 근·현대 100년 해원·상생·치유·화합의 천도재를 준비하는 음계의 인증과 100년성업의 결실인 100주년기념대회를 거룩하게 봉찬하고자 하는 기도이다. 10년 대정진 릴레이 기도문에 100년성업의 원만한 결실과 100주년기념대회의 성공적 개최, 해원·상생·치유·화합의 천도재를 위한 염원을 추가하였다.

원불교신문 1787호 2016.02.05 ▶

100일 개벽기도, 말하는대로 기도하는대로

원불교100주년기념대회 소식 ④

22일 중앙총부 대각전의 결제식을 시작으로 기념대회주간인 4월30일까지 100일간의 대적공 개벽기도의 이야기가 다양하게 펼쳐지고 있다. 중앙총부는 새벽5시 좌선시간을 개벽기도로 전환해 운영함과 동시에 오전8시50분에 대각전에서 총부 전 직원이 개벽기도에 정진중이다.

100주년기념대회를 준비하는 성업회 및 봉행위원회도 매일 하루의 시작을 '개벽기도'로 기념대회를 향한 발걸음을 시작한다. 또한, 한 교당은 100일간 새벽5시30분 개벽기도로 음계의 인증을 한데 모으며 일심합력 대정진이 시작되었다. 중앙총부에서부터 일심정진의 기운이 모이니, 이번 기념대회 뿐만 아니라 교단의 적공풍토가 크게 결집되리라 확신한다는 총부 교무님의 말씀이 더욱 귀하게 되새겨지는 하루 하루다.

개벽기도에 대한 궁금증 3가지를 요약해봤다.

첫 번째, 100일 개벽기도는 누가 어떻게 하는가? 4월30일까지 100일간 전교도가 일심합력하여 개벽기도를 마치고 기념식을 맞이하는 기도 적공문이다. 전교도 모두가 기도의 주인공이며, 법회에서, 교당단에서 때로는 홀로 언제 어디서든 처처불상의 기도 적공자가 되자. 운전을 하거나 이동 중에도 개벽기도를 할 수 있도록 자신의 기도음성을 녹음하여 개벽기도를 하는 교도님의 사례도 있다.

두 번째, 91년 4월부터 진행되어온 대정진 릴레이 기도와는 어떤 관계인가? 성업회 출범초 100년 성업의 거룩한 불사에 기도정성을 함께하기 위해 재가단체(청운회, 봉공회, 여성회, 청년회)의 자발적 참여로 '대정진릴레이 기도'가 시작되었다.

세 번째, 100일 개벽 기도문 자료는 어디서 얻을 수 있나? 100일 개벽기도를 앞두고 전국 교당에 새로이 배포된 '대정진 개벽 기원문'으로 기도적공을 동참하여 올려나가면 된다. '대정진 개벽 기원문'을 분실했거나 수량이 부족하다면 원불교 홈페이지 기념대회 자료실에서 내려 받을 수 있다.

전교도가 처처불상이 되어 100일간 시간과 장소의 경계를 넘나들며 대적공하는 음계의 정성이 막 모이고 있다. 일반 시민과 함께 걸어가는 빅워크 개벽의 발걸음이 개통 11일째인 오늘 1천 명을 넘어섰으며 1억 발걸음 목표걸음 중 이미 1백만 걸음을 돌파했다.

또한, 전 교당이 합력하여 진행될 49재 특별천도재는 기념대회 문열이가 될 예정이다. 이는 4월25일 서울광장에서 이뤄진다. 이것은 대적공 대적공 대적공이다. 이 소성대이고 영육쌍전이며 자리타의 원불교 정신이 100주년기념대회의 개벽기도로, 개벽의 발걸음으로 이미 구현되어 역사가 전개되고 있다.

'초심을 실천하며 나의 삶을 축복하여 은혜를 서로 나누며 대환희로 맞이하는 원불교100주년 기념대회'를 통해 진급과 천도기운이 소태산의 100년 제자라는 한 솥에서 쪄지고 양계의 인증과 더불어 음계의 인증이 막 쏟아지기를 법신불께 기도한다.

원100기념대회 봉행위원회 김도경 기획운영실장

원불교100주년기념대회 일지

2015.04
- 15.04.21 사전 기획조정협의회 회의
- 15.04.29 제1차 기획조정협의회 D-365 선포기도식

2015.06
- 15.06.11 제1차 전문위원회
- 15.06.18 제1차 상임위원회 중간보고

2015.08
- 15.08.03 전문위원회
- 15.08.12 제7차 기획조정협의회
- 15.08.20 2차 상임위원회 중간보고
- 15.08.28 제8차 기획조정협의회

2015.03
- 15.03.07 원불교100년기념대회 봉행위원회 출범 봉고식

2015.05
- 15.05.15 제2차 기획조정협의회
- 15.05.27 제3차 기획조정협의회 원불교100년기념대회 주제가 작곡 공모전 시상식

2015.07
- 15.07.02 제4차 기획조정협의회
- 15.07.17 제5차 기획조정협의회
- 15.07.29 제6차 기획조정협의회

2015.11
- 15.11.09 서울 원문화해설단 개강 1주차
- 15.11.12 원광디지털대학교 회의

원불교100주년기념대회 | INTRO

2015.12
15.12.02
원불교100년성업 비전추진위원회
원불교100년기념대회 감독 위촉식 수여
공식 명칭 확정 "원불교100주년기념대회" 보고
15.12.16
경산 종법사 친견 보고
15.12.27
주제가 경축가 녹음

2016.01
16.01.17~18
독경단 1차 훈련
16.01.22
화합의 발걸음, 원불교 빅워크 오픈
16.01.22
D-100 개벽기도
16.01.23
처처불상 적공뱅크단 발대식

2016.02
16.02.04
사무국장협의회 홍보
16.02.26
독경단 2차 훈련
16.02.27
개벽순례 코스 답사

2016.03
16.03.01
3.1 개벽 빅워크 플래시 몹
16.03.03
원불교100주년기념대회 집행위원회
16.03.08
상임위원회 3차 중간보고
16.03.13
근·현대 100년 특별천도재 초재
16.03.20
특별천도재 2재
16.03.27
특별천도재 3재

2016.04
16.04.03
특별천도재 4재
16.04.10
특별천도재 5재
16.04.17
특별천도재 6재
16.04.25
근·현대 100년 특별천도재 종재, 개벽순례 출정식
16.04.27
10년 대정진 기도 해제식
16.04.28 ~ 30
우표발행, 국제학술대회

2016.05
16.05.01
원불교100주년기념대회, 빅워크 달성
16.05.11
원불교100주년기념대회 평가회
16.05.12
원불교100주년기념대회 현수막 업사이클링 협약식
16.05.18
특별천도재 첫 재비환원 시작
16.05.19
원불교100주년기념대회 봉행위원회 해체

인포그래픽

둥근 빛으로 다시 오소서
대한민국 근·현대 100년 해원·상생·치유·화합의 특별천도재

참석인원 4,550여 명
- 교도 및 일반인 : 4,000여 명
- 독경단 : 220명
- 유족회 : 53명
- 봉사자 : 125명
- 경호 및 모범운전자, 경찰 : 50여 명
- 기타 스탭 : 100여 명

천도재 당일(4.25) 헌공금
44,423,000

대적공 천도재와 함께하는 한걸음
빅워크 캠페인
D-100
원기 101(2016)년 1월 22일

세상을 위한 개벽, 적공, 천도의 100일의 발걸음이
특별천도재의 정성을 모으기 위한
100일 개벽기도와 함께 시작되었습니다.

- 기간 : 2016년 1월 22일~ 5월 1일
- 총 참여자 수 : 3,452명
- 총 발걸음 : 25,000,515눈
- 총 기부액 : 5억 2천여만 원(총30개 단체)

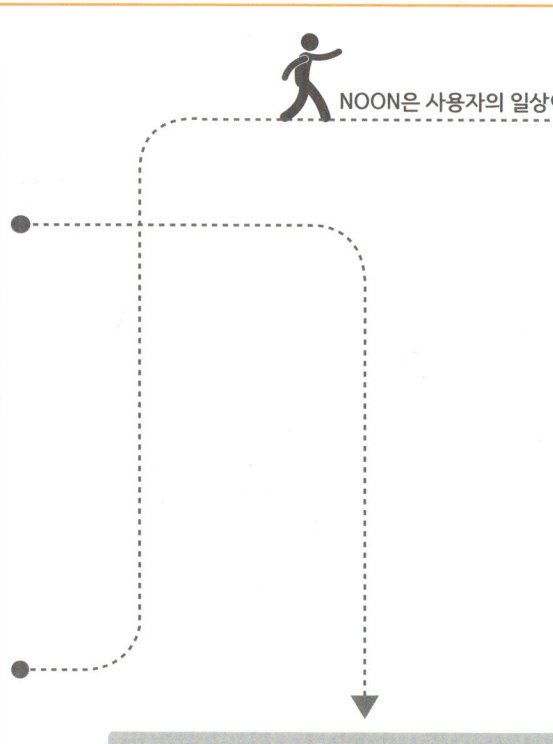

NOON은 사용자의 일상이 만들어 낸 빅워크 앱 내의 가상 포인트입니다.

자원봉사 총인원
125명
- 출가(총부, 서울, 경기인천) : 77명
- 상근자 집행부 : 25명
- 산본병원 의료진/ 엠뷸런스 1대 : 7명
- 청소용역 6명, 스텝 10명 : 16명

원불교100주년기념대회 | INTRO

 **49**일간의 특별천도재 ▶ **10**년 대정진 기도 ▶ 원불교 **100**주년

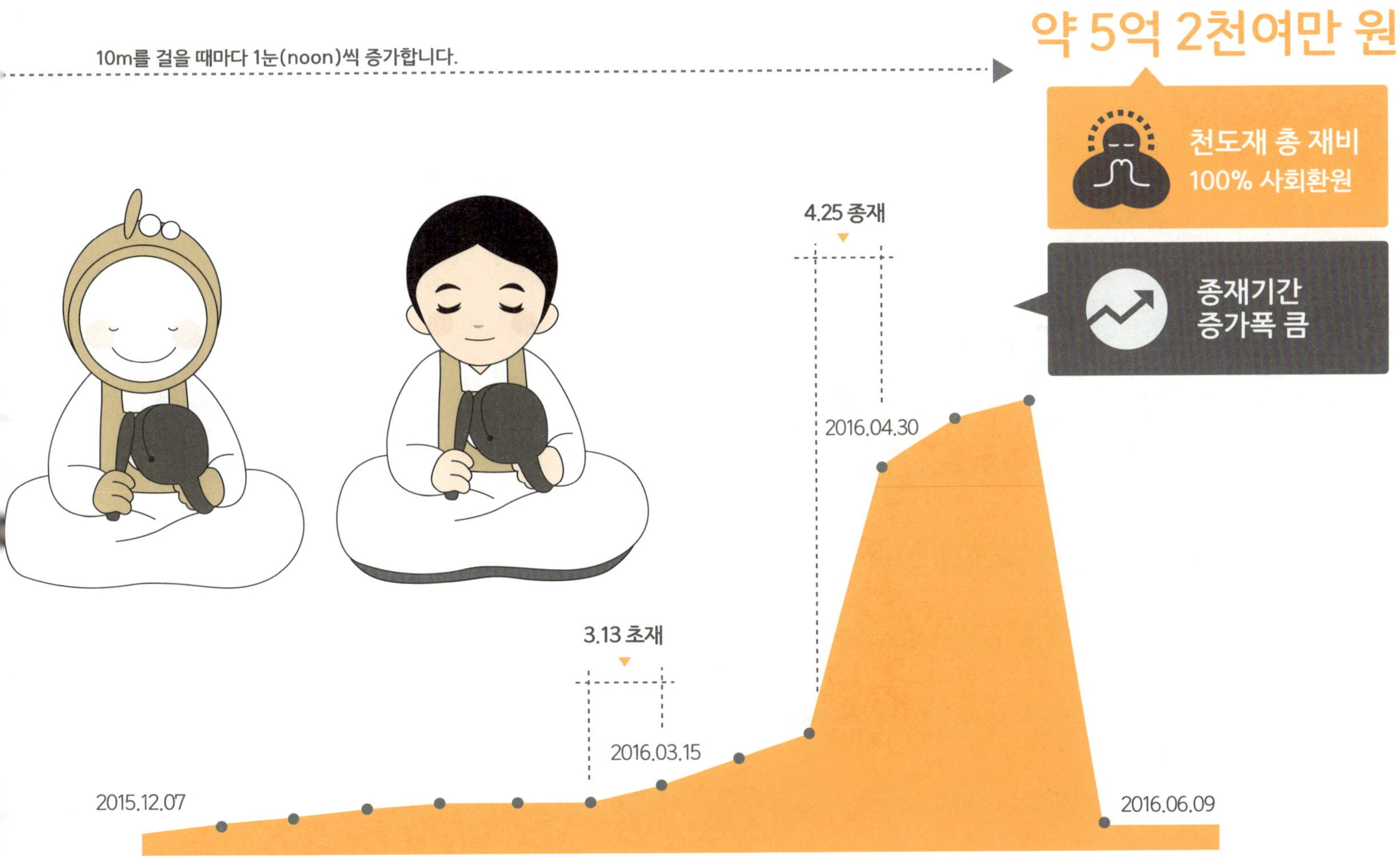

10m를 걸을 때마다 1눈(noon)씩 증가합니다.

약 **5억 2천여만 원**

천도재 총 재비
100% 사회환원

종재기간
증가폭 큼

4.25 종재
2016.04.30

3.13 초재
2016.03.15

2015.12.07

2016.06.09

100년 성업 10년 대정진 기도
대적공 대적공 대적공의 발자취

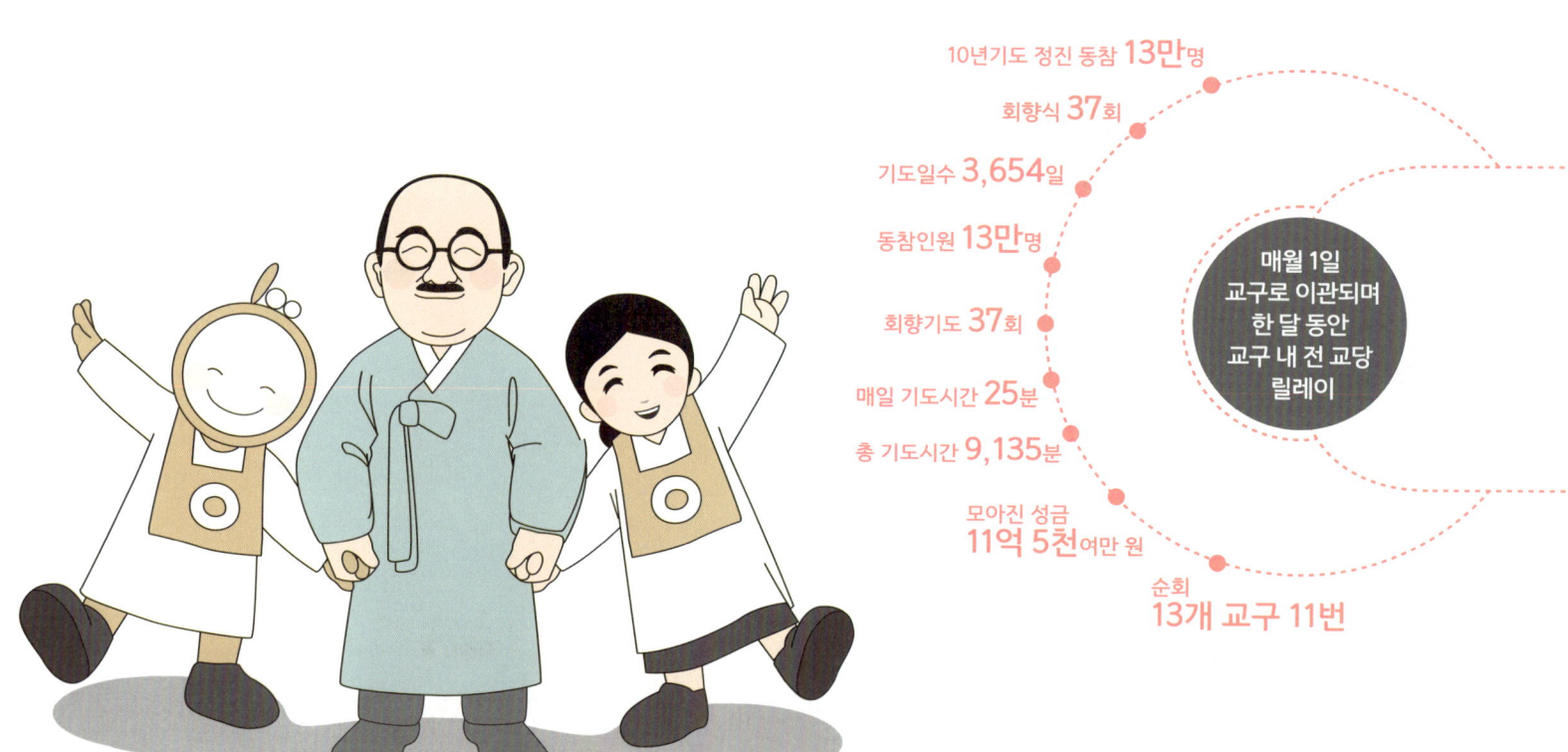

10년기도 정진 동참 **13만**명
회향식 **37**회
기도일수 **3,654**일
동참인원 **13만**명
회향기도 **37**회
매일 기도시간 **25**분
총 기도시간 **9,135**분
모아진 성금 **11억 5천**여만 원
순회 **13개 교구 11**번

매월 1일 교구로 이관되며 한 달 동안 교구 내 전 교당 릴레이

원불교100주년기념대회 | INTRO

10년 기도 결집, 간절함 ▶ 해제식 매듭, 설렘 ▶ 희망100년 대확산, 희망찬

1일째
100년성업 대정진 기도를 시작하다.
원기 91년 4월 27일 중앙총부 영모전광장

원기 91년 8월 5일
대전충남교구 100일 회향식

원기 92년 9월 8일
충북교구 500일 회향식

원기 94년 1월 18일
서울교구 1,000일 회향식

원기 95년 6월 5일
제주교구 산천단 1,500일 회향식

원기 96년 10월 15일
전북교구 지리산 바래봉 허브밸리 2,000일 회향식

원기 98년 3월 1일
각 교구 산상기도를 통한 2,500일 회향식

원기 98년 12월 25일
중앙총부 2,800일 회향식

원기 99년 7월 13일
백두산 천지의 3,000일 회향식

원기 100년 1월 4일
3,175일째 릴레이 기도 전달식

원기 100년 1월 29일
중앙총부 대각전 3,200일 회향식

원기 100년 11월 22일
영산성지의 3,500일 회향식

원기 101년 4월 27일
중앙총부 3,654일 회향식

043

4. 28 ~ 4. 30 국제학술대회
종교의 대전환/정치의 대전환/경제의 대전환/생명의 대전환

Session1 종교의 대전환

기독교 영성과 수도원운동
- 발표 : 김한중(솔성수도원 원장)
- 토론 : 박혜훈(영산선학대 교수)

한국불교의 대전환
- 발표 : 금강스님(미황사 주지)
- 토론 : 명법스님(능인불교대학원대 교수)

원불교와 새로운 문명전환
- 발표 : 박광수(원광대 교수)
- 토론 : 이정재(경희대 교수)

코란에서 의미의 다층성과 이슬람의 전개
- 발표 : 카마다 시게루(鎌田 繁. 도쿄대 교수)
- 토론 : 박태식(성공회대 교수)

Session 2 정치의 대전환

동아시아 평화의 위기, 무엇이 문제인가? : 인권의 관점에서
- 발표 : 서승(리츠메이칸대학 특임교수)
- 토론 : 이삼성(한림대 교수)

전환시대의 한국정치
- 발표 : 김성곤(국회의원)
- 토론 : 박찬수(한겨레 논설위원)

한반도 평화통일 구축과 원불교 통일방안
- 발표 : 윤창원(서울디지털대 교수)
- 토론 : 최형묵(한신대 교수)

중미관계와 북핵문제
- 발표 : 진징이(金景一, 베이징대 교수)
- 토론 : 윤황(선문대 교수)

정산종사의 치교사상 : 건국론을 중심으로
- 발표 : 이성전(원광대 교수)
- 토론 : 이찬수(서울대 교수)

원불교100주년기념대회 | INTRO

발표자 토론자 주제 개수 각 **18**개 **18**명

참석인원 1,310명

Session3
경제의 대전환

노동해방: 마르크스의 약속
- 발표 : 강신준(동아대 교수)
- 토론 : 이상호(동국대 교수)

세계경제 대공황과 자본주의의 종말
- 발표 : 칫다다(Dada Cittarainjanananda, 아난다마르가)
- 토론 : 전창환(한신대 교수)

생명의 눈으로 본 한국 농업
- 발표 : 윤병선(건국대 교수)
- 토론 : 김흥주(원광대 교수)

다원적 경제로의 전환
- 발표 : 정태인(성공회대 교수)
- 토론 : 조영철(한국외대 교수)

Session 4
생명의 대전환

경락-프리모 순환계에 바탕한 새로운 생명관 및 의학
- 발표 : 소광섭(서울대 명예교수)
- 토론 : 김훈기(홍익대 교수)

후천개벽과 생명의 규칙 '공생공빈'의 길
- 발표 : 쓰치다 다카시(槌田劭, 전 세이카대학 교수)
- 토론 : 야마모토교시(山本恭司, 미래공창신문 사장)

내가 걸어온 길에서의 생명운동
- 발표 : 이병철(생태귀농학교 교장)
- 토론 : 조희부(생태공동체눈비산마을 대표)

한국인의 살림살이와 원불교
- 발표 : 최봉영(한국항공대 교수)
- 토론 : 방인(경북대 교수)

소태산 생명철학의 이중적 구조
- 발표 : 정순일(원광대 교수)
- 토론 : 이용석(원불교대학원대 교수)

개벽순례
서울 원문화해설단, 개벽순례

개벽순례 참여인원
856명

개벽순례 기간
3.13~6.19

개벽순례 함께걸은 거리
1,749,557m

금 모으기
18k 16돈 / 순금 86돈 : 금메달 外 총 **35개**
현금환산액 : **17,307,000원**
(매도가 기준일 : 2016.04.01)

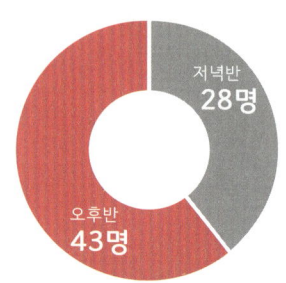
71명
서울 원문화해설단 전체 수강생
- 저녁반 28명
- 오후반 43명

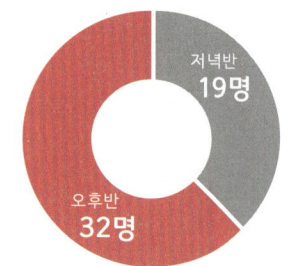
51명
서울 원문화해설단 여성 수강생
- 저녁반 19명
- 오후반 32명

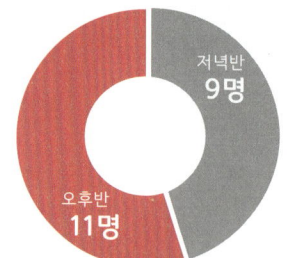
20명
서울 원문화해설단 남성 수강생
- 저녁반 9명
- 오후반 11명

해설단 실내 공부시간
- 2015.11.09~2016.3.14
- 36시간(총12회 3시간)

해설단 한양 도성길 순례
- 2015.12.26~2016.3.15
- 총12회 48시간

5.1 기념대회 의료봉사 현황
원광대학교 병원

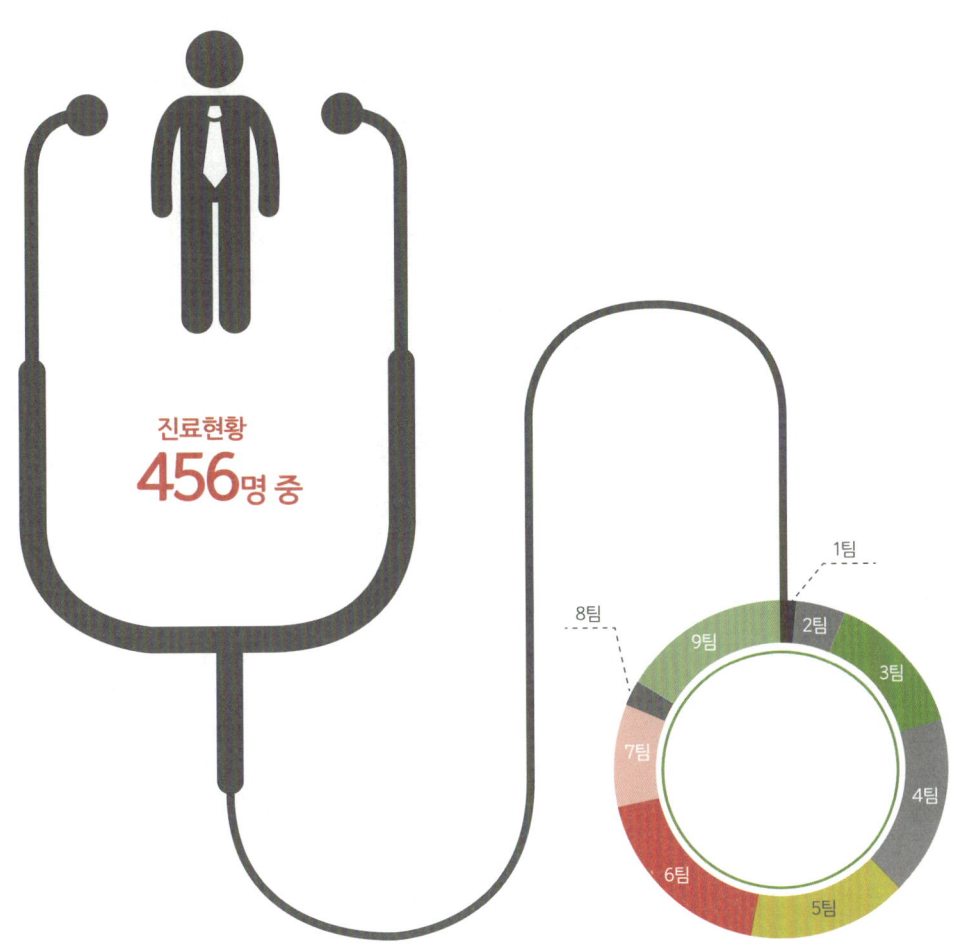

진료현황 **456**명 중

원광대학교 병원 의료봉사
- 의료진 : 총 59명
- 의료지원차량 : 4대
 (앰뷸런스 2대, 현장응급지원차량 2대)

- 1팀 : VIP 무대 뒤 7명
- 2팀 : VIP 대기실 22명
- 3팀 : 3층 회랑 북C 의료부스 64명
- 4팀 : 3층 회랑 서J 의료부스 78명
- 5팀 : 3층 회랑 남C 의료부스 71명
- 6팀 : 북문 검진 차량 84명
- 7팀 : 5층 회랑 서N 의료부스 45명
- 8팀 : 5층 회랑 북G 의료부스 11명
- 9팀 : 5층 회랑 서X 의료부스 74명

5.1 기념대회
세계 속의 원불교, 원불교의 세계화

135,099,310원

기념대회 당일(5.1) 헌공금

원불교100주년기념대회 | INTRO

- 23개국
- 67개 도시
- 140여 명의 교역자
- 1962 해외포교연구소
- 1943 일본어판 시작
- 10개 언어 정역

지도 표시 지역

- 뉴욕/원광학국학교/원광복지관
- 심원훈련원
- 샌버나디노
- 미주총부법인 원다르마센터
- 보스턴
- 버클리
- 밴쿠버
- 샌프란시스코
- 토론토
- 맨하탄/원불교총부UN사무소
- 밸리
- 덴버
- 시카고
- 프레즈노
- 뉴저지
- LA
- 미주서부교구훈련원
- 필라델피아/미주선학대학원/원광복지관/원광한국학교
- 하와이국제훈련원
- 워싱턴/보화당한의원/실버스프링보화당한의원
- 오렌지카운티
- 하와이
- 샌디에고
- 리치몬드
- 오스틴
- 노스캐롤라이나/퀄리원불교선센터
- 휴스턴
- 애틀란타
- 마이애미/미주소태산사상연구소
- 상파울로
- 산티아고
- 부에노스아이레스

● 교당 ● 기관 ● 개척

참석인원 **51,897**명

- 착석인원(교도 및 일반인)　49,086명
- 독경단　221명
- 합창단　376명
- 법훈자, 교구장, 의장　178명
- 봉사자(경호, 경찰, 기타 스태프 등)　2,036명

공연단 791명

- 개벽의 혼불이여　31명
- 호남좌도 필봉농악 보존회　29명
- 미추홀전통연희단　60명
- 원광디지털대학교 빛오름 전통공연예술단　76명
- 원불교 남아프리카 라마코카교당 공연단　17명
- 원불교 러시아 모스크바교당 공연단　17명
- 랑코르 캄머 필하모닉 오케스트라　63명
- 국악단　11명
- 합창단　391명
- 연화헌공(영산선학대, 원광대)　96명

버스, 승합, 승용차 운행 수

- 버스　863대
- 승합, 승용차　650대
- 총 차량 운행 수　1,513대

개벽삼총사 활동거리

거리	날짜	활동
195.17 Km	15.10.11	익산 마라톤대회
400.23 Km	15.10.18	부산울산교구 환경콘서트
194.39 Km	15.11.07	원불교 100년 총회 1일차
0 Km	15.11.08	원불교 100년 총회 2일차
5.85 Km	15.11.09	서울 원문화해설단 입학식
11.80 Km	15.12.13	서울교구 교의회
0 Km	15.12.15	월간원광 개벽삼총사 촬영
12.21 Km	15.12.17	원불교신문 신년호 표지 촬영
0 Km	15.12.17	세월호 분향
0 Km	15.12.17	광화문 홍보활동
5.63 Km	15.12.19	서울청년연합법회
11.14 Km	16.01.23	처처불상 적공뱅크단 발대식
194.74 Km	16.02.03	청소년교화박람회
15.03 Km	16.02.14	잠실지구 재가교역자 대회 중 개벽삼총사
354.36 Km	16.02.20	여수교당 순천지구 재가교역자 훈련 개벽삼총사
550.26 Km	16.03.13	제주교구 좌산상사 내방 교구 합동법회
351.20 Km	16.03.18	경남교구 출가교역자 협의회
14.20 Km	16.04.01	원불교100주년기념대회 안내영상 촬영
210.44 Km	16.04.02	전북교구와 처처불상 적공뱅크단이 함께하는 원불교 홍보데이
25.29 Km	16.04.24	화정교당 대각개교절 및 원불교100주년기념대회 홍보
11.34 Km	16.04.25	특별천도재 종재 당일 서울광장 주변 홍보
288.96 Km	16.05.05	영광교구 옥당골 어린이 민속 큰잔치
388.28 Km	16.05.06	부산울산교구 동래교당 어린이 법문축제

원불교100주년기념대회 | INTRO

0 Km	0 Km	5.63 Km	101.23 Km	159.51 Km
15.11.15	15.11.15	15.11.22	15.11.26	15.12.06
14회 서울봉공회 자원봉사자축제	환경연대 햇빛밥상	여의도교당 인화법회	여성회 20주년 훈련	대전충남교구 교의회

9.21 Km	11.57 Km	12.21 Km	10.17 Km	12.21 Km
15.12.25	15.12.31	15.12.31	15.12.31	16.01.17
서울역 사람길	보신각 제야의 종	세월호 50번째 기도 참석	개벽삼총사 크로마촬영	분당교당 성업동참 기도, 서원정진 기도 결제식

351.21 Km	31.52 Km	13.99 Km	34.12 Km
16.02.21	16.02.28	16.03.01	16.03.01
마산교당 대보름맞이 서원 연날리기	수원교당 법회맞이	개벽빅워크 플래시 몹 (서대문형무소~서울시청)	경기인천교구 산상기도

242.55 Km	17.66 Km	0 Km	0 Km
16.04.03	16.04.13 여의도	16.04.17 가락교당 원불교 및	16.04.23 가락교당 원불교 및
정읍지구 화동한마당	가락교당 합동 여의도 봄꽃축제마라톤	원불교100주년기념대회 홍보	원불교100주년기념대회 홍보

흑석동 서울회관 출발 기준 **4,279.34 km**
네이버 지도검색 서비스 기준

개벽삼총사 피규어 배포(해외)

미주동부교구

미국
- 뉴욕
- 시카고
- 워싱턴
- 맨하탄
- 필라델피아
- 마이애미
- 휴스턴
- 보스톤
- 리치몬드
- 노스캐롤라이나
- 애틀란타
- 뉴저지
- 오스틴개척
- 미주선학대학원대학교

캐나다
- 토론토

미주서부교구

미국
- 로스엔젤레스
- 밸리
- 샌프란시스코
- 하와이
- 오렌지카운티
- 샌디에고
- 샌버나디노
- 프레즈노
- 덴버
- 버클리
- 하와이 국제훈련원

캐나다
- 벤쿠버

유럽교구

독일
- 프랑크푸르트
- 퀼른
- 레겐스부르크
- 베를린

프랑스
- 파리

러시아
- 모스크바

카자흐스탄
- 알마타

일본교구

일본
- 요코하마
- 오사카
- 도쿄

중국교구

중국
- 베이징
- 상하이
- 연변
- 훈춘
- 단동(선교소)
- 청도
- 성도
- 장춘
- 곤명
- 항주개척
- 홍콩
- 중국교구(사무국)

총부해외직할교구_남미지구

아르헨티나
- 부에노스아이레스

브라질
- 상파울로

칠레
- 산티아고

전 세계 배포현황 **9**개 교구 **22**개국

홍보물 제작, 광고

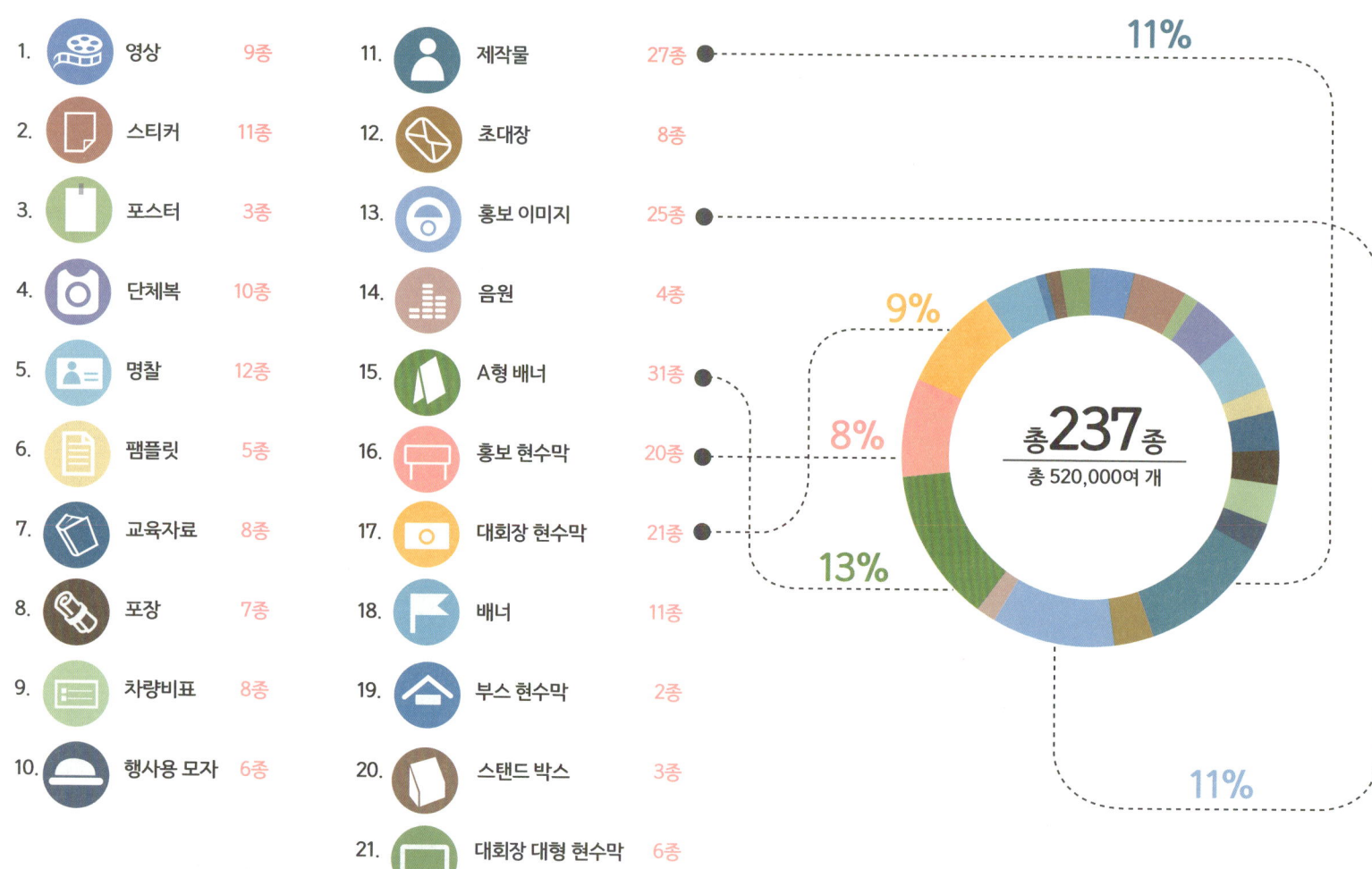

1. 영상 9종
2. 스티커 11종
3. 포스터 3종
4. 단체복 10종
5. 명찰 12종
6. 팸플릿 5종
7. 교육자료 8종
8. 포장 7종
9. 차량비표 8종
10. 행사용 모자 6종
11. 제작물 27종
12. 초대장 8종
13. 홍보 이미지 25종
14. 음원 4종
15. A형 배너 31종
16. 홍보 현수막 20종
17. 대회장 현수막 21종
18. 배너 11종
19. 부스 현수막 2종
20. 스탠드 박스 3종
21. 대회장 대형 현수막 6종

총 237종
총 520,000여 개

11%
9%
8%
13%
11%

원불교100주년기념대회 | INTRO

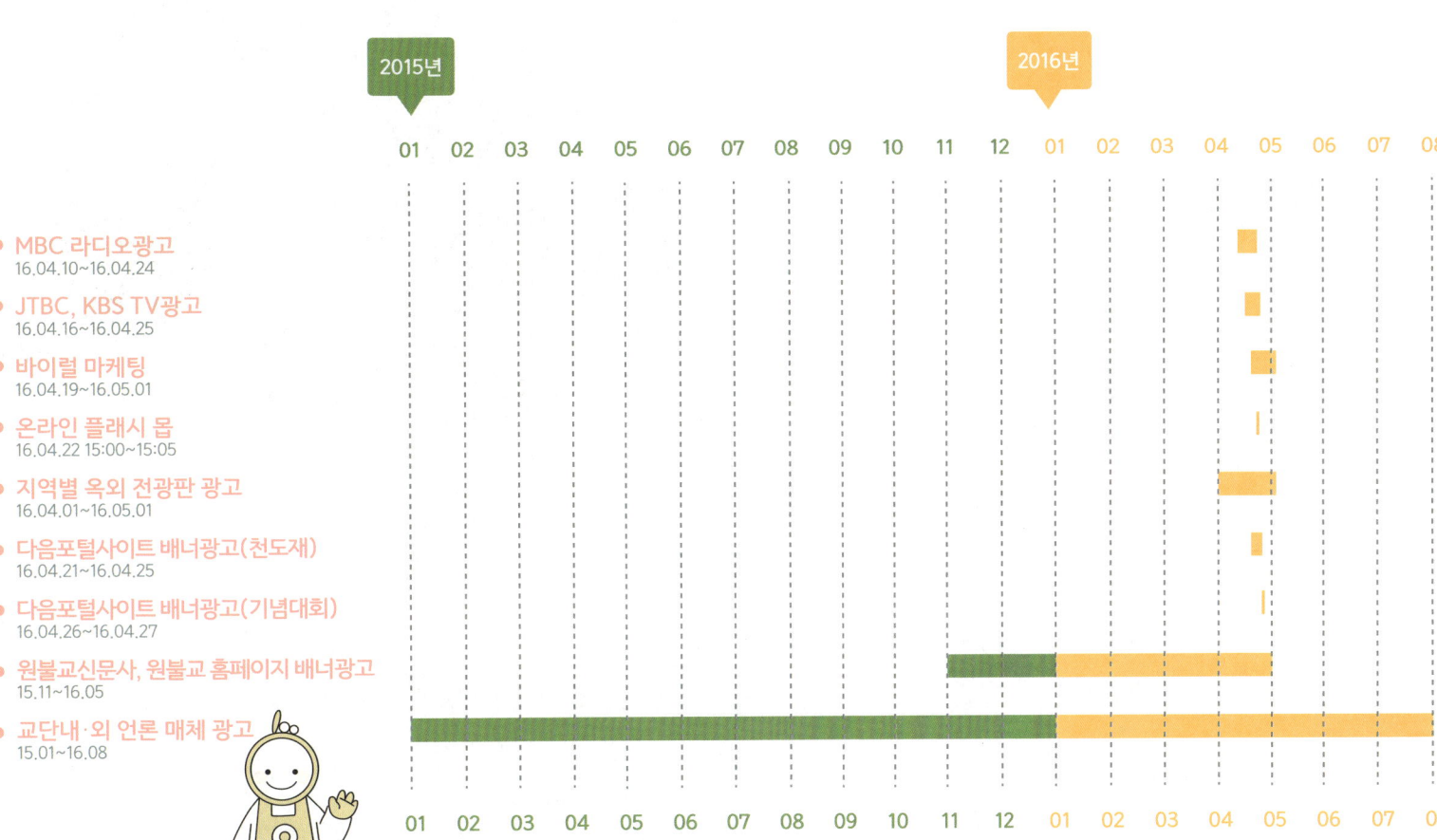

 영상

- 경종10타
- 원불교 100주년 축하영상
- 1-100 카운트 영상
- 독경훈련영상 1. 독경의 원리
- 독경훈련영상 2. 발성법과 박자 연습
- 독경훈련영상 3. 독경의 실제
- 독경훈련영상 4. 성가
- 기념대회 단체모자 제작법 영상
- 개벽 플래시 몹 안무영상
- 원불교100주년기념대회 중계영상
- 천도재 중계영상
- 백년꽃이 활짝 피네(주제가)
- 일원세계로(경축가)
- 15초 홍보영상
- 30초 홍보영상
- 6분 5초 홍보영상(일반용)
- 9분 21초 홍보영상(교도용)
- 20분 안내영상
- 120분 안내영상(이동시 차량안내)
- 기념대회 열쇠말(한국어)
- 기념대회 열쇠말(영어)
- 개벽삼총사 소개영상(한국어)
- 개벽삼총사 소개영상(영어)
- 3.1 개벽 플래시 몹
- 원불교100주년기념대회 특별다큐

영상 & 스티커

- 뮤직비디오(하이라이트영상)
- TV광고
- 20초 전광판
- 30초 전광판
- 서울역 덴탈아트빌딩
- 시청광장 재능교육빌딩
- 강남 시티극장 빌딩
- 홍대입구역 화평빌딩
- 동대문 굿모닝시티빌딩
- 잠실역 장원빌딩
- 김천역
- 부산 미남 로타리
- 서면역 지하철 광고판
- 전주 덕진구 종합경기장 사거리

- 차량스티커(사각)
- 차량스티커(개벽이 원형)
- 차량스티커(엠블럼 원형)
- 차량스티커 샘플1
- 차량스티커 샘플2
- 차량스티커 샘플3
- 차량스티커 샘플4
- 차량스티커 샘플5
- 차량스티커 샘플6
- 일반스티커
- 천도재 LED 양초 스티커

포스터 & 단체복

- 기념대회 공식 포스터
- 기념대회 1차 홍보용 포스터
- 천도재 포스터

- 교통안내 단체복(V형반도)
- 교통안내 모자(빨강)
- 상황실 단체복
- 자원봉사 단체복(노랑)
- 개벽순례단 단체복
- 경호 단체복
- 경호 모자(검정)
- 망사 조끼
- 벙거지 모자
- 합창단 단복

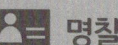 명찰

- 의전 명찰
- 자원봉사 명찰
- 교통(지원봉사)
- 의료(자원봉사)
- 교통(교무)
- 인력지원팀(자원봉사)
- 기획운영실
- 인력지원팀(교무)
- security(자원봉사)
- 안내(자원봉사)
- 의식진행팀(교무)
- 의식연출팀
- 진행

원불교100주년기념대회 INTRO

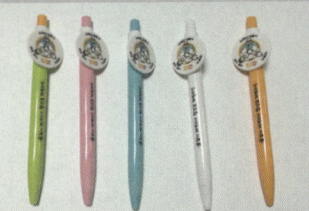

 제작물

- 피규어(소형) 10cm, 피규어(대형) 20cm
- 개벽삼총사(사은교무)
- 개벽삼총사(개벽이)
- 개벽삼총사(대종사님)
- 개벽삼총사 지름 60cm 머리(대형)
- 개벽삼총사 일러스트
- 개벽삼총사 볼펜
- 물티슈
- 외부홍보용 머리띠
- 외부홍보용 티셔츠
- 홍보활동 사탕 스티커
- 엠블럼
- 웹용 직인
- 실물 직인
- 봉행위원회 명함
- 봉행위원회 명판
- 위촉장
- 감사장
- 상장 케이스 22.5 x 31(cm)
- 교전 모형
- 법훈장 모형
- 대회가 주제가 음원 CD
- 천도재 방석
- 천도재 LED 양초
- 교당별 손피켓 60 x 30(cm)
- 티라이트 5 x 5 x 3.5(cm)

 팸플릿 & 교육자료

- 범용 팸플릿
- 기념대회장 팸플릿(국문)
- 기념대회장 팸플릿(영문)
- 천도재 팸플릿(4p, 6p)
- 서울 성적지 순례지도

- 진행자용 책자
- 교통의료팀 책자
- 인력지원팀 책자
- 의식진행팀 책자
- 의전홍보팀 책자
- 독경단 교육 책자(1차)
- 독경단 교육 책자(2차)
- 합창단 악보집

포장 & 차량비표

- 의전용 선물 세트박스1(자주색)
- 의전용 선물 포장지(금색)
- 의전용 선물 세트박스2(금색)
- 쇼핑백
- 피규어 상자(소)
- 피규어 상자(대)
- 티라이트 포장상자

- 일반버스비표(교구별 색 지정)
- 의전 승용차
- 의전 버스(대형)
- 의전 버스(소형)

행사용모자

- 단체모자(노랑색)
- 단체모자(녹색)
- 단체모자(분홍색)
- 단체모자(파란색)
- 단체모자(군청색)
- 단체모자(하얀색)

홍보이미지

- 서울 원문화해설단 모집
- 독경단 모집
- 적공뱅크단모집
- 100일개벽기도 홍보이미지
- 빅워크
- 개벽순례 모집
- 개벽의 발걸음
- 감동인증샷 공모
- 업사이클링
- 초대장 활용안내
- 1월의 발걸음
- 영상공모전
- 축하영상메세지
- 감사인사
- 빅워크 배경이미지
- 교화단 마음공부 홍보이미지
- 천도재 버스광고 디자인(차도 인도 후면 정사각)
- 기념대회 원광대학교 치과병원 책자 홍보
- 기념대회 월간원광 홍보
- 천도재 다음배너광고 430 x 105(mm)
- 기념대회 다음배너광고 430 x 105(mm)
- 티라이트 소개 10.5 x 4.8(mm)
- 화보집, 기록집 발간 광고

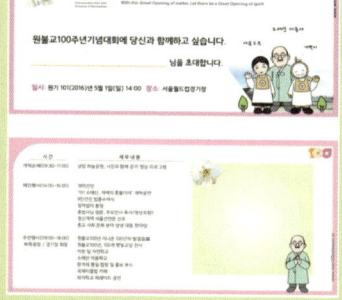

초대장

- 의전용(국내)
- 의전용(해외)
- 기념대회 웹초대장
- 천도재 웹초대장
- 일반용(앞,뒷면) 21 x 10(cm)
- 3.1 개벽 플래시 몹 웹초대장
- 서울역 고가길 걷기 웹초대장
- 개벽삼총사 종각 홍보활동 웹초대장

음원

- 주제가음원 : 백년 꽃이 활짝 피네 AR
- 주제가음원 : 백년 꽃이 활짝 피네 MR
- 경축가음원 : 일원세계로 AR
- 경축가음원 : 일원세계로 MR
- 라디오음원 : 라디오광고(20초)
- 대회장음원 : 아 소태산 개벽의 혼불이여 (구도)
- 대회장음원 : 아 소태산 개벽의 혼불이여 (사투)
- 대회장음원 : 아 소태산 개벽의 혼불이여 (이세상)
- 대회장음원 : 새천년 아리랑
- 대회장음원 : intro
- 대회장음원 : 개벽

A형배너

- 기차 셔틀버스 승하차
- 경인교구중앙교구하차
- 난지교 입구
- 구룡사거리
- 노을공원교차로
- 난지천공원
- 하늘공원육교전
- 하늘공원육교
- 반려견놀이터입구
- 노을공원교차로
- 월드컵경기장교차로
- 평화1주차장건널목
- 농수산물시장건널목
- 농수산물시장끝
- 홈플러스입구
- 경기장교차로전
- 월드컵터널 유턴도로
- 남문스텐드
- 평화광장
- 서문건널목
- 서문,남문사이통로
- 난지주차장A지역
- 난지주차장B지역
- 난지주차장C지역
- 난지주차장D지역
- 평화주차장교구별
- 평화1주차장A지역

원불교100주년기념대회 INTRO

A형배너 & 홍보현수막

- 평화1주차장B지역
- 평화1주차장C지역
- 서울광장 통행불편 A형배너
- 서울광장 100년발걸음전

- 개벽순례단 출정식
- 도로육교용
- 건물벽면용 (가로)
- 건물벽면용 (세로)
- 건물벽면용 (정사각)
- 교당 실내용
- 100일 개벽기도
- 천도재 (붉은색)
- 천도재 (회색)
- 적공뱅크단 발대식 벽면용
- 서울 원문화해설단 입학식
- 서울 원문화해설단 졸업여행, 발
- 거리홍보용(서울역사람길)

대회장현수막

- 주차장가는길
- 차량이동협조
- 게이트1
- 게이트2
- 교구별안내
- 상층부계단
- 내부출입구
- 경기장내부
- 북문출입교도안내
- 남문출입교도안내
- 남문중앙상단
- 경기장외부
- 테이블
- 잔디밭구역
- 원광대학병원 의료봉사
- 의전안내 리셉션홀
- 의전현관입구안내
- 의전주차장입구
- 의전서문출입구사이
- 의전안내부스
- 의전안내 서문차량출입구기둥

배너 & 부스현수막

- 개벽기도
- 기념대회 사전홍보
- 천도재 사전홍보
- 적공뱅크단
- 빅워크 홍보
- 집행위원회
- 의전안내 운영관리 출입구
- 의전안내
- 지하철안내
- 대회장 잔디밭구역 깃대
- 대회장 잔디위자리 안내

- 기념대회장
- 서울광장

스탠드박스 & 대회장 대형 현수막

- 서울광장 스탠드박스

- 남,북쪽 문
- 통천양쪽옆자리현수막
- 스카이박스하단
- 대회장 운동장직문
- 대회장 스카이통천
- 가로등깃발(북쪽12 서쪽8 남쪽20)

1. 기념대회 포스터1
2. 해원·상생·치유·화합의 특별천도재 팸플릿
3. KBS, JTBC 광고
4. 개벽이 인형제작
5. 독경훈련 교재
6. 다용도 스티커
7. 원불교100주년기념대회 1차 팸플릿
8. 주차안내 A형배너
9. 전광판 광고

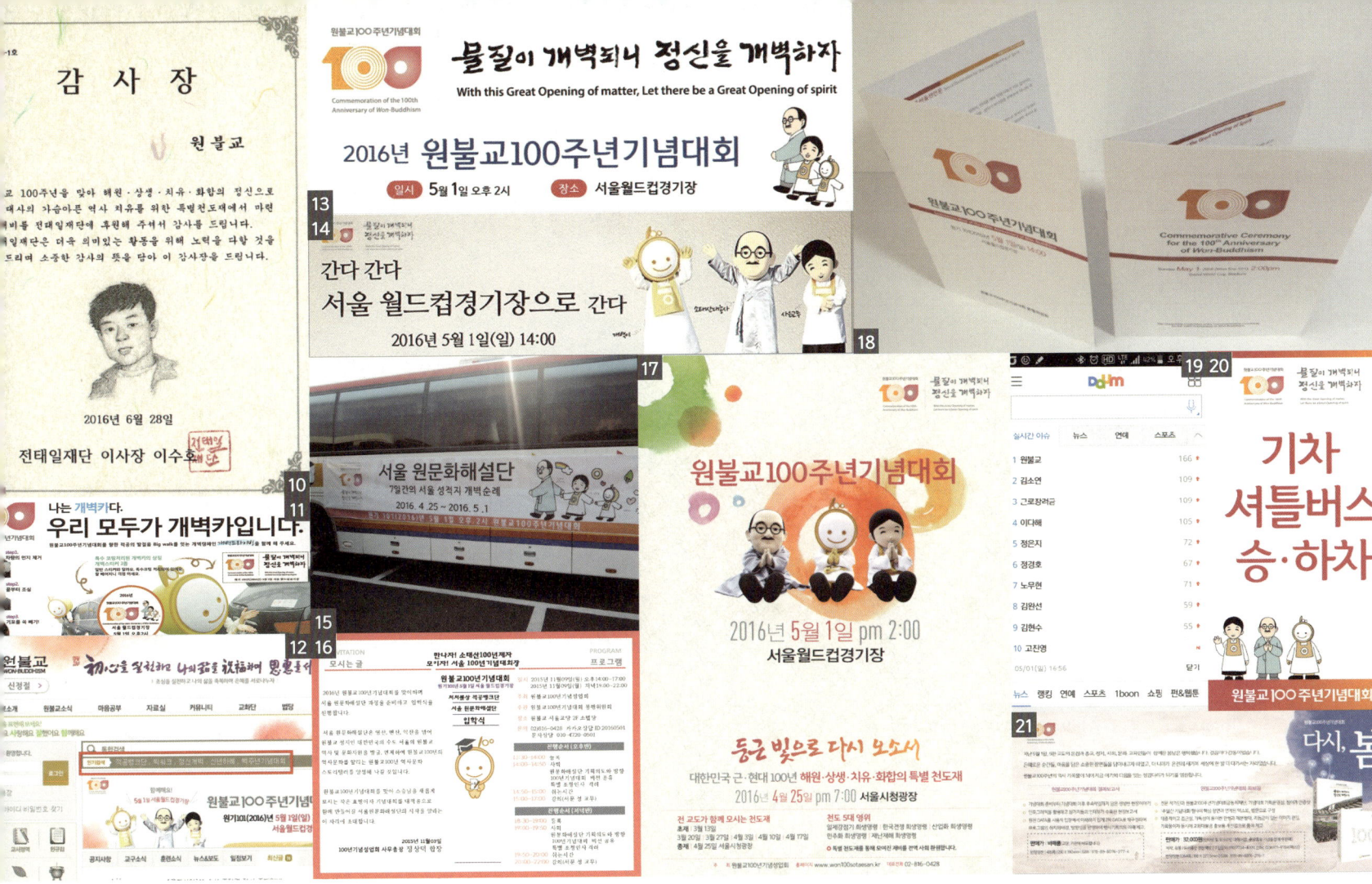

10. 재비환원 감사장
11. 차량스티커 광고
12. 원불교 홈페이지 배너광고
13. 익산역 간판광고
14. 자석 홍보판
15. 서울 원문화해설단 졸업여행 현수막
16. 온라인 초대장
17. 기념대회 포스터2
18. 원불교100주년기념대회 본행사 팸플릿
19. 포털사이트 "원불교" 검색어 1위
20. 안내 현수막
21. 원불교100주년기념대회 기록집&화보집 광고

다음배너, TV광고, 홈페이지 운영

Date	Impression	Clicks	CTR
2016.04.21	1,289,004	988	0.08
2016.04.22	1,171,503	850	0.07
2016.04.23	571,532	462	0.08
2016.04.24	392,600	366	0.09
2016.04.25	974,070	617	0.06
2016.04.26	888,970	449	0.05
2016.04.27	689,510	331	0.05
Total	5,977,189	4,065	0.07

* CTR(Click Through Ratio): 클릭수/임프레션 x 100 (임프레션: 노출수)

광고명	기간	일평균 노출수	일평균 클릭수	일평균 CTR
다음포털사이트 배너광고 (천도재, 기념대회)	2016.04.21 ~ 2016.04.27	856,159	667	0.078%

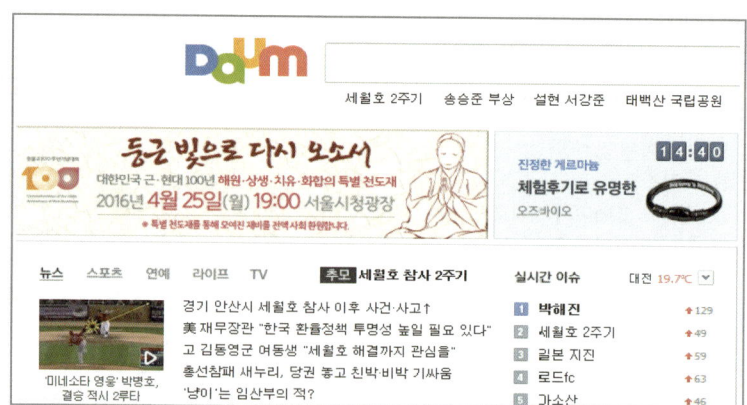

| | | 원불교100주년기념대회 | INTRO |

홈페이지 운영

- 1차 임시 홈페이지 운영   2015년 10월 ~ 2016년 3월
- 2차 공식 홈페이지 오픈   2016년 4월 ~
- 영문 홈페이지 오픈   2016년 4월 16일

홈페이지 주소

www.won100sotaesan.kr
(도메인 주소로 원불교 소태산을 알림)

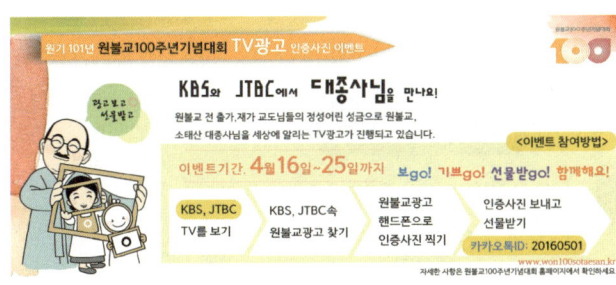

매체 방송기간	매체명	노출수
2016.04.10~04.24	MBC, WBS 라디오	130회 이상
2016.03.04~04.04	jtbc TV(뉴스룸 중심)	54회
	kbs 2TV(SA급)	12회

* TV광고 인증사진 이벤트 19명 참여

분석기간	페이지뷰	방문수
2016.04.05~05.03	89,580	22,816
2016.03.04~04.04	6,806	4,996
	1216.19% 상승	188.97% 상승

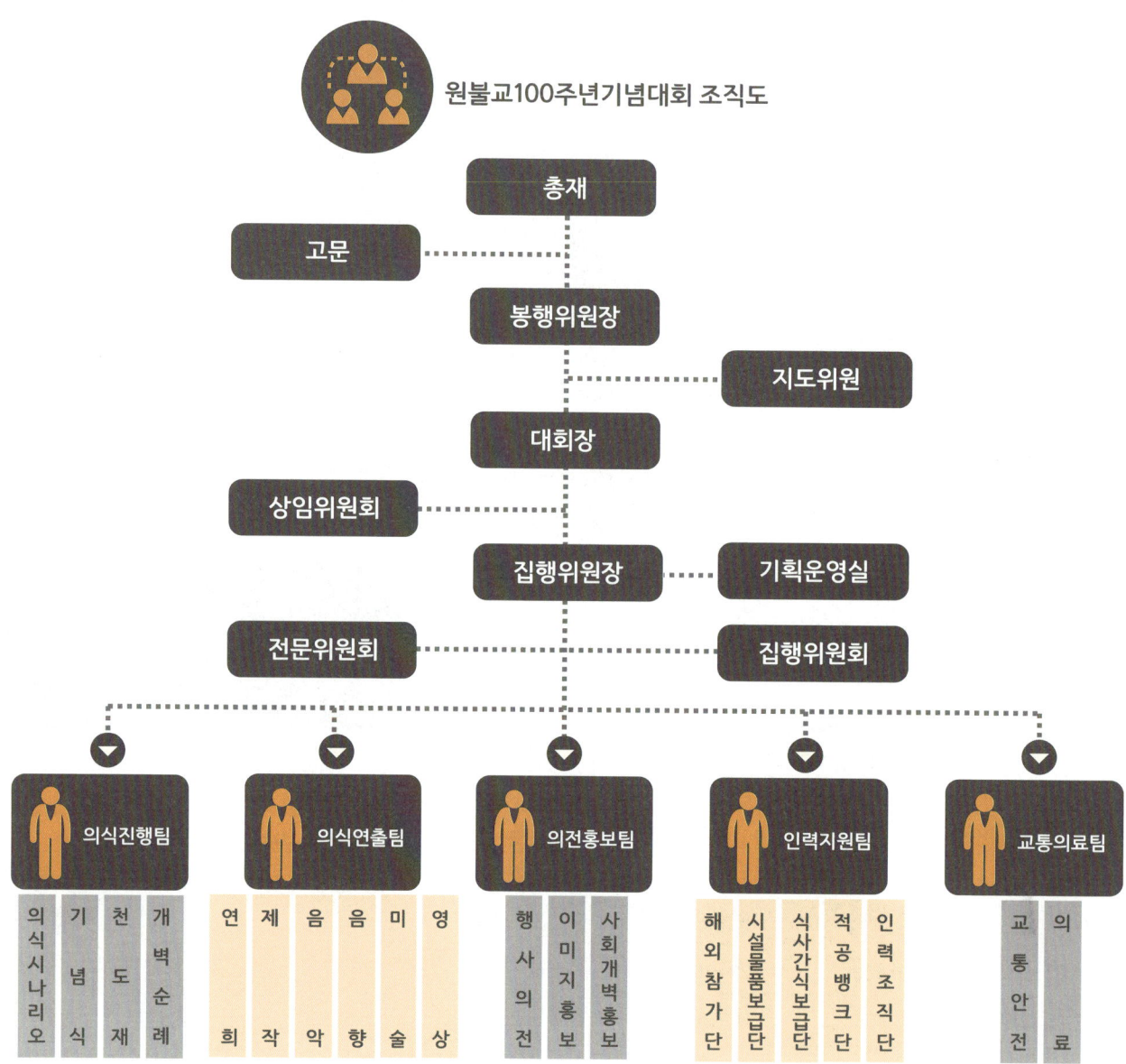

팀장회의

집행위원회

의식연출팀 감독진 회의

실무팀 현장답사

2016. 4. 25
서울광장

원불교 100년
근·현대 100년
해원
상생
치유
화합의
특별천도재

둥근 빛으로 다시 오소서

☀ 지 역 서울 중구
평균기온 17.2
풍속(m/s) 1.7

001

해탈천도를 위한 기원
49일 특별천도재 시작

3.13 초재를 시작으로 매주 전국의 모든 교도들이 정성을 다해 희생영령들의 완전한 해탈천도를 위해 기원드렸다.

일제강점기 희생영령

한국전쟁 희생영령

산업화 희생영령

민주화 희생영령

그리고 재난재해 희생영령이시어

오늘 이 자리 해원·상생·치유·화합의 대서원 굳게 세우시고 우리의 정성에 감응하고 감응하옵소서.

천도란?

사람이 죽은 후에만 천도를 받느냐고 묻는 제자에게 소태산 대종사는 "천도에는 생사가 다름이 없으므로 죽은 후에 다른 사람이 하는 것보다 생전에 자기 스스로 하는 것이 더욱 효과가 있으리라. 그러므로 평소에 자기 마음을 밝고 조촐하고 바르게 길들여, 육식(六識)이 육진(六塵)가운데 출입하되 물들고 섞이지 아니할 정도에 이르면 남을 천도하는 데에도 큰 능력이 있을 뿐 아니라 자기 생전에 자기의 천도를 마쳤다 할 것이다"(《대종경》천도품38)고 했다. 천도라 하면 흔히 죽은 사람의 영혼을 바른 길로 인도하는 일로만 여기기 쉽지만 원불교에서의 천도는 살아생전에 자기가 자기를 천도하는 일이기도 하다. 즉, 죽은 사람의 영혼을 바른길로 인도하고, 악한 사람을 선한 사람으로 전환시키며, 자기 자신을 진급시키는 노력을 하는 것을 말한다.

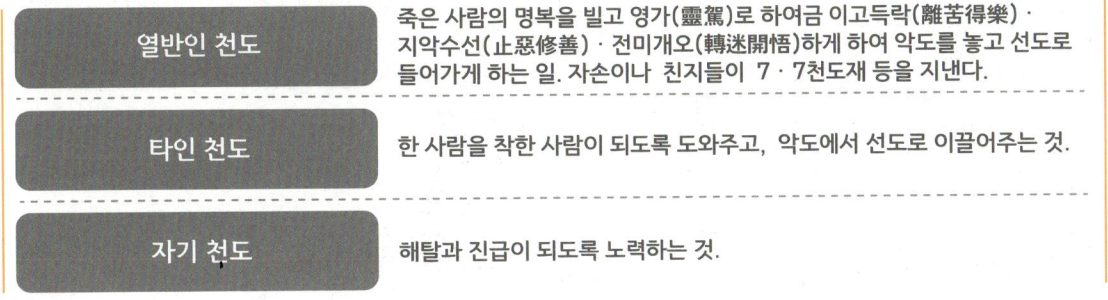

대종경 천도품 29장
박제봉(朴濟奉)이 여쭙기를 [칠·칠 천도재(薦度齋)나 열반 기념의 재식을 올리는 것이 그 영에 대하여 어떠한 이익이 있나이까.] 대종사 말씀하시기를 [천지에는 묘하게 서로 응하는 이치가 있나니, 사람이 땅에 곡식을 심고 비료를 주면 땅도 무정한 것이요, 곡식도 무정한 것이며, 비료도 또한 무정한 것이언마는, 그 곡출에 효과의 차를 내나니, 무정한 곡식도 그러하거든 하물며 최령한 사람이 어찌 정성에 감응이 없으리오. 모든 사람이 돌아간 영을 위하여 일심으로 심고를 올리고 축원도 드리며 헌공도 하고 선지식의 설법도 한즉, 마음과 마음이 서로 통하고 기운과 기운이 서로 응하여, 바로 천도를 받을 수도 있고, 설사 악도에 떨어졌다 하더라도 차차 진급이 되는 수도 있으며, 또는 전생에 많은 빚을 지고 갔을지라도 헌공금(獻貢金)을 잘 활용하여 영위의 이름으로 공중 사업을 하여 주면 그 빚을 벗어 버리기도 하고 빚이 없는 사람은 무형한 가운데 복이 쌓이기도 하나니, 이 감응되는 이치를 다시 말하자면 전기와 전기가 서로 통하는 것과 같다 하리라.]

3월 13일(일) 전 세계 각 교당과 기관에서 법회를 통해 봉행된 특별천도재 초재 : 개회사 발췌

"오늘은 원기 101년 3월 13일입니다. 환희의 백주년, 성업의 백주년을 맞이하여 우주에 성스러운 기운이 감돌고 새봄을 맞이하여 산하대지에는 초록빛 싱그러움이 가득한 은혜로운 시간입니다. 화려한 동양자수의 이면에는 무수한 얽힘의 매듭이 있습니다. 대한민국 근·현대 100년의 역사의 뒤안길에도 대립과 투쟁과 희생과 아픔이 많았습니다. 교단에서는 100주년기념대회를 앞두고 일제강점기, 한국전쟁, 산업화, 민주화, 재난재해 희생영령들을 위한 특별천도재를 거행하여 해원·상생·치유·화합으로 하나의 세계, 낙원세계를 건설하고자 합니다."

특별천도재 초재 / 영타원 김홍선 경기인천교구장

원불교100주년기념대회 특별천도재 | 사전준비

1_가락교당 2_사직교당 3_인천교당 4_금산교당 5_중앙총부 6_서울교당 7_토성교당 8_평화교당 9_구로교당 10_서초교당 11_남동교당
12_이문교당 13_익산교당 14_동이리교당 15_동해교당 16_송도교당 17_진안교당 18_안양교당 19_장충교당 20_방배교당

초재를 지내고 난 후 출가 교역자들의 감상글 모음

"교도님들과 합심으로 해원·상생·치유·화합의 특별천도재 초재를 원만히 진행하였다. 의식을 진행하는데 자꾸만 목이 메이고 가슴이 뜨거워졌다. 잠시 침묵이 필요할 만큼 감정 통제가 되지 않았다. 근·현대 100년 역사의 소용돌이 속에 숭고하게 또는 안타깝고 억울한 삶을 마감한 많은 희생 영령제위들의 통한이 전해져 오는 것 같았다."

"다행히 천도법문이 어찌나 수월하게 넘어가는지 많은 제위들께서 응감, 하감하신다는 기운을 느꼈다. 우리 교단이 100주년기념대회를 앞두고 어떻게 이렇게 의미 깊은 행사를 기획했는지 너무 기쁘고 감사하다. 음계와 양계가 함께 인증하고 반가이 맞이 해야 할 교단 100주년이 너무 반갑고 기쁘게 와닿는다."

"초재보다 더욱 정성합력하시는 교도들의 마음을 뵐 수 있었습니다. 검은 옷을 입으신 아버님께서 한국전쟁 때 행방불명 되신 분입니다. 이 분이 대표 분향하시고 천도법문 올릴 때 故김중환 영가를 비롯한 한국전쟁 희생 영령 이렇게 호명해 드립니다. 너무 감사하고 계십니다. 주례 재가교역자님들도 더 안정적이셨고, 축원문도 이끄시며 전 교도님들과 합독으로 올리는 데 장엄하게 느껴졌어요."

"원불교 100주년에 참 좋은 선택입니다. 하늘이 감응하고 땅이 감응하고 대중이 감응하여 모든 영령제위들 영전에 큰 광명이 함께 할 것입니다."

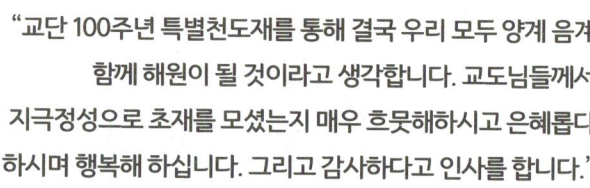

"100주년 100일 전부터 참석자들 명단 올리고 기도드렸더니 30년 천주교 다녔던 옛 꿈밭교도가 원불교에 나와서 교무를 돕고 있습니다. 100주년기념대회를 앞두고 기도하면서 옛 교도가 20명 연결됐는데 정말 좋은 이 법을 심어주고 싶습니다."

"목이 메이고 가슴이 뜨거워진다."

"교단 100주년 특별천도재를 통해 결국 우리 모두 양계 음계 함께 해원이 될 것이라고 생각합니다. 교도님들께서 지극정성으로 초재를 모셨는지 매우 흐뭇해하시고 은혜롭다 하시며 행복해 하십니다. 그리고 감사하다고 인사를 합니다."

"영령들이 몰려오고 있었다. 초재를 지낸 14일 월요일 새벽 좌선을 하는데 수많은 사람들이 일원상 쪽으로 몰려가는 뒷모습이 보였다. 희생영령들이 천도 받으러 몰려오는 것 같았다. 영령들이 기쁨과 감격으로 우리들의 천도재에 임하고 있음을 느낀다."

"특별천도재에서 5대 영령제위 관련 유족회를 모시는 준비단계에서 많은 고민을 했지만 우선 가장 귀한 유가족들은 원불교 교도 중에서 찾아주십시오. 멀리서 찾을 것이 아니라 바로 우리 교당, 내 옆의 도반, 내가 속한 지역민들 중에서 찾아주십시오."

원불교100주년기념대회 특별천도재 | 사전준비

001

대적공의 천도재로 만나소서
해원·상생·치유·화합의 특별천도재

양계의 인증과 더불어 음계의 인증이 막 쏟아져야 한다.
100주년을 맞이하며 음계의 인증을 받기위해 무엇을 할 것인가?
10년 대정진 기도와 기념대회 문열이로서 49일 특별천도재가 그 답이었다.

| 7. 7헌재 천도기간 | 전 세계 원불교 교당, 기관 |

초재 ▶ 이재 ▶ 삼재 ▶ 사재 ▶ 오재 ▶ 육재 ▶ 종재
3월13일(일) / 3월20일(일) / 3월27일(일) / 4월3일(일) / 4월10일(일) / 4월17일(일)

4월25일 월요일 19시
서울광장

* 모아진 재비는 전액 사회 환원함

추진배경	• 원불교 100년을 맞아 대한민국 근·현대 100년의 아픔을 위로하는 종교적 회심 구현 • 원불교 교법의 사회적 확산과 종교의 공익성을 실천하는 일원의 한마당 • 사회통합은 물론 평화통일을 위한 원불교의 대적공 행보로 기념대회 문열이 행사
대상 (5대 영위)	• 일제강점기 희생영령 제위 • 한국전쟁 희생영령 제위 • 산업화 희생영령 제위 • 민주화 희생영령 제위 • 재난재해 희생영령 제위

식순 | 사회 김법열 교무

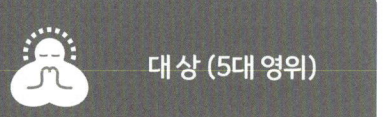

문화공연
진혼무
둥근 빛으로 다시 오소서

+ 개식
+ 경종 10타
+ 입정
+ 천도보고 ················· 정상덕 원불교100주년기념대회 집행위원장
+ 법공의 노래
+ 분향 헌배 ················· 한은숙 원불교100주년기념대회 대회장
　　　　　　　　　　　　유족대표(단체)
+ 고사
+ 설명기도
+ 성주 3편
+ 천도법문
+ 독경 (일원상서원문, 반야바라밀다심경, 참회게)
+ 축원문 ················· 김홍선 원불교100주년기념대회 부대회장
+ 종법사 법문 ················· 강낙진 법무실장(대독)
+ 연화헌공
+ 천도법등 밝히기
+ 대동천도
+ 해원·상생·치유·화합의 약속 ················· 한은숙 원불교100주년기념대회 대회장
+ 폐식

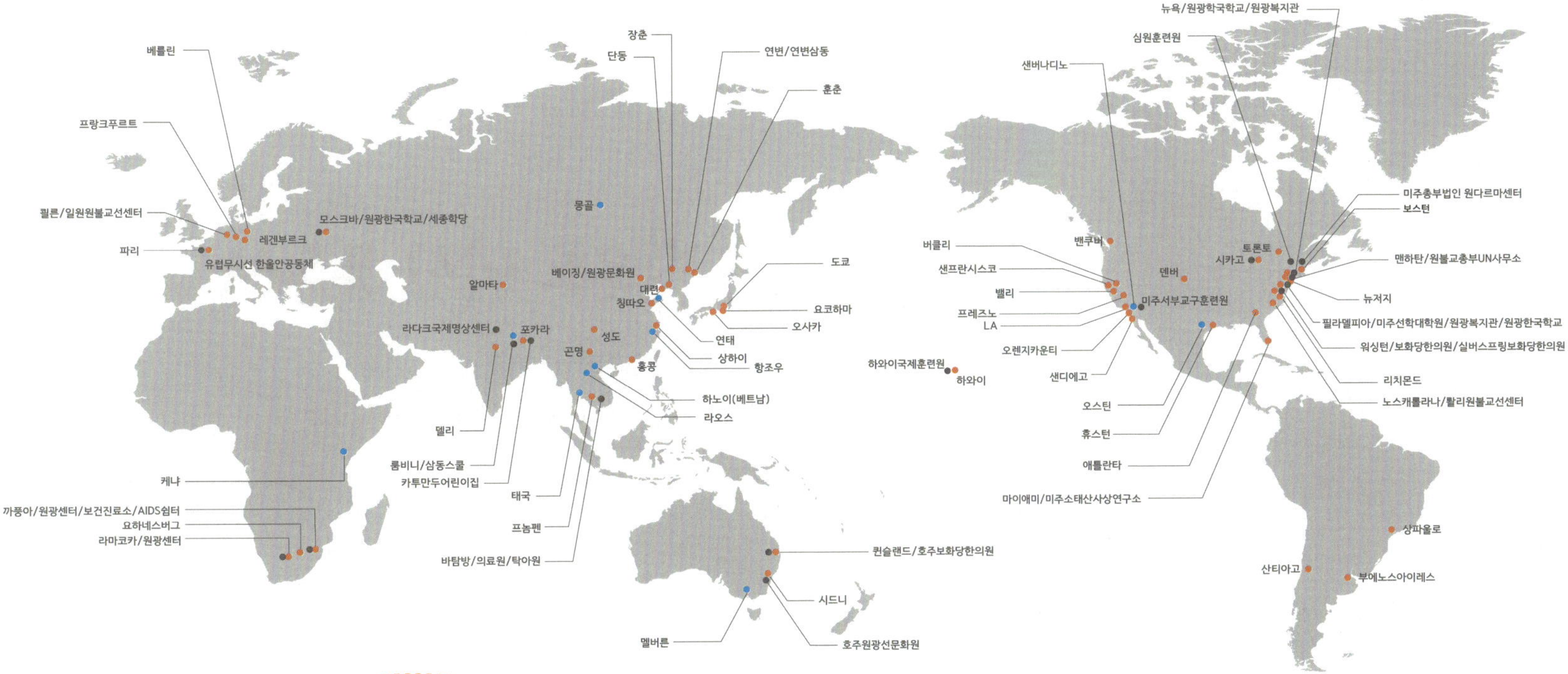

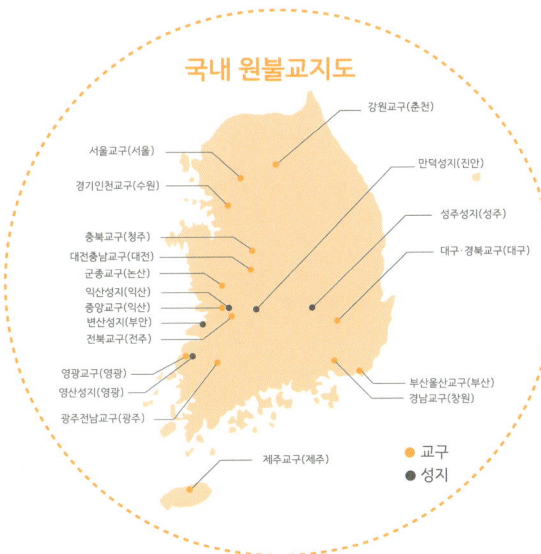

> 과학문명의 발달로 생활은 풍족해졌으나
> 행복한 사람은 적고 생명경시 풍조는 갈수록 심해진다.
> 천도재의 주제를 '둥근 빛으로 다시 오소서'라고 한 것은
> 서로의 원한을 풀고
> 다 함께 공동선으로 가자는 뜻을 담은 것이다.
> 안타깝게 세상을 떠난 영령들을 애도하고 그리워하는 유가족,
> 꼭 다시 만나자, 라는 간절함이다.
> 생명을 상징하는 둥근 빛,
> 일원의 진리를 상징하는 둥근 빛의 품안에서
> 다시 연(緣)을 맺기를 바라는 마음이다.
> 과거 억울한 죽음으로 유명을 달리한 5대 영위들은
> 우리 사회의 공도자이다.
> 우리가 마땅히 예를 갖추어야 한다.
> 삶과 죽음을 둘로 보지 말것이며
> 먼저 떠나신 분들을 위한 음계의 해원이 지금 여기
> 살아있는 자들의 양계의 화합으로 이어진다는 의미이다.

둥근 빛으로 다시 오소서

대한민국 근·현대 100년
해원·상생·치유·화합의 특별 천도재

2016년 4월 25일(월) 서울광장
천도재   19:00~21:00
부대행사 12:00~18:00

전 교도가 함께 모시는 천도재
초재 3월 13일
3월 20일 3월 27일 4월 3일 4월 10일 4월 17일
종재 4월 25일

천도 5대 영위
일제강점기 희생영령   한국전쟁 희생영령
산업화 희생영령   민주화 희생영령
재난재해 희생영령

※ 특별 천도재를 통해 모여진 재비를 전액 사회 환원합니다.

주최 원불교100년기념성업회   주관 원불교100주년기념대회 봉행위원회   홈페이지 www.won100sotaesan.kr   대표전화 02-816-0428

특별천도재 공식 포스터

천도,
치유된 아픔이 평화세상 이끈다

역사는 반복되며, 위로받지 못한 영령들의 아픔은 오랜 세월을 통해 사람들의 기억 속에 남아 있다. 사람도 아픔을 겪으면 이를 치유하는 데 얼마간의 노력과 시간이 필요하듯, 한 사회의 크고 작은 아픔도 그 치료의 정성 여하에 따라 성장 혹은 병들어 간다.

소태산 대종사는 천도의 공덕에 대해 "천지에는 서로 응하는 이치가 있나니 사람이 땅에 곡식을 심고 비료를 주면 땅이나 곡식이나 비료가 무정한 것이나 곡출에 효과의 차를 내나니 사람이 영을 위해 축원, 심고, 헌공을 하고 설법도 한즉 마음이 서로 통하고 기운이 응하여 바로 천도를 받을 수도 있고 또는 악도에서 차차 진급이 되는 수도 있나니 마치 전기가 서로 통하는 것과 같다"고 밝혔다.

원불교 100년의 역사는 한국사회의 100년이라 할 수 있다. 갈등과 반목, 불신, 물신주의를 넘어 상생과 화합으로 가는 길에 억울하게 희생된 영령들이 함께하고 있다.
과거 100년을 같은 호흡으로 살아온 그들을 치유하고 진실을 밝힘으로써 건강한 사회, 행복한 낙원을 이뤄가자.
4월25일 서울광장에서 종교적 신념을 뛰어넘어 세상의 아픔과 함께 할 원불교를 만나자.

원불교신문 1795호 2016.04.15 강법진 기자 ▶

001

감응하고 동행하다
감상담

한은숙 교정원장은 "49일간의 천도재는 단순히 49일의 의미가 아니라 원불교 100주년을 준비하는 10년 대정진 기도 역사가 있었다. 그 발걸음을 정성스럽게 밟아오면서 우리 시대 우리와 함께 한 민초들의 삶을 돌아보고 우리 사회에 어떻게 불공할 것인지, 조금이라도 헌신할 수 있는 지를 찾은 것이 특별천도재였다"고 전했다. (2016.6.22 천도재비 전달식)

10년 대정진 기도 ▶ **49일** 천도재 ▶ **100주년** 기념대회 특별천도재

4.25일 천도재에 참석한 세월호 유가족 고 오영석군 어머니 권미화씨는 "그 어떤 말보다도 교무님과 교도들의 진심이 담겨 있어서 여기 있는 엄마들과 자꾸 울었다"며 "모든 분들의 마음이 진심으로 고맙게 느껴졌다"고 눈물을 흘렸다.

"진정 낮은 곳에 있는 사람들과 함께 하는 종교, 원불교"

태평양전쟁피해자보상추진협의회 대표 이희자_2016년 7월 21일

1945년 우리나라가 해방되었지만, 일제에 의해 강제 동원되어 부모와 형제를 잃은 우리 유족들에겐 그 해방이 마냥 기쁜 것만은 아니었습니다. 아직도 우리 강제동원 피해 유족들 가운데는 아버지와 형제들이 어디서 어떻게 돌아가셨는지조차 알지 못한 사람들이 많습니다. 긴 세월 우리 국가기록원으로, 일본후생성으로 편지를 보내고 자료를 뒤져서 겨우 기록을 찾았을 때 그 기쁨은 아마 겪어보지 못한 사람들은 잘 알지 못할 것입니다. 그런데 기록은 찾았지만 더 청천벽력 같은 사실도 알게 됐습니다. 일본이 제 마음대로 야스쿠니신사에 강제로 합사해 일왕과 침략전쟁을 위한 일본의 귀신으로 만들겠다는 것입니다. 더구나 군인과 군속으로 끌려가 돌아가신 분들 대부분은 이름 모를 산과 밀림에 버려졌으며 탄광과 공사장에서 죽은 노동자들 역시 변변한 장례조차 지내지 못하고 객사했습니다. 그렇기에 우리 유족들에겐 억울하게 돌아가신 아버지의 넋을 위로한 뒤 편히 저 세상으로 모시지 못한 죄송함이 항상 있었습니다. 자식 된 도리를 하지 못하고 있다는 그런 죄송함과 함께 아버지를 빼앗아간 일본에 대한 분노가 오랫동안 가슴에 응어리져 한이 되어버렸습니다. 물론 우리들의 고통과 한을 제대로 대변하지 못하는 한국정부에 대한 원망도 있었고요. 그런 우리들이기에, 지난 4월 25일! 시청광장에서 열린 원불교100주년기념 천도재는 우리 마음속에 쌓인 울분과 한을 녹이는 따뜻한 빛이자 막힌 속을 시원하게 해주는 한줄기 바람과도 같은 것이었습니다. 아마 그 자리에 함께 했던 다른 희생자 유족 분들도 저와 같은 생각이었지 않았을까 생각합니다.

솔직하게 말씀드려서 저는 원불교를 잘 모릅니다. 다만 원불교가 사회활동을 많이 하고 있으며, 특히 우리 사회의 어두운 그늘이라 할 수 있는 약자들을 위해 좋은 일들을 하고 있다는 정도를 귀동냥으로 얻어 들은 게 전부일 것입니다. 그러나 적어도 이번 행사를 통해 원불교가 갖고 있는 참 마음을 느낄 수 있게 되었다는 것만은 분명하게 말씀 드릴 수 있습니다. 행사 초대를 받았을 때, 100주년이라는 뜻 있는 행사에 억울하게 돌아가신 분들의 넋을 기리고, 저희들처럼 한 많은 유족들을 위로하는 천도재를 지낸다는 이야기를 듣고서 너무 고마웠습니다. 그리고 천도재가 요란하거나 화려하지도 않고 엄숙하면서도 검소해서 더욱 감명 깊었습니다.
일을 추진하신 분들과 교도들의 참마음성을 느끼게 해 주는 행사였습니다. 이번 행사를 준비하면서 순전히 교도들이 낸 성금으로만 치렀다는 이야기를 나중에 사무총장님에게서 들었습니다. 그러한 귀한 성금으로 저희 단체를 비롯하여 여러 사회단체에 운영비를 후원해주신 것에 정말 감동했습니다.

심지어 저희 단체를 비롯하여 여러 사회단체에 운영비를 후원해주신 것에 정말 감동했습니다. 진정 낮은 곳에 있는 사람들과 함께 하는 종교가 아닌가 하는 생각이 들었습니다. 그런데 여전히 제 마음 한 곳엔 무거움이 가득하네요. 천도재 할 때 제 옆자리에 세월호 유가족 분들이 계셨는데 행사 동안 저는 그분들을 바로 쳐다볼 수가 없었습니다. 저는 아버지의 죽음을 가슴에 묻고 평생 살아왔지만, 세월호 유가족들은 자식의 죽음을 가슴에 묻고 살아가야만 하는 분들입니다. 힘내시라는 말조차 꺼내기 힘들어 그저 손만 잡았습니다. 원불교의 이번 천도재 행사는 저희들에게 힘을 내라고 격려하고 위로하는 따뜻한 손과 같은 것이었습니다. 저희들보다 더 힘없고 고통 받는 사람들에게 지금까지 그렇게 해오셨듯이 계속 손을 잡아주는 일을 하는 원불교가 되었으면 합니다.

"원불교에서 받은 것처럼
우리도 함께 희망 나누겠습니다"

세월호 희생자 단원고 2학년7반 오영석의 엄마 권미화_2016년 7월 21일

원불교가 100주년을 맞아 천도재를 지내주신 것에 대해 고마움과 감사의 마음을 늦게나마 전하려고 합니다.
2014년 4월16일 대한민국에서 가장 처참하고 믿을 수 없는 대국민 참사가 있던 그날……
304명의 희생자가 생겼고 그 가족들은 그 진실을 밝히려고 길고 힘든 싸움을 하고 있습니다. 가족을 잃은 슬픔을 받아들이기엔 아직도 힘든 시간들입니다
벌써 2년의 시간이 훌쩍 지나갔지만 앞으로 얼마나 더 긴긴 날을 버티고 싸워내야할 지 알 수 없는……
길고 긴 싸움 앞에 진실을 희망하며 가족들을 돕고 봉사해주는 종교와 자원봉사자들, 가족들, 힘든 나날 속에서도 서로 위로하며 함께 등 토닥여주며 힘든 시간을 이겨내고 있는 지금! 그 중에도 인권과 생명을 위하는 원불교인들의 모임이 함께 해줘서 고맙습니다.

원불교란 종교도 처음 알았지만, 인권과 생명을 구하고자 하는 원불교 교도들의 기도와 정성에 큰 힘을 받았습니다. 오늘도 힘찬 희망의 기도를 해주시는 교도들의 마음을 받고 있습니다. 늘 맑은 정신력을 불어 넣어주시고 희망을 함께 이루고자 해주신 덕분에 오늘 이 자리까지 우리가 올 수 있었습니다.
'세월호를기억하는 원불교인들의 모임'을 비롯해 많은 원불교 교무님들과 원불교 분들에게 고맙고 감사한 마음을 글로 전할 수 있어 더더욱 고맙습니다.
부지불식간에 별이 되어버린 우리 아이들과 선생님들,
함께 별이 되어버린 많은 분들을 위해서, 또 우리 역사 속의 수많은 아픈 죽음들을 위해서 천도재를 지내주신 것에 대해 감사의 절을 올립니다.
세상의 아픔들과, 권력의 횡포에 짓눌리고 고통 받는 낮은 곳의 사람들을 위해 언제나 함께 손잡아주고 노력해주시는 원불교에 한 번 더 감사를 드립니다.
지금처럼 생명과 안전, 국민들을 위해 기도해주시고 언제나 함께 해주시기 바랍니다.

모두의 희망인 안전사회까지 갈수 있게 끝까지 손잡고 함께 나갔으면 합니다. 모든 이가 평등하고 누구라도 생명과 인권은 존중받는 그날까지 함께 해주시길 부탁드립니다. 고맙습니다. 원불교의 원천 힘은 기도하며 행동하는 모든 이와 함께 하는 그 힘이라고 생각합니다. 국민들 생명을 지켜내자고 믿음으로 기도하면서 함께하던 교무님, 교도님들, 가족처럼 지내온 언니들, 당신들이 우리처럼 어렵고 소외된 이들의 등불입니다. 고맙습니다. 기도하는 그 모습, 그 마음, 그 눈물…… 그것들이 원불교가 존경받고 존중되는 큰 힘인 것 같습니다.

100주년을 기념해서 희생자들을 위한 천도재를 지내고, 또 그 기도의 정성으로 모인 기도금을 29개의 유족 단체를 위해 쓰일 수 있도록 해 주신 것에 더욱 감사하며 정성 모아주셔서 고맙습니다.
사랑합니다.
원불교에서 받은 만큼 저희도 희망 나눌 수 있을 때까지 끝까지 함께 해주세요.

감응이 큰
근·현대 100년 천도재

원불교100주년기념대회 특별천도재 | 사전준비

태평양전쟁 희생자 유족회부터 세월호 희생 유족까지 심금을 울리며 희생자들의 완전한 해탈천도를 기원한 천도재는 한국 사회에 해원상생의 메시지를 전달했다.
사실 특별천도재는 기획단계에서부터 시민 감응형 콘텐츠로 개발됐다. 이를 통해 천도재의 엄숙함과 함께 문화공연으로 감동의 어울림을 무대에 올려 상생의 분위기를 전하려 했던 것이다. 원불교가 평화 통일의 종교임을 대외에 천명했고, 49일 천도재를 통해 모인 재비와 모금액은 사회환원 기금으로 투명하게 집행하도록 했다. 대사회적으로 원불교의 이미지를 높이고, 종교인다운 역할로 국민들의 관심을 받았다.

특히 특별천도재와 연계한 스마트폰 빅워크 걷기 기부캠페인은 영육쌍전의 정신을 자연스럽게 실현하도록 기획했다.
이번 천도재를 위해 200명이 넘는 독경단이 꾸려진 것도 주목할 부분이다. 독경의 운곡이 개인마다 다양하게 나와 합창으로 독경하는 것이 그렇게 쉬운 작업은 아니다. 1, 2차 독경단 훈련을 통해 운곡을 통일했고, 개인별로 독경 정진으로 수준 있는 무대를 마련했다.
그런 의미에서 재가출가 교도가 참여한 독경단은 천도재의 또 다른 주인공들이다.
서울광장에서 특별천도재를 거행한 것도 의미가 있다. 좌우 이념대립뿐만 아니라 모든 시위의 중심이 되고 있는 곳이 서울광장이다.
이곳에서 해원상생, 대사면의 천도재는 분명 화해의 메시지를 전달했을 것이다.

원불교신문 1797호 2016.04.29 나세윤 기자 ▶

감응 큰 근현대 100년 천도재

기자의 시각

나세윤 편집국장

일찍이 이런 아름다운 천도재를 본 적이 있는가. 한편의 드라마 같은 천도재가 끝났지만 울림의 여진은 계속되고 있다. 대한민국 근현대 100년 해원 상생 치유 화합의 특별천도재 이야기다. 25일, 서울시청 광장에서 진행된 일제강점기 희생 영령, 한국전쟁 희생 영령, 산업화 희생 영령, 민주화 희생 영령, 재난재해 희생 영령 제위를 모신 특별천도재는 일반시민과 교도들이 참석한 가운데 진행됐다.

현장에서 지켜본 필자는 교단의 천도재가 이런 수준까지 올라왔다는 데 놀랐다. 아니 정확히 말하면 49일 종재까지 밀도있게 준비해 온 200여 명 독경단의 운곡과 잘 연출된 한마당이 압도한 천도재였다. 운곡에 맞춘 천도법문, 독경, 합창은 참여한 시민들과 교도들에게 해원상생의 기운을 선사하기에 충분했다.

문화공연으로 감동의 어울림을 무대에 올려 상생의 분위기를 전하려 했던 것이다. 원불교가 평화 통일의 종교임을 대외에 천명했고, 49일 천도재를 통해 모인 재비와 모금액은 사회환원 기금으로 투명하게 집행되도록 했다. 대사회적으로 원불교의 이미지를 높이고, 종교인다운 역할로 국민들의 관심을 받았다. 특히 특별천도재와 연계한 스마트폰 빅워크 걷기 기부캠페인은 영육쌍전의 정신을 자연스럽게 실현하도록 기획됐다.

이번 천도재를 위해 200명이 넘는 독경단이 꾸려진 것도 주목할 부분이다. 독경의 운곡이 개인마다 다양하게 나와 합창으로 독경하는 것이 그렇게 쉬운 작업은 아니다. 1, 2차 독경단 훈련을 통해 운곡을 통일했고, 개인별로 독경 정진으로 수준 있는 무대를 마련했다. 그런 의미에서 재가출가 교도가 참여한 독경단은 천도재의 또 다른 주인공들이다.

서울광장에서 특별천도재를 거행한 것도 의미가 있다. 좌우 이념대립뿐만 아니라 모든 시위의 중심이 되고 있는 곳이 서울광장이다. 이곳에서 해원상생, 대사면의 천도재는 분명 화해의 메시지를 전달했을 것이다.

태평양전쟁 희생자 유족회부터 세월호 희생 유족까지 심금을 울리며 희생자들의 완전한 해탈천도를 기원한 천도재는 한국 사회에도 해원상생의 메시지를 전달했다.
사실 특별천도재는 기획단계에서부터 시민 감응형 콘텐츠로 개발됐다. 이를 통해 천도재의 엄숙함과

현재의 한국은 독립운동부터 민주화운동까지 무명의 헌신들이 만들어 온 나라다. 특별천도재를 계기로 이제 대한민국이 좌우의 이념대립을 넘어, 원한과 슬픔을 넘어, 비통과 억울함을 넘어, 과거 묵었던 업들을 해원상생 새로운 나라로 나가길 기원한다.

001

'지극한 정성으로 하나 되소서'
독경단 모집부터 리허설까지

원불교 교법의 사회적 확산과 종교의 공익성을 실천하는 일원의 한마당
사회통합은 물론 평화통일을 위한 원불교의 대적공 행보로 기념대회 개막

100주년 결복기 행사의 문을 여는 대 사회적 종교 프로그램으로 근·현대 100년의 상처를 위로하여 원한을 풀고 상생 도모하는 종교적 회심을 구현하는 원불교 종교의식 행사로 기획하고자 했다.
이벤트 성격의 프로그램을 지양하며, 원불교 전 교도의 진정성이 담긴 일심 합력의 정성과 신앙수행 프로그램을 통해 원불교 교법의 사회적 확산과 종교의 공익성을 실천하여 사회통합은 물론 평화통일을 위한 원불교의 대적공 행보로 기념대회 개막행사를 기획했다.
수백만 명이 넘는 5대 영령제위들의 온전한 해탈천도를 기원하는 특별천도재 종재에 앞서 100일 개벽기도, 전 교도의 49일 천도재로 음계의 해원으로 양계의 화합을 염원한 대사회불공 프로그램으로 기획했다.

모집포스터

100년 기념대회 특별천도재
출·재가 각 100명 독경단 모집

일시 원기 101년 4월 25일 월요일 18:00~20:00　**장소** 서울 시청광장

원불교 100년 기념대회
해원·상생·치유·화합의
천도재에 함께할
출·재가 독경단을 모집합니다.

2016년 '100주년 기념대회' 주간의 문을 여는 4월 25일 서울광장에서 열리는 천도재는 근·현대 100년의 상처를 위로하는 일원의 마당이 될 것입니다. 또한 원불교 100년 교법의 사회적 확산과 사회통합은 물론, 평화통일을 위한 원불교의 대적공으로 종교의 공익성을 실천하는 자리입니다. 원불교가 평화통일 상생의 종교임을 알리고, 재비 모금액은 사회 환원 기금으로 투명하게 사용하겠습니다. 소태산 대종사님을 모시는 100년의 제자들인 우리 모두가 함께합시다.

구분	행사내용	행사일정	세부내용
사전	출·재가 독경단 모집	15. 11. 8~11. 30	출·재가 독경단 각 100명 (재비 1인당 10만원 이상)
	독경단 전체 워크숍	15년 12월~16년 1월초	천도재 독경단 전체 워크숍 1~2회
	독경단 100일 기도	16. 1. 16~16. 4. 25	100일 기도와 독경 집중 훈련
당일	본 행사	18:00~20:00	천도 의식, 일반분향, 재주 발언, 천도 씻김 문화공연 등
	주변행사	12:00~20:00	천도문화 프로그램, 위패걸기 참여, 씻김茶 등 원불교 및 천도재 관련 전시&홍보부스 등

※ 준비위원 신청 시 필수사항을 반드시 읽어보시고 신청서를 제출해 주시기 바랍니다 (신청서는 홈페이지에서 다운)
① 2016년 4월 25일(월) 천도재를 위한 D-100일 정진기도와 독경훈련에 적극 참여하실 출·재가 교도
　(기본적으로 개별 진행하되, 세부지침은 다시 안내 예정)
② 재비 10만 원 이상 참여하실 출·재가 교도(천도재 참여 재비 입금계좌는 추후공지)
③ 워크숍(15년 12월~16년 1월초/1회~2회) 등 준비일정에 참여하실 출·재가 교도
④ 2016년 4월 25일(월) 반드시 참석 가능한 출·재가 교도

문의사항　100년 기념대회 기획운영실 T.02-816-0428 F.02-816-3174　｜　카카오톡ID 20160501
문자 010-4720-0501　｜　홈페이지 www.won100.org　｜　대표메일 100wonbul@gmail.com

---

2015　11.08 ~ 11.30
독경단 모집

▼

2016　01.17 ~ 01.18
1차 독경훈련

▼

2016　02.26
2차 독경훈련

▼

2016　04.25
독경단 리허설

독경단 신청자 연령별 현황

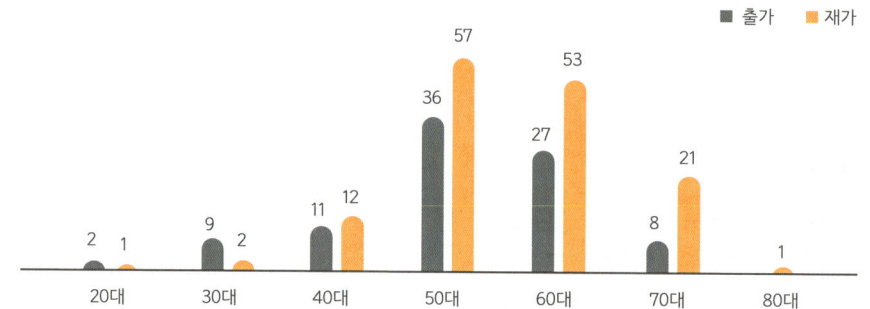

독경단 신청자 교구별 현황

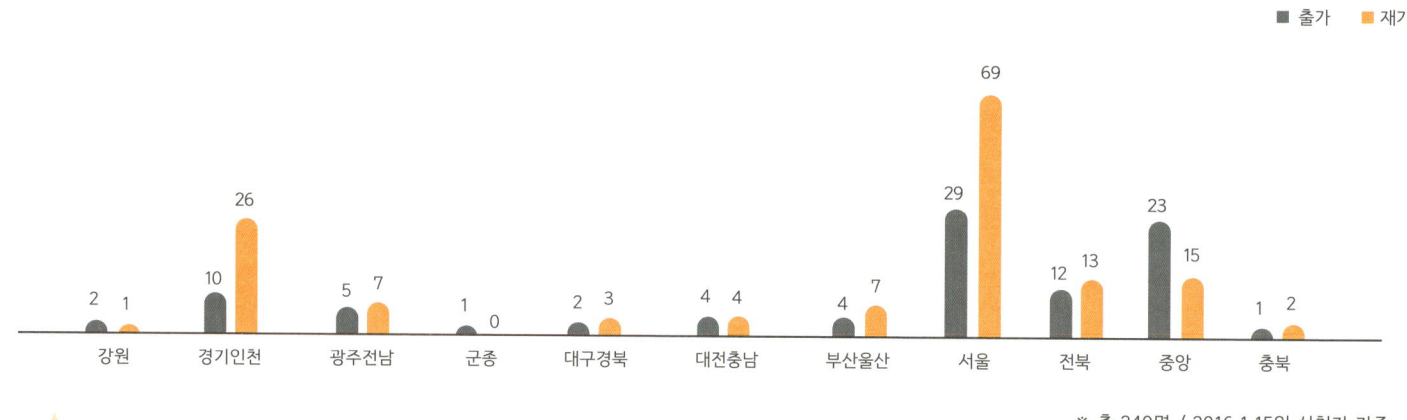

※ 총 240명 / 2016.1.15일 신청자 기준

> 서울시청앞 서울광장에서 거행된 한국 근·현대 100년의 어둡고 힘든 영혼들에게 해원·상생·치유·화합의 천도재에 독경반으로 참여했다. 이어서 5월 1일에는 내 생애에 두 번 다시 오지 않을 원불교100주년기념대회에도 독경반의 일원으로 참석해 감격의 기쁨을 함께 했다. 10년대정진기도를 했으니 남편이 독경반에 참가해 보라는 권유로 신청하게 됐다. 대구경북교구에서는 나와 몇 분이 참가했다. 72세의 나이에 반나절이 넘는 시간을 대중과 함께한다는 것은 참 힘든 일이었다. 어지럼증이 생겨나서 잠시 쉬기도 했지만 '내 생에 한번'이라는 일념으로 이를 악물고 독경반에 참여했다. 그것을 본 남편은 "참 대단하다. 너무 잘했다"고 격려해, 일생 남편에게 듣지 못했던 칭찬을 들었다. 요즘은 그 일을 계기로 남편에게 "고마워요. 감사해요"라는 말을 자주 듣는다. 서로가 불공의 대상이 된 것이다. 기념대회를 마치고, 꿈을 꿨다. 온통 사람들이 가득 차 있는데, 키가 하늘까지 붙어 있었다. 하도 이상해 부산에 사는 큰 딸에게 전화해, 꿈 이야기를 전했다. 큰 딸이 "영가들이 어머니의 천도 정성에 감응해 고맙다고 인사하는 것 같다"고 해몽 해준다. 기정교 교도/대구교당

지역(단체)	명단
강원	김순명, 김해인, 김현명
경기인천	강신원, 고정선, 곽신정, 김덕연, 김성오, 김세연, 김우형, 김원법, 김정인, 김현정, 김혜옥, 문세영, 문수경, 민성권, 박경원, 박인광, 박준덕, 백상덕, 서학심, 송법연, 송혜운, 심상원, 여덕혜, 유신화, 유지성, 이경희, 이덕진, 이명현, 이상선, 이선조, 이순오, 이양인, 장오성, 정명철, 조연봉, 최재인, 최형일
광주전남	강수정, 김계현, 김상화, 김은중, 오여원, 유덕정, 윤지현, 이양명, 정혜전, 조법연, 하성래, 황영지
군종	강동현
대전충남	김명정, 김성혜, 김종진, 석희경, 석희진, 이명신, 지선양, 허묘성
대구경북	기정교, 김경진, 이명수, 이중도, 정홍만, 조윤덕, 최용정
부산울산	김달인, 김대신, 김도심, 김효민, 남관주, 박진근, 안명조, 이강원, 이덕윤, 이도인, 이인주, 장명주, 정은경, 최봉은
서울	강진옥, 강진형, 고순일, 고진양, 공선용, 곽배현, 권성연, 김경선, 김금정, 김길원, 김대혜, 김덕수, 김덕은, 김동원, 김보인, 김성관, 김성연, 김숙인, 김영선, 김영주, 김우정, 김원화, 김윤성, 김은정, 김정진, 김지선, 김지원, 김찬원, 남효정, 류대상, 박명은, 박법일, 박성연, 박성원, 박유정, 박은진, 박인경, 박인덕, 박화영, 배명중, 배정혜, 서소영, 서원중, 서항심, 소중각, 송선경, 신선도, 안미선, 안정연, 오영명, 오정인, 원용희, 유현옥, 윤광준, 윤지승, 이규연, 이근수, 이도광, 이도일행, 이성두, 이수진, 이용정, 이윤덕, 이윤진, 이장선, 이정근, 이정도, 이종화, 이혜성, 이호선, 장석준, 전동성, 전홍원, 정도영, 정성학, 정승제, 정안중, 정은수, 정태원, 제공은, 조환국, 주경신, 차원선, 최덕연, 최도정, 최원심, 최자혜, 최현인, 최희봉, 한도중, 한명진, 한성봉, 한윤우, 허성원, 홍지선, 황덕규, 황도묵, 황도연, 황은진
전북	고재일, 기정현, 김도영, 김선지, 김수덕, 김정완, 김현일, 박도응, 사영인, 성명종, 손원덕, 양인경, 오도원, 이도은, 이성진, 이소영, 이수묘, 이순인, 이진도, 전성은, 전인정, 정덕균, 정유성, 정현성, 지원, 한시혜
중앙	강다정, 강은명, 고원선, 고주심, 김광인, 김명은, 김복환, 김선희, 김홍인, 류성룡, 류종인, 모경희, 박수연, 서삼수, 송선만, 송숙정, 안도석, 안순영, 안정은, 이선미, 이선오, 이수철화, 이수현, 이정심, 이진아, 이현진, 전도진, 정봉원, 조세련, 지현관, 최강연, 최정안, 최정윤, 한수덕, 한연심, 홍경봉, 황영규, 황우명
충북	김법종, 오수현, 이길량

※ 총 248명 / 2016.2.26일 이후 신청자 명단(추가 신청 및 중도 포기자 포함)

독경훈련

구분	날짜	시간	프로그램	사회자/진행자
1차훈련 (중앙중도훈련원)	1월17일(일)	17:00 ~ 17:30	도착, 방배정, 짐풀기	
		17:30 ~ 18:10	저녁식사	
		18:10 ~ 18:25	3층 선실 착석(성가, 영상)	박찬미 작곡가/이경선 지휘자
		18:30 ~ 19:10	독경단 결제식(위촉장 수여)	김은경 부집행위원장 / 한은숙 교정원장
		19:20 ~ 21:20	100년의 독경훈련(1)	고원주 교무 / 김동원 총연출감독
		20:30 ~ 21:30	100주년기념대회 천도 적공의 가치와 중요성	최희선 교무 / 황도국 서울교구장
	1월18일(월)	05:00 ~ 06:00	새벽기도 및 독경	정상덕 사무총장 / 전원참석
		07:00 ~ 07:50	아침식사, 짐싸기	
		08:10 ~ 09:30	천도재 예절훈련(합창, 절, 걸음, 복식)	윤혜원 교무 / 이진수 교무
		09:50 ~ 11:30	100년의 독경훈련(2)	김성진 교무 / 김동원 총연출감독
		11:30 ~ 12:00	독경단 해제식, 점심식사 후 귀가	김은경 부집행위원장/정상덕 사무총장
2차훈련 (서울교당)	2월26일(금)	09:30 ~ 10:00	접수 및 안내(교재, 이름표, 안내 등)	
		10:00 ~ 10:30	결제식 • 기념대회 세부안내(천도재 및 기념식 중심) • 독경단 향후 일정 안내	김은경 교무/박명은 교무
		10:30 ~ 12:30	독경훈련 1(1차 훈련 복습)	김동원 총연출감독
		12:40 ~ 13:30	점심식사	
		13:30 ~ 14:30	독경훈련 2 • 삼단전소통 발성법(상,중,하 단전 점검과 발성을 통한 능력향상)	박대성 교무
		14:40 ~ 17:10	독경시연(천도재 및 기념식용 독경 시연)	김동원 총연출감독
		17:10 ~ 17:30	해제식	김은경 부집행위원장/정상덕 사무총장

원불교100주년기념대회 특별천도재 | 사전준비

* **1차훈련(1.17-1.18 중앙 중도훈련원)**

1,3_ 석산 이진수 교무의 천도재 예절훈련
2_ 단체사진
4_ 100년성업 결의구호
5_ 결제식, 해제식
6_ 원불교100주년기념대회 천도 적공의 자취와 중요성 / 황도국 서울교구장

    구인선진들이 법인기도를 올리셨듯이 기념대회가 열리기 전 100일 동안은 다시 한 번 우리들의 마음을 결속하고 법계에 서원과 원력을 세우자. 이 역할을 부여받은 우리는 '법계의 밀사'들이다. 시청광장에서 열리는 특별천도재 종재로 음계의 기운을 돌리고 서울월드컵경기장에서 열리는 기념대회로 양계의 정신개벽을 선포하면 100년 이후 교단의 앞길이 양양할 것이다.

김동원 총연출감독의 독경훈련

독경과 염불은
하나이나 펼치는 길이 다양한 가운데
자연스러운 조화를 이루게 된다.
독경은 습관적으로 하지 않고
자연스러운 발성과 우리말의 특성을 살려 하되
희로애락에 물들지 않도록 해야한다.

김동원 총연출감독
(원광디지털대학교 전통공연예술학과 교수)

독경훈련

몰랐던 발성법을 알게 되어 좋았습니다.
그동안 습관적으로 했던 독경을 반성하게 됐습니다.
강신원 교도(산본)

내 생애 이런 기회는 두 번 다시 없을 텐데, 백년성업에 동참하게 되어 즐겁고 가슴이 뜁니다.
김성연 교도(강동)

해원 상생이란 단어가 가슴에 닿아 신청한 독경단. 그 출발점인 이틀간의 훈련. 가슴벅찬 시간이었습니다. 100년성업의 밀알이 되겠습니다. 모두 고맙습니다. 감사합니다.
이중도 교도(강북)

초창기 구인선진님들께서 법인 성사를 이루셨듯이 원불교 100년을 맞은 지금 우리가 다시 한 번 세계 평화와 인류의 행복을 위하여 그동안 다져온 기도 일념을 바탕으로 해원 상생 치유 화합의 특별 천도재 독경단을 지원했습니다.
전 세계 일체 생령이 본래 하나요 한 형제임을 알아 상생과 평화로 살 수 있도록 일심 정성으로 기도 할 수 있는 힘을 충전하고 왔습니다. 감사합니다.
서삼수 교도(정토회)

우리 영생을 통하여 이렇게 영광스럽고 감동적인 일을 또 할 기회가 주어질까요? 10년간의 긴 기도가 마무리되는 시점에 다시 해원 상생 치유 화합 해탈 적공의 독경반에 참가하는 광영이라니요! 가슴벅찬 훈련. 감동의 1박 2일이었습니다.
박인광 교도(인천)

일백골절이 다 힘이 쓰이고 일천정성이 다 사무치게 정진하며 정성 합하겠습니다.
이상선 교무(안양)

원불교100주년기념대회 특별천도재 | 사전준비

* 2차훈련(2.26 서울교당 대각전)
1, 3, 4_ 독경훈련
2_ 박대성 교무의 삼단전소통 발성법
5_ 성명종 교무의 독경

특별천도재 리허설(2016.4.25 서울시청광장)

시간	구분	장소	담당	내용
11:00	꽃꽂이, 불구 설치 완료	불단	장상인, 김성우	꽃꽂이, 불전도구(경종/목탁/촛대/향로/향/양초/죽비), 의식문(고사/설명기도/천도법문/축원문), 사회석(죽비), 천도보고문, 종법사 법문
	독경단 연습	시민청 태평홀	김동원 총연출 감독	개인방석, LED초, 팸플릿 지급(김윤경, 홍현진), 인원 파악, 무대 자리 선정, 출연자 파악
	연화헌공팀 연습	원무팀 텐트	송세주	개인방석, LED초, 팸플릿 지급
	안내, 진행 요원 교육	독경단 텐트	김성진, 박화영, 윤혜원	현장별 상세 교육 및 위치 확인, 교재 준비
12:00	점심 식사	독경단-태평홀 원무팀-텐트 요원-독경단 텐트	인력지원팀	인원수 파악하여 각 장소에 배부
13:00	부대 행사 시작	행사 부스	윤대기 외 부스 담당자	부스별 타임 개장
	안내 부스 물품 점검	안내/접수/본부텐트	각 파트별 조장	팸플릿, 개인방석, LED초, 헌공함 물품 점검, 일반분향대 위치/물품 점검
	안전 요원 장소 점검	각 위치별	각 파트별 조장	각 위치별 현장 점검, 동선 파악
	리허설 시작	무대	표원국, 성삼경, 김달인	사회장, 연화헌공 리허설
14:00	리허설(독경단, 주례단, 사회)	무대	표원국, 성삼경, 김달인	사회자, 독경단, 주례단 리허설
15:00	대중 입장 시작	잔디밭		지정석 통제
15:30	지정석 방석 설치	잔디밭	인력지원팀	전무출신석/유족석 방석 설치
16:00	드레스 리허설	무대	인력지원팀	독경단, 연화헌공, 오케스트라, 진혼무, 사회자
17:00	저녁 식사	독경단-태평홀 원무팀-텐트 요원-독경단 텐트		인원수 파악하여 각 장소에 배부, 안내요원, 안전요원은 교대로 식사

독경단 리허설 안내 문구
천도 축원의 지극한 정성을 올리기 위해 재가출가 200여 명으로 구성된 독경단이 특별천도재 종재식에 함께 한다.
- 천도재 독경단에 참여하는 교도들의 복장은 100주년기념대회의 특별한 의미를 담아 교복과 법락 착용을 한시적으로 허용한다.
- 천도재에 참석하는 전무출신 역시 교복과 법락을 착용한다.(전무출신석 별도 지정)
- 독경단은 불단 무대 위에 자리하며, 독경단 개인자리는 25일 당일 리허설 시 확인할 수 있다.
- 독경단은 오전 11시까지 서울광장에 모여 안내를 받아 독경 연습 장소로 이동한다.
- 독경단 개인물품을 보관하는 장소는 따로 마련되어 있다.
- 의식에 참여하는 독경단은 경건하고 숭고한 정신을 유지할 수 있도록 한다.

꽃꽂이, 불구 설치

- 꽃꽂이: 김혜연 교도, 김진홍 세컨드가든 대표
- 위패: 동그라미플러스 구형선 대표

첫째, 참회의 눈물이 함께하는 천도재입니다.

일제강점기 희생영령, 한국전쟁 희생영령, 산업화 희생영령, 민주화 희생영령, 재난재해 희생영령들을 부르고 설명기도를 올리면서 눈시울이 뜨거워 졌습니다. 기도를 드리며 가난 속에 회상을 일궈내셨던 선진님들, 나라를 빼앗기고 숨죽이며 사셨던 일제강점의 영령들, 한국전쟁의 소용돌이와 산업화의 과정과 민주화의 열정, 사회 정의를 향한 몸부림으로 아픔을 견뎌낸 영령들을 만나서 함께 참회하며 한을 풀고 싶습니다.

둘째, 안심하시고 다 푸실 수 있는 열린마당을 열어주는 천도재입니다.

천도재의 깊은 적공이 있으신 선배님께서 전화를 주셨습니다. 이분들의 천도재를 지내보니 뜻이 강직하고 올곧게 사신분들이라 쉽게 마음을 여시지 않는다는 말씀이셨습니다. 그래서 재비도 더 놓고 매일매일 빠짐없이 말 그대로 정심재계하고 특별히 천도재를 모시고 있답니다. 정산 종사께서는 "조선 500년 차별받은 영가들께서 마음을 풀어야 통일이 된다"하신 법문처럼 영령들이 충분이 해원하시고 상생할 수 있는 개벽의 소식을 전해야 합니다. 그 외로움을 달래주고 다시 오시는 길, 따뜻하고 정겨운 자리가 되도록 재비도 더 올리고 촛불도 더 밝히고 목탁소리 더 크게 울리고 경산 종법사님의 특별천도재 법문도 더 소리높여 올려드리고 있습니다.

셋째, 둥근 빛으로 다시 오시도록 손 잡아주는 천도재입니다.

한을 풀어주고 눈물을 닦아주고 위로를 해주는 진정한 천도는 새 몸을 받도록 손을 잡아주고 그 광명의 빛을 밝혀드리는 것입니다. 우리의 천도재는 동행의 길이고 대동화합의 길입니다. 매이지도 않고 여의지도 않는 일원의 품에서 다시 태어나게 하는 성스러운 천도재입니다. 이 천도재의 공덕으로 산사람의 천도도 함께 병진하여 사회통합의 큰 길로 나아가야 합니다. 정치적 진영논리, 마음속 지역감정, 우리 것이 최고라는 이기주의, 물질중심의 편리에 기울어진 지금의 내 삶을 천도시켜야겠습니다. 혹 교화에 나태함이 있었다거나 욕심이 서원을 이기고 올라오는 그 마음을 조복 받을 수 있는 귀한 기회입니다. 천도재를 통해 교화의 새로운 인연불공이 되고 있다는 현장 교무님들의 미소에서 교화의 희망을 발견합니다. 이 천도재의 공덕으로 꽉 막힌 남북통일의 새 길이 열리고 세계평화의 꽃이 필 것이라는 그 말씀에서 우리의 존재감이 확인됩니다. 종사위석을 포기하시고 독경단의 그 자리를 지키고 싶다는 수도원 원로님의 겸허한 일심천도에서 다시 정신이 번쩍 납니다.

수산 정상덕 합장(원불교100년기념성업회 사무총장)

2016년 4월 17일 특별천도재 6재(서울교당 설법)

종사위석을 포기하고 독경반 자리를 지키겠노라 하셨다는 원로교무님의 이야기에서는, 근래에 허리디스크로 불편하신 몸을 잘 추스려서 독경반으로 반드시 25일 천도재에 참석하려고 노력하고 계신다는 어떤 원로 종사님이 생각납니다. 모든 분들, 특히 재가출가 원로님들 건강 잘 챙기셔서 꼭 25일 천도재 종재식에 함께할 수 있도록 기원드리겠습니다. 박인광 합장(독경단 재가교도 대표)

원불교100주년기념대회 특별천도재 | 사전준비

대적공 천도재와 함께하는 발걸음
빅워크 캠페인
D-100

원기 101년 1월 22일

세상을 위한 개벽, 적공, 천도의 100일 발걸음이
특별천도재의 정성을 모으기 위한
100일 개벽기도와 함께 시작되었습니다.

- 기간 : 2016년 1월 22일 ~ 5월 1일
- 총 참여자 수 : 3,452명
- 총 발걸음 : 25,000,515눈
- 총 기부액 : 5억 2천만 원(총30개 단체)

원불교니까, 자리이타

개벽의 발걸음을 쌓고 개벽의 발걸음을 위한 마음을 쌓아 4월 25일 진행되는 특별 천도재를 통해 모여진 재비를 대한민국 근·현대 100년의 일제강점기, 한국전쟁, 산업화, 민주화, 재난재해 희생영령을 위해 전액 사회 환원합니다.

원불교니까, 영육쌍전

'빅워크와 함께 걷는다는 것'은 기념대회 문열이 행사인 해원·상생·치유·화합의 특별천도재가 사회 공헌 플랫폼에서 구현되는 원불교 100주년 캠페인에 참여한다는 것입니다. 22일 모음통이 시작되어 개벽이들이 각자 일상생활을 하며 개벽의 발걸음을 다함께 적공하며 걷고 있습니다.
'물질이 개벽되니 정신을 개벽하자', 100년 전 대종사의 말씀과 100주년기념대회의 주제어를 사회적으로 선용하고, 재해석하여 전 국민이 함께 동참하는 사회공헌 캠페인으로 확장해 나가고자 합니다.

내가 걷는 걸음 걸음이 기부로 이어지는 발걸음의 사회 환원! 함께해요

빅워크

적정한 IT기술 등을 활용하여 걸음으로 기부하는 사회공헌 채널로 사용자가 앱을 실행하고 걸으면 스마트폰의 GPS기능을 이용, 걷기 10m에 1포인트(noon)가 적립되어 이벤트에 참여하는 방식입니다. 원불교의 이야기에 공감하시는 분들이 걸음을 모아 원불교가 제시한 거리를 달성하면 기부금을 원하는 곳에 전달하는 방식입니다.

안내 공문 발송

공문번호	발송일	제 목
101-22	160303	대한민국 근·현대 100년 해원·상생·치유·화합의 특별천도재 봉행의 건(안내요강, 의식문, 포스터 발송)
101-37	160307	대한민국 근·현대 100년 해원·상생·치유·화합의 특별천도재 종재식 안내의 건
101-42	160409	대한민국 근·현대 100년 해원·상생·치유·화합의 특별천도재 종재식 안내의 건(종재 의식문 발송)

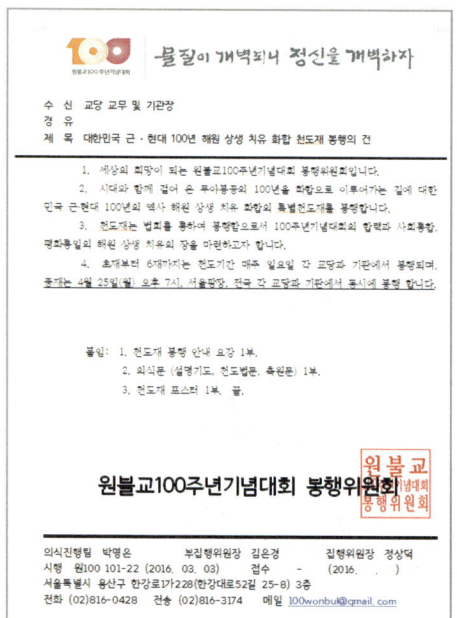
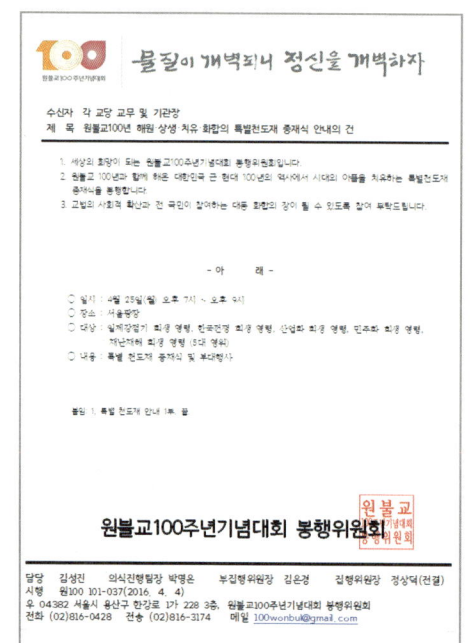
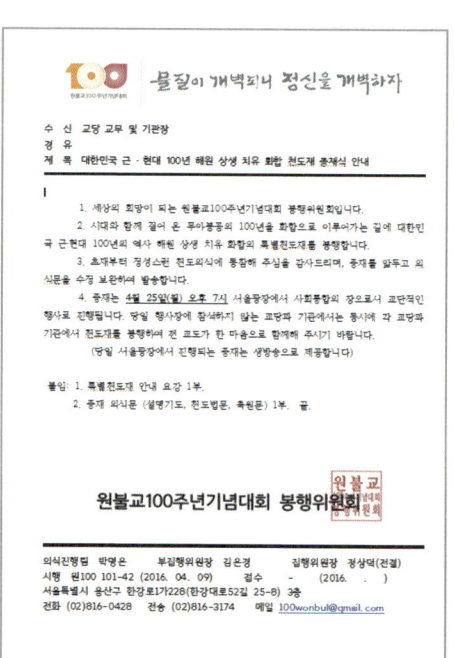

원불교100주년기념대회 특별천도재 | 사전준비

장소 승인 확정 과정

- 2016년 3월 25일 ○ 서울시 실무 협의
- 2016년 3월 16일 ○ 서울시 시설관리공단 협의
- 2016년 2월 17일 ○ 서울광장 사용 승인 확정
- 2016년 2월 14일 ○ 서울광장 사용 신청서 제출
- 2015년 10월 28일 ○ 서울시 시설관리공단 협의

공문번호	발송일	제 목
101-11	160214	서울광장 사용 신청의 건

물질이 개벽되니 정신을 개벽하자

수신자 서울특별시장
경 유 총무과장
제 목 서울광장 사용신청의 건.

1. 세상의 희망이 되는 원불교100주년기념대회 봉행위원회입니다.

2. 원불교100주년기념대회 봉행위원회에서는 원불교100주년기념대회주간을 맞이하여 서울광장에서 대한민국의 사회통합과 평화통일을 기원하고 대한민국 100년의 근·현대의 역사에서 억울하게 희생된 영령들을 위로하는 특별 천도재를 아래의 내용으로 진행하고자 하오니 서울광장 사용을 협조하여 주시기 바랍니다.

- 아 래 -

가. 행사명 : 원불교100주년 해원상생 치유화합의 특별 천도재
나. 일 시 : 2016년 4월 24일(일)00:00~26일(화)18:00까지
           (무대설치 및 철거기간 포함)
다. 행사일시: 2016년 4월 25일(월)09:00~21:00
라. 기대효과
   (1) 원불교 개교 100년의 발자취 전시를 통한 근·현대사 알림
   (2) 햇빛발전소 및 생태, 탈핵운동 등의 전시 및 퍼포먼스를 통한 에너지 자립 홍보
   (3) 특별 천도재를 통한 사회통합과 민족통일의 염원 기원

붙임 : 사용신청서 -1부. 끝.

원불교100주년기념대회 봉행위원회

담당 서진현   실장 김도경   부집행위원장 김은경   집행위원장 정상덕
시행 원100 101-011 (2016. 02. 14.)
우 06904 서울시 동작구 현충로 75 원불교서울회관 101호 원불교100주년기념대회 봉행위원회
전화 (02)816-0428   전송 (02)816-3174   메일 100wonbul@gmail.com

095

관련 유족회 온라인 게시판 홍보

보이는 양계의 세상에서 보이지 않는 음계로 이끌어주는 정성스런 종교적 행위, 특별 천도재

둥근 빛으로 다시 오소서

반갑습니다. 귀 기관의 무궁한 발전을 기원합니다.

일제강점기부터 대한민국 근·현대의 격동기를 겪으며 새로운 종교로 탄생한 원불교가 올해로 100주년을 맞이하였습니다.

2016년 5월 1일 원불교100주년기념대회를 앞두고 대한민국 100년의 수많은 유주 무주 영가들의 원한을 풀어내고 상생과 치유, 화합하는 대한민국을 향한 대사회적 특별 천도재를 진행합니다.

'일제강점기 희생영령, 한국전쟁 희생영령, 산업화 희생영령, 민주화 희생영령, 재난재해 희생영령들'의 해탈천도를 지극한 정성으로 염원하는 자리입니다.

이번 특별 천도재는 일심합력의 정성으로 원불교 천도 예법에 따라 49일 동안 전 세계 원불교 각 교당에서 동시에 6재를 지내오다 마지막 종재는 2016년 4월 25일 오후 7시부터 9시까지 서울 시청광장에 모여 진행합니다.

모여진 재비는 100% 사회 환원합니다.

천도재에 모시는 해당영령들의 관련기관들과 함께하고자 하는 마음으로 특별 천도재 포스터를 보내드립니다.

근·현대사에서 재난과 전쟁으로 희생된 모든 영령들을 위해 마음모아주시길 기원합니다.

원불교100주년기념대회장 합장

천도재 (薦度齋)

열반인의 명복을 빌고, 불보살께 제사를 올려, 영가로 하여금 긴급하여 선도(善道)에 태어나도록 기원하는 의식. 흔히 49재라 한다.
그러나 천도재는 열반한 지 오래된 영가들 위한 경우도 있고, 업장이 두터운 경우에는 두 번 또는 세 번 올리는 경우도 있다. 천도재는 법사의 법력과 유가족 및 참석자들의 정성이 지극할수록 영가가 천도를 잘 받게 된다. [출처 : 원불교 사전]

관련기관 게시판 등록 웹사이트

1. 3.15 의거기념 사업회
2. 2.28 대구민주운동 기념사업회
3. 국립 4.19 민주묘지
4. 민주화 운동기념 사업회
5. 5.18 기념재단
6. 대한민국 전몰 군경유족회
7. 5.18 민주유공자 유족회
8. 만해기념관
9. 한국보훈학회
10. 대한민국 임시정부 기념사업회
11. 국립서울현충원
12. 국립대전현충원
13. 5.18 기념문화센터
14. 인권재단사람
15. 인권연대

원불교100주년기념대회 특별천도재 | 사전준비

홈페이지 광고를 통한 웹 초대장 안내

온라인 홈페이지 천도발원 운영

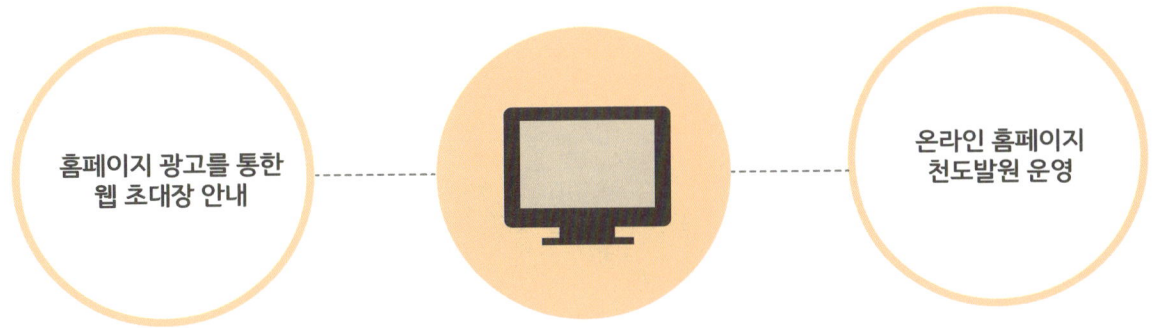

> " 갑작스런 아픔과 고통을 떠안아야만 했던 분들을 위해
> 시민과 함께 49일간의 천도 발원을 올립니다.
> 이제 편히 쉬소서 "

"너무 바쁘다는 이유..였을까요? 많은 아픔을 모른 채 지내온 것에 대한 참회.. 미안합니다. 해탈 천도하소서" ad*   2016.03.16 18:14:27

"대구 개구리소년 사건의 희생자 우철원. 조호연. 김영규. 박찬인. 김종식 영령들의 해탈 천도 발원합니다" 이은*   2016.03.24 16:55:55

"전생에 나였을 수도 있다는 말씀에 더욱 마음 아팠습니다. 모든 영령들이여, 해탈 천도하소서" 손혜*   2016.04.12 09:30:42

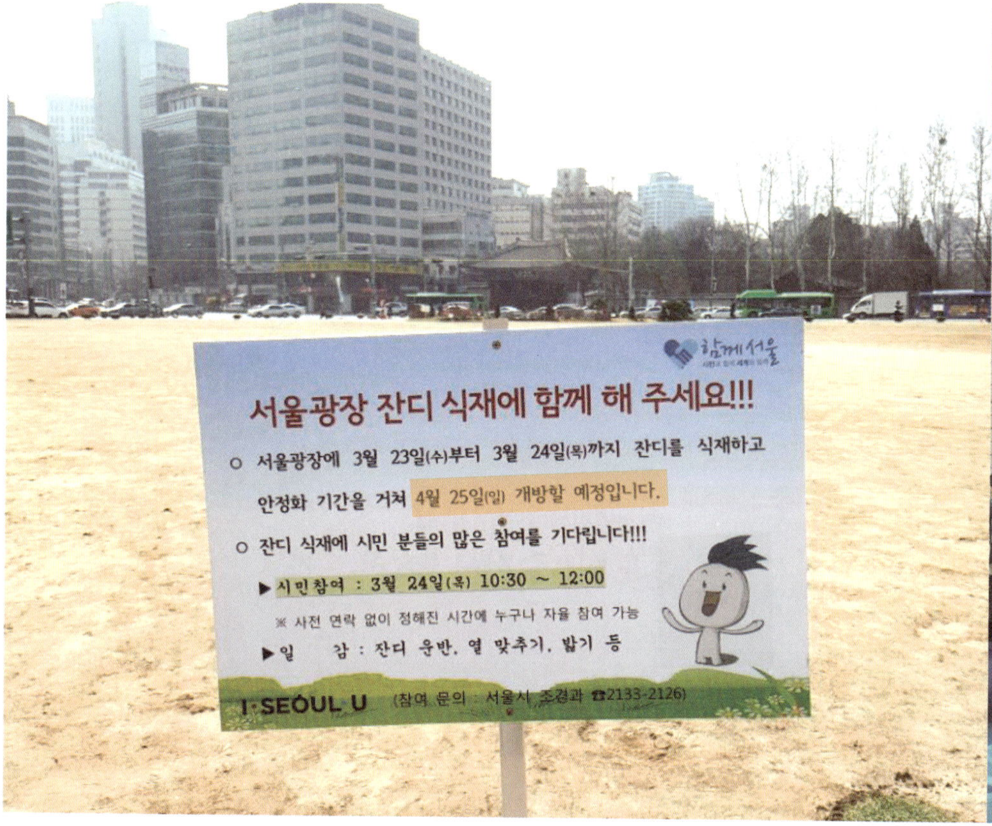

서울광장 잔디 식재에 함께 해 주세요!!!

○ 서울광장에 3월 23일(수)부터 3월 24일(목)까지 잔디를 식재하고 안정화 기간을 거쳐 4월 25일(일) 개방할 예정입니다.

○ 잔디 식재에 시민 분들의 많은 참여를 기다립니다!!!
▶ 시민참여 : 3월 24일(목) 10:30 ~ 12:00
※ 사전 연락 없이 정해진 시간에 누구나 자율 참여 가능
▶ 일   감 : 잔디 운반, 열 맞추기, 밟기 등

I·SEOUL·U   (참여 문의 : 서울시 조경과 ☎2133-2126)

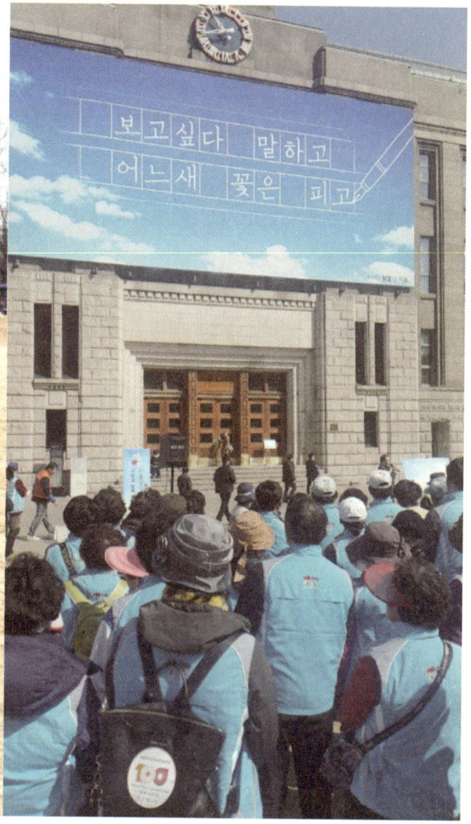

개방 후 첫 외부행사
4.25 특별천도재

서울광장 잔디 식재 참여

- 잔디 식재 기간
  : 3월 23일 ~ 3월 24일
- 안정화 기간
  : 3월 24일 ~ 4월 24일
- 광장 개방일
  : 4월 25일

원불교100주년기념대회 특별천도재 | 사전준비

001

솥! 치유의 불공을 담다
무대 구성

원불교 "물질이 개벽하니 정신을 개벽하자"는 주제를 담는 거대한 형상 상징, 솥
솥으로 연결되는 일원상 형상화

원불교의 근본정신을 시대정신으로 대중화 해내는 시대적 상징, 솥
목적반조의 대화합과 대합력으로 하나되는 융·통합 시대정신을 담아내는 원불교는
첨예한 정치, 사회, 종교적 대립과 갈등을 하나로 녹여내는 용광로 같은 솥이다.

원불교 제생의세 정신과 평화의 상징, 솥
원망, 아픔, 탐진치, 전쟁, 테러 등을 모두 솥에 담아 은혜, 감사, 평화, 진리로 새롭게 쪄내자는 것이다.

진리의 법칙을 다시 세우는 상징, 솥
솥 정(鼎)에 칼 도(刀)를 더하면 칙(則), 칙(則)이란 솥에 칼로 문자를 새기는 것을 형상화 한 것으로
패(貝)는 정(鼎)의 약자. 솥에 칼로 문자를 새기는 것은 진리의 법칙을 세운다는 뜻이다.
소태산의 말씀을 정산 송규의 몸, 즉 솥에 새긴 것이 원불교의 제법으로 100년을 넘어 새로운 개벽의
세상을 열자는 것이다.

> 일원상을 중심에 놓고 무대 구현을 구상하는 중에 원불교 교조이신 소태산 대종사님을 기념대회에서 드러내고 상징화하자는 주최측의 의견이 있어 연출 회의를 거듭하며 무대를 솥으로 상징하여 형상화 했습니다.
>
> 원불교100주년기념대회
> 무대미술감독 박성규 대표

제2회 원불교100주년기념대회 상임위원회 결의

- 일시 : 원기 100년 8월 20일(목) 14시
- 장소 : 중앙총부 대회의실
- 안건 : 기념대회 슬로건 선정
        프로그램 변경내용

대산종사 탄생 100주년 행사 이후 평가의견을 종합해보면 소태산 대종사님도 세상에 제대로 알리지 못했다는 회의적 평가가 있었다. 이에 원불교 100년을 맞아 교조이신 소태산 대종사님을 집중적으로 드러내자는 집행부의 의견에 대해 동의하고 결의, 주제를 담은 표어로서 집행위원회 최종안인 5번을 선택하되 다듬어 보완하기로 결의함

3대 표어

- 소태산의 개벽시대를 열자
- 마음공부로 새 세상의 주인이 되자
- 울을 넘어 하나의 세계를 개척하자

원불교100주년기념대회 봉행위원회 기획조정협의회

 5차
- 일시 : 2015년 7월 17일(금) 16시~20시
- 장소 : 서울회관 4층 소법당
- 안건 : 슬로건 추진 현황

 6차
- 일시 : 2015년 7월 29일(금) 14시~18시
- 장소 : 중앙총부 법은관 1층 소회의실
- 안건 : 슬로건 추진 보고

원불교100주년기념대회 특별천도재 | 사전준비

서울광장, 일심합력 축원으로 둥근 빛 되다

서울광장은 대청마루에 보름달을 연상시키는 원형으로 원불교 법신불 일원상과 닮았다. 2004년에 개관해 모두에게 열린 광장으로 활용된 서울광장에서는 연중 다양한 문화 행사와 축제가 펼쳐진다. 콘서트 공연, 문화·역사·교통 등 어린이 체험광장, 전통 민속놀이 체험, 광장예술축제, 하이서울페스티벌, 때로는 보수와 진보의 진영이 다양한 사회이슈를 알리는 행사가 펼쳐지는 공간이다. 서울광장이 품은 장소의 상징성, 열림의 개방성으로 좌와 우의 경계를 넘어 상생화합하고자 하는 특별천도재의 의미가 더욱 빛을 발할 것이다.

서울광장, 일심합력 축원으로 둥근 빛 되다

원불교100주년기념대회 소식 ⑭

23일 밤, 11시. 서울광장 주변 도로엔 긴장감이 감돌았다. 23일 열렸던 서울시 꽃씨 나눠주기 행사 차량이 철수하기를 기다리며 특별천도재 무대를 장엄할 대형 자재들을 가득 실은 트럭이 서울광장을 접수했다.

무대미술감독의 진두지휘로 수십 명의 작업자들은 한 시의 지체도 없이 쉼 없는 야간 밤샘 작업으로 무대설치 작업을 진행하며 4월24일 밤, 서울광장에 드디어 일원의 불빛이 켜졌다.

원불교100주년기념대회의 문을 여는 대한민국 근·현대100년 해원·상생·치유·화합의 특별 천도재 '둥근 빛으로 다시 오소서'. 10년간의 대정진 기도, 100일 간의 개벽기도, 전세계 교도의 7.7 천도재 종재가 열리는 서울광장에 무(無)에서 유(有)로 창조된 '둥근 빛으로 다시 오소서'의 무대에 둥근 빛이 환하게 빛났다.

Open Space, 광장

광장은 도시 속의 개방된 장소로서 많은 사람들이 모일 수 있고 자유롭게 이용할 수 있는 넓은 공간을 말한다. 고대 그리스 도시에는 아고라(agora)라고 하는 광장이 있었고, '사람들이 모이는 곳'이란 뜻이다.

'아고라'는 현재 대한민국에서도 대중이 자유롭게 의견을 올리고 토론하는 Cyber open Space로 재구성되어 사람이 모이는 장(場)으로 역할을 하고 있다. 프랑스 파리, 프랑스 대혁명의 도화선이 된 바스티유 광장은 시민계급과 노동계급을 대변하는 역사적 광장이 됐다. 대한민국의 대표적인 '광장'은 서울광장이다.

서울광장은 대청마루에 보름달을 연상시키는 원형으로 원불교 법신불 일원상과 닮았다.

2004년에 개관해 모두에게 열린 광장으로 활용된 서울광장에서는 연중 각종 다양한 문화 행사와 축제가 펼쳐진다. 콘서트 공연, 문화·역사·교통 등 어린이 체험광장, 전통 민속놀이 체험, 광장예술축제, 하이서울페스티벌 때로는 보수와 진보의 진영이 다양한 사회이슈를 알리는 행사가 펼쳐졌던 공간이다. 서울광장이 품은 상징의 장소성, 열림의 개방성으로 좌와 우의 경계를 넘어 상생화합하고자 하는 특별천도재의 의미가 더욱 빛을 발할 것이다.

대산종사 말씀하시기를 "내 한 마음 깨칠 때 그 빛이 온 세상을 두루 비쳐 일체중생을 제도하게 되고, 내 한 마음 큰 서원 세울때 그 소리가 허공 법계에 울려 퍼져 성불의 문이 열리게 되며, 내 한 마음 참회 반성할때 천지신명이 감응하여 삼세 업장이 청정해지느니라."

4월25일, 서울광장에 모인 모든 사람이 희생된 영령들을 위하여 일심으로 축원을 드리며 헌공도 할 것이다. 마음과 기운이 서로 응하여 둥근 빛이 밝혀지는 감응의 특별 천도재가 되어 시대의 아픔을 위로받고 치유 받을 수 있기를 기도한다.

원100기념대회 봉행위 김도경 기획운영실장

원불교신문 1797호 2016.04.29 ▶

OPEN SPACE, 서울광장

서울광장무대 - 위패적용 시안

원불교100주년기념대회 특별천도재 | 사전준비

타임다큐를 통해 본 천도재 무대설치 2016.04

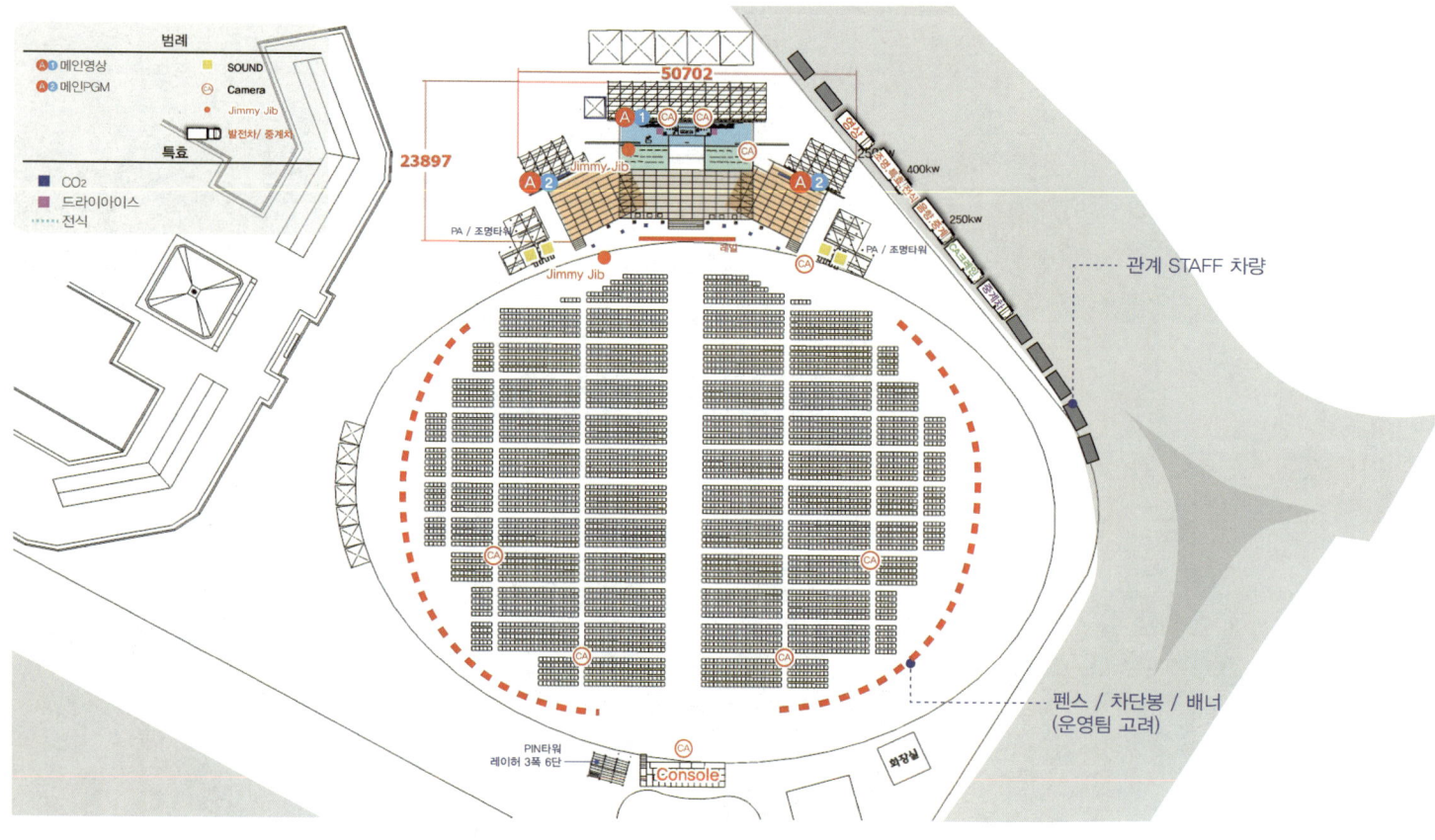

시청광장 – 무대입면(上) / 무대평면(下)

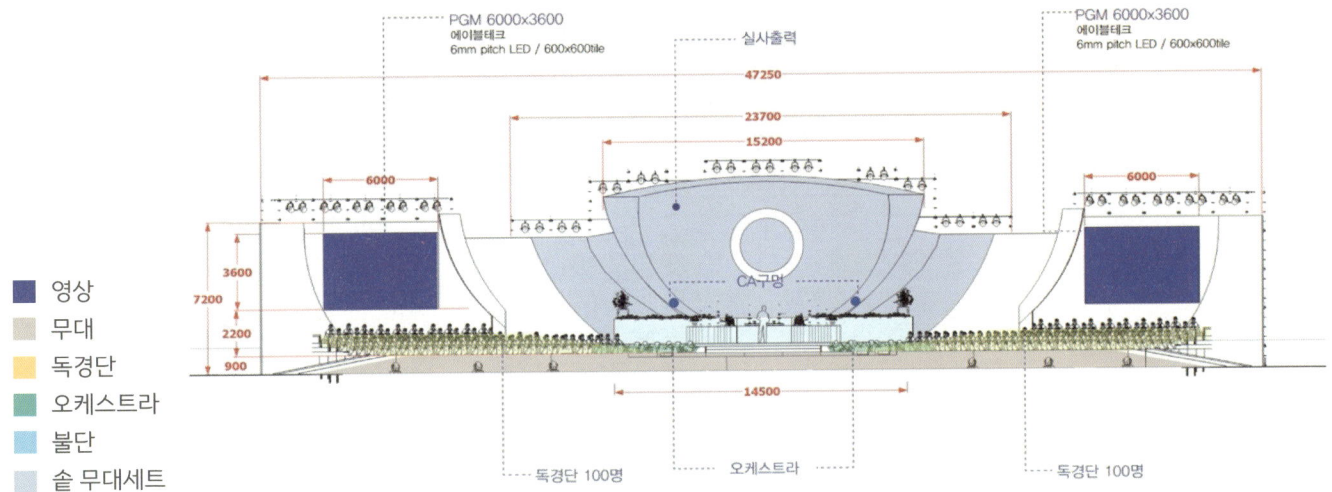

시청광장 - 전체평면 : PGM monitor 배치도

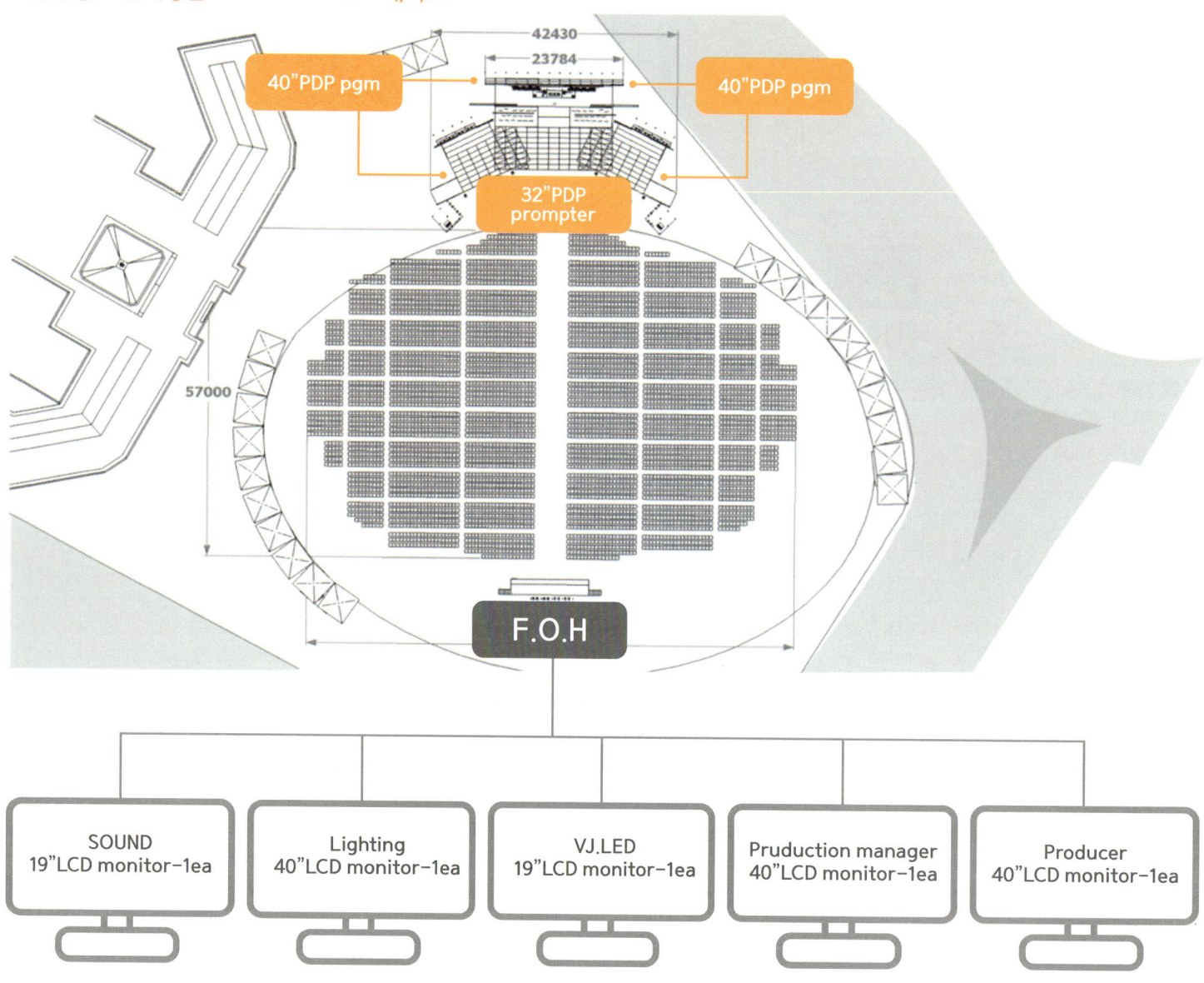

원불교100주년기념대회 특별천도재 | 사전준비

시청광장 – 전체평면 : 발전차 배치도

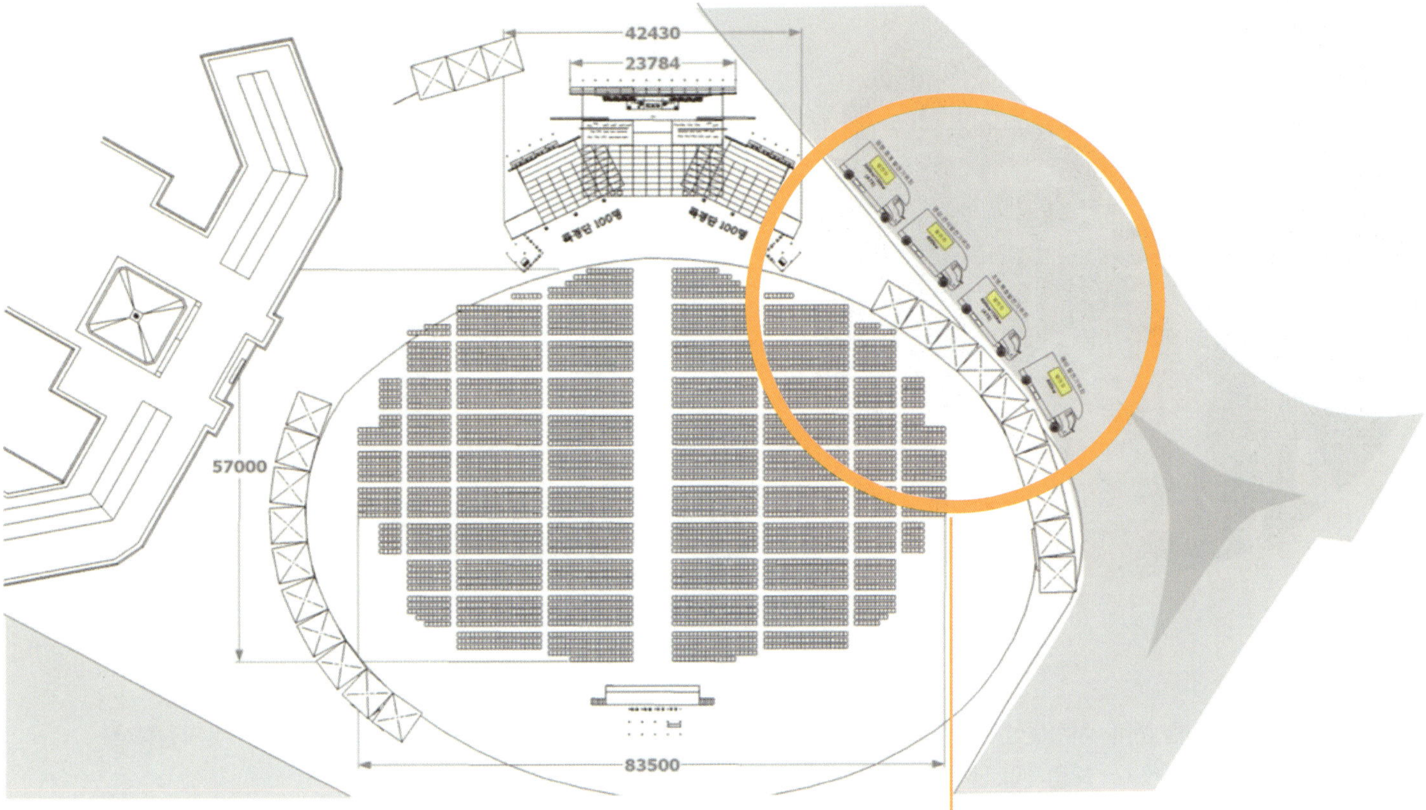

음향타워 콘솔박스 등 실물사진

 발전차 총3대

 400kw 조명, 특효, 전식1대

 250kw 영상1대

 250kw 음향, 중계1대

001

일심 정성으로 합력

천도재 인력배치

인력지원팀 운영내용

- 행사 진행에 대한 제반사항 준비 : 처처불상 적공뱅크단 봉사자 모집 및 관련 공문, 자원봉사 발대식 및 봉사증 발급, 진행자 및 자원봉사 보험가입, 단체복, 명찰, 식사 등 파악
- 시설 관련 업무 : 무대소품 설치, 부스 설치, 팀별 필요시설물 주문 및 설치, 렌탈장비 설치 및 관리, 행사후 철거, 분리수거 및 뒷정리
- 보급 관련 업무 : 영역별 단체복 주문, 명찰제작, 식사계약 및 배급, 영역별 필요물품 구입 및 보급
- 영역별 지원 업무 : 물품 운반, 사후처리 지원 등 제반업무

현장 인터뷰

" 제가 맡고 있는 분야는 보급과 자원봉사 활동입니다. 오늘 천도재에 오면서 지나온 100년 동안 아픔을 겪으신 분들께서 해원화합하고 상생하는 기운을 통해서 우리나라 또 우리 국민 또 세계 모든 시민들이 이 기운을 받아서 화합할 수 있는, 하나의 세계로 다가갈 수 있는 그런 기틀이 되었으면 합니다. " (재정산업무 권정덕 교무)

" 저는 안내요원을 맡고 있습니다. 4월25일 대한민국 근현대사의 희생영령들께서 많은 사람들의 기운과 합력 속에서 완전한 해탈천도를 얻기를 마음속으로 간절히 염원하면서 행사가 잘 치뤄지기를 바랍니다. " (일산교당 모인덕 교무)

" 이번 해원상생 평화치유의 천도재를 통해서 모든 인류가 해원상생으로 상생의 세계를 열어갈 수 있는 그런 인연들이 되기를 간절히 염원드리고요. 100주년을 맞이해서 저희도 더욱 적공하여서 모든 인류를 위해서 사는 그런 사람이 되도록 하겠습니다. 감사합니다. 행복하십시오. " (재정산업부 김도중 교무)

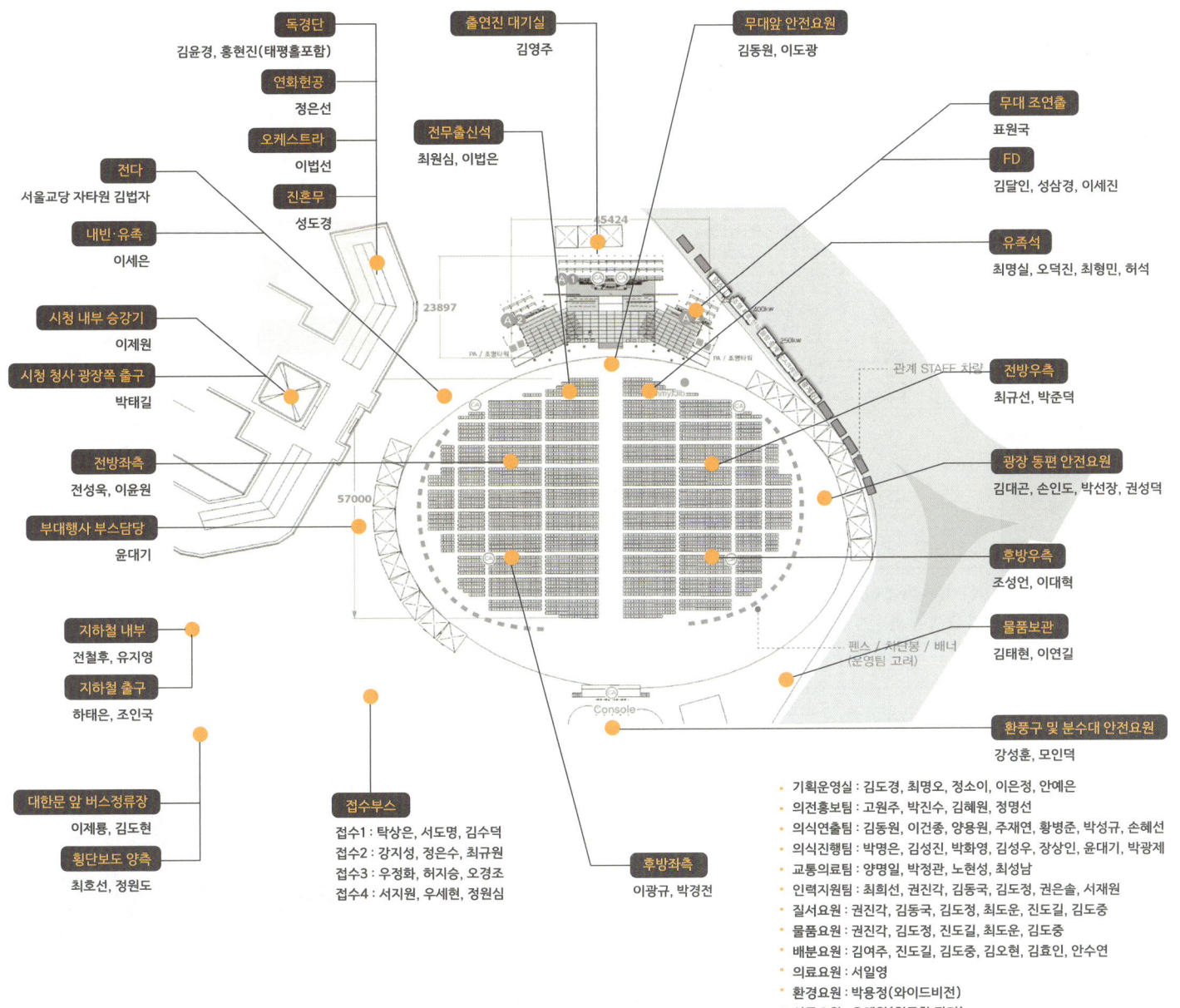

시청광장 – 행사당일 인력계획 2

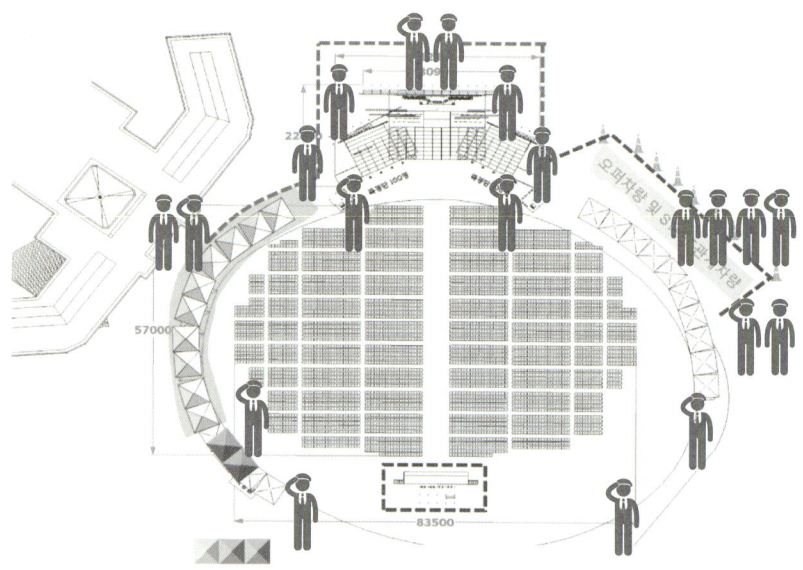

안내
지하철, 버스정류장부터 행사장입구 접수부스까지

1. 지하철 내부, 출구 → 접수부스
2. 대한문 앞 버스정류장 → 접수부스
3. 대한문 → 광장으로 오는 횡단보도 앞
4. 시청 로비(주차장에서 올라오는 승강기 앞)
5. 무대 및 무대 앞(스텝 보조 및 안전요원)
6. 출연자 대기실
7. 장내(착석 안내 및 대동한마당 자리배치 유도)
8. 접수부스(텐트 4개 각 3~4명씩)

배치구역	경호	업무내용
의전/수행요원	2	출연진 및 VIP 의전수행
백스테이지	2	백스테이지에 배치되는 요원들은 좌/우측 펜스 앞에 배치하여 외부인의 출입 통제 및 펜스에 사람이 기대서서 안전사고가 발생하지 않도록 통제한다.
무대 상수/하수	2	무대 상/하수에 각 2명씩 배치하여 무대로 일반인의 접근을 통제한다.
무대 사이드	2	무대를 바라보고 좌/우측 펜스에 요원을 각 1명씩 배치하여 펜스로 인해 안전사고가 발생하지 않도록 통제한다.
일반통행로	4	잔디마당 좌/우측 통행로에 요원을 각 2명씩 배치하여 행사로 인해 통행로가 막혀 이동에 불편함이 가지 않도록 안내한다.
객석 순찰	4	객석 순찰조는 1조에 2명씩 총 4개조를 편성 객석 및 행사장을 순찰하여 안전사고 및 비상상황이 발생하지 않도록 순찰하도록 한다.
주차장	4	중계차/발전차 등 오퍼차량 및 STAFF 등 행사 관계차량 외 주차 통제
총 경호 인력	20	행사 전문 경호업체 강한친구들, 무대 설치물 및 행사장 주변 경호, 안전관리

전문경호업체-강한친구들

원불교100주년기념대회 특별천도재 | 사전준비

001

서울광장으로 안전하게
교통, 의료

교통

월요일 퇴근시간대 원활한 교통흐름을 위하여 모범운전사, 교통요원 배치
중구청 교통경찰계 협조요청

시민통행의 불편에 대한 시청광장 주변 안내판 설치

의료

산본병원의 협조로 엠뷸런스 및 의료진 지원(7명)

공문번호	발송일	제 목
101-43	160414	서울 남대문 경찰서장
101-57	160419	서울 중구청장
101-60	160421	서울 남대문 경찰서

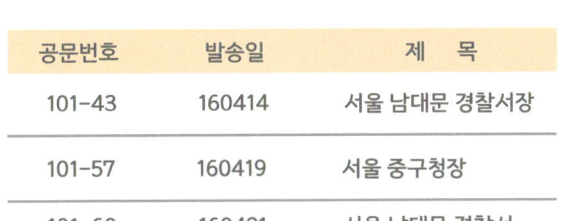

서울광장 4.25 천도재 종재를 위한
관할 기관 교통 협조공문 발송

4. 25 특별천도재 종재의식 Q-sheet

	시 간 (분)		식 순
공연	19:02-19:15	13	문화공연_진혼무
개식	19:15-19:23	8	영상_둥근 빛으로 다시 오소서!
	19:23-19:27	4	실연_좌종 10타
	19:27-19:29	2	개식,입정
	19:29-19:32	3	낭독_천도보고
	19:32-19:36	4	합장
의례	19:36-19:46	10	실연_분향 헌배
	19:46-19:51	5	낭독_고사 낭독
기도	19:51-19:54	3	낭독_설명 기도
	19:54-19:59	5	낭독_성주 3편
	19:59-20:06	7	낭독_천도법문
	20:06-20:19	13	독경_일원상서원문,반야바라밀다심경,참회게
	20:19-20:22	3	낭독_축원문
	20:22-20:25	3	낭독_종법사 법문
공연	20:25-20:30	3	실연_원무(연화헌공)
	20:30-20:33	3	대중참여_천도법등 밝히기
	20:46-20:49	3	대중참여_대동천도
	20:43-20:46	3	서원_나눔의 약속
선언	20:46-20:49	3	서원_나눔의 인사
폐식	20:49-20:50	3	폐식선언

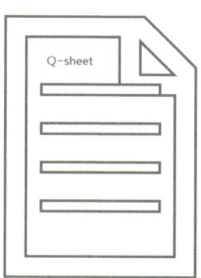

001

둥근 빛으로 다시 오소서

진혼무

둥근 빛으로 다시 오소서

대한민국 근·현대 100년 해원·상생·치유·화합의 특별천도재에 함께 해 주셔서 감사합니다. 올해는 원불교가 100주년을 맞이하는 해입니다. 원불교에서는 100주년기념대회를 맞이하여 대한민국 근·현대 100년의 역사 속에서 산화하신 영령들을 위해 우리 모두가 재주가 되어, 49일간 새로운 희망을 열어갈 천도의 시간을 갖게 되었습니다. 원불교의 천도라 함은 괴로움을 벗어나 평화 안락한 세계로 인도하고, 악업을 놓고 선도에 들게 하며, 미혹된 생각을 버리고 깨달음의 세계를 열어가는 의미가 있습니다. 본 식을 시작하기 전에 먼저 특별천도재에 모신 여러 영령들의 넋을 위로하는 문화공연 진혼무가 있습니다.

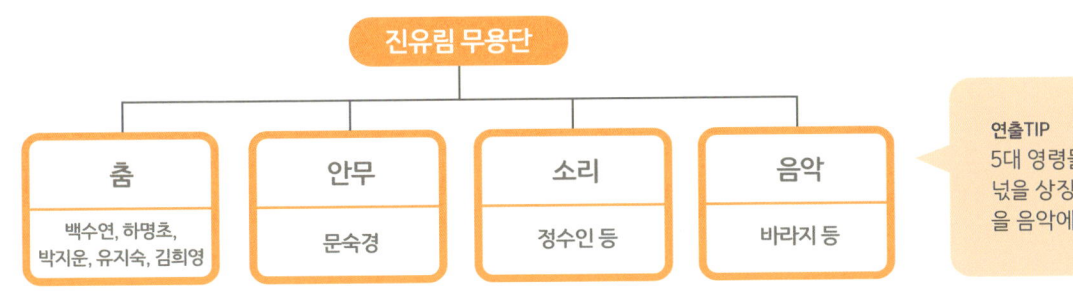

연출TIP
5대 영령들을 대표하는 5명의 무용수가 영령들의 넋을 상징하는 한지를 들고 진도 씻김굿 중 '길닦음'을 음악에 맞추어 진혼무를 연행(演行)

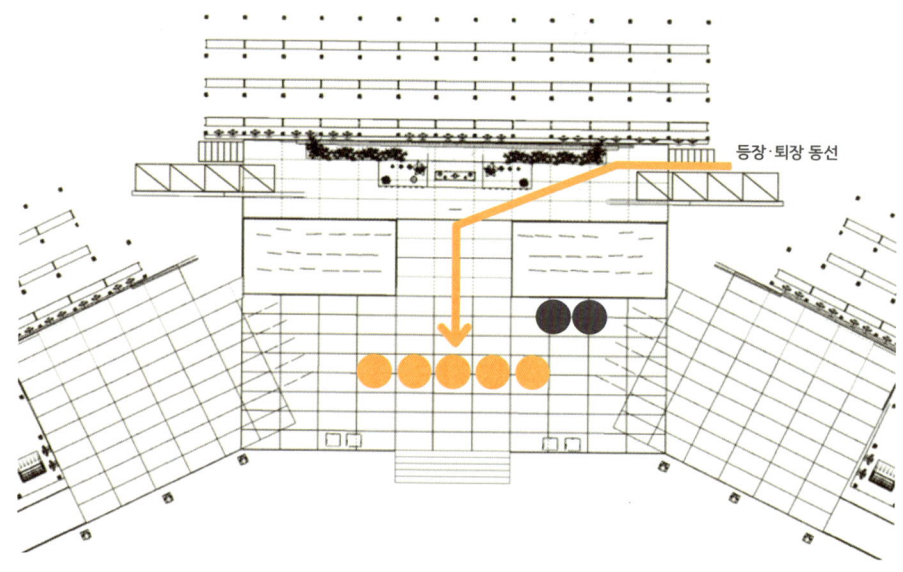

등장·퇴장 동선

● 연희자
● 판소리

나무야 나무나무 나무야 일제강점기 희생영령 동쪽에다 모셔보고 한국전쟁 희생영령 남쪽에다 모셨네
나무야 에에 나무나무 나무야 나무야 귀향가세 재난재해 희생영령 서쪽에다 모셔놓고 산업화 희생영령 북쪽에다 모셔놓고 민주화 희생영령 중앙에다 모셨네
나무야 나무나무 나무야 나무야 나무아미타불 둥근 빛으로 다시 오사 하자서라 가자서라 둥근 빛으로 다시 오사

원불교100주년기념대회 특별천도재 | 종재의식

001

해원·상생·치유·화합
주제영상

샌드 애니메이션으로 풀어내는 특별천도재 주제영상 '둥근 빛으로 다시 오소서'

解寃 Dissolving Grudges + 相生 Symbiosis + 治癒 Healing + 和合 Harmony

샌드 애니메이션이란?
모래에 새 생명을 부여하여 대사나 목소리 없이 그림과 음악으로만 이야기를 전하는 예술분야로 빛이 나오는 라이트박스 위에 모래로 그림을 그리는 애니메이션이다.

Dissolving Grudges 解寃

세상 그 무엇보다도 소중한 목숨을 빼앗겼을 때 그 원한은 보통사람으로 상상하기 어려울 것입니다.
그러나 원망과 복수로써가 아닌 용서와 참회를 통해 다시금 시작해야 합니다.
청정한 일념을 다시 세우는 길. 그것이 진정한 해원, 원통함을 푸는 길입니다.

解寃
Dissolving Grudges

相生
Symbiosis

Symbiosis 相生

사람은 혼자가 아닙니다. 수많은 관계 속에 살아갑니다. 모든 사람들이 내맘 같지 않아 힘들 때도, 기억해야 할 것이 있습니다. 모든 존재는 우리라는 울타리에 있다는 것입니다. 일체중생이 한 진리, 한 기운 가운데 살아가는 동포 형제들입니다. 어떻게 하면 공존하며 잘 살아갈 것인가를 생각할 때입니다. 상생은 서로가 서로에게 매우 필요한 존재임을 인정하는 것입니다. 좋은 세상, 낙원세상은 함께 만들어 가는 정성 속에 이루어질 것 입니다.

Healing 治癒

희생은 희생으로 끝나지 않았습니다. 일제치하의 억울함이 있었기에 강인한 국가를 만들기 위해 최선의 노력을 다하고 있으며, 전쟁의 참혹함을 알기에 대립의 역사를 다시 세우지 않으려고 합니다. 산업화를 통해 가난과 기근을 면하게 되었으며 민주화를 통해 국민이 주인이 되는 세상의 길이 열렸으며, 재난재해의 수많은 경고가 오늘을 사는 우리를 자각케하고 있습니다. 희생이 헛되지 않았음을 우리는 다시 기억할 것입니다. 깊은 상처에 새살이 돋아나듯, 당신들의 희생으로 또 다시 태어난 미래들에게 삶의 의미와 가치를 새롭게 깨닫게 합니다.

치유(治癒)

治癒
Healing

원불교100주년기념대회 특별천도재 | 종재의식

和合
Harmony

Harmony 和合
희생된 모든 영령들의 마음에 문이 열려 분노와 원망이 사라지고 함께 살아가고자 하는 희망의 씨앗이 뿌려진다면 너도 살고 나도 사는, 참다운 대동화합의 세상이 펼쳐질 것입니다. 나만의 세상이 아닌, 우리 모두의 세상이기에 진정한 화합의 노력으로 세상은 광대무량한 낙원으로 이루어질 것입니다

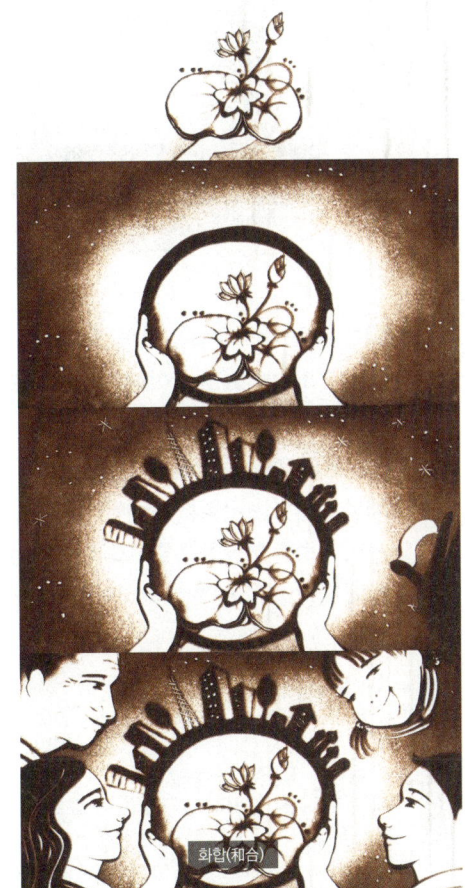

화합(和合)

좌산 이광정 상사

001

완전한 천도를 축원하옵니다
영상축원

"반갑습니다. 오늘 여러분들을 특별 초대해서 이처럼 여러분들이 그동안 암울했던 시절에 크게 아픔을 겪었고 그 한을 풀지못해 여러가지로 방황하고 있을 것을 생각하면 참으로 우리 온 국민들이 그 마음을 같이 하지 않을 수 없습니다. 그러나 여러분들이 당한 그 아픔이 밑거름이 되어서 이제는 우리나라가 세계 속에서 경제 10대 대국의 반열에 올랐고, 또 이러한 시점에서 이제 우리가 원불교 지난 세기를 마감하고 새로운 세기를 맞이하는 출발선상에서 여러분들의 그 아픔을 그냥 넘길 수 없어서, 오늘 이자리에 여러분 영가를 초대하고 오늘 그 위로의 잔치와 아울러서 여러분들의 완전한 천도, 또 밝은 미래를 축원하는 자리를 마련하게 된 것으로 알고 있습니다. 그러므로 우리는 원불교 역사의 100년을 맞이하는 이 순간 그동안 겪었던 불행한 역사의 기로를 청산하고 앞으로 새로운 세계에는 밝은 미래를 맞이하기 위해서 지금 오늘 천도를 받으시는 영가들과 지금 이 땅을 살아가는 모든 인류가 함께 다같이 이 일에 함께 나서주기를 간곡히 호소드립니다. 감사합니다."

원불교 4대 종법사(좌산 이광정 상사 1936~, 재임 원기 79년 11월 6일~91년 11월 3일)는 1936년 3월 15일에 전남 영광군 대마면 복평리에서 부친 광산 이삼공과 모친 광타원 이공원의 5남매 중 막내로 태어났다. 어려서는 책 읽기를 좋아하고, 사물에 대한 연구심이 강하고, 한번 하기로 한 일은 반드시 이루어 내고야 마는 정성심으로 어른들의 총애를 받았다. 어느 날 집안의 어른인 호산 이군일 선진의 안내로 정산 종법사를 뵙고 정산 종법사의 자비로운 성안과 밝으신 법문을 받으면서 그동안 마음속으로 혼자 고민해 오던 인생의 많은 문제에 대한 길을 찾을 수 있으리라는 믿음으로 출가를 결심하게 되었다.
좌산 상사는 "일과로 득력하자"라는 표준으로 스승님을 향한 절대적인 신성과 쉼 없는 정성으로 공부와 사업을 병행하여 대중의 표준이 되었고, 소태산 대종사를 비롯, 역대 종법사의 경륜을 이어 인재육성, 체제정비, 경제기반확립, 교서번역, 방송국 설립, 국제교화 등 교단 각 분야의 성숙과 세계적 종교로의 위상을 높였다. 특히 재가출가가 다 함께 맑고 밝고 훈훈한 삶을 나누고 창조할 수 있는 교화, 교육, 자선, 문화사업의 기반을 견고히 하고자 총력을 기울였다.

원불교100주년기념대회 특별천도재 | 종재의식

001

번뇌를 놓고 해탈을 부르는 종소리
경종10타

경종은 원불교에서 매우 중요한 의미를 가지고 있다. 재식의 끝과 시작에 사용되며 본래는 좌종이라고 불렸는데 소태산 대종사께서 사용하고 숭산 박광전 종사가 처음 들여와 직접 치는 방법을 가르쳤다는 좌종.
불교에서는 범천의 하늘에서 중생을 교화하기 위해 울리는 소리가 곧 범종이라고 한다.
종의 소리로 중생을 교화하는 의미이기에 종소리를 듣는 순간 번뇌로부터 벗어나고 마음의 해탈을 얻는데 의미가 있다.
그 경종의 울림과 독경단 소리가 들리면 우리는 온 우주에서 가장 편안한 마음이 된다.
_타종 강동현 교무

경종10타를 치는 이유?
10이라는 숫자는 원불교 교사적으로도 의미가 크다. 시방(동·서·남·북의 사방(四方), 동북·동남·서남·서북의 사유(四維), 상·하의 열 가지 방향의 온 우주) 사이에 한 곳도 빈 곳이 없이 의식의 소리, 모든 곳의 중생들이 정신을 차려서 의식에 집중하라는 의미에서 10번을 친다.

오케스트라와 상응하는 경종10타

Q No	식순	시간	구성안
Q 210	경종 10타	3분정도	• 20초 간격으로 타종 시(이때는 같은 음정 반복) 관현악이 반응 예) 타종 후 7~8초쯤 기다렸다가 정악풍의 몇 개의 음정이 피어오름 • 점점 음의 개수와 밀도가 높아짐

서울 시청광장 오케스트라 배치도

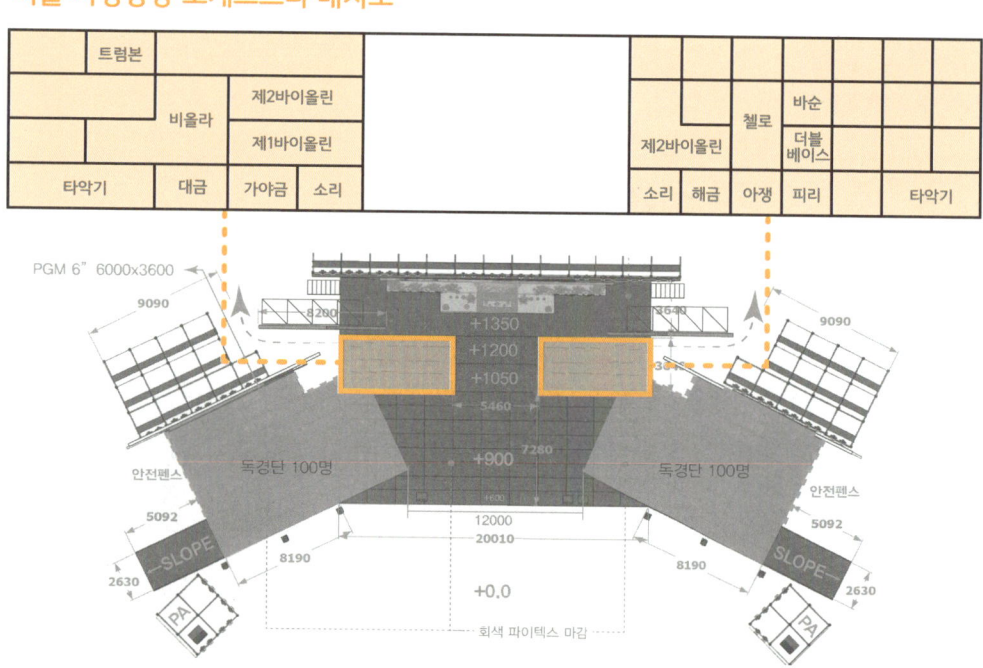

- 지휘 : 원일감독
- 관현악 : 랑코르 캄머 필하모닉 오케스트라
- 제1바이올린 : 배혜련, 최연정, 김지연, 한재민
- 제2바이올린 : 임유리, 함윤애, 김도윤
- 비올라 : 이경원, 김한나, 박하늘
- 첼로 : 신오철, 강승현
- 더블 베이스 : 신동성
- 트럼본 : 정병일
- 바순 : 정승

타종 시 정악풍의 몇 개의 음정이 피어오름. 음의 개수와 밀도가 높아지는 관현악이 반응
음악의 핵심은 텅 빈 자리를 음악이 들어서며 그 텅 빈 자리를 방해하지 않고 차지하지 않으면서도 깊은 울림을 이어갈 수 있느냐는 것이 요결
정악 선율의 오음 음계를 가지고 아주 조금씩 변화시켜 나가는 방법을 선택하여 선택된 좌종음(피치A음)의 울림과 타격 이후 그 울림이 지속되는 동안 조심스럽게 하나의 간결한 선율이 그 빈 자리에 들어서는 방식

원불교100주년기념대회 특별천도재 | 종재의식

001

문을 열다
개식

"오늘 다함께 올리는 간절한 원력으로 일제강점기 희생영령, 한국전쟁 희생영령, 산업화 희생영령, 민주화 희생영령, 재난재해 희생영령들이 아픔과 고통을 벗어나 해원과 상생, 더 나아가 치유와 화합의 기운으로 대한민국에 둥근 빛으로 다시 오시길 염원합니다." _사회 김법열 교무

- 법회의 시작과 끝을 알리는 신호
- 수행자를 지도하거나 의식을 집행할 때 사용하는 법구
- 좌선할 때 입선(入禪)과 방선(放禪)의 신호로 사용
- 죽비 소리에 맞추어 대중의 행동 통일

죽비[竹篦]
대나무로 만든 법구. 죽비자(竹篦子)라고도 한다. 보통 40~50cm 길이의 통대나무를 3분의 2 정도의 길이로 가운데에서 쪼개어 양쪽으로 갈라지게 하고, 가르지 않은 부분은 손잡이로 사용한다. 오른손으로 손잡이 부분을 잡고 갈라진 부분으로 왼손바닥을 치면 '착'하는 소리를 낸다. 불교와 원불교에서 수행자를 지도하거나 의식을 집행할 때 사용하는 법구이다. 출처 : 원불교대사전

001

고요한 나를 만나다
입정(入定)

> 다함께 온전한 마음을 모으는 입정하겠습니다.

- 선정(禪定)에 들어가는 것
- 마음을 한 곳에 모으는 것
- 삼업 짓는 것을 그치는 것
- 참선하기 위해 선방에 들어가는 것

입정(入定)이란?
선정(禪定)에 들어가는 것, 마음을 한 곳에 통일하여 신·구·의 삼업 짓는 것을 그치는 것, 참선하기 위해 선방에 들어가는 것 따위의 의미가 있다. 그밖에 스님이나 수행자의 열반을 의미하기도 한다. 원불교에서는 각종 법회나 기도식 때에 먼저 입정으로 마음의 안정을 얻은 후에 각항 순서를 진행하게 되므로 대체로 식순에 '입정'의 순이 있다. 입정은 성품의 본래에 합일하여 일체의 사념이 돈망한 상태를 말하며, 이는 선정의 극치이다.
출처 : 원불교대사전

원불교100주년기념대회 특별천도재 | 종재의식

001

음계의 해원이 양계의 화합으로

천도보고

대한민국의 역사와 함께한, 원불교가 올해로 100주년을 맞이 하였습니다. 대한민국 근·현대 100년 역사의 소용돌이 속에서 열반하신 유주무주 고혼 영령들에게 참회하는 마음과 따뜻한 손길을 내미는 천도재입니다. 원불교 전 교도들은 청정한 마음으로 100일 개벽기도를 올렸습니다. 지난 3월 13일 초재를 시작으로 49일 동안, 각 교당과 기관에서 천도재를 모셔오다 오늘 종재를 이곳 서울광장에서 영령들의 유가족분들과 시민들과 함께하기에 이르렀습니다. 천도재를 준비하는 200여 명의 독경단이 결성되어 일심합력과 정진적공으로 정성을 더하며 함께하고 있습니다. 특별천도재를 올리는 5대 영위는 일제강점기 희생영령, 한국전쟁 희생영령, 산업화 희생영령, 민주화 희생영령, 재난재해 희생영령들이십니다. 원불교는 삶과 죽음을 하나로 보는 생사일여의 정신으로 영령들에게 다 풀고 가시도록 큰 마당을 열었으며 새 몸 받아 새 생명의 둥근 빛으로 다시 오실 수 있도록 손잡아 드리고 있는 것입니다. 더불어 이 경건한 만남이 감응의 천도재, 동행의 천도재, 대동화합의 천도재가 되기를 간절히 염원합니다. 오늘 특별천도재의 공덕으로 음계의 해원이 양계의 화합을 이끌어 낼 것입니다. 더 나아가 살아있는 우리들이 서로 마음을 내려놓고 화합하여 통일의 문을 열고 평화의 새 길을 열어가도록 간절히 두 손 모읍니다. 고맙습니다. _수산 정상덕 원불교100년기념성업회 사무총장

♪ "고난을 넘어"

고난을 넘어

작곡 : 원일
편곡 김백찬

고난을 넘어

"<고난을 넘어>는 장중하고 비극적인 분위기의 곡이지만 역동적인 변화에 대한 열망이 숨겨져 있는 곡으로 작곡되었던 음악입니다.
영화 '꽃잎'에서 금남로 현장에서의 안타까운 장면에 사용되었던 필름 스코어입니다.
천도의 치유를 통하여 고난을 넘어 새로운 희망을 염원하는 엄숙한 시작을 하는 곡으로 선택하였습니다."

원불교100주년기념대회 특별천도재 | 종재의식

001

이 법공을 받으소서
청정법계 둘 아니니

> 청정법계 둘 아니니 어느 곳에 계시든지
> 이 도량에 조감하사 이 법공을 받으소서
> 본래 맑은 한 물건은 어디간들 물드오리
> 육도세계 모든 숙업 돈필하고 오사이다
> 지난날의 남은 미혹 확연통철 하옵시고
> 불연 따라 수생하사 대업성취 하사이다

"법공의 노래"

천도재 46장 청정법계 둘 아니니
法供의 노래

> "청정법계 둘 아니니
> 法供의 노래"

원불교100주년기념대회 특별천도재 | 종재의식

001

영령들이시여, 향을 올립니다
분향, 헌화

분향
대회장 여타원 한은숙 교정원장

헌화
부대회장 죽산 황도국 서울교구장, 5대 영위 유가족 대표

헌화

- 태평양전쟁피해자보상추진협의회 회장
- 야스쿠니무단합사철폐소송단 대표
- 사단법인 한국전쟁 전후 민간인 희생자 전국 유족회 공동대표
- 한국전쟁전후 민간인피학살자 전국유족회 회장
- 전국민족민주유가족협의회 회장
- 민주화운동실천가족협의회 전 의장
- 이한열기념사업회 이한열 열사 어머니
- 사단법인 민주화운동 유가족협의회 이사장
- 공주대 민주동문회 추모위원회 사무국장
- 전태일재단 전태일 열사 동생
- 세월호 희생 유가족 대표
- 제주 4.3 평화재단 이사

분향

- 태평양전쟁피해자보상추진협의회 회원분들
- 야스쿠니무단합사철폐소송단 회원분들
- 사단법인 한국전쟁 전후 민간인 희생자 전국 유족회 회원분들
- 한국전쟁전후 민간인피학살자 전국유족회 회원분들
- 전국민족민주유가족협의회 회원분들
- 민주화운동실천가족협의회 회원분들
- 민주화운동정신계승국민연대 회원분들
- 사단법인 민주화운동 유가족협의회 회원분들
- 민족민주열사희생자추모단체연대회의 회원분들
- 전태일재단 회원분들
- 세월호 희생 유가족분들

정 의

작곡 : 표건수
편곡 : 김백찬

001

49일간 깊은 참회는 감사의 마음으로 거듭나고
고사

고사 (告辭)
발인식이나 49재 시 영가의 생전 업적을 추모하고 그 뜻을 이어 발전시켜 갈 것을 다짐하며, 천도를 잘 받아서 후세에는 더욱 진급하고 부처님과의 인연이 깊어지도록 축원하며 읽는 글로 각종 의식행사를 진행할 때에 글로 써서 읽어 권고하고 훈유(訓諭)하는 말. (출처: 원불교 용어사전)

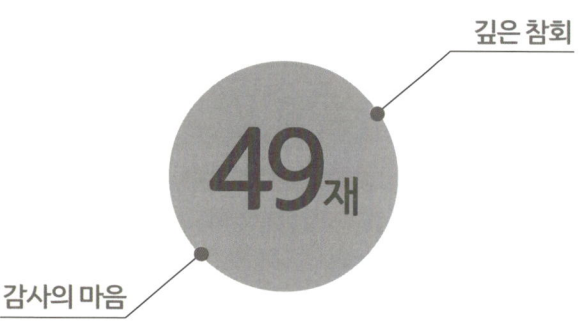

깊은 참회
49재
감사의 마음

장중한 분위기의 BGM
"지금, 여기"

고사(告辭)

한반도에서 원불교가 열린지 100년!
지난 100년간의 대한민국 근현대사는 역사상 유례를 찾을 수 없는 격랑과 변혁의 시기였습니다. 격랑의 역사 속에서 수많은 영령들이 이름도 모른 채 역사 속으로 산화하였습니다. 일제 강점기 속에서 무고하게 희생된 영령들이 그 얼마며, 민족분단과 한국전쟁 속에서 이름도 모른 채 산화한 영령들이 얼마입니까? 극도의 빈곤 속에서 경제 성장의 꽃을 피울 때까지 산업 현장 속에서 산화한 영령은 또 얼마이며, 독재에 항거하여 민주화를 이루는 과정 속에서 희생된 영령들이 얼마이며, 수많은 재난재해 속에서 또 얼마나 많은 영령들이 원인도 모른 채 산화하였습니까? 혹은 국가를 위하여, 혹은 사회를 위하여, 혹은 가족과 직장을 위하여, 혹은 자신도 모르는 불의의 사고로, 셀 수 없이 많은 영령들이 명을 다하지 못하고 이승을 떠나셨습니다.

일제강점기 희생영령
한국전쟁 희생영령
산업화 희생영령
민주화 희생영령
재난재해 희생영령 제위들이시여

이제 대한민국은 지난 100년의 희생과 아픔을 딛고 세계 속에 우뚝 솟은 자랑스런 국가가 되었습니다.
먼저 가신 영령들이 계시지 아니하셨다면 어찌 가능하기나 한 것이겠습니까? 영령들의 희생과 숭고한 산화는 대한민국 건설의 초석이 되셨습니다.
이제 원불교 전 교도들은 때로 한탄하며, 때로 원망하고, 때로 분노하면서 돌아가신 영령들을 추모하고자 합니다. 영령들에 대한 깊은 참회와 함께 감사와 위로를 드리오니, 영령 제위들의 원한과 분노, 한숨이 해원되고, 상처가 치유되시기를 기원합니다.
원불교 100주년을 맞아, 원불교 전 교도는 이 땅에서 희생되신 영령 제위들을 위해 지난 49일간 깊은 참회와 함께 감사를 담아 영령들의 천도를 위한 기도를 올렸습니다. 영령들의 아픔과 슬픔을, 그 고통을 떠 올리며 이제서야 영령들과 함께 하게 됨을 깊이 참회하였습니다. 영령들의 희생으로 민주와 복지가 함께하는 국가를 이룩할 수 있었음을 마음에 새겼습니다.
이제 종재를 맞아, 우리들의 이 정성으로 영령들이 해탈 천도하시기를 간절히 염원하며, 이 천도재가 영령들은 물론 근·현대 100년의 상처를 치유하고 사회 통합과 평화 통일을 이루기 위한 해원·상생·치유·화합의 계기가 되기를 간절히 염원합니다. 영령들께서는 저희들의 정성에 감응하셔서 두렷하고 밝은 저 자비의 빛을 따라 둥근 빛으로 다시 오시기를 축원합니다.

일제강점기 희생영령, 한국전쟁 희생영령, 산업화 희생영령, 민주화 희생영령, 재난재해 희생영령 제위들이시여!
이 생의 모든 애착과 탐착, 원착을 다 내려놓으시고, 오직 청정 일념에 주 하셔서 자유롭고 편안한 안식을 얻으시옵소서.
원불교는 개교 100년을 마무리하고 정신 개벽의 새 역사를 위한 시대적 역할과 사명을 다 할 것이오니,
영령들께서도 온전한 마음을 챙기시고, 청정한 기운에 의지하여 둥근 빛으로 다시 오소서!
둥근 빛 품안에서 길이 진급하는 삶으로, 빛나는 삶으로 다시 오소서!   고사 낭독 _덕산 이덕우 교도

지금, 여기

지금, 여기

"대하드라마 불멸의 이순신 음악감독 당시 작곡했던 곡입니다. 어두운 현실에서도 희망과 미래를 바라보는 자의 굳은 의지를 담으려 했던 곡으로 과거의 어두운 사건과 그 희생 영령들을 위로하는 지금 사람들의 마음을 담아낼 수 있다고 생각했습니다."

원불교100주년기념대회 특별천도재 | 종재의식

001

그 무엇에도 걸림없는 자유를 얻으소서

설명기도

법신불 사은이시여!
대한민국 근·현대 100년 해원·상생·치유·화합의 특별천도재 종재를 맞이하는 지금,
일제강점기 희생영령 제위, 한국전쟁 희생영령 제위, 산업화 희생영령 제위, 민주화 희생영령 제위, 재난재해 희생영령 제위의 앞길에 대자대비하옵신 법력과 광명을 길이 나리시어
영령들로 하여금 생사거래에 항상 바른 지혜를 가지게 하시와 혹여 마음의 억울함으로 인해 생겨난 원한과 증오를 모두 내려놓으시고, 그 무엇에도 걸림이 없는 자유를 얻어 인도수생의 바른길을 따라 선도에 들게하여 주시오며,
만일 정법을 찾지 못하였거든 이번 특별천도재의 인연 공덕으로 바로 정법을 찾게 하시어 제생의세의 큰 서원으로 성불의 길이 열리게 하여주시옵소서. 일심을 모아 간절히 비옵나이다. _비타원 이상선 교무

Grieg의 진혼곡
"Aase's Death"

설명기도 (說明祈禱)
법회나 기도행사 때에 말이나 글로써 법신불 전에 감사·사죄·기원 등을 올리고 맹세하는 것. 같이 참석한 대중들이 잘 듣고 감동을 받아 스스로 큰 각성이 생길 수 있는 내용의 글이나 말로써 법신불 전에 기원을 올린다. 설명기도는 미리 내용을 작성할 수도 있고, 그때의 상황에 따라 적당한 내용으로 할 수도 있다. (출처: 원불교용어사전)

Aase's Death

E.Grieg : Aase's Death

" 지금도 노르웨이를 대표하는 작곡가인 에드바르트 그리그의 작품으로 역시 노르웨이의 극작가인 입센의 대표적인 희곡 '페르귄트'에 등장하는 페르귄트의 어머니 오제의 죽음 장면에 나오는 음악입니다. 원불교100주년기념대회에서 사용한 유일한 서양 클래식이며 레퀴엠 음악 중에서도 장중하고 아름다움이 있는 느린 곡입니다. 길게 이어지는 분향 헌배 순서에서 반복적으로 사용하였습니다. "

원불교100주년기념대회 특별천도재 | 종재의식

001

생사윤회의 해탈과 위력을 얻으소서
성주(聖呪) 3편

> 영천영지영보장생　永天永地永保長生
> 만세멸도상독로　　萬世滅度常獨露
> 거래각도무궁화　　去來覺道無窮花
> 보보일체대성경　　步步一切大聖經

독경 _종산 성명종 교무

중심을 Dm으로
즉흥적으로
독경을 반주함

성주
聖呪

성주란 성스러운 주문이라는 뜻이며 '영천영지영보장생'은 '영원한 하늘과 영원한 땅 곧 하늘과 땅이 영원하므로 그 속에 사는 모든 만물이 영원히 장생을 보존한다'는 의미이다. 곧 이 구절은 불생불멸(不生不滅)의 진리를 나타내며, 불생불멸의 진리가 있기 때문에 만물이 영원히 멸하지 않으며 우리도 영생을 얻게 되는 것이다.

'만세멸도상독로'는 만세에 멸도 되더라도 곧 소천소지(燒天燒地)가 되더라도 항상 홀로 드러나 있다는 것이다. 소천소지가 되더라도 한 물건이 장령(長靈)해서 개천개지(盖天盖地) 곧 하늘도 덮고 땅도 덮는 그 진리자리가 상독로라는 것이다. 수없는 생멸과 선악귀천을 거듭하더라도 영원히 물들지 않는 본연 자성의 참나(眞我 또는 佛性)를 말한다. 요컨대 부처에게 더하지도 않고 중생에게도 덜하지 않는 본연청정의 자성자리를 의미한다.

'거래각도무궁화'는 가고 오는 도를 깨고 보니 그것이 무궁한 꽃 즉 불생불멸하는 꽃이더라는 의미이다. 생사거래의 이치를 깨닫고 보면 불생불멸의 진리와 함께 생사와 인과가 끊임없이 반복하는 것이 마치 영원히 피고 지는 꽃과 같다는 의미이다.
생사거래와 인과여수가 영원히 반복되는 무궁한 꽃으로 보면 선악미추(善惡美醜)의 모든 차별심을 벗어나고 모든 이해(利害)에 해탈을 얻게 된다.

'보보일체대성경'은 걸음걸음 일체 즉 천지삼라만상(天地森羅萬象)이 대성경(大聖經)을 펼쳐 보이는 것과 같다는 것이다. 생사거래와 인과여수의 이치가 무궁한 꽃과 같음을 깨치고 보면 이 세상 만물의 모든 이치가 큰 성경(聖經)으로 보이게 된다. 이 경지에 도달하면 윤회의 사슬을 벗어나 육도(六道)를 자유자재하고 생사거래(生死去來)를 자유자재하게 된다.
성주는 열반인의 해탈 천도를 위해 많이 독송되지만 또한 누구든지 일심으로 독송하면 불생불멸의 진리를 깨쳐 영생(永生)을 얻고 생사윤회에 해탈을 얻음과 동시에 큰 위력을 얻게 되는 것이다.
그리고 보면 성주는 이름 그대로 성자(聖者) 또는 부처되게 하는 주문이다.

이 성주는 열반인의 천도를 위해서만이 아니라 자신 천도를 위한 해탈 공부의 표준이 된다. 따라서 열반인을 위해 간절히 염송함과 동시에, 스스로도 이와 같은 경지에 도달하도록 서원하고 정진해야 하는 것이다. 1925년(원기 10)경에 소태산 대종사가 이공주에게 「거래각도무궁화 보보일체대성경」을, 성성원에게 「영천영지영보장생 만세멸도상독로」란 구절을 각각 나무아미타불 대신 외우도록 내린 것이다. 그런데 몇 년 후에 소태산 대종사의 꿈에 총부 대각전에서 대중이 모여 천도재를 지내는데, 이 주문을 외우자 대각전 지붕 위에서 서기(瑞氣)가 감돌았다.
이후로 이 주문은 영혼천도를 위한 주문이 되었다.

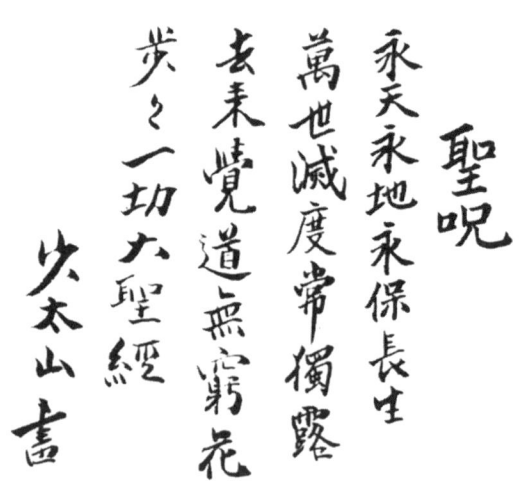

<소태산 대종사 친필 성주>

원불교100주년기념대회 특별천도재 | 종재의식

001

듣고 들으시나이까
천도법문

열반 전후에
후생길 인도하는 법설

일제강점기 희생영령들이시여! 한국전쟁 희생영령들이시여! 산업화 희생영령들이시여! 민주화 희생영령들이시여! 재난재해 희생영령들이시여!
원불교 개교 100주년을 맞이하여 전 교도와 국민의 염원을 모아 대한민국 근·현대 100년의 역사 속에 희생된 모든 영령들의 천도 발원을 간절히 올리오니 영령들이시여 정신을 차려 부처님의 법문에 의지하여 완전한 해탈 천도를 받으소서.

일제강점기 희생영령들이시여! 한국전쟁 희생영령들이시여! 민주화 희생영령들이시여!
영령들께서는 나라와 민족을 위하고 자유와 민주를 위하여 아낌없이 목숨을 바친 공도자들로서 그 숭고한 정신은 역사와 국민의 가슴속에 살아서 영원불멸한 큰 생명을 얻었으니 생사의 오고가는 가운데 원망과 분노의 고통에서 벗어나 해원상생의 길로 전진하시어 길이 대중의 환영과 보호를 받으소서.
산업화 희생영령들이시여! 재난재해 희생영령들이시여!
국가발전을 위해 산업현장에서 불의의 사고로 희생된 영령들과 재난재해로 목숨을 잃은 영령들께서는 생각지도 못한 순간에 목숨을 잃어 억울함이 한량없을 것이오나. 제위영령들의 죽음을 가슴 아파하며 천도를 기원하오니 영령들이시어 온전한 마음을 챙겨 크게 안심하시고 청정한 마음에 의지하여 다시 오시옵소서.

대한민국 근·현대 100년의 역사 속에서 희생된 영령들이시여, 태어나고 죽는 이치는 부처님이나 영령들이나 다 같은 것이며, 성품자리도 또한 다 같은 본연 청정한 성품이며 원만 구족한 성품이외다. 성품이라 하는 것은 허공의 달과 같이 참 달은 허공에 홀로 있건만은 그 그림자 달은 모든 강에 비치는 것과 같이, 이 우주와 만물도 또한 그 근본은 본연 청정한 성품 자리로 한 이름도 없고, 한 형상도 없고, 가고 오는 것도 없고, 죽고 나는 것도 없고, 부처와 중생도 없고, 허무와 적멸도 없고, 없다 하는 말도 또한 없는 것이며, 유도 아니요, 무도 아닌 그것이나, 그 중에서 그 있는 것이 무위이화 자동적으로 생겨나, 우주는 성주괴공으로 변화하고, 만물은 생로병사를 따라 육도와 사생으로 변화하고, 일월은 왕래하여 주야를 변화시키는 것과 같이 영령들의 육신 나고 죽는 것도 또한 변화는 될지언정 생사는 아니외다.
대한민국 근·현대 100년의 역사 속에서 희생된 영령들이시여, 듣고 들으시나이까. 이제 이 성품자리를 확연히 깨달아 알으셨나이까. 또 들으소서. 이제 영령들이 오랜 생을 통하여 새 육신을 받을 때에는 영령들이 평소 짓던 바에 즐겨하여 애착이 많이 있는 데로 좇아 그 육신을 받게 되나니, 그 즐겨하는 바가 불보살 세계가 승하면 불보살 세계에서 그 육신을 받아 무량한 낙을 얻게 될 것이요, 또한 그 반대로 탐진치가 승하고 보면 그 곳에서 그 육신을 받아 무량겁을 통하여 놓고 무수한 고를 얻을 것이외다. 듣고 들으시나이까.
대한민국 근·현대 100년의 역사 속에서 희생된 영령들이시여 또 들으소서.
영령들이 이 때를 당하여 더욱 마음을 견고히 하소서. 만일 호리라도 애착 탐착을 여의지 못하고 보면 어느 세월에 또 다시 사람의 몸을 받아 성현의 회상을 찾아 대업을 성취하고 무량한 혜복을 얻으리오.

일제강점기 희생영령들이시여! 한국전쟁 희생영령들이시여!
산업화 희생영령들이시여! 민주화 희생영령들이시여!
재난재해 희생영령들이시여!
듣고 들으셨나이까.

_종산 성명종 교무

원불교100주년기념대회 특별천도재 | 종재의식

001

일심다류, 여러 소리를 한 마음으로 모으다

독경

"독경은 경전을 소리내어 읽는 것으로 경전 공부의 기본 자세이다."
―종산 성명종 교무

"사람마다 몸과 마음의 그릇이 달라서 통일된 운곡에 맞출 수는 없지만, 대중이 독경의 뜻을 전달 받을 수 있게 정확한 발음을 내는 훈련을 해야 한다."
―김동원 총연출감독

기본음을 지속적으로 유지하며 리듬형태는 독경의 변화에 따라 바꿔서 연주. 오케스트라와 지휘자가 가장 집중하여 일체가 되어 연주한 부분이다.

일원상서원문
一圓相誓願文

일원은 언어도단의 입정처이요, 유무 초월의 생사문인 바, 천지 부모 동포 법률의 본원이요, 제불 조사 범부 중생의 성품으로 능이성 유상하고 능이성 무상하여, 유상으로 보면 상주 불멸로 여여 자연하여 무량 세계를 전개하였고, 무상으로 보면 우주의 성주괴공과 만물의 생로병사와 사생의 심신 작용을 따라 육도로 변화를 시켜 혹은 진급으로 혹은 강급으로 혹은 은생어해로 혹은 해생어은으로 이와 같이 무량 세계를 전개하였나니, 우리 어리석은 중생은 이 법신불 일원상을 체받아서 심신을 원만하게 수호하는 공부를 하며, 또는 사리를 원만하게 아는 공부를 하며, 또는 심신을 원만하게 사용하는 공부를 지성으로 하여 진급이 되고 은혜는 입을지언정, 강급이 되고 해독은 입지 아니하기로써 일원의 위력을 얻도록까지 서원하고 일원의 체성에 합하도록까지 서원함.

[독경설명]
일원상서원문은 소태산 대종사께서 깨친 진리의 내용을 담은 글로써, 우리들이 일상생활을 통하여 일원상의 진리를 깨치고 활용하여 마침내는 불보살의 큰 인격을 이루도록 서원을 올리는 글이다. 원불교의 각종 의식에서 독송하는 간절하고도 지극한 발원문이요, 서원문이다.

반야바라밀다심경
般若波羅蜜多心經

관자재보살 행심반야바라밀다시 조견오온개공 도일체고액 사리자 색불이공 공불이색 색즉시공 공즉시색 수상행식 역부여시 사리자
시제법공상 불생불멸 불구부정 부증불감 시고공중 무색 무수상행식 무안이비설신의 무색성향미촉법 무안계 내지무의식계 무무명 역무무명진
내지무노사 역무노사진 무고집멸도 무지역무득 이무소득고 보리살타 의반야바라밀다고 심무과애 무과애고 무유공포 원리전도몽상 구경열반
삼세제불 의반야바라밀다고 득아뇩다라삼먁삼보리 고지반야바라밀다 시대신주 시대명주 시무상주 시무등등주 능제일체고 진실불허
고설반야바라밀다주 즉설주왈 아제아제 바라아제 바라승아제 모제사바하

[독경설명]

반야바라밀다심경은 불교의 가장 핵심 교리인 공의 원리를 밝힌 불교 최고의 경전으로
이를 정성으로 외우고 또한 실천하면 모든 고통과 재액을 넘어서 극락생활을 할 수 있다.

참회게
懺悔偈

아석소조 제악업(我昔所造諸惡業) 개유무시 탐진치(皆由無始貪瞋痴)

종신구의 지소생(從身口意之所生) 일체아금 개참회(一切我今皆懺悔)

죄무자성 종심기(罪無自性從心起) 심약멸시 죄역망(心若滅時罪亦亡)

죄망심멸 양구공(罪亡心滅兩俱空) 시즉명위 진참회(是卽名謂眞懺悔)

[독경설명]
참회게는 참회의 뜻을 요약한 게송으로, 과거 생으로부터 지금에 이르기까지 알게 모르게 지은 모든 죄업을 참회하고 쌓인 업보를 멸도시키고자 할 때 지성으로 독송한다.

원불교100주년기념대회 특별천도재 | 종재의식

001

상생의 정치로 대한민국 국민이 행복한 삶을 살게 하소서

축원문

원기 101(2016)년 4월25일 대한민국 근·현대 100년의
해원·상생·치유·화합을 위한 특별천도재 종재를 맞이하여
정심재계하옵고 삼가축원문을 받들어
일제강점기 희생영령,
한국전쟁 희생영령,
산업화 희생영령,
민주화 희생영령,
재난재해 희생영령들의
해탈천도 발원을 올리나이다.

_영타원 김홍선 교무

♪
경종10타에 사용된
정악풍의 음악을 BGM버전으로
다시 연주하여
경건함을 더함

축원문

법신불 사은이시여!
일제에 국권을 뺏겨 방황하던 암울한 시기에, 일정의 탄압으로부터 아무런 보호를 받지못하였거나 혹은 조국의 독립을 위해 살신성인의 길을 택하셨던 일제강점기 희생영령 제위, 이념의 갈등이 빚은 민족의 참극으로 인해 아름다운 삶을 꽃피우지 못하고 생명을 잃은 한국전쟁 희생영령제위, 국가재건과 경제개발 과정에서 열악한 산업현장과 근로환경으로 안타깝게 목숨을 잃은 산업화 희생영령 제위, 자유와 인권이 유린되고 역사의 순리가 역행될 때 민주주의의 가치를 외치다가 부당하게 생명을 잃은 민주화 희생영령 제위, 안전 불감증과 안일함에 젖어 발생한 재난과 재해로 유명을 달리한 재난재해 희생영령 제위, 대한민국 근·현대 100년 역사에 영령들의 고귀한 희생은 이 나라가 오늘날 세계 속의 대한민국으로 바로 서는 토대가 되었고 평화와 상생의 자양분이 되었으며, 어느 국가 보다 빠르게 선진국의 대열에 진입할 수 있는 뿌리가 되었고, 오늘날 민주와 인권이 주체가 되는 민주국가의 씨앗이 되었으며, 불합리를 바로잡고 경각심과 공익에 바탕한, 책임있는 사회를 만들어갈 수 있도록 경종을 울려 주었나이다.

법신불 사은이시여.
원불교100주년기념성업에 동참한 재가출가 교도를 비롯한 추모인 등은 대한민국 근·현대 100년의 희생영령 제위의 고귀한 뜻을 기리며 간절한 발원을 올리오니 영령들이 나라에 끼친 공적과 지은 바 모든 선근을 굽어 살펴 주시와 영근에 혹 남아있는 어떠한 억울함과 원망이나 미움까지도 진여의 법력으로 다 녹여주시고 그 업장을 소멸하여 주시옵소서. 아직도 바른 영로를 찾지 못한 영령들에게는 반야의 지혜와 광명으로 그 길을 인도하시와 속박을 여의고 해탈을 얻어서 바로 불토낙지에 돌아오게 하여 주시옵고, 세세생생 도덕의 인연을 떠나지 아니하고 정법수행을 길이 정진하여 성불제중의 대과를 원만 성취하게 하여 주시옵소서. 영령제위의 값진 희생 위에서 이 나라가 정신의 지도국, 도덕의 부모국이 되어 상생의 정치로 나라가 안정을 얻고 모든 국민들이 행복한 삶을 누리게 하시고 이 나라의 복조가 영원무궁하게 하옵소서.
일심으로 기원하옵고 정성의 헌배 올리옵나이다.

원불교100주년기념대회 특별천도재 | 종재의식

001
일원상 깃발 아래서 새 삶으로 거듭나소서
종법사 법문

대독 _ 하산 강낙진 교무

대한민국 근·현대 100년
해원·상생·치유·화합 특별천도재 법문

일제강점기 희생영령 제위·한국전쟁 희생영령 제위·
산업화 희생영령 제위·민주화 희생 영령제위·
재난재해 희생영령 제위이시여!

슬프고 애통하도다!
선후천 교역기의 여명이 서서히 밝아올 무렵
혹은 의로움으로 혹은 숙세의 업력으로
억울하고 참혹하게 열반하신 이 땅의 유주 무주 영령들이시여!
긴 세월 허공에 맴돌던 시절이 그 얼마이며
그 통한 호소하며 애절한 시간들은 또 얼마런가!
하오나, 영령들의 열반은 정녕 헛되지 않아서
국가 민족 발전의 초석이 되고
이 나라 민주화의 등불이 되었으며
선진국으로 도약하는 촉매제가 되었습니다.

일제강점기 희생영령 제위·한국전쟁 희생영령 제위·
산업화 희생영령 제위·민주화 희생영령 제위·
재난재해 희생영령 제위이시여!

허공을 헤매는 영령들이시여!
이제 두렷하고 자비로운 저 광명의 빛을 보소서.
개벽의 성자이신 새 부처님의 일원대도가 이제 영령들과 함께 하니
지난날의 원진일랑 모두 놓아버리고
대지강산 떠도는 긴 방황 그만 멈추소서.
대진급의 길, 인도 수생의 길로 들어서길 축원하는
겨레의 간절한 이 염원의 함성 들으시고
마음의 문을 활짝 열으소서.

한 마음을 밝게 돌리고 돌리면 진급이요
맺힌 마음을 풀고 풀면 그곳이 극락이며
한 마음 원진을 녹이면 바로 부처님의 훈풍입니다.
허공법계를 정처 없이 떠도는 영령들이시여!
저 일원의 자비 깃발 아래 새 마음 새 뜻 새 삶으로 거듭나소서.
밝고 아름다운 미래를 개척하여
이 나라가 세계의 정신적 지도국이 되고
도덕의 부모국이 되도록
일원 세계, 낙원 세계 개척하는 이 대불사에 동참하소서.

일제강점기 희생영령 제위·한국전쟁 희생영령 제위·
산업화 희생영령 제위·민주화 희생영령 제위·
재난재해 희생영령 제위이시여!

嗚呼哀哉哀哉兮
天地虛空大圓光
四生同歸無量恩
解冤相笑大進級
一念回機樂園華

오호라 슬프고 슬프도다!
천지허공에 대원광이 솟으니
사생이 함께 귀의하여 무량 은혜를 입도다.
원한 풀고 서로 웃으면 대진급이요
한 생각 돌리니 낙원세계 꽃이로다.

원기 101년 4월 25일

종 법 사

원불교100주년기념대회 특별천도재 | 종재의식

001

진리의 손! 연꽃이 되다

원무(圓舞), 연화헌공(蓮花獻供)

원무(圓舞)는 원불교의 교리와 정신을 전통적인 몸쓰기 원리에 담아 마음공부[선(禪)]와 몸공부[무(舞)]가 하나 되는 사사불공(事事佛供)의 정신을 담은 수행법으로 개발. 원기 89년에 좌산 상사께서 <원무문화 창출취지>를 내림.

_원불교 중앙총부 교무 12명 (구상은, 김도현, 김세진, 김오현, 김효성, 박대원, 이대혁, 이인광, 이주연, 전도연, 지수연, 황현신)

좌산 상사님의 원무문화 창출취지문(원기 89년)
< 禪춤(自由舞-獨舞)의 規則 >
1. 오직 獨舞로 한다. 遠近親疎와 前後左右에 대한 계교사량을 털어버리고 오직 스스로 舞道一念에 빠져들게 한다.
2. 全大衆이 함께 한다. 많고 적음에 구애 없이 참석자 모두가 함께 즐기게 한다.
3. 舞法의 틀에 묶이지 않는다. 어떠한 形式에도 묶이지 아니하고 자유분방한 千態萬象을 表出하게 한다.
4. 모든 動作을 自由로 하되 다만 음악에 맞추어 한다. 다양성 속에 중심을 이루는 조화의 미를 창출한다.
5. 衣裳은 가급적 正裝을 해야 하며 노출복장은 금한다. 의복으로 인하여 주위가 신경키는 일이 없게 하고 법다운 정서를 길러준다.
< 恩춤(格式舞-群舞)의 規則 >
1. 그룹을 形成하여 단체 舞로 한다. 3사람 이상의 그룹 成員 모두가 合心合力하여 추어야 한다.
2. 간단하고 단순한 동작을 창출하여 함께 한다. 손과 손을 마주잡고 서로 서로 도와야 출 수 있게 한다.
3. 雙雙舞나 獨舞는 금한다. 단 둘이서 하는 무용이나 홀로 하는 무용이 아니다.
4. 그룹간 무용의 틀은 성원의 합의로 결정하여 한다. 그룹 무용 형식은 자유로 하되 그룹이 음악에 맞추어 일체화하여 연행한다.
5. 의상은 가급적 정장으로 하며 노출복은 금한다. 의복으로 인하여 주위가 신경키는 일이 없게 하고 법다운 정서를 길러준다.
* 필요에 따라서는 선춤과 은춤을 合作하여 출 수도 있게 한다.

영령들의
희생과 넋을 위로하는 춤으로서
장단이 없는 선춤으로 구성됨
연화헌공에서는
대금과 신시사이저가 음악을 하고
장단이 있는 은춤에서는
북과 가야금이
음악을 연주함

원무의 지향점

- 원무는 보여주기 위한 춤이 아니라 사사불공의 정신을 담은 수행의 몸쓰기이며, 희로애락에 물들지 않는 마음쓰기임
- 호흡은 잊고 내버려 둠으로써 몸의 움직임에 저절로 어우러지게 함

  *** 안무 및 구성: 김동원(총연출감독/원광디지털대학교 전통공연예술학과 교수)

예법: 손 모아 바로 서기 ▶ 일원상(一圓相) 그리기 ▶ 바로앉기 ▶ 절하기 ▶ 바로가기

선(禪)춤: 숨고르기 천(天) ▶ 숨고르기 궁궁(弓弓) ▶ 팔 벌리며 뒤로 걷기 ▶ 팔 모으며 앞으로 걷기 ▶ 팔 돌려 뒤로 걷기 ▶ 몸심 따라 합장하기

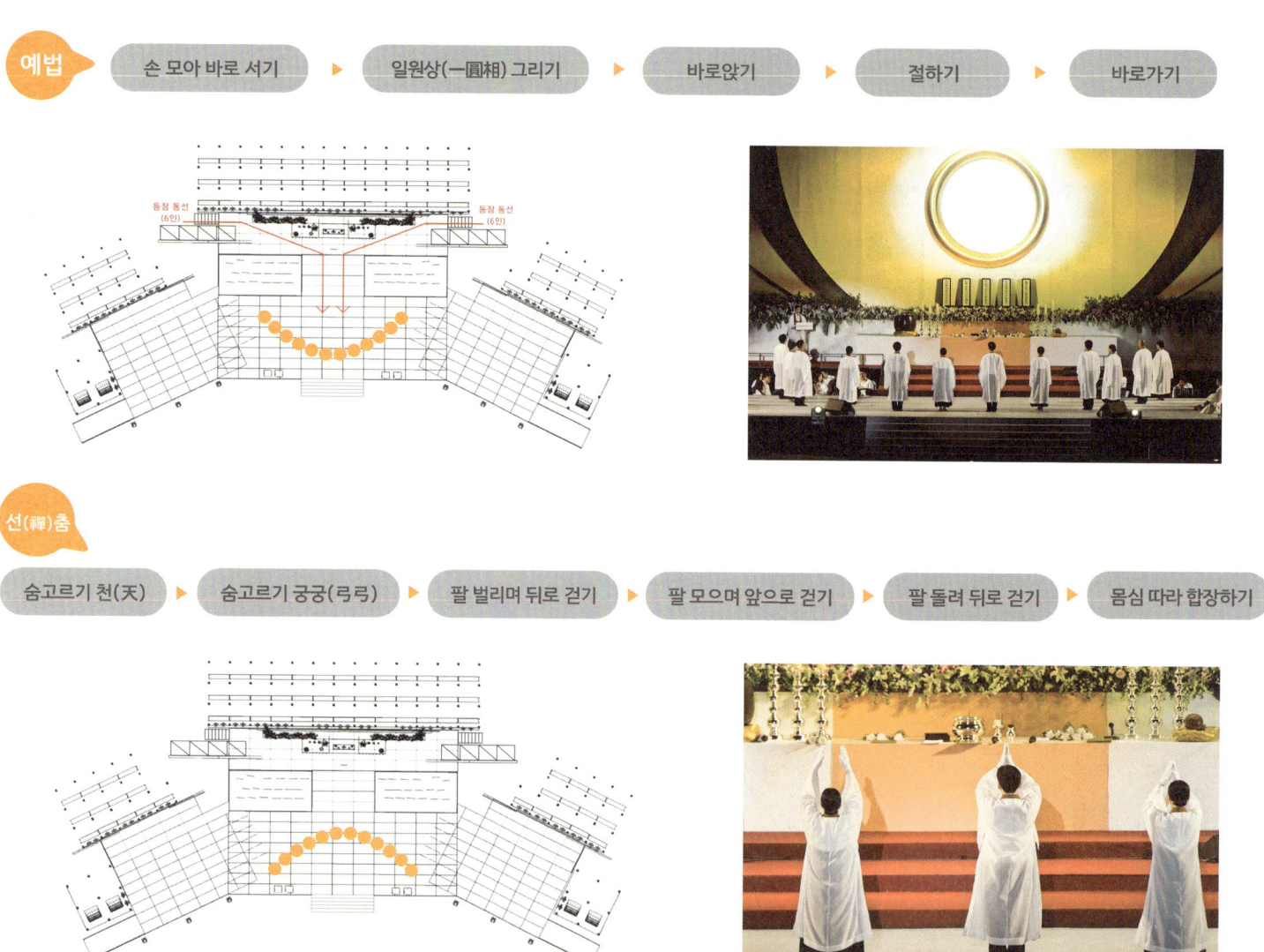

원불교100주년기념대회 특별천도재 | 종재의식

은(恩)춤

합장하고 걷기 ▶ 왼손 들어 펼치기 ▶ 오른손 들어 펼치기 ▶ 팔 벌려 걷기 ▶ 왼팔 접어 왼쪽으로 돌기 ▶

양팔 벌리고 빠르게 돌기 ◀ 양팔 벌리고 느리게 돌기 ◀ 오른팔 접어 오른쪽으로 돌기

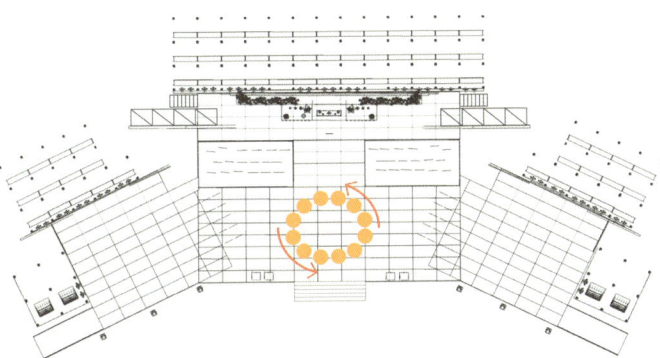

연화헌공

합장한 채 무릎 앉기 ▶ 연꽃 피우기 ▶ 바로 서기 ▶ 일원상 그리기

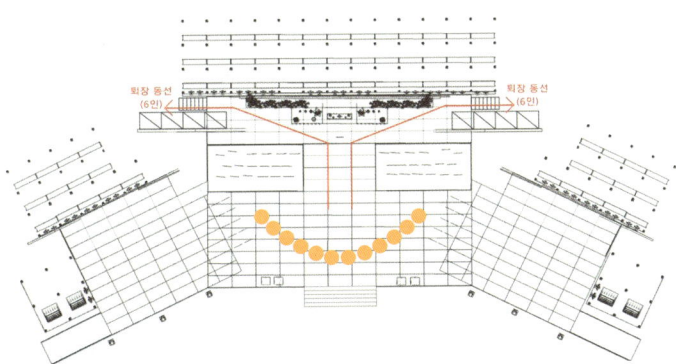

진행 협조 공문 발송

공문번호	발송일	제 목
101-23	160307	원불교 100주년 특별 천도재 종재 '연화헌공' 연습 협조의 건

물질이 개벽되니 정신을 개벽하자

수신자 수신처 참조
제 목 원불교100주년 특별천도재 '연화헌공' 진행 협조의 건

1. 세상의 희망이 되는 원불교100주년기념대회 봉행위원회입니다.
2. 개벽시대 무한동력을 갖춰 창립역사를 계승하는 교정원이 되기를 기원합니다.
3. 원불교100주년을 맞이하여 원기101년(2016) 4월 25일에 진행되는 대한민국 근,현대 100년 해원상생 치유화합의 특별천도재 중 '연화헌공'을 진행하기 위하여 안내와 같이 워크샵을 진행하고자 하오니 합력 부탁드립니다.

- 안 내 -

○ 1차 워크샵 : 3월 11일(금) 오후 12시 30분 ~ 오후 5시
○ 장소 : 중앙총부 대각전
○ 내용 : 연화헌공 강의 및 시연
○ 대상자 : 송세주, 이항민, 김효성, 김세진, 이인광, 박대원, 김오현, 박진수, 전도연, 이주연, 지수연, 손덕인 교무(총 12명)
○ 준비물 : 흰색 법복 및 법락

원불교100주년기념대회 봉행위원회

수신처 : 총무부, 기획실, 문화사회부, 교화훈련부, 공익복지부, 교육부, 재정산업부, 국제부, 정화단 사무처, 수위단 사무처

담당 김성진 의식진행팀장 박명은 부집행위원장 김은경 집행위원장 정상덕(전결)
시행 원100 101-023(2016. 3. 7)
우 04382 서울시 용산구 한강로 1가 228 3층, 원불교100주년기념대회 봉행위원회
전화 (02)816-0428 전송 (02)816-3174 메일 100wonbul@gmail.com

원불교100주년기념대회 특별천도재 | 종재의식

001
해원·상생·치유·화합의 등을 밝힙니다
천도법등 밝히기

풍랑이 그치었으니,
이제는 편안하시리 피안을 바라다 보며 가쁜 숨 내쉬어 보세.
원력을 굳게 세운 후,
착없이 길을 떠나오 한 생각 청정하올 때 연대의 문이 열리리.
한 물건 홀로 드러나 때때로 얼굴 나투니
옛가지 봄 돌아올 때 또다시 꽃이 피겠네.

낭송 _ 정수인 (명창)

성가 44장 '위령가'
합창 반주

온 대중은 불단을 향해 일어서고 독경단은 대중을 향해 마주보게 함으로써, 서로 하나로 융화되는 분위기를 조성한 후에 손에 법등을 밝히어 천도의 분위기를 돋움. 음악은 위령가를 연주하되, 독경단은 허밍으로만 선율을 부르고 정수인(명창)이 가사를 낭송함으로써 위령가의 의미가 더욱 새롭게 전달되게 하였음.

풍랑이 그치었으니

둥근 빛으로 다시 오소서

원불교100주년기념대회
물질이 개벽되니 정신을 개벽하자

2016. 4. 25
서울광장

대한민국 근·현대 100년 해원·상생·치유·화합 특별천도재

 ▶  ▶  ▶ **LED초 6,000개 무료 배포**

원불교100주년기념대회 특별천도재 | 종재의식

001
잊지 않겠습니다
서원의 대동천도

우리가 밝힌 이 등불은 당신들의 희생을 절대 잊지 않겠다는 서약이며, 당신들의 희생이 부디 둥근 빛으로 다시 되살아오시길 염원하는 우리들의 서원입니다. 어둠은 물러나고 밝고 환한 희망찬 대한민국의 미래를 둥근 빛으로 비춰주십시오.

영주 (靈呪)
天地靈氣我心定　　萬事如意我心通　　天地與我同一體　　我與天地同心正
천지영기 아심정　　만사여의 아심통　　천지여아 동일체　　아여천지 동심정

● 영주 : 종산 성명종 교무　● 낭독 : 김법열 교무　● 구음 : 김동원 총연출감독

[영주 3분 박형(7독)] + [2분 박형] + [점점 빠르게] + [rit.로 마무리] + [김동원 구음]

성명종 교무의 리드로 온 대중이 다 함께 영주를 염송하는 중에 사회자가 특별천도재의 의미를 정리하는 멘트 후 김동원 총연출감독이 즉흥적인 구음으로 천도의 분위기를 고조해나감

간단한 패턴을 제시한 후 지휘자가 오케스트라 연주자들에게 반주 패턴을 반복적으로 변화하도록 요구해가며 즉흥적으로 연주. 전체적인 소리의 에너지를 따라가며 음량과 템포의 완급 조절.

157

일제강점기 희생영령들이시여! 한국전쟁 희생영령들이시여! 민주화 희생영령들이시여! 산업화 희생영령들이시여! 재난재해 희생영령들이시여!
당신들의 희생이 아니었다면, 지금의 우리는 존재하지 않았을 것입니다.

당신들의 나라 잃은 설움도, 당신들의 형제 잃은 슬픔도, 당신들의 친구 잃은 아픔도, 당신들의 동지 잃은 고통도, 당신들의 가족 잃은 비통함도,
우리가 밝힌 이 등불에 담긴 정성과 간절함으로 잠시나마 위로 받으시기 바랍니다.

일제강점기 희생영령들이시여! 한국전쟁 희생영령들이시여! 민주화 희생영령들이시여! 산업화 희생영령들이시여! 재난재해 희생영령들이시여!
부디, 둥근 빛으로 다시 오소서!

원불교100주년기념대회 특별천도재 | 종재의식

001

생명·평화·통일을 이루는 종교적 회심으로
해원·상생·치유·화합의 약속

오늘 함께 해주신 여러분 정말 감사합니다. 우리의 간곡한 서원이 허공법계의 진리와 함께해서 우리 영령들과 하나가 되리라는 확신이 있습니다. 다시 한 번 영령들의 완전한 해탈천도를 기원합니다. 모든 생령들은 서로 없어서는 살지 못하는 근원적 관계 속에서 살아가고 있습니다. 이 시대를 살아가고 있는 우리들은 먼저 떠나가신 영령들의 아픔과 고통 그리고 헌신으로 현재의 삶을 살고있습니다. 대한민국의 현재는 영령들의 희생으로 건설될 수 있었습니다. 원불교 전 교도들이 49일 동안 정성을 다해 감사와 위로 해탈 천도를 축원하였습니다.

천도재를 지내는 내내 희생영령들의 아픔과 고통을 깊이 헤아리지 못하고 무심히 살아온 회한과 미안함이
참 많았습니다. 핑계와 오만이 부끄러웠습니다. 참회의 정성으로 천도재와 기원을 간절히 올렸습니다.
비록 영령들의 희생에 비해 아주 작은 정성이지만 영령들께서 이에 감응하시어 해원과 상생과 치유와 화합의
한 기운으로 두렷하고 광명한 저 자비로운 빛을 따라 둥근 빛으로 다시 오시길 거듭 간절히 축원합니다.
이 천도재의 기운으로 우리 모두 대동화합의 길로 함께 동행하여 우리 대한민국이 모든 이의 삶과 생명을
존중하고 배려와 소통으로 감사와 은혜 가득한 정신의 지도국, 도덕의 부모국을 이뤄가길 염원합니다.
그리고 그동안 헌공된 재비 전액은 생명, 평화, 통일을 이루는 사회 환원기금으로 꼭 사용하도록 하겠습니다.
앞으로도 원불교는 종교의 본의를 잃지 않고 영성과 더 밝은 성찰로 종교의 사회적 역할을 수행하며
종교적 회심을 구현해 나갈 것입니다.
거듭 희생영령들께 위로와 천도의 길을 전하며 둥근 빛으로 다시 오시길 간절히 축원합니다. 감사합니다.

_여타원 한은숙 교정원장

해금 독주

001

따뜻한 마음은 새 희망을 열고
나눔의 인사, 폐식

이제 우리는 영령들을 보내는 석별의 정을 나눠야 할 것 같습니다.
불단을 향해 산화하신 영령들께 다 함께 합장 인사를 해주시기 바랍니다.
유족들과 그리고 이 특별천도재에 함께 정성을 모아주신 옆에 있는 모든 분들과 따뜻한 인사를
나누겠습니다. 위로와 격려 그리고 감사의 마음을 담아 악수와 합장 인사로 따뜻한 인사를 나누며
그 아쉬움을 희망으로 바꿔가겠습니다.
고맙습니다. 모두 안녕히 돌아가시길 바랍니다.

'위령가'의 선율만 연주하며
장중한 마무리

종재를 마치고
천도재를 통해 저희들, 많은 공부했습니다. 힘 없는 저희들에게 큰 기운 모아 주신 전국의 재가출가 교도님들 감사합니다. 그 큰 은혜에 감사합니다.
_원불교 칠성교당 강동현 교무(군종)

100년에 걸친 모든 업장 소멸되시고 완벽한 천도 해탈 이루시길 간절히 빌고 또 빌었습니다. 본래 자성 찾아가시는 걸음 걸음이 사박 사박 소리로 마음전하며, 눈 밭에 발자국 하나 안남기고 떠나시는군요. 가신듯이 다시 오실 때에 큰 혜복 가득 받아 더 큰일 이루시리라 합장합니다.
미안합니다. 감사합니다. 고맙습니다._김성관교도

장병 소감 (원불교 칠성교당)

가장 값진 시간이 될 수 있었던 것은 일제강점기 희생영령 제위, 한국전쟁 희생영령 제위, 산업화 희생영령 제위, 민주화 희생영령 제위, 재난재해 희생영령 제위 분들의 초석이 있었기에 지금의 내가 행복과 기쁨을 누릴 수 있고, 교무님과 함께 지낸 천도재 기간이 무엇보다 값지고 소중한 시간이 되어서 감사합니다. 대한민국의 자유와 평화를 위한, 그분들의 고귀한 노력과 희생이 있었기에 지금의 저희가 존재하고 누릴 수 있었습니다. 이번 특별천도재를 통해서 그분들의 넋과 업적을 기림과 동시에 자유와 평화가 당연한 것이 아니었음을 인식하고, 군인으로서 그분들의 숭고한 희생과 가치를 지켜 나가야 할 경각심을 가질 수 있게 되었던 좋은 기회였던 것 같습니다.

국가 수호와 발전을 위해서 희생하신 호국영령들께 이번 특별천도재를 계기로 많은 장병들과 많은 사람들이 감사한 마음을 전할 수 있어서 좋은 기회였습니다. 특별천도재에 참여하여 호국영령들의 희생으로 많은 것들이 이뤄졌다는 것을 알고 저 또한 나라를 위해 몸을 바칠 수 있을까에 대해서 뜻깊은 생각을 할 수 있게 되어 감사합니다.

특별천도재 기간 덕분에 대한민국 호국영령들의 업적을 기렸고 그분들이 있었기에 우리가 좀 더 나은 삶을 살 수 있지 않았나를 느끼게 되었습니다. 우리 후손들도 좀 더 나은 삶을 누릴 수 있도록 열심히 살겠습니다.

원불교100주년기념대회 특별천도재 | 종재의식

001

특별천도재 이모저모
부스행사

집행위원회	원불교 100년 발걸음展
개벽순례단	서울 성적지 개벽순례 지도 배포
(사)원불교호스피스회	홍보물 배포
월간<원광>	과월호 무료나눔, 경산 종법사 저서 '작은창에 달빛 가득하니' 판매
원불교 환경연대	해로카 운영(환경다트게임, 전기자전거 솜사탕, 태양에너지 제품 시연)
평화의친구들, 인권위원회	사진전시, 평화인권 염주만들기
한겨레중고등학교	커피 나눔, 통일을 위한 활동 소개

부스운영
오후2시 ~ 오후6시 50분

부스 배치도

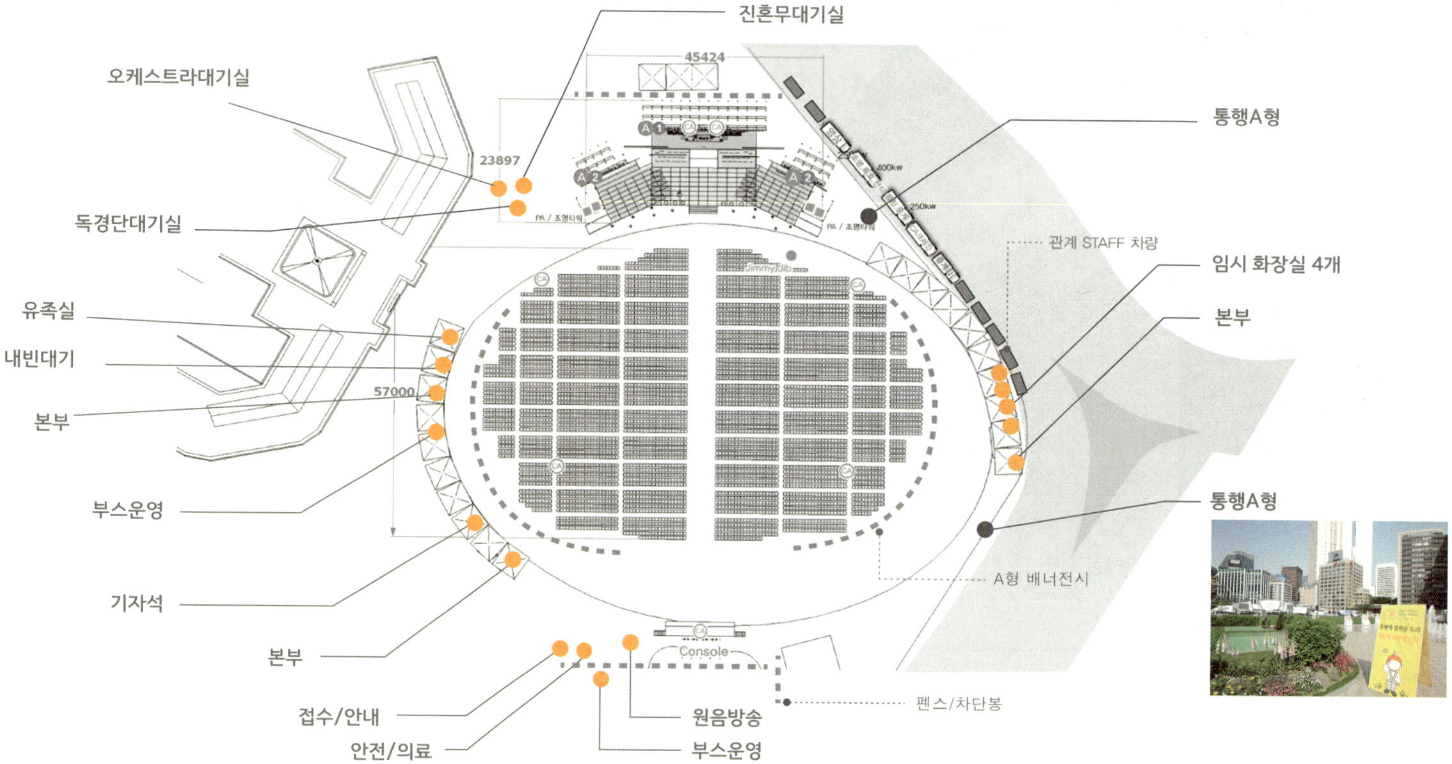

진혼무대기실
오케스트라대기실
45424
23897
독경단대기실
유족실
내빈대기
57000
본부
부스운영
기자석
본부
접수/안내
안전/의료
원음방송
부스운영
펜스/차단봉
A형 배너전시
통행A형
관계 STAFF 차량
임시 화장실 4개
본부
통행A형
Console
PA / 조명타워
400kw
250kw

품명	수량	비고
5*5 몽골텐트	8	내빈,유족,진혼무,오케스트라,연화헌공,독경단 원음방송라디오용
3*3 몽골텐트	18	부대행사, 기자석, 접수, 의료, 물품보관소, 강한친구들 경호부스, 안내
3*6 자바라텐트	6	오케스트라용, 컨트롤부스
3*3 자바라텐트	2	출연자대기용
절탁자 1,800*600	52	원음방송라디오, 컨트롤부스, 분향대, 텐트, 안내
오리의자 + 보	44	내빈, 유족, 전다
듀라테이블 + 보	5	내빈, 유족, 전다
의자	86	각텐트별, 원음방송라디오, 컨트롤부스, 안내

부스 현수막 디자인

접 수 & 안 내
안 전 & 의 료
본 부 석

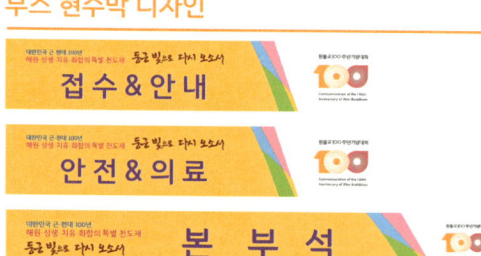

원불교100주년기념대회 특별천도재 | 종재의식

A보드, 사각박스 제작설치

사각박스

원불교 100년 발걸음 전시

A보드 제작	● A보드 55개 제작(양면) 원불교 100년 기록 전시 ● 사각박스 3개 제작(100년의 발걸음展 / 개벽순례단 / 천도재) ● 4월 25일 서울시청 앞 광장 둘레 간격별 설치 임시철거 및 보관 ● 4월 25일 행사 후 철거하여 4월 30일까지 보관 ● 5월 1일 월드컵경기장 광장 2차 설치
추진일정	● 작품선정　　: 3월~4월 (륜산 서문성 교무, 윤대기 교무) ● 제작시작　　: 4월 18일 ● 안전점검　　: 4월 21일 ● 제작물납품　: 4월 25일 오전 6시
설치방법	● 설치시간　　: 4월 25일 오전 6시부터 ● 설치 및 배치 　- A보드 : 서울시청 광장중심(둘레) 간격 조정 후 배치 　- 사각 박스 : 서울시청 광장중심(둘레) 동서남북 각 1개씩 배치

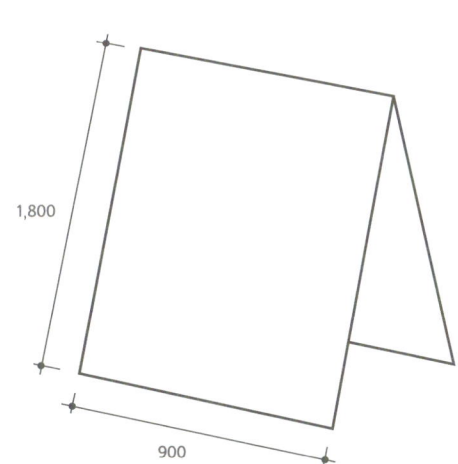

1,800 / 900

본부석

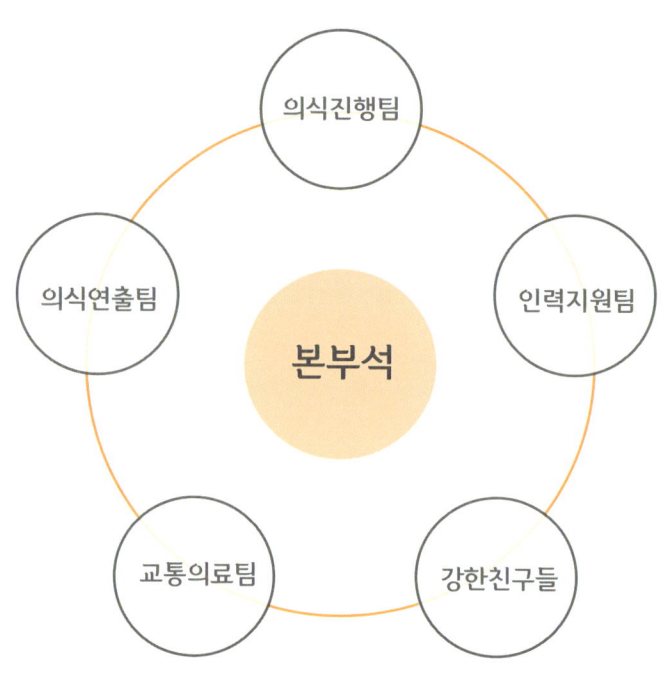

팀	채널	수량	무전기넘버
의식진행팀(안내)	1ch	10	21, 22, 23, 24, 25, 26, 27, 28, 29, 30
인력지원팀(경호)	2ch	10	1-1, 2-1, 3-1, 4-1, 5-1, 6-1, 7-1, 8-1, 9-1, 10-1
강한친구들(경호)	2ch	2	34, 35
교통의료팀(모범운전기사)	3ch	3	31, 32, 33
의식연출팀(무대)	6ch-10ch	20	1, 2, 3, 4, 5, 6, 7, 8, 9, 10, 11, 12, 13, 14, 15, 16, 17, 18, 19, 20

원불교100주년기념대회 특별천도재 | 종재의식

접수&안내부스 = 헌공함운영 + 리플릿, 방석, LED초 무료 배포

산본병원 : 의료부스운영

협조 내용	비 고
앰뷸런스	1대
의료진	7명

물질이 개벽되니 정신을 개벽하자

수 신 원광대학교 산본병원장
경 유 총무팀장
제 목 서울시청광장 특별천도재 의료팀 봉사지원협조 요청의 건

1. 세상의 희망이 되는 원불교 100주년기념대회 봉행위원회입니다.
2. 시대와 함께 걸어 온 무아봉공의 100년을 화합으로 이루어가는 길에 대한 민국 근·현대 100년의 역사 해원·상생·치유·화합의 특별천도재를 봉행합니다.
3. 행사가 4월25일(월) 오후7시 서울광장에서 사회통합의 장으로서 원만하게 진행될 수 있도록 아래와 같이 요청하오니 첨부를 참조하시어 협조하여 주시기 바랍니다.

- 아 래 -

- 협조인력 : 의사 1명, 간호사 2명.
- 협조일시 : 4월25일(월) 17시 ~ 21시
※ 의료부스는 현장에서 안내드리겠습니다.

붙임 : 행사개요 1부. 끝.

원불교100주년기념대회 봉행위원회

담당 노현성 교통안전팀장 양명일 부집행위원장 김은경 집행위원장 정상덕(건결)
시행 원100 101-044(2016. 4. 14)
우 04382 서울특별시 용산구 한강로1가 228(한강대로52길 25-8) 3층
전화 02)816-0428   전송 02)816-3174   메일 100wonbul@gmail.com

원음방송 중계 부스운영

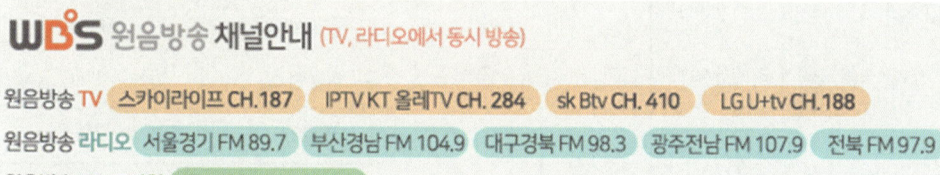

WBS 원음방송 채널안내 (TV, 라디오에서 동시 방송)

원음방송 TV 스카이라이프 CH.187   IPTV KT 올레TV CH.284   sk Btv CH.410   LG U+tv CH.188
원음방송 라디오 서울경기 FM 89.7   부산경남 FM 104.9   대구경북 FM 98.3   광주전남 FM 107.9   전북 FM 97.9
원음방송 PC, 모바일 에브리온 TV ch.100번

- 행사시간에 접속하시면 생중계를 볼 수 있습니다.
- PC, 모바일에서 모두 시청 가능합니다.

교단 내 홍보매체

언론사	1차분류	기사명	발생일
원불교신문	1778호	[원100성업회 현장]원불교100주년기념대회 천도재 세상의 공물, 지극정성으로 해탈천도 염원	15.11.27
	1791호	둥근 빛으로 다시 오소서	16.03.11
	1792호	[기념대회소식9] 일심 정성의 천도재, 해원상생의 나비효과로	16.03.18
	1793호	[기념대회소식10] 교당에서 특별천도재 5대영위 유족찾기	16.03.25
	1795호	천도, 치유된 아픔이 평화세상 이끈다	16.04.15
	1797호	해원 상생 치유 화합 천도재 '둥근 빛으로 다시 오소서'	16.04.29
	1797호	기자의 시각/ 감응 큰 근현대 100년 천도재	16.04.29
	1797호	[기념대회소식14] 서울광장, 일심합력 축원으로 둥근 빛 되다	16.04.29
	1797호	천도재 다채로운 부대행사	16.04.29
	1797호	특별천도재로 음계 인증받아야/ 안양교당 이상선 교무	16.04.29
	1798호	특별천도재 해원 상생 치유로 희생영령 넋 위로	16.05.06
	1802호	[기획1.의식교화 콘텐츠와 활용방안] 특별천도재에 뿌려진 적공 대사회환원 교화 콘텐츠	16.06.03
한울안신문	975호	천도로 음계의 기운을 돌리자 _ 100주년기념대회 특별천도재 독경 훈련	16.01.17 ~ 01.23
	982호	둥근 빛으로 다시 오소서 근현대100년 해원상생치유화합을 위하여	16.03.20 ~ 03.26
	982호	천도재 경산종법사 법문	16.03.20 ~ 03.26
	982호	간다간다, 개벽이가 간다 11 _ 감응의 100주년 천도재 (1)	16.03.20 ~ 03.26
	983호	간다간다, 개벽이가 간다 12 _ 감응의 100주년 천도재 (2)	16.03.27 ~ 04.02
	987호	특별천도재 종재식 '둥근 빛으로 다시 오소서'	16.04.24 ~ 04.30
	988호	해원 상생 치유 화합으로 함께 하리	16.05.01 ~ 05.07
	988호	영령들이여, 둥근 빛으로 다시 오소서	16.05.01 ~ 05.07
	991호	간다간다, 개벽이가 간다 끝 _ 천도재 재비 사회환원은 망각에 대한 또다른 저항의 발걸음	16.05.29 ~ 06.04
	996호	성찰과 참여로 사회적 역할 수행 특별천도재 헌공재비 사회환원 전달식	16.07.03 ~ 07.09

교단내
한울안신문, 원불교신문, 월간원광, 매거진 원(원음방송)

교단외
JTBC, KBS, NEWSIS, 경향신문, 뉴스쉐어, 뉴스천지, The asian n, 경향신문, 대구일보, 매일신문, 문화일보, 아시아기자협회, 민중의 소리, 빛가람뉴스, 서울신문, 세계일보, 연합뉴스, 헤럴드경제

교단 외 홍보매체

언론사	기사명	발생일
jtbc	원불교 100주년 특별 천도재 열려…재비는 전액 기부	16.04.26
KBS NEWS	원불교 개교 100주년 맞아 상생화합 '특별천도재'	16.04.25
news1	대동화합의 길로 함께 가자 원불교 천도재	16.04.25
	원불교 개교 100주년 맞아 상생화합 '특별천도재'	16.04.25
NEWSIS	화합의 특별천도재	16.04.25
	원불교100주년기념 특별 천도재	16.04.25
	서울광장에서 열린 특별 천도재	16.04.25
	대동화합의 특별 천도재	16.04.26
THE ASIAN N	원불교100년 4월25일 서울광장 특별천도재로 민주화 산업화 세월호 영령 위로한다	16.03.23
경향신문	원불교 5.18위령재 지내며 '항쟁의 타종' 재현(재비환원)	16.05.16
뉴스쉐어	원불교, 특별 천도재 열어	16.04.26
뉴스천지	"허공 떠도는 영령들, 일원의 자비 아래 거듭나길"	16.04.26
	[원불교100주년] "시대의 아픔 위로하는 대국민 상생 천도재"	16.04.26
	천도재 올리러 서울광장 가득 메운 원불교 성직자와 교도들	16.04.26
	가족을 잃은 유족에게 원불교의 진심이 전해지길 바랐어요	16.06.23
	원100기념성업회 정상덕 사무총장 "종교의 공익,헌신 실현하고 싶었다"	16.06.22
	원불교 한은숙 교정원장 "환원한 천도재 재비 교도들의 정성과 마음"	16.06.22
대구일보	"불교 혁신 생활화한 종교 지역민에 도움 주고 싶어"	16.04.28
매일신문	원불교, 24일 특별천도재 마쳐	16.04.22
문화일보	'우리 사회 상처·갈등 치유' 원불교 개교 100돌 천도재	16.04.26
민중의 소리	개교 100주년 원불교, 일제강점기부터 세월호까지 특별천도재 연다	16.04.23
빛가람뉴스	5.18희생영령들을 위한 원불교 위령재, 36년 동안 한결(천도재 재비환원)	16.05.15
서울신문	원불교 "대동화합의 길로 함께 가자" 6.25전쟁피해자 유족 등 수천 명 참석	16.04.25
세계일보	일제강점기부터 세월호 사고까지… 세상의 아픔 치유하는 천도재 연다	16.04.19
	원불교100주년 기념 상생 화합의 특별천도재	16.04.27
아시아기자협회	[원불교 100년] 4월25일 서울광장 특별천도재로 민주화·산업화·세월호 영령 위로한다.	16.03.23
연합뉴스	분향하는 이한열 열사 어머니	16.04.25
	위로의 눈물	16.04.25
	"대동화합의 길로 함께 가자" 원불교 천도재	16.04.25
	원불교 100년, 대동화합의 천도재	16.04.25
	원불교, 5.18 희생영령 위령재(천도재 재비환원)	16.05.16
	원불교, 특별천도재 재비 5억원 유족회에 전달	16.06.21
통일뉴스	원불교, 26개 유가족단체에 특별재비 5억 2천만원 전달	16.06.24
헤럴드경제	원불교 100돌, 시대의 아픔을 위로하다	16.04.20

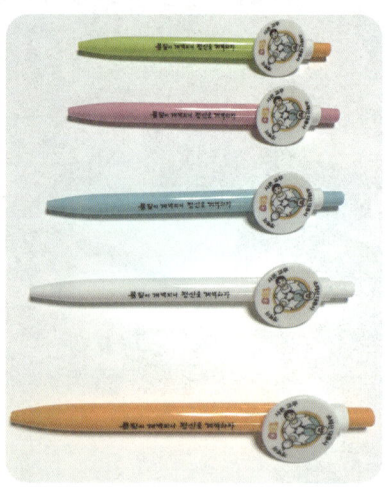

삼총사, 주제어, 엠블럼, 기념대회가 모두 담긴 개벽삼총사 볼펜을 시민들에게 배포하며 거리 홍보

- 일시 : 2016년 4월 25일 12:00~13:00
- 장소 : 서울 시청광장 주변 일대
- 배포수량 : 개벽삼총사 볼펜 5,000개

앞면 : 물질이 개벽되니 정신을 개벽하자
뒷면 : 원불교100주년기념대회 2016.5.1 서울 월드컵경기장

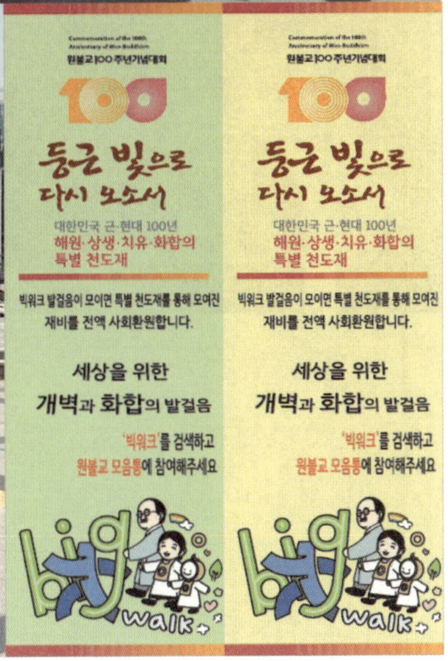

원불교100주년기념대회 특별천도재 | 종재의식

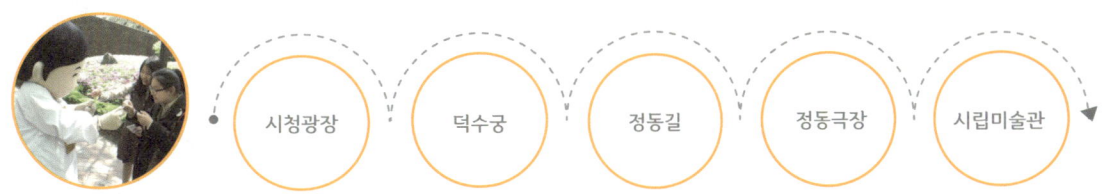

거리홍보 코스: 시청광장 → 덕수궁 → 정동길 → 정동극장 → 시립미술관

유족실 : 부스운영

참석 유족단체

- 태평양전쟁피해자보상추진협의회 회장 및 회원
- 야스쿠니무단합사철폐소송단 대표 및 회원
- 사단법인 한국전쟁 전후 민간인 희생자 전국 유족회 공동대표 및 회원
- 한국전쟁전후 민간인피학살자 전국유족회
- 전국민족민주유가족협의회 회장 및 회원
- 민주화운동실천가족협의회 전 의장 및 회원
- 이한열기념사업회 이한열열사 어머니
- 사단법인 민주화운동 유가족협의회 이사장
- 공주대 민주동문회 추모위원회 사무국장
- 민주화운동정신계승국민연대
- 사단법인 민주화운동 유가족협의회
- 민족민주열사희생자추모단체연대회의
- 전태일재단 전태일열사 동생 및 회원
- 세월호 희생 유가족분들
- 제주 4.3 평화재단 이사

유족단체 초대 공문

물질이 개벽되니 정신을 개벽하자

수신자 추모연대
경 유
제 목 원불교100주년기념대회 '대한민국 근·현대100년 해원상생치유화합의 특별천도재' 초대의 건

1. 세상의 희망이 되는 원불교100주년 기념성업회입니다. 귀 기관의 무궁한 발전을 기원합니다.
2. 원불교가 100주년을 맞이하여 준비하는 원불교100주년기념대회가 시대의 아픔을 치유하여 상생화합의 행사가 될 수 있도록 염원합니다.
3. 원불교100주년기념대회주간을 맞이하는 개막행사로 4월 25일 서울광장에서 대한민국 근·현대 100년 해원·상생·치유·화합의 특별천도재를 서울광장에서 지냅니다.
4. 특별천도재의 5대 영위에 해당하시는 귀 기관을 초대하고자 하오니 첨부 자료를 참고하시어 대한민국의 상생·화합을 위한 발걸음에 함께 해 주시면 감사하겠습니다.

※붙임: 1. 원불교100주년기념대회 특별천도재 행사개요 1부.

원불교100주년기념대회봉행위원회

담당 이은정   팀장 정소이   기획운영실장 김도경   사무총장 정상덕
시행 원100 101 - 56 (2016. 4. 18.)
우04382 서울시용산구한강로1가 228(한강대로52길25-8)3층 원불교100주년기념대회 봉행위원회
전화 (02)816-0428   전송 (02)816-3174   메일 100wonbul@gmail.com

공문번호	발송일
101-47	160418
101-48	160418
101-49	160418
101-50	160418
101-51	160418
101-53	160418

특별천도재 종재식, '둥근 빛으로 다시 오소서'

특별천도재 종재식 '둥근 빛으로 다시 오소서'
- 시청앞 서울광장에서 4월 25일(월) 오후 7시 진행

일제강점기 희생영령재위, 한국전쟁 희생영령재위, 산업화 희생영령재위, 민주화 희생영령재위, 재난재해 희생영령재위(5대 영위)를 위한 특별천도재 종재식이 4월 25일(월) 오후 7시 서울광장에서 진행된다.

독경단 안내 사항

천도 축원의 지극한 정성을 올리기 위해 재가출가 200인으로 구성된 독경단이 특별천도재 종재식에 함께 한다.

▶ 천도재 독경단에 참여하는 교도들의 복장은 100주년기념대회의 특별한 의미를 담아 교복과 법락 착용을 한시적으로 허용한다.
▶ 천도재에 참석하는 전무출신 역시 교복과 법락을 착용한다. (전무출신석 별도 지정)
▶ 독경단은 단상 무대 위에 자리하며, 독경단 개인자리는 25일 당일 리허설 시 확인할 수 있다.
▶ 독경단은 오전 11시까지 서울광장에 모여 안내를 받아 독경 연습 장소로 이동한다.
▶ 독경단 개인물품을 보관하는 장소는 따로 마련되어 있다.
▶ 의식에 참여하는 독경단은 경건하고 숭고한 정신을 유지할 수 있도록 한다.

일반 참석자 안내사항

▶ 서울광장은 주차가 불편하므로 대중교통을 이용해야 한다.
▶ 현재 서울광장은 잔디 양생 기간으로 잔디 보호를 위해 운동화, 굽이 뾰족하지 않은 구두 등 편안한 신발을 권장한다.
▶ 천도재는 서울 광장 잔디밭 사정으로 야외 방석을 사용하여 앉는다(의자 사용 불가) 일반 참석자들은 야외용 깔개를 안내부스에서 받을 수 있다.
▶ 안내부스에서 리플렛과 행사용 LED초, 야외 방석이 배부된다.
▶ 우천 시를 대비해 개인이 우산, 우의를 준비한다.
▶ 부대 행사는 오후 2시부터 진행될 예정이다.
▶ 시청광장에서 함께하지 못하는 교당, 기관에서는 각 교당과 기관에서 같은 시간에 함께 진행하도록 한다.
▶ 천도재비는 전액사회 환원한다. 종재 시 헌공함은 안내부스에 마련되어 있다.
 - 천도재비 송금구좌 : 새마을금고 9005-0000-0726-8 예금주 (재)원불교
 (송금 시 반드시 교당명을 기재 요망)
▶ 100주년기념대회와 함께하는 개벽의 발걸음 '빅워크'는 스마트폰 GPS기능을 이용해 앱을 실행 후 걸으면, 걷기 10m에 1포인트(noon) 걸음이 적립되는 방식으로 25,000,000눈 달성 시 빅워크로부터 전달받은 기부금이 5대영위를 위한 사회공헌 프로그램에 사용된다.

행사 세부일정

식전 행사 (19:00~19:25)	• 문화공연 '진혼무' • 주제 영상 '둥근 빛으로 다시 오소서'
의식 (19:25~20:30)	• 천도보고 • 고사, 설법기도, 성주 3편, 천도법문, 독경, 축원문 • 종법사 법문 • 연화헌공(원무) • 천도법등 밝히기
화합의 장 (20:30~20:50)	• 대동천도 • 해원 상생 치유 화합을 위한 약속(서원) • 나눔의 인사

특별천도재에 참석한 박원순 서울시장은, 원불교가 한국 근·현대사 희생 영령들의 넋을 위로하고 천도를 기원해준다니, 서울시민의 한 사람으로서 깊은 감사를 드린다. 특히 환경, 에너지면에서 보여준 노력은 다른 어떤 곳보다도 탁월했다. 원자력 발전소 2기를 줄이는데 결정적 역할을 해준 곳도 원불교와 서울교구다. 100년기념성업회 사업 중 하나인 '100개의 햇빛교당' 근황을 물으며 도시는 물론, 시골 어디에 가도 원불교가 그 지역의 사회적 역할을 맡아 행동해준다고 전했다.

◀ 한울안신문 987호(기념대회 특별판 : 2016.04.24~30)

원불교100주년기념대회 특별천도재 | 종재의식

백년의 함성

_ 은타원 김상중 교무

백년의 꽃 우담바라
수도의 중앙 시청광장에 피어오를 때
구름 줄에 매달려 내려온 별들도
숙연하여 옷깃 여밀던 순간

나라위해 민족위해
단 하나인 목숨까지 기꺼이 내 던진 희생
그 숭고한 영령들을 위로하는 우리는
가슴속 숯덩이가 금강석 되고 눈 밑에 이슬이 감로 되었던
그 날! 그 시간!

몸속에 바스락대는 통한 씻으려는 영령들
별들의 등에 업혀 하강하는 모습들
백학들의 머리위에 합장공경하고
열두 선녀들의 선춤 손 끝에 엄숙히 고개 숙였지

북, 목탁, 인성의 진혼곡 합창소리 천지를 흔들 때
그 위에 몸 실고 벙긋벙긋 미소 지으며
겹겹이 쌓인 원한도 고문에 뼈 으스러지는 아픔까지도
허공 멀리 띄우며 날아올랐도다.

아!
백년의 기쁨이 이리도 크던가!
산자도 죽은 자도 서로 얼싸안고
눈물도 한숨도 하늘에 띄우고 기쁨의 춤을 추었네.

양계의 선남선녀, 음계의 허공영령
그 중에 한열이도, 태일이도 백범까지도
그 함성! 그 노래! 그 몸짓들
나라를 건지고 인류를 살리려는 굳은 맹세 아니던가!

백년에 부르는 촛불 든 진혼곡이
둥근 빛으로 다시 오라는 굳은 손잡음
떠나는 영령도, 보내는 우리도
손끝에서 손끝으로 온정 뜨겁게 이으면서!

개벽순례

2016. 4. 25~5. 1
북촌길, 창신길

서울성적지
개벽순례

소태산의 발자취

지　역　서울 종로구
평균기온　17.5
풍속(m/s)　2.4

OO2

기쁨과 자부심의 현장
내가 느낀 개벽순례

"서울 원문화해설단 교육을 하면서 교단에 희망을 보았습니다. 재가가 주역이 되어서 서울 성지의 해설문화를 개척하려는 그 의지에 깜짝 놀랐습니다. 교단 2세기는 재가와 출가가 함께 이끌어 갈 수 있다는 희망을 보아서 너무나 좋았습니다." _륜산 서문성 교무

"대종사님의 본의와 살아있는 초기 교사 법문을 생생하게 체받는 과정이고, 우리 회상의 발전에 일조하고 있다는 기쁨과 자부심의 현장이며, 영생을 일관하며 모두가 나아갈 바를 확신하는 자신감과 서원을 키우는 시간입니다."

1 _소중각 교무
2 _양성덕 교무

원불교100주년기념대회 | 개벽순례

002

원불교 문화교화
서울성적지 개벽순례

원불교100주년기념대회 프로그램의 일환으로 기획하여 2015년 11월부터 5개월간 서울 원문화해설단 공부인으로 시작한 70여 명의 단원들이 2016년 3월 졸업식을 마치고 기념대회 개벽순례단으로 다시 태어났다.
100주년기념대회 주간 첫 해설을 앞두고 4.25 개벽순례단 출정식을 가졌다.
개벽순례단은 원불교 서울 성적지 순례길을 알리는 원불교 100년 역사문화 적공단을 넘어 기념대회를 마친 후에도 기념대회를 통해 전략적으로 양성된 인적자원을 활용해 원불교 문화역사 마중물의 안내자로 거듭날 것이다.

기획목적과 방향
- 교리공부에 그치는 것이 아닌 원불교 스토리를 사회 곳곳에서 알리는 원불교 문화교화의 공도자
- 원불교 성지인 영산, 변산, 익산, 성주를 넘어 대한민국 수도, 서울의 원불교 역사 및 문화자원 발굴, 연계 → 교화대불공의 문화 마중물
- 소태산 대종사께서 1백여 차례 이상 방문한 서울에서 스승님을 새롭게 모시는 작은 효행
- 기념대회를 대적공으로 함께 만들어가고 향후 지속 가능하게 활동할 예비인력

원불교100주년기념대회 개벽순례의 씨앗

- **기획안 발의** 서울 성적지 전문 해설사 '서울 원문화해설단' 기획안 발의
  2015.5.15(2차 기획조정협의회)
- **성지도보순례** 성지도보순례 '성자의 혼을 찾아서'
  정상덕 사무총장, 기획운영실 김도경, 정소이, 이은정 참가
  2015.7.30~8.2(3박 4일)
- **서울 성적지순례** 성지도보순례단과 함께(2015.8.15)
- **서울원문화해설단** 모집 양성(2015.10 ~ 2016.4)
- **개벽순례 진행**(2016.3 ~)

2015.08.15 성지도보순례단과 서울 성적지순례

서울 교화 시원인 서울교당 순례

서울 최초 신축교당 '돈암동터'

우이동 봉도청소년수련원

원불교100주년기념대회 | 개벽순례

10년의 발자취가 재가 지도자 키웠다

원기 100년 성지도보순례 : 익산성지-김제-원평-정읍

원불교신문 1763호 2015.08.07 강법진 기자

원기100년 성지도보순례가 진행돼 '10개 교당 순례 띠잇기'를 목표로 김제-원평-화해-정읍 등 스승의 발자취를 따라 2박3일간 걸었다.

10년의 발자취가 재가지도자 키웠다

원기100년 성지도보순례
익산성지-김제-원평-정읍

한여름 무더위 속에서 성지의 발자취를 따라 걷는 사람들. 원기100년 성지도보순례(이하 순례)는 7월30일~8월2일 3박4일간 진행됐다. 이번 순례는 '10개 교당 순례 띠잇기'를 목표 삼아 김제교당-봉황교당-원평교당-태인교당-장학교당-화해교당-승부교당-상동교당-정읍교당-덕천교당을 중심으로 대종사·정산종사·대산종사의 발자취를 따라 총72Km를 걸었다. 결제식은 익산성지 대각전에서 이뤄졌다.

이번 순례는 시작부터 마무리까지 재가 교도들이 주관했다. 올해로 11기를 맞은 순례는 지난해 지도교무인 서문성 교무가 화현장에 발령됨에 따라 해체 위기를 맞았다. 하지만 7~8년 꾸준히 순례에 참여했던 10명의 재가 교도들이 익산성지 대각전에 모여 밤기의 결의를 하고 좌포교당과 만덕산 성지를 중심으로 10번째 순례를 이어가 오늘에 이르게 됐다.

7년째 보급팀장을 맡고 있는 덕천교당 김승원 교도는 "교무님 자리가 이렇게 큰 줄 몰랐다. 준비할 때는 자신감이 넘쳤는데 막상 걷기 시작하니까 긴장이 무척 됐다. 고마운 건 성직자 안내를 맡은 교도들이 기대보다 더 열심히 공부해 와서 교도들의 만족도를 높였다. 또한 안전사고 없이 마칠 수 있어 기쁘다"며 그간의 마음고생을 전했다. 앞으로 더 씨임새 있게 준비해서 출가들도 많이 참석할 수 있는 행사로 만들어가겠다는 포부를 밝혔다.

올해 처음 참석한 남중주교당 박정현 교도는 "늘 오고 싶은 순례였다"면서 함께 온 질천 산수교당 교도와 남편을 소개했다. 내년에는 아들도 동행하겠다는 의지를 전했다.

발기인의 한 사람으로서 책자 발간 및 대열 관리를 맡은 돈암교당 정원주 교도는 "대열에 흡수되면 마음이 몹시 요란했다. 그런 나의 분별심과 주착심을 바라보며 공부하게 된 계기가 됐다. 특히 아침 묵언으로 걷는 시간은 자신을 돌아보는 소중한 시간이었다"고 말했다.

순례는 원불교 성적지인 구릿골, 원심원, 화해제우처 외에도 금산교회, 금산사, 증산선생 생가도 둘러봤다. 한편 원불교100년기념성업회 집상뒤 사무총장과 직원들이 동행해 기운을 북돋웠다.

강법진 기자 kang@wonnews.co.kr

2015년 7월 성지도보순례 (07.30~08.02)

1일차
익산총부집결(결제식) > 총부참배 > 점심 > 관광버스로 이동 > 김제교당 > 봉황교당

2일차
봉황교당 > 원평옛교당 > 원평교당 > 증산법종교 > 구릿골, 원심원 > 금산교회 > 금산사 > 원평교당

3일차
원평교당 > 태인교당 > 장학교당 > 화해교당(화해제우지) > 승부교당 > 상동교당

4일차
상동교당 > 정읍교당 > 신송부락(증산선생 생가) > 덕천교당(해제식)

OO2

개벽순례의 공도자

서울 원문화해설단

서울 원문화해설단은 원불교 성지인 영산, 변산, 익산, 성주를 넘어 대한민국 수도 서울의 원불교 역사 및 문화자원을 발굴, 연계하여 100주년기념대회 이후에 본격적인 교화대불공의 역할을 기대하며 기획된 원불교 100년 역사문화 스토리텔러 양성과정이다.

"원기 100주년을 기념하기 위해서 단순히 교도로서 참여하는 게 아쉬웠다. 진정한 원불교의 일원으로서 내가 할 수 있는 일이 무엇일지 고민해 보았다. 그래서 원불교 홈페이지를 들어가보게 되었는데, 그곳에서 원문화해설단 강좌를 접하고 신청하게 되었다." _오세형(서울 정토교당)

"원불교 교리를 우리 스스로 알고 있는 것도 중요하지만, 그것을 타인에게 효과적으로 전달해야 하는데, 전달하는 방식과 그것을 말하는 것에 어려움이 있다고 느껴졌다. 우리가 기존에 알고있는 것이지만 강의를 통해 지속적으로 학습하고 훈련해서 사람들에게 원불교에 대해 효과적으로 이야기 할 수 있게 되길 바란다." _최유현 교도 분당교당

원불교100주년기념대회 | 개벽순례

> **서울 원문화해설단은 원불교100주년기념대회의 [   ] 다.**

서울 원문화해설단 모집

모집광고 노출현황

언론사	호수	발생일	페이지
원불교신문	1772호	15.10.16	12면 하단
원불교신문	1773호	15.10.23	12면 하단
원불교신문	1774호	15.10.30	22면 전체
원불교신문	1782호	15.12.25	12,13면 전체
한울안신문	962호	15.10.18~10.24	7면 하단
한울안신문	963호	15.10.25~10.31	5면 하단
한울안신문	964호	15.11.01~11.07	12면 전체
한울안신문	982호	16.03.20~03.26	4면 하단

외부강사 _ 이춘아 대표
(대전문화재단 대표이사)

모집기간
2015.10.12. ~ 2015.11.08
(4주간 모집)

교육기간
2015.11.09. ~ 2016.03.14.
(매주 월요일 3시간, 총18회 진행)

원불교100주년기념대회 | 개벽순례

참여자 모두가 주인공이 되어
프로그램을 스스로 이끌어간다.

1,2 설명기도문
3,4,5 요가
6 피아노연주

간식공양

원불교100주년기념대회 | 개벽순례

참여자 셀프 출석 현황판으로 참여 독려

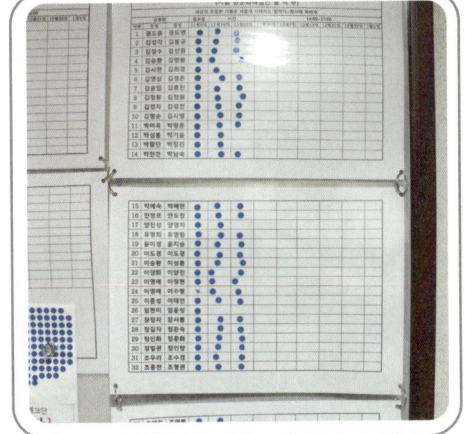
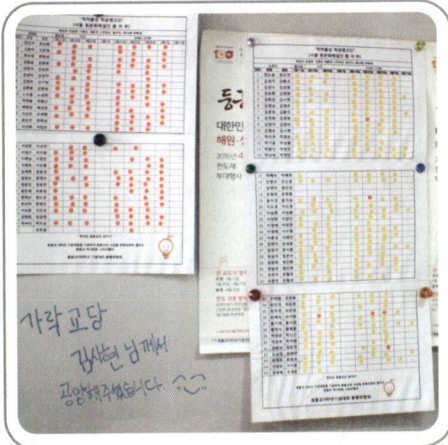

사진으로 보는 서울 원문화해설단의 10개월

- 2015년 11월 09일 입학식   
- 2015년 12월 26일 한양 도성길 순례 시작 (~2016.03.15까지 총 12회 진행)   
- 2016년 3월 12일 졸업여행   
- 2016년 3월 14일 졸업식

실내수업

원불교100주년기념대회 | 개벽순례

2016년 3월 21일 개벽순례준비위원회 발족
서울 성적지 매입을 위한 금모으기 시작

2016년 4월 25일 개벽순례단 출정
~기념대회주간 개벽순례 실시

2016년 7월 13일
서울교구 원문화해설단 단체등록
서울 성적지 매입 모금액 5천여만 원 이관

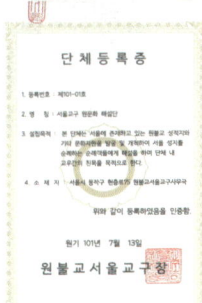

2016년 9월 11일
원문화해설단
발단식(서울교당)

야외수업

한울안신문 고정지면 4면에 서울 원문화해설단 소식 공유

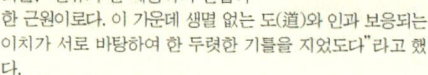

서울원문화해설단 지상강의(紙上講義)
"소태산, 경성을 오시다"
2강 : 원불교 백년의 역사-1

1. 10장면으로 본 원불교 100년
1) 소태산 대종사가 깨달음을 얻은 후 회상을 열다

소태산 대종사가 1891년 전라남도 영광군 백수면 길룡리에서 태어나 20여 년의 구도 끝에 1916년 4월, 일원(一圓)의 진리를 깨달은 후, '물질이 개벽되니 정신을 개벽하자'는 표어 아래 원불교의 교문을 열었다.
마음이 밝아져 깨달은(大覺) 진리를, "만유가 한 체성이며 만법이 한 근원이로다. 이 가운데 생멸 없는 도(道)와 인과 보응되는 이치가 서로 바탕하여 한 두렷한 기틀을 지었도다"라고 했다.
소태산 대종사는 깨달음을 얻은 후 안으로 모든 교법을 참고한 후 미래사회를 예견하고 모든 인간이 정신의 주체(主體)를 확립해야 한다는 시대적 사명을 느끼어, 쇠약해가는 인류의 정신구원을 위해 '물질이 개벽되니 정신을 개벽하자'고 천명했다.

서울 원문화해설단 지상강의록 전담
한울안신문 우형옥 기자

호수	기사명	발생일
966호	백년의 역사와 문화의 적공_서울 원문화해설단 개강	15.11.15~11.21
967호	특별기획[그것이 알고 싶다3]개벽순례로 원불교100년을 서울에 새긴다	15.11.22~11.28
967호	서울 원문화해설단 지상강의록 _1강	15.11.22~11.28
968호	서울 원문화해설단 지상강의록 _(특강) 문화해설사의 이해	15.12.06~12.12
968호	스승님의 말씀을 전할 100년 제자의 설레임	15.12.06~12.12
969호	서울 원문화해설단 단원들의 목소리를 듣다	15.12.13~12.19
969호	서울 원문화해설단 지상강의록 2강	15.12.13~12.19
970호	서울 원문화해설단 지상강의록 3강	15.12.20~12.25
971호	서울 원문화해설단 지상강의록 4강	15.12.27~01.02
972호	서울 원문화해설단 지상강의록 5강	16.01.03~01.09
973호	서울 원문화해설단 지상강의록 6강	16.01.10~01.16
974호	서울 원문화해설단 지상강의록 7강	16.01.14~01.30
975호	서울 원문화해설단 지상강의록 8강	16.01.17~01.23
977호	서울 원문화해설단 지상강의록 9강	16.02.07~02.13
978호	서울 원문화해설단 지상강의록 10강	16.02.21~02.27
979호	서울 원문화해설단 지상강의록 11강	16.02.28~03.05
980호	간다간다,개벽이가 간다 9 _서울 원문화해설단의 개벽순례 발걸음 따라	16.03.06~03.12
980호	서울 원문화해설단 지상강의록 12강	16.03.06~03.12
981호	서울 원문화해설단 지상강의록 13강	16.03.13~03.19
982호	서울 원문화해설단 졸업여행 '불연을 이어주리'	16.03.20~03.26
982호	서울 원문화해설단 졸업식, 선두 기러기 날다 !	16.03.20~03.26
983호	서울 원문화해설단 준비위원회 활동 시작 이제 곧 걷습니다!	16.03.27~04.02
984호	미리 가보는 7일간의 개벽순례 "소태산, 경성의 발자국"(1)	16.04.03~04.09
985호	미리 가보는 7일간의 개벽순례 "소태산, 경성의 발자국"(2,3)	16.04.10~04.16
986호	미리 가보는 7일간의 개벽순례 "소태산, 경성의 발자국"(4)	16.04.17~04.23
987호	멈춤과 고요 하늘공원 걷기 명상 안내	16.04.24~04.30
988호	개벽순례단 출정 '성자 혼을 체받으라'	16.05.01~05.07
988호	돈암동 서울 교당터 '제자리를 찾다'	16.05.01~05.07
989호	청정한 마음으로 명상순례	16.05.08~05.14
992호	우리는 계속 걷는다. 개벽순례 100주년기념대회 이후도 계속 이어져	16.06.19~06.25

002

원불교 100년을 서울에 새긴다
코스 구성 및 운영

교도라면 누구라도 다들 원기 101년은 기대와 희망으로 맞이했으리라 생각한다.
100주년을 어떻게 맞이할 것인가? 하는 커다란 화두를 안고 있었으리라. 100주년기념대회는 성스럽고 장엄하게 원불교의 위상과 저력을 세상에 충분히 보여 줄 수 있는 기회였다고 본다. 물론 보여지는 것이 전부는 아니기에 내실 있는 적공으로 활불의 종교인이 되어야 할 것이며, 100주년 행사로 끝나는 것이 아닌 교단 2세기를 향한 개벽의 상두소리를 다시 울려야 할 것이다.
개인적으로도 유난히 바쁘게 보냈던 해이다. 자신성업봉찬을 어떻게 할 것인가? 고민하던 터에 100주년기념대회 일환으로 진행된 서울 성적지 원문화해설 교육에 참여했고, 초기 교단사 경성교화의 역사를 배울 수 있는 좋은 기회에 원문화해설사로서 개벽순례단이란 이름을 부여 받았다. 직장생활 속에 주중 이론공부와 주말에는 서울성적지답사와 해설교육에 정신없이 올해 상반기를 보내고 있다, 잠시 멈춤공부를 해본다. 누군가가 아닌 내가, 우리가 함께하는 서울 원문화해설단으로서 진행형이 되고자 한다. 또한 감히 말해본다. 신심 공심 공부심으로 나툴 수 있는 행동하는 교도가 되겠다고, 매일 아침 일과는 법동지나 지인들에게 스마트폰을 이용한 "법문공양"을 전하는 일로 시작한다. 이 법문공양 또한 자신성업봉찬 중 하나라고 생각하기에 앞으로도 계속 될 것이다. 해마다 한여름의 폭염 속에 진행하는 3박 4일의 성지도보순례를 10년째 참여하고 있다. 이 성지도보순례 참여도 내게는 장기 계획 중 하나로 한 해의 행사 중에 가장 큰 일이 된다. 100주년기념대회에서 구인선진님들에 대한 법훈수여식이 있었기에 이번 구인봉 순례의 의미는 크다고 본다. 대종사님과 구인선진님들의 창립정신으로 이번 영산성지 도보순례도 원만히 이루지길 염원해본다.

_열타원 노상희 교도(전농)

서울 원문화해설단 7일간의 서울 성적지 개벽순례 모집광고

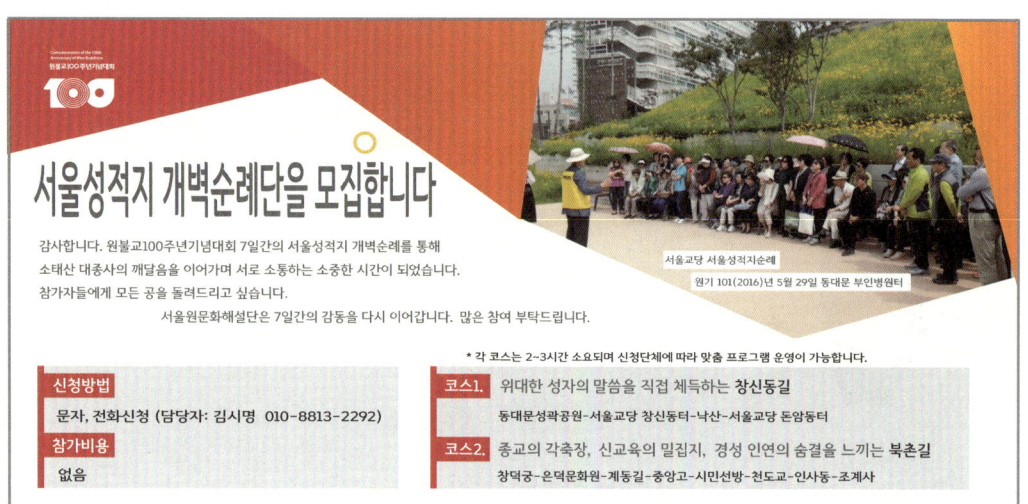

광고기간
2016.03. ~ 2016.04.

광고횟수 8회

언론사	1차분류	발생일	페이지
원불교신문	1792호	16.03.18	1면 하단
원불교신문	1793호	16.03.25	16면 하단
원불교신문	1794호	16.04.08	6면 하단
원불교신문	1795호	16.04.15	5면 하단
한울안신문	982호	16.03.20~03.26	4면 하단
한울안신문	984호	16.04.03~04.09	4면 하단
한울안신문	986호	16.04.17~04.23	4면 하단
한울안신문	992호	16.06.05~06.11	4면 하단

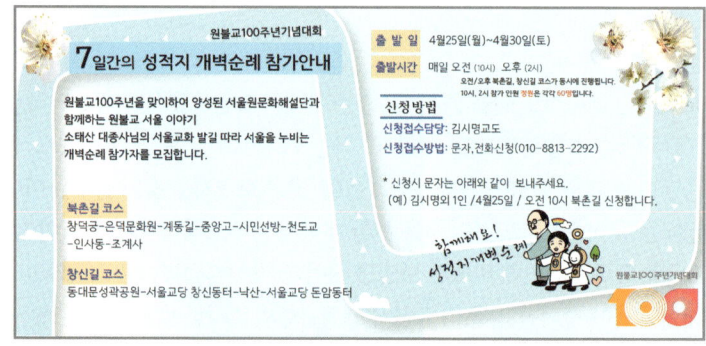

개벽순례 지도 리플릿
: 36면 1만부 배포

● 수도 서울과 원불교

소태산 대종사가 원기 9(1924)년 봄에 몇몇 제자와 상경하여 경복궁 앞에서 1개월여를 머물며 제자들을 규합한 후, 원기 11(1926)년 동대문(흥인지문) 인근 낙산 밖 창신동에 원불교 서울교당을 설립하였다.

이는 원불교의 발상지인 전라남도 영광과 교법을 제정한 전라북도 변산, 원불교 중앙총부가 있는 전라북도 익산 다음으로 설립된 교당이나 원불교의 지방 교화지로는 첫 번째이다.

그 후 소태산 대종사는 원기 28(1943)년 열반할 때까지 1백여 차례가 넘게 상경하여 제자들을 지도하였다. 따라서 소태산 대종사가 제자들과 함께 다녔던 행적은 북촌과 낙산 주변인 창신동, 옛 돈암동(현 삼선공원) 등을 중심으로 서울 경기지역에서 많이 찾아볼 수 있다.

그때의 인연으로 오늘날 서울과 경기지역에는 원불교 서울회관을 비롯하여 100개 교당에서 교화활동을 펼치고 있으며, 60여 곳의 기관에서 교육기관·자선기관 등을 운영하고 있다.

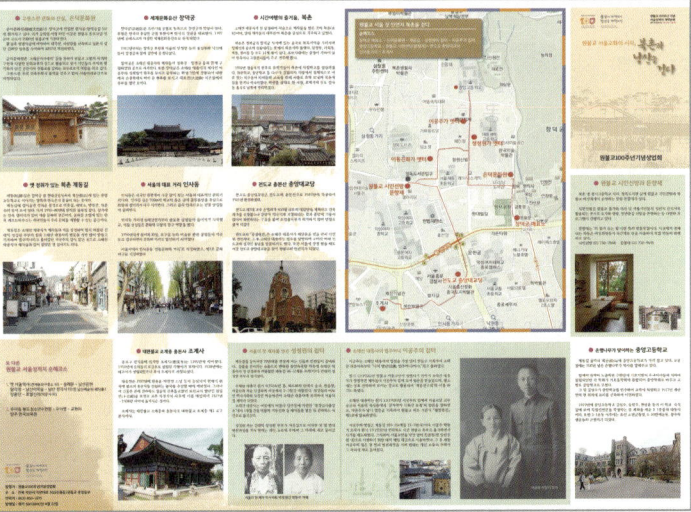

북촌길
지하철 3호선 안국역 3번 출구와 이어지는 길이다.
총부 외에 소태산 대종사가 가장 많이 걸어다녔던 길이며 경성교화에 큰 힘이 된 대중 교화 인연들이 스승을 따라 수없이 오간 곳이다.

1코스 소개

" 서울문화유산과 어우러진 경성교화 태동지, 북촌길 "

세계문화유산 창덕궁

고풍스러운 문화의 산실 은덕문화원

인촌 김성수 옛집

서울의 첫 제자를 얻은 성성원 선진 집터

소태산 대종사의 법주머니 이공주 선진 집터

은행나무가 맞이하는 중앙고등학교

원불교 시민선방과 문향재

천도교 총본산 천도교 중앙대교당

은덕문화원

조계사

동행취재 기획기사

언론사	호수	기사명	발행일
원불교신문	1794호	[기획] 서울원문화해설단 북촌길 코스(창덕궁>계동길>조계사)] 서울문화유산과 어우러진 경성교화 태동지	16.04.08

원불교100주년기념대회 | 개벽순례

2코스 소개

"**과거와 현대, 문화와 만남이 공존하는
새 회상 교화지, 창신길**"

창신길
경성 영광(영산)지부, 익산본관에 이어 세 번째로 교단 초기 소태산 대종사가 만 19년간 1백여 차례 이상 방문하여 전법교화를 펼친 경성 출장소(창신동)는 새 회상 교화지로서 한 나라의 수도에 출장소를 설치했다는 점에서 큰 의미가 있다.

한국 최초 부인병원 동대문부인병원

총부를 제외한 지방 교당에서 대종사가 가장 많은 법문을 설한
성주법문 창신동 터

황정신행이 매입해 집을 지은 이화장

수도원 기지로는 하늘이 주신 곳이라 불린
서울 최초 신축교당 돈암동 터

서울교당 창신동 터

서울교당 돈암동 터

동행취재 기획기사

언론사	호수	기사명	발행일
원불교신문	1795호	[기획] 서울원문화해설단 창신길 코스(동대문성곽공원>낙산>돈암동)] 새 회상 교화지	16.04.15

서울 원문화해설단 코스 조별 명단

직책	법명
단장	정인창
부단장	박해현, 김원종, 노상희
총무, 서기	김시명, 윤지승

북촌길 순례코스

직책	법명		
1조 조장	박혜현	정릉	
조원	안도창	반포	창산
	김경천	목동	양타원
	이양진	사직	달타원
	홍지정	남서울	지타원
	최유현	분당	종타원
	김명원	천안	
2조 조장	김시현	가락	
조원	김윤임	안양	공타원
	권도연	안양	
	박정진	산본	한타원
	장서봉	산본	서타원
	조연봉	산본	구산
	박성봉	반포	성산
	정은숙	반포	은타원
3조 조장	최은경	여의도	
조원	김정원	원효	민타원
	이태언	여의도	홍타원
	이지원	수원	
	박현만	중곡	현타원
	이수형	죽전	여타원
	표원호	천안	은산
	김동원	목동	
4조 조장	이법은 (저녁)		

창신길 순례코스

직책	법명		
1조 조장	김원종	신림	
조원	김성각	부평	각산
	김성덕	압구정	덕산
	박도심	신림	심타원
	이규연	정토회	학타원
	이영근	압구정	지타원
	이도중	이문	
2조 조장	김성원	강남	종산
조원	윤지승	가락	
	최지원	강남	
	김경은	신촌	
	김기영	산본	
	예병관	개포	훈산
	이성봉	상계	봉산
3조 조장	고은정	공항	
조원	정인창	방배	
	조형권	강남	
	박형근	서울	균산
총무	김시명	금천	진타원
	조성안	영등포	호타원
	박주원	영등포	옥타원
	정호경	영등포	효타원
4조 조장	한명진 (저녁)		

해설사가 이야기하는 개벽순례
원문화해설단 교육을 마치며

원불교100주년기념대회 | 개벽순례

언론사	호수	해설사	기사명	발행일
원불교신문	1792호	김성각교도	성적지 코스 개발 힘쓸 것	16.03.18
원불교신문	1800호	윤지승교도	서울 성적지는 과거 미래 소통창구	16.05.20
한울안신문	984호	권도연교도	감상 원문화해설단 교육을 마치며	16.04.03 ~ 04.09
한울안신문	994호	박혜현교도	성적지 북촌과 낙산을 아십니까	16.06.19 ~ 06.25
한울안신문	996호	김원종교도	원불교 최초 서울 교화지 낙산을 걷다	16.07.03 ~ 07.09

성적지 코스 개발 힘쓸 것

부평교당 김성각 교도
서울원문화해설단

부평교당 김성각 교도는 서울원문화해설단 5개월 동안 누구보다도 열의와 노력으로 참가해 14일 졸업식에서 감상담을 요청받았다. 그 스스로 "작년이 환갑이었는데, 모르고 지낼 정도로 서울원문화해설단 개벽순례 발굴에 열심히 임했다"고 회고할 정도였다.

교단 밖으로도 등산을 꾸준히 해왔던 그의 도보순례 역사는 20년에 이른다.

원기90년 변산-영산 도보성지순례에서 조직된 '상두회' 초대회장으로 이듬해 화해제우시-영산 대각지 순례를 이끌며, 그에 앞선 원기80년대에는 서울교구 금강산악회로 매달 전국의 산과 성지들을 찾아다녔다.

이번 개벽순례야말로 그가 쌓아온 순례의 노하우와 교사에 대한 열정을 나눌 기회였다는 그는 감상담에서 일화를 소개했다. "밤마다 서울 지도를 보고 있으니, 아내가 '남들은 부동산 투자하러 지도를 보는데 당신은 왜 보냐'고 물었다" "나는 밤에는 지도보고 성적지 연결하고, 낮에는 답사하는 재미로 산다"고 답했단다.

그는 "만19년 동안 대종사가 100차례도 넘게 오간 서울교화에의 큰 뜻을 후세들이 채워가야한다고 생각한다"며 "교단의 한 축이 혈인법인이라면, 또다른 한 축은 세계교화의 교두보인 서울교화라고 본다"며 교화를 위한 열정도 내비쳤다.

덧붙여 그는 최종 2개로 정해진 개벽순례코스 외에도 여러 답사를 다니며 느꼈던 감상을 소개했다.

그는 "서울역-한남수도원을 잇는 서울의 중심 남산 코스가 빠진 게 개인적으로는 가장 아쉽다"며 "기록되어 있는 강남교당-남한산성, 안양 망해암이나, 기념대회 이후 성적지가 될 서울회관-서울월드컵경기장 코스도 더 공부하고 개발해 서울의 문화유산와 어우러지는 순례를 이끌어가겠다"고 다짐을 밝혔다.

민소연 기자 minso@wonnews.co.kr

작년이 환갑이었는데, 모르고 지낼 정도로 서울원문화해설단 개벽순례 발굴에 열심히 임했다.

그는 " 만19년 동안 대종사가 100차례도 넘게 오간 서울교화에의 큰 뜻을 후세들이 채워가야한다고 생각한다"며 "교단의 한 축이 혈인법인이라면, 또 다른 한 축은 세계교화의 교두보인 서울교화라고 본다"며 교화를 위한 열정도 내비쳤다.

해설사가 이야기하는 개벽순례
원문화 해설단 교육을 마치며 / 성장지 북촌과 낙산을 아십니까?

감각감상 | 권도연 교도(안양교당)

원문화해설단 교육을 마치며

쌀쌀한 기온을 느끼며 늦가을이 깊어갈 즈음인 작년 11월 9일, 서울교당에서 원문화해설단에 입학했다. 그동안 스스로 깊이 알지 못했던 교리공부와 대종사님의 흔적을 더듬어 가며 마음에 눈을 크게 뜰 수 있는 기회를 갖게 되었다.

막상 원문화해설단 교육을 시작하고 보니 공부를 함께 하게 된 40여 분의 오후반 교도님들이 대부분 교리공부를 많이 하신 모습이어서 조심스럽기도 했다.

그러나 명망이 높으신 서문 성 교무님께서 성의있게 열강을 해주신 덕에 4개월 동안 나름 열심히 집중할 수 있었다.

강의 초반, 소태산 대종상님께서 큰 깨달음을 얻으시게 되는 과정과, 교명을 세우신 의미 그리고 일원상을 모시게 된 역사, 기존 불교와의 관계 등에 대해 자세히 배우게 되었다. 중반으로 접어들며 원불교 100년의 역사 속에서 대종사님의 법풍을 이어오신 후대 종사님들의 업적도 모두 보며 현재 우리가 행하고 따르는 원문화의 산 역사를 보았다.

혼자만 알고 느끼는 것을 넘어 다른 사람에게 자세히 설명하여야 하는 막중한 소임을 갖고 원문화해설단의 과정에 임했기에 4개월의 긴 과정을 언제 지났는지 모를 정도로 빠르게 느껴졌다.

이 모든 성업들을 잘 안내할 수 있으려면 더욱 확실하게 느끼고 익혀야 겠다는 조급한 마음이 들기도 했다.

서울교당에서의 교육을 마치고, 졸업 여행차 익산성지로 순례를 하게 되었는데 총부에서 경산종법사님의 법문을 받들게 되는 영관도 얻게 되었다.

마지막 과정으로 서울로 올라와 실제 해설단 교육이 이루어질 대종사님의 발자취를 따라 정해진 두 코스로 체험을 나섰다. 먼저 창신동에서 출발하여 한성대까지의 특별2코스 길과 창덕궁에서 천도교 대교당까지의 또 다른 1코스 순례길을 걸어서 돌아보며 교무님의 설명을 들었다.

앞으로 4월 말까지 한 달여 기간 동안 계속 개벽순례의 실습이 이루어지게 된다. 그동안 원문화 배움을 바탕으로 우리에게 설명해주신 교무님들을 대신하여 이제는 우리가 자신 있게 나설 수 있도록 정진해 나갈 것이다.

교육과정을 잘 이끌어 주신 교무님들과 같이 학업에 정진해 주신 교도님들! 모두 감사드립니다.

한 동안 오피니언 ①
박혜현 교도(정릉교당, 원문화해설사)

"성적지 북촌과 낙산을 아십니까?"

며칠 전 합정동에 있는 천주교 절두산 성지에 다녀왔습니다.

휴일이라 그런지 어린이와 청년들의 순례가 눈에 띄었습니다. 그 틈으로 와서 해설사들의 해설을 진지하게 듣고 메모까지 하는 모습이 얼마나 귀하고 예쁘던지요. 가족다위로 산에 나온 사람들은 그늘에 앉아 간식을 먹으며 담소를 나누고 있었습니다.

조명을 최대한 줄여 놓은 성당에 들어가니 많은 사람들이 기도와 묵상을 간절히 하고 있었습니다. 활짝 열린 성당 문이 반가웠습니다. 신자가 아니어도 성당 한쪽에 조용히 수도 서울에, 쉽고 부담 없이 찾아갈 수 있는 성지가 있는 천주교 신자들이 부러웠습니다.

교도님들!!
서울 북촌과 낙산에 우리 원불교의 성적지가 있다는 것을 아시는지요?

원기101년 드디어 서울 성적지 두 곳이 어렵게 세상 밖으로 나왔습니다.

대종사님은 원기9년부터 돌아가신 원기28년까지 19년 동안 100회 이상 서울에 상경하여 제자들을 지도하셨기 때문입니다. 대종사님과 제자들께서 만나시고 다니시고 머무셨던 공간들이 북촌과 낙산에 많이 있습니다.

순례객들을 모시고 순례를 하면 서 가끔은 울컥해지고 가슴이 먹먹해질 때가 많습니다.

90년 전 간난의 초창기, 대종사님 지도아래 공부하는 선진님들께 먼 길과 좁은 공간 그리고 걸그러움은 문제도 되지 않았습니다. 자신들이 소유한 집을 희사하고 출가의 길을 떠날 때 "기쁘고도 기쁘다, 상쾌하고도 상쾌하다"고 말씀하실 정도였습니다.

교도님들!!!

대종사님께서 원기9년 상경하여 서울의 첫 제자들을 만나 성성원 선진댁, 대종사님께서 새해를 두 번이나 맞이하실 정도로 자주 찾으시고 '감자약간 진화상 요법' 법문을 내려주신 구타원 이공주 선진댁, 원불교 지방교화로 처음 설립되고 성주를 내려주신 창신동 서울교당. 교당 다닐 때 대종사님께서 두 번이나 오셔서 지도해주신 원불교 최초 신축교당인 돈암동 서울교당터가 궁금하지 않으십니까.

일원의 진리를 드러내시고 새 회상을 창립하시려고 헌신의 노력을 다하신 박사시화, 박공명선, 이공주, 이성각, 민자연화, 이동진화, 김삼매화, 김영신, 성성원, 황정신행, 선진님들을 더 이상 외롭게 헤매이지 않았으면 좋겠습니다.

대종사님께서 귀중한 인연을 만나 서울교회의 초석을 다지신 북촌과 낙산에 오시면 두 번의 조촐한 일심합력, 이소심대, 사무여한의 창립정신을 고스란히 느낄 수 있습니다.

서울 성적지 북촌과 낙산은 우리 원불교인의 유산입니다. 유산으로 길이 보전되기 위해서는 여러분의 관심이 있어야 가능합니다.

대종사님께서 거니시던 길을 걷고, 북을 설법하신 집터와 교당터를 둘러보며 90년 전 대종사님께서 느끼셨을 포부와 기쁨과 고뇌를 나눠가지 않으시렵니까.

| 원불교100주년기념대회 | 개벽순례 |

해설사가 이야기하는 개벽순례
서울 성적지는 과거·미래 소통 창구

이번 원문화 활동을 하면서 교화와 교육에 사용할 수 있는 무척 좋은 소재들이 많이 있었음을 발견했다.
"순례길에 역사와 문화, 예술을 엮어서 어린이 교화를, 안식과 미래 비전으로 청소년 교화를, 친정엄마와 같은 포근함으로 젊은층 교화를"

원불교 교화의 내력이 궁금하다면 창신길에 가보라.

서울이 한눈에 내려다보이는 남산길에 우리가 가야할 미래의 길이 엿보인다.

이제 모두 성적지에 관심을 갖고 과거와 미래의 소통과 배움의 창구로 활용할 때다.

서울성적지는 과거·미래 소통 창구

은생수
윤지숭 교도
가락교당

어느 날 교당에 다니기 시작한 지 얼마 안 된 아들에게 원불교를 알려주기 위해 질문했다.

"서울에 교당 말고 뭐가 있을까? 서울회관? 봉도수련원?" 했더니, 뜬금없이 "문화의식이 없었나보네, 아니면 핍박을 안 받았는지" 라고 답한다.

갑자기 무슨 소리냐고 하자, 아들은 "아니, 종교 탄압 내지 핍박을 받았다면 벌써 중요한 유적지를 사들여서 가꾸고 했을 텐데 100년이나 된 종교가 수도 서울에 문화유적지가 없다는 게 말이나 돼? 타 종교에서처럼 순교자가 나왔어야 발전을 했겠지" 한다.

할 말을 잃고 있으니 아들이 또다시 말을 꺼낸다. "그럼, 대종사님이 (서울을) 수없이 다녀가셨다는데 발자취는 남아있어? 또, 맞나 보세. 문화의식 없는 거!"

아들의 말에 무슨 변명할 말도 생각이 나지 않았다.

그렇다. 아들은 솔직한 거다. '원불교에 엄마를 빼앗겼어요' 라고 아들들이 우스갯 소리를 할 정도로 열심히 활동했던 자신을 보며, 내 딴에는 '원불교가 참 대단하다'는 것을 알려준다고 한 이야기였다. 그런데 아이들 질문에 도무지 무슨 말로 대답해 줘야 할지 막막하기만 했다.

그렇다. 우리는 너무 했다. 대종사가 100번 넘게 다녀간 이 서울에 땅과 건물은 고사하고 표지석조차 단 곳에 있었지만, 그것도 모르고 성적지가 원래 그 자리인 줄 잘못 알고 있었고, 되돌려 놓을 줄도 모르고 있었으니 말이다.

문화와 감성이 중요시 되는 이 시대에 우리는 과연 아이들과 젊은 세대들에게 무엇을 남겨 줄 수 있을까? 우리 땅이라곤 찾아볼 수 없는 서울 성적지의 그 황량함에 무엇을 더 얹어 이 세대들을 이끌어 갈 수 있을까?

우리는 서울의 문화를 가꾸고 지켜나가는 데 소홀했었다. 돌아다니면 가져다 쓸 수 있는 게 지천이었는데도 우리는 너무 소홀했었다. 그렇다고 반드시 성적지에는 번듯한 건물을 지어야 하고 아름다운 조형물이 있어야 된다는 말은 아니다.

적어도 성자가 수없이 다녀간 그 길을 따라 걷는 순례만으로도 우리의 소중한 문화유산을 기억하고 지켜나갈 수 있을 것이다. 또 교전 속 관련 법문이 우리 가슴속에 좀 더 살아 숨 쉬게 하는 문화를 발전시켜 나갈 수도 있었을 것이다. 우리는 그간 서울을 볼 줄 아는 눈이 없었다.

교당 문화는 15년 전 아이와 손잡고 교당에 나갔을 때나 지금이나 거의 변하지 않았다. 10년이면 강산도 변한다는데 변하지 않고 있는 교당의 문화를 좋다고 해야 할지 안타깝다고 해야 할지 모르겠다.

변한 게 없다는 건 기록함과 전통성을 잘 지키고 있다는 뜻이기도 하다. 하지만 신입교도나 젊은 세대에겐 숨 막히는 공간, 혹은 설 자리가 없다는 뜻이 될 수도 있다.

에 사용할 수 있는 너무 좋은 소재들이 많이 있었음을 발견했다. 하지만 우리는 여태까지 그것을 활용하지 못했다는 생각이 들었다. 순례길에 역사와 문화, 예술을 엮어서 어린이 교화를, 안식과 미래 비전으로 청소년 교화를, 친정엄마와 같은 포근함으로 젊은 층 교화를 얼마든지 할 수 있었을 텐데 하는 안타까움이 많이 들었다.

향후 원불교 교화의 내력이 궁금하다면 창신길에 가보라. 대종사의 발자취가 곳곳에 묻어있고, 우리 선진들의 그 간난함과 혈성이 곳곳에 배어있다. 가슴 절절한 일화들과 살아 숨 쉬는 법문이 있고, 위대한 성자의 말씀을 직접 체득할 수 있는 백법(百法)이 흐르는 창신동은 또 어떤가. 왕궁가와 사대부만 살았던 북촌길, 이곳이 각 종교의 각축장이었고, 신교육의 밀집지대였다. 북촌에서 대한민국의 역사는 어떻게 돌아갔고, 대종사는 여기서 무엇을 했는지, 결성의 인연들은 무엇을 했으며, 우리의 법문은 이렇게 전해져 왔는가를 가슴으로 느낄 수 있다.

서울이 한눈에 내려다보이는 남산길에는 우리가 가야할 미래의 길이 엿보인다. 그곳에는 시국을 관망하며 미래를 전망하던 대종사가 원불교 2세기 교운 융창의 큰 뜻을 짜며, 우리 회상의 사회적 위치와 추구하는 바를 확실히 다져준 대종사 숨결이 느껴지는 곳이다. 또 교화의 뜻은 컸지만 일제의 탄압과 현실적인 여러 문제에 봉착한 성자의 인간적인 고뇌가 찾아있는 봉도청소년수련원과 우이령길, 이 모든 것이 원불교의 힘이고 저력의 현장이다.

이제 모두 성적지에 관심을 갖고 과거와 미래의 소통과 배움의 창구로 활용할 때다.

해설사가 이야기하는 개벽순례
원불교 최초 서울 교화지, 낙산을 걷다

한울안 오피니언

김원종 교도(신림교당, 원문화해설사)

"원불교 최초 서울 교화지, 낙산을 걷다"

"원각성존 소태산 대종사님을 주세불로 믿으십니까? 하루 한번 교전공부를 하십니까? 그리고, 그 공부를 다른 분들에게 전달하십니까?"

서울 원문화해설사가 되기 위해 들었던 첫 수업 날, 서문 성 교무님의 질문이 제 안으로 성큼 다가왔습니다.

"오늘은 교도님들을 모시고 동대문 부인병원 터, 창신동 서울교당 터, 돈암동 서울교당 터가 있는 낙산을 순례하는 날입니다. 추원보본의 달 6월, 6일은 현충일. 우리 위해 오셨다, 우리 위해 가신 대종사님의 받인식이 있었던 날이기도 합니다"라고 말하며 순례에 참가하시는 모든 분들과 함께 인사를 나누고 순례를 시작합니다.

입정을 마친 후 순례에 대한 감사와 안전한 순례에 대한 정성을 담아 참여하신 교도님들께 소태산 대종사님과 여러 선진님들의 성자 훈을 체 받는 시간이 되길 간절히 염원하는 설법기도를 드리며 해설을 시작합니다.

소태산 대종사님께서는 기차를 타시면 오래 눈을 감으셨다고 합니다.

함께 탄 김영신 선진님이 "왜 열사람같이 이야기는 안 하십니까?" 여쭈니 소태산 대종사님께서는 "나는 이 기차가 종점까지 무사히 가도록 심고한다." 이후 김영신 선진님은 이 말씀을 깊이 새겨 그 후 어디에 가든 차를 타면 항상 심고를 올렸다고 합니다.

순례를 시작하는 장소인 동대문성곽공원에서는 소태산 대종사님의 두 번째 서울 상경과 동대문 부인병원, 그리고 정전을 인쇄한 '수영사' 인쇄소를 교도님들께 말씀드려야겠다고 마음으로 준비합니다.

> 보는 것, 듣는 것, 깨닫는 것,
> 물드는 것이 모두다
> 소태산 대종사님

제가 실수로 설명을 빠트린 곳은 감사하게도 옆에 계신 다른 해설사 부께서 보충설명을 해주십니다.

> 돌이켜 생각해보면 지난 7개월 수업 및 실습기간에 큰 힘이 되어주셨던 분들이 원문화해설사 법동지들이었습니다. 설렘으로 진행하는 순례에 항상 큰 힘이 되어주시는 분들도 해설사 법동지들입니다. 이들이 함께 계셔서 든든하고 용기가 났습니다.

소태산 대종사님께서 서울에 계실 때에 매양 공양하시고 남은 밥을 즐겨드시니 민자연화 선진님께서 물으셨다 합니다. 이에 대종사께서 "사람이 부처님께 공양하고 남은 밥을 먹게 된 때에는 그만큼 부처님과 친근하게 된 것이라, 자연히 보는 것은 부처님의 행동이요, 듣는 것은 부처님의 말씀이요, 깨닫는 것은 부처님의 정법이요, 물드는 것은 부처님의 습관이 되어 성불도 쉽게 할 수 있을 것이다"라고 하셨답니다.

성불제중의 큰 서원을 세우시고 정진하시는 여러 교도님들, 소태산 대종사님께서 원기19년부터 열반하신 원기28년까지 100여 차례 이상 서울에 상경하여 설법하신 곳이 북촌과 낙산에 많이 있습니다. 순례에 참여하시는 것은 소태산 대종사님과 여러 선진님들과 친근하게 되시는 것이라 믿습니다.

보는 것, 듣는 것, 깨닫는 것, 물드는 것이 모두다 소태산 대종사님과 여러 선진님들의 성자 훈을 체 받는 시간이 되리라 믿습니다. 소태산 대종사님께서 알려주신 일원의 진리와 그 진리를 실천하신 여러 선진님들 발자취가 북촌과 낙산에 있습니다.

그동안 보고 읽고 공부하신 내용들을 소태산 대종사님과 여러 선진님들께서 서울에 남기신 발자취 따라 현장에 가서 일일이 확인하고 깨닫는 소중한 시간을 꼭 가져보시길 바랍니다.

지난 7개월 수업 및 실습기간에 큰 힘이 되어주셨던 분들이 원문화해설사 법동지들이었습니다. 설렘으로 진행하는 순례에 항상 큰 힘이 되어주시는 분들도 해설사 법동지들입니다.
이들이 함께 계셔서 든든하고 용기가 났습니다.

보는 것, 듣는 것, 깨닫는 것, 물드는 것이 모두 소태산 대종사님과 여러 선진님들의 성자 혼을 체받는 시간이 되리라 믿습니다.

원불교100주년기념대회 | 개벽순례

002

우리의 발걸음은 계속 되리라
100주년기념대회 그 이후

💬 100주년기념대회 이후에 순례를 하게 된 한 참가자는 순례 후, "이제야 알아보아 미안하다. 감동스럽고 감사하다."며 이같은 사업을 계속 이어달라"고 말했다.

	2015		2016					
	11월	12월	1월	2월	3월	4월	5월	6월	7월

 **교육** — 서울원문화해설단 수료
2015.11.09 ~ 2016.03.14
▬▬▬▬▬▬▬▬▬▬ 오후반 51명, 저녁반 20명(총 71명)

 **답사** — 5개월간 답사, 2개월간 안내교육 진행
1천여 명 서울 성적지 순례 참여
▬▬▬▬▬▬▬▬▬▬ 해설사 25명, 참여 1,000명

 모금 — 개벽순례단 금모으기 운동
서울 성적지 매입 모금 운동
▬▬▬▬▬▬ 표지석 이동, 창신동 성적지 매입(서울교당)

 확장 — 서울원문화해설단 향후 계획 설정
보수교육 운영, 순례프로그램 지속운영, 종로구 종교문화프로그램 등록준비, 서울교구단체등록

우리는 계속 걷는다!
개벽순례, 100주년기념대회 이후도 계속 이어져

원문화해설단이 기념대회 이후에도 힘찬 발걸음을 계속 이어나가고 있다. 기념주간이 끝난 바로 다음 날인 5월 2일(월)부터 바로 지난주 29일(일)까지도 매주 해설단의 봉사로 공항교당, 서울 문인화, 장충교당, 압구정교당, 개포교당, 한강교당, 예일화 참석, 상계교당, 서울교당, 기락교당 등 교당으로 신청한 교도들과 개별 신청자들의 순례 인장이 빼곡히 이어지고 있다.

100주년기념대회 이후에 순례를 하게 된 한 참가자는 순례 후 "이제야 알아보아 미안하다. 감동스럽고 감사하다"며 "이 뜻 깊은 사업을 계속하라"며 완성시켜달라"고 말했다.

이에 원문화해설단은 "순례는 계속 될 것이다. 더 큰 목표를 향해 나아갈 것"이라고 전했다.

성적지순례길은 서울문화관광텐트로 인정받고 서울시설공단 '웰터잉투어'

와 일환인 '종교와 성황투어'에 가입을 목표로 하고 있으며, 현재 다양한 코스 개발과 교단 내 순례문화 정착을 위해 노력하고 있으며, 계동 성적지 부지 매입을 위한 활동 또한 활발히 진행하고 있다.

서울 성적지 개벽순례는 김시명(원정당) 총무를 통해 신청 받고 있으며, 교당 전체가 신청하실 시 교단 답단자에게 차량 이용 및 교통권, 동산, 사전 안내교육에 대한 자료를 제공하고 있다.

(신청 : 김시명 교도 010-8813-2292)

한울안신문 992호

서울 원문화해설단의 자발적인 참여로 이루어지는 금모으기 운동, 서울 성적지 매입 모금통장 개설

서울 원문화해설단의 한 교도는, 성적지 답사를 할 적에 언젠가는 우리 교단이 인수하여 거룩한 발자취 역사를 보존해야 되는데, 라는 생각을 했다고 한다. "전 교도가 대종사님께 효하는 마음을 합하면 못할 게 무엇인가, 그리던 중 졸업식에서 어느 교도님께서 금모으기라도 해서 작은 시작을 하자는 제안을 내놓으실 때 '그렇지! 그거다!'라는 생각에 마음이 뭉클해졌습니다."

금모으기 (금 매입)

성함	내용	합계
이규연 (정토회)	순금 24돈 18k 6돈	₩4,800,000
윤지승 (가락)	순금 23돈 18k 1돈	
이재영 (시아버님)	₩100,000	
이도상 (남편)	₩1,000,000	
이도일 (시생)	₩1,000,000	₩4,200,000
영경주 (동서)	₩100,000	
이화원 (딸)	₩1,000,000	
이주연 (아들)	₩1,000,000	
박현만 (중곡)	순금 10돈 18k 3돈	₩2,300,000
한명진 (강동)	순금 7돈 18k 1돈	₩1,400,000
홍지영 (남서울)	순금 5돈	₩900,000
김성덕 (압구정)	순금 2돈	₩365,000
이지훈 (압구정)	순금 2돈	₩365,000
오세형 (정토회)	순금 3돈	₩560,000
김성각 (부평)	순금 2돈	₩350,000
김시명 (금천)	순금 2돈	₩350,000
김영전 (시민선방)	순금 1돈 반	₩300,000
박혜현 (정릉)	순금 1돈	₩175,000
권도연 (안양)	순금 1돈	₩175,000
김다은 (남원 도통)	순금 1돈 18k 5돈	₩800,000
장서봉 (산본)	순금 1돈	₩175,000
금 매도 총 금액		₩17,215,000

순례 통장 내역

거래일자	거래내용	맡기신금액	남은금액
16 04 01	노상희(전농)	₩10,000	₩10,000
16 03 31	장경오(안암)	₩200,000	₩210,000
16 04 01	최효정(서울)	₩1,000,000	₩1,210,000
16 04 01	강미현(강동)	₩100,000	₩1,310,000
16 04 01	황영숙(대마)	₩100,000	₩1,410,000
16 04 03	박도심	₩100,000	₩1,510,000
16 04 08	최지원(강남)	₩109,650	₩1,619,650
16 04 16	이법은(상계)	₩300,000	₩1,919,650
16 04 19	김원종(신림)	₩200,000	₩2,119,650
16 04 20	이연희	₩5,000,000	₩7,119,650
16 05 03	고원선 교무	₩100,000	₩7,219,650
16 05 03	이상선(안양)교무	₩100,000	₩7,319,650
16 05 05	이소영	₩100,000	₩7,419,650
16 05 10	김용환(표지석 이전기도금)	₩550,000	₩7,969,650
16 05 10	이규연(정토회)	₩100,000	₩8,069,650
16 05 18	원불교 가락교당	₩2,000,000	₩10,069,650
16 05 26	김흥진(안양)	₩100,000	₩10,169,650
16 05 26	윤지승(가락)	₩57,000	₩10,226,650
16 05 30	원불교 가락교당	₩320,000	₩10,546,650
16 05 30	김용환(영등포)	₩600,000	₩11,146,650
16 05 30	김용환(박정진)	₩200,000	₩11,346,650
16 05 31	정길자 정은숙 (반포)	₩1,000,000	₩12,346,650
16 05 31	박기윤 박성봉(반포)	₩1,000,000	₩13,346,650
16 06 02	김성만(가락)	₩300,000	₩13,646,650
16 06 07	김형순 (금매입)	₩17,307,000	₩30,953,650
16 06 10	윤미경 윤지승(가락)	₩30,000	₩30,983,650
16 06 12	이혜숙	₩1,000,000	₩31,983,650
16 06 14	생수항단(강남)	₩250,000	₩32,233,650
16 06 14	한도운 교무 동창(강남)	₩310,000	₩32,543,650

| 원불교100주년기념대회 | 개벽순례 |

돈암동 서울교당 터 '제자리를 찾다'

4월 26일(화), 서울시 성북구 삼선동 삼선공원 내에 있는 원불교 서울교당 돈암동 터 성적비가 자리 이전했다.

원기83년 서울교구에서 세운 이 성적비는 2003년 삼선공원 시설 정비로 인해 위치가 이동, 삼선공원 내 삼군부 총무당 옆 쪽에 자리했었다.

이 교당 터는 정확한 위치가 아니어서 성적지 순례를 하는 많은 교도들의 오해를 불러 일으켰다.

이에 황도국 서울교구장과 방길터 교무(전농교당), 서문성 교무(산수교당), 양성덕 교무(시민선방)는 4월 15일(금), 삼선공원을 찾아 현장을 답사하여 성적비의 위치와 내용을 논의했으며, 성북구청의 허가를 받아 성적비 이동을 진행하게 됐다. 현재 성적비는 삼선공원 초입, 서울교당 최초 신축교당 건물 터로 자리를 옮겼으며, 100주년기념대회가 끝난 5월 2일(월), 안내표지석을 함께 세우면서 마무리 될 예정이다.

한울안신문

기사(上)

발행일	호수	기사명
2016.05.01~05.07	988호	돈암동 서울교당터 '제자리를 찾다'

기사(右)

발행일	호수	기사명
2016.05.15~05.21	990호	시작과 끝이 하나로 이어진 원의 이치로, 다시 출발

한울안신문 · 원불교100년기념성업회 공동 기획 | 「간다 간다, 개벽이가 간다」⑰
원불교100주년기념대회 봉행위원회 김도경 기획운영실장

시작과 끝이 하나로 이어진 원의 이치로, 다시 출발

무엇보다도 100주년기념대회가 사고없이 치를 수 있게 해주신 사은님께 감사드린다.

기념대회 이후 통통을 동반하여 며칠간 내리는 비를 보니 감사의 기도가 더욱 깊어졌다.

원불교100주년기념대회 시작을 세상에 알리며 서울광장에 일원의 등불 밝힌 천도재는 시대의 눈물을 닦아주고 이 땅의 아픔을 치유하는 화합의 불공이었다는 대내외적 평가를 받았다.

이에 앞서 소태산 대종사님의 서울 성적지를 밟은, 개벽순례길을 만든 힘입어 몇의 서울 원문화해설단은 백년성업을 통해 세상 밖으로 나온 제자들이다. 지난해 자발의 모집을 통해 해초 목표인원인 200여 명을 훌쩍 넘어섰으며 출·재가 독경단은 천도재와 기념대회를 성스럽고 격조 높게 내주었다.

전국의 원함창합단은 짧은 연습기간 임에도 정성을 다해 임하며 100주년기념대회를 더없이 아름다운 선율로 북돋게 했다. 더불어 행사장 곳곳을 누빈 2000여 명의 자원봉사자들의 희소와 땀방울을 결코 잊지 못할 것이다. 기념대회의 장엄했던 거대한 무대는 다음날 새벽까지 해체 작업이 진행되었고, 무대와 잔디보호매트가 철거되는 모습을 묵묵히 지켜보며 교전에서 만난 '천신만고'라는 단어가 떠올랐다.

1933년

2016년

① 원기18년(1933) 불법연구회 신축 서울교당 대각전. 준공 후 기념사진
② 원기101년(2016) 5월 9일 원불교 서울교당 최초 터 표지석 이전 기도식

5월 9일(월) 삼선공원에서는 최초 신축 서울교당 옛터의 제자리로 자리를 잡은 표지석 이전 기도식이 있었다. 원불교100주년기념대회 서울 원문화해설단과 서울교구가 중심이 되어 어린이공원 계단 옆에 옹색하게 자리 잡고 있어 가슴이 아팠던 최초 신축교당터 표지석을 다시 대각전이 위치했던 자리로 화단까지 조성하여 이전하는 감격의 기도식이었다.

우리 모두의 가슴에 수많은 화두와 숙제를 남긴 기념대회는 마침표를 찍었지만 시작과 끝이 하나로 이어진 원의 이치를 깨닫으며, 이제 우리는 원불교 2세기를 준비하는 출발선에 다시 서 있다.

아는 100주년기념대회를 빛어 끊임없는 순일한 적공의 마음으로 원불교 공동체가 깊고 차분하게 흘러나가야 할 중요한 뜻이라고 말하고 싶다.

총 5천여만 원 서울교구로 이관
(서울 성적지 매입을 위한 모금)

16 06 20	김도경(서울)	₩500,000	₩33,043,650
16 06 23	이제룡교무(성남)	₩100,000	₩33,143,650
16 06 26	원가결산	₩2,510	₩33,146,160
16 06 26	남자1단(가락)	₩50,000	₩33,196,160
16 07 05	김복환	₩6,770,000	₩39,966,160
16 07 11	최강연	₩500,000	₩40,466,160
16 07 18	노상희 윤혜성(저녁반)	₩40,000	₩40,506,160
16 07 19	최영희	₩200,000	₩40,706,160
16 07 19	초수회(박현만, 이수형, 정진여, 백연신, 엄장원, 정보화, 김시명)	₩1,000,000	₩41,706,160
16 07 19	김형순(중곡 이원봉)	₩50,000	₩41,756,160
16 07 28	이규연(정토회)	₩1,700,000	**₩43,456,160**

서울원문화해설단 운영계획 및 총칙 설정

제1장. 총 칙

제1조 (명칭)
본 단은 서울 원문화해설단(서원단) 이라 칭한다.
(SWCT : Seoul Won-Buddhism Commentary Team)
서울은 서울에 한하며 원문화는 원불교 성적지와 기타를 포함하여 원문화라 한다.

제2조 (목적)
본 단은 서울에 존재하고 있는 원불교 성적지와 기타 문화자원을 발굴 및 개척하여 서울 성지를 순례하는 순례객들에게 해설을 하며 단내 교우 간의 친목을 목적으로 한다.

제3조 (위치)
본 단의 본부는 서울교구로 한다.

제4조 (회원)
본 단의 회원은 원기101년 3월 14일 서울 원문화해설단 교육과정(원기100년 11월 9일 - 원기 101년 3월 14일)을 이수한 자로 한하며, 해설사는 자원등록 된 자에 한하여 해설사로 임명한다.

제5조 (권리와 의무)
본 단의 회원은 모든 사안의 의결권과 단장 임원 선거권 및 피선거권을 가지며 회칙 준수와 회비 납부의 의무를 가진다.

제2장. 단장 및 임원

제6조 (조직편성)
본 단의 업무의 원만한 수행을 위하여 다음과 같은 임원을 둔다.
(1) 단장 1인 (2) 부단장 2인 (3) 총무 1인 (4) 총무보 2인

제7조 (선출)
본 단의 임원은 제적의 과반수의 찬성으로 한다.

제8조 (직무)
(1) 단장은 본 단의 대표로서 제반 업무를 총괄하고 책임을 진다.
(2) 부단장은 단장을 보좌하며 단장 부재 시 단장을 대신한다.
(3) 총무는 단장을 보좌하며 제반 업무수행 및 재정업무를 담당한다.
(4) 총무보는 총무를 보좌하며 제반 업무 수행을 원활하게 한다.
  - 총무보 1 : 순례실적 기록유지
  - 총무보 2 : 홍보 및 사진업무

제9조 (임기)
임원의 임기는 2년으로 한다. 연임할 수 있다.

제3장. 회 의

제10조 (총회)
본 단의 총회는 분기 1회 개최하며, 해설사 회의는 월 1회 실시한다.
회원 과반수의 요청이 있을 경우 단장은 임시 총회를 소집할 수 있다.

월 별	1/4			2/4			3/4			4/4		
	1	2	3	4	5	6	7	8	9	10	11	12
총 회				●			●			●		
해설사	○	○	○	○	○	○	○	○	○	○	○	○

제11조 (의결)
총회는 임원 선출, 회칙의 제안과 개정, 예산 결산의 승인 및 기타 모든 안건을 심의 의결한다.

제12조 (정족수)
총회의 모든 안건은 출석 회원 과반수의 찬성으로 의결한다.

제4장. 제 정

제13조 (회비)
회원의 회비는 월 1만원으로 한다.
필요에 따라 특별회비를 갹출할 수 있다.

제14조 (관리)
본 단의 자산은 총무가 관리한다.

제15조 (부조)
회원의 애경사는 본회의 기금으로 부조한다.
(1) 부모열반 : 화환(10만원 상당)
(2) 본인열반 : 화환(10만원 상당)

제16조 (특별부조)
회칙에 정하지 않은 특별한 사안의 경우 회원의 동의를 얻어 별도의 부조금을 지출할 수 있다.

-부 칙-
1. 본 회칙은 원기 101년 7월 1일부터 효력을 발생한다.
2. 본 회칙에 명시하지 아니한 사항은 원불교 일반 관례에 준한다.

원기 101년 서울 원문화해설단 운영계획

1. 목적
   서울 원문화해설단의 원할한 운영을 목적으로 한다.

2. 방침
   가. 원기 101년 서울성지에 서울 원문화해설단을 운영한다.
   나. 원기 101년 서울성지는 2개 코스를 운영한다.
   다. 서울 원문화해설사는 3명 1개조로 편성 운영한다.
   라. 미 발굴된 서울성적지 발굴을 위하여 발굴팀을 운영한다.
   마. 서울성지 순례는 혹서기와 혹한기는 하지 않는다.
   바. 서울성지 순례가 없는 기간에는 해설사 보충(보완) 교육을 한다.

3. 세부계획
   가. 서울 원문화해설단의 해설사 조직편성은 별표 참조
   나. 서울성지는 2개 코스로 운영하며
      - 1개 코스는 북촌코스
        창덕궁-은덕문화원-인촌 김성수옛집-성성원 선진 집터-이공주 선진 집터-중앙고등학교-시민선방-천도교 중앙 대교당으로 한다.
      - 1개 코스는 창신동코스로
        동대문 부인병원-창신동경성출장소-이화장-낙산공원-돈암동신축회관터로 한다.
   다. 서울 원문화해설단 운영

월별	1	2	3	4	5	6	7	8	9	10	11	12
운영	혹한기			운 영			혹서기			운 영		혹교
	보충보완교육						해설사교육					

   - 서울성지순례는 혹서기와 혹한기에는 운영하지 않는다.
   - 혹서기와 혹한기에는 해설사들 질적 향상을 위하여 보수교육을 실시한다.
   라. 해설 후에는 해설의 질적 향상을 위하여 해설결과를 반영한다.

보수교육 지속 운영

1차 보수교육 2016.06. ~ 2016.07.
2차 보수교육 2016.09. 시작.

= **장소** 시민선방
+ **보수교육일정**
매주 월요일 14시 ~ 16시 (오후반)
매주 화요일 19시 ~ 21시 (저녁반)
+ **지도교무**
소중각 교무 (오후반)
양성덕 교무 (저녁반)

회수	일시	낮/저녁반	참석인원	강사	감상
1회	16.06.20 14시 ~	낮반	22명	소중각교무	약속된 2시간을 훌쩍 넘길 정도로 공부 열기가 대단했습니다. 대종사님께서 깨달음을 얻으신 후 교법의 강령을 제정하시고 새 회상을 세상에 공개하신 초기 교단 이야기는 다시 들어도 통쾌했습니다.
2회	16.06.27 14시 ~	낮반	24명	소중각교무	교단 초창기 표준제자, 최초의 여자 수위단원, 그외 선진님들의 이소성대, 일심합력, 무아봉공의 창립정신을 더듬을 땐 마음이 울컥거리기까지 했답니다.
	16.06.28 19시 ~	저녁반	8명	양성덕교무	
3회	16.07.04 14시 ~	낮반	24명	소중각교무	오늘 비가 오는데도 많은 교도님들께서, 대종사님과 선진님들의 서울교화 초창기 역사를 되짚어 보는 시간에 함께 하셨습니다. 선진님들의 이소성대, 일심합력, 무아봉공의 정신을 다시 한 번 확인하는 귀중한 자리였습니다.
	16.07.05 19시 ~	저녁반	12명	양성덕교무	
4회	16.07.11 14시 ~	낮반	21명	소중각교무	연일 폭염주의보가 내려지고 있지요? 시민선방에 도착하시는 분들의 등이 땀으로 흠뻑 젖었는데도 웃음을 가득 안고 들어오시는 모습이 참으로 멋지셨답니다.
	16.07.12 19시 ~	저녁반	12명	양성덕교무	
5회	16.07.18 14시 ~	낮반	20명	소중각교무	열공하시는 해설단 여러분! 무더위에 열공할 수 있도록 헌신하시는 양성덕 교무님 소중각 교무님, 진심으로 감사드립니다!
	16.07.19 19시 ~	저녁반	16명	양성덕교무	

원불교 유적코스

서울시 종교유적코스에 원불교 유적코스 등록 준비 중
주최 : 종로구 / 주관 : 서울시설공단

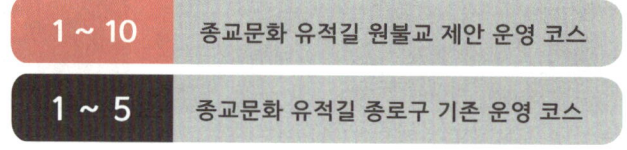

| 1 ~ 10 | 종교문화 유적길 원불교 제안 운영 코스 |
| 1 ~ 5 | 종교문화 유적길 종로구 기존 운영 코스 |

| 원불교100주년기념대회 | 개벽순례 |

원불교 2세기 교화대불공, 원불교100주년기념관과 연결

한류공연장(2,000명 수용), 주차장(대형버스 400대 이상 주차), 한강공원과 용산전자상가, 아모레뷰티존을 연결한 새로운 관광루트를 개발, KTX와 ITX를 활용하여 지역과 연결, 수도 서울(용산)의 랜드마크, 원불교 주요 행정기관(원광대, 원광보건대, 원광디지털대, 원광의료원 등) 입주 예정인 기념관 홍보 효과 제고, 홍보관과 연계한 교단 기관 홍보

HDC신라면세점
세계 최대 도심면세점,
용산을 한국판 아키하바라로

SM면세점

용산역리틀링크

한화갤러리아타임월드

**동작구 흑석동
원불교100주년기념관(가칭)**
'원불교 문화교화 콘텐츠 코스화'로
지속가능한 확장과 문화적 구현의 플랫폼 역할

용산공원
용산역 리틀링크 2020년까지 조성
미국의 센트럴파크나
영국 하이드파크에 버금가는
국제적인 명소로

성적지순례·학술대회·성가에서 본 대사회화 방향

원불교신문 1804호 2016.06.17 민소연기자

서울원문화해설단은 애초에 100주년기념대회를 넘어 '서울문화콘텐츠' 구성을 위해 100주년기념대회 봉행위원회에서 지난해 2015년 5월 기획하였다.

100주년기념대회 이후 더욱 순항 중인 원문화해설단, 교도들이 주인이 되어 조직과 순례를 이끌어왔던 힘이 크다는 평가다.

100주년기념성업이 남긴 또 하나의 결실로, 교단 역사가 서려있는 다른 지역의 성적지 복원 및 순례에 좋은 선례가 될 전망이다.

원불교 서울성적지 개벽순례 안내도

한울안신문 987호 원불교100주년기념대회 특별판 (2016년 4월 24일 ~ 4월 30일)

2016. 4. 27
원불교 중앙총부

100년 성업
10년 대정진기도
해제식

3,654일 10년의 바람(願),
100년의 희망

| 지 역 | 전라북도 익산시 |
| 평균기온 | 13.1 |
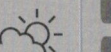
| 풍속(m/s) | 1.7 |

003

전 교도의 기도정성 3,654일간의 대합력
100년성업 10년 대정진기도 해제식

3,654일 10년의 바람(願), 100년의 희망, 3,654일간의 대합력 10년 대정진기도
원기 91(2006)년 4월 27일 ~ 원기 101(2016)년 4월 27일
재가 교도들의 기도적공으로 자신성업봉찬을 이루어오다. 이 세상을 은혜의 관계, 정신개벽으로 은혜가 충만한 세상을 만들어 가다.
10년의 기도를 넘어 세상과 미래를 향한 대정진적공

원불교 100주년을 앞두고 재가 교도들의 자발적인 서원으로 시작된 3,654일의 대정진 릴레이 기도가 원불교100주년기념대회 기간인 2016년 4월 27일 대적공의 발걸음을 멈췄다. 원기 91(2006)년 4월 27일부터 원기 101(2016)년 4월 27일까지 만10년 3,654일로 정하고 매월 1일 교구로 이관되며 한 달 동안 교구 내 전 교당을 릴레이하며 이어온 대정진기도였다. 이는 백지혈인의 이적을 나투셨던 소태산 대종사와 구인선진들의 사무여한 정신을 이어 받아 전 재가출가 교도가 혼신의 힘을 다하였던 대적공이었다. 기도의 정성과 기운은 진리에 사무쳐 교단 결복 교운이 활짝 열리고, 세계주세교단으로 인류구원의 큰 역할을 하며 신앙수행의 원천이 되었다.

> 100년성업 10년 대정진기도?
> 원기 91년 4월 27일 재가 4개 단체(청운회, 봉공회, 여성회, 청년회)의 발의로 시작된, 교단 100주년을 향한 대정진 10년 기도운동이며, 100년기념 성업회의 출범과 함께 원불교100년성업 대정진기도로 명칭을 바꾸었다.

| 원불교100주년기념대회 | 10년 대정진기도 |

지나온 발자취

10년 기도 — 결집, 간절함 ▶ **해제식** — 매듭, 설렘 ▶ **희망 100년** — 확산, 희망참

1일째
100년성업 대정진기도를 시작하다.
원기 91년 4월 27일 중앙총부 영모전광장 결제식

원기 92년 9월 8일
충북교구 500일 회향식

원기 95년 6월 5일
제주교구 1,500일 회향식(산천단)

원기 91년 8월 5일
대전충남교구 100일 회향식

원기 94년 1월 18일
서울교구 1,000일 회향식

원기 96년 10월 15일
전북교구 2,000일 회향식
(지리산 바래봉 허브밸리)

원기 100년 11월 22일
3,500일 회향식(영산성지)

원기 98년 12월 25일
중앙총부 2,800일 회향식

원기 101년 4월 27일
3,654일 해제식(중앙총부)

원기 100년 1월 29일
중앙총부 대각전 3,200일 회향식

원기 100년 1월 4일
3,175일 릴레이 기도 전달식

원기 99년 7월 13일
3,000일 회향식(백두산 천지)

원기 98년 3월 1일
각 교구 산상기도를 통한
2,500일 회향식

100년성업 10년 대정진기도 해제식

교단 100주년을 맞이해 새로운 교화결집을 위해 간절한 원력으로 함께했던
10년간의 대정진기도를 마무리하고, 희망의 100년대를 맞이하기 위한
희망·기쁨·법열의 10년 기도 해제식을 거행합니다.

일 시 원기 101년(2016) **4월 27일(수) 18:00~20:00**
장 소 원불교 중앙총부
대 상 재가 4개단체, 중앙교구, 전북교구, 인근지역 재가·출가 전 교도
주 최 원불교100년기념성업회   **주 관** 교정원 교화훈련부, 청운회·봉공회·여성회·청년회

행사일정

식전행사(정진적공)
18:00~18:30
- 주제: 정진적공10년의 바람, 100년의 희망
- 장소: 중앙총부 반백년기념관
- 기도독경: 참석자 신체염불진행 (개별목탁지참)
  4개단체 임원 불단위 독경단 구성
  (흰색법복 검정양말)

해제식
18:30~19:30
- 장소: 중앙총부 반백년기념관
- 식전영상
- 축하공연
- 기도식
- 설법: 좌산 상사님

서원의식
19:30~20:00
- 주제: 100년의 환희, 그리고 우리의 서원
- '답게 살겠습니다' '감사잘함'
  행동강령 선포식

* 해제식 후 제9회 법등축제 기념콘서트가 진행됩니다. 일정에 참고하시기 바랍니다.

10년 대정진 기도 해제식 업무 담당 구성

업무담당	관계부서	담당자
좌석안내	황현신, 지수연, 구상은	총책 : 최정윤
차공양	시설설치 및 철수 : 이대혁, 박선장 차공양 : 전북교구 여성회	총책 : 최명실
기념품 및 LED초 배부	이인광, 김도현, 김태현, 전도연	총책 : 정원심
주차안내	청운회원 3명	총책 : 박대원
의식진행 및 식장정리	교화훈련부, 상주선원	총책 : 서혜진
공양 관리	재정산업부, 법인사무국 : 이주연, 조인국, 이연길, 이대혁, 오수조, 손덕인, 김효성, 권성덕, 오덕진, 박경전	총책 : 김여주
헌공함 관리	안수연	윤혜원
홍보. 방송. 촬영	문화사회부, 정보전산실, 월간원광, 원불교신문사, 원음방송	문화사회부, 정보전산실, 원불교신문사, 원음방송, 월간원광
음향시설	정보전산실	홍대현
독 경 반	성명종, 4개단체장 및 임원	염불 및 독경

일시	원기 101(2016)년 4월 27일(수) 18:00 ~ 20:00
장소	원불교 중앙총부
대상	재가 4개 단체, 중앙교구, 전북교구, 인근지역 재가 출가 전 교도
주최	원불교100년기념성업회
주관	교정원 교화훈련부, 청운회, 봉공회, 여성회, 청년회
행사일정	

식전행사(정진적공)
- 주제 : 정진적공(10년의 바람, 100년의 희망)
- 주례 : 성명종 교무, 4개 단체 회장
- 기도독경 : 참석자 전체 염불진행(개별 목탁지참)
- 4개 단체 임원 불단위 독경단 구성(흰색 법복, 검정 양말)

해제식
- 축하공연(이응준교무+김혜진 / 홀로아리랑, 기도, 원하옵니다.)
- 개식
- 경과보고
- 이관식
- 기도식
- 감상담(근산 이근수 교도)
- 설법(좌산 상사)
- 기념대회가

서원의식 (우천관계로 기념관에서 진행)
- 주제 : 100년의 환희, 그리고 우리의 서원
- 내용 : 【답게 살겠습니다.】 '감사잘함' 행동강령 선포식

원불교100주년기념대회 | 10년 대정진기도

해제식

" 그동안 수고 많이 했다.
여러분이 있기에 우리 교단과 이 세상에 희망이 있다.
10년 전 교단 100주년을 앞두고 정진기도를 스스로 하겠다고 발의를 했을 당시
나는 초심을 잃지 말라고 당부했다.
10년 동안 우여곡절이 많았을텐데 초심을 잃지 않고
유종의 미를 거둔 여러분들이 자랑스럽다.
오늘 기도는 끝이 아니라 시작이다.
소태산 대종사께서는 이 땅의 모든 관계를 은혜의 관계로 정립해 주셨다.
기도로 그치는 것이 아니라, 우리 손으로 상생과 평화를 이뤄서
정신개벽을 이룩하고 은혜가 충만한 세상을 만들어 가자 "

원불교100년성업 10년 대정진 기도

대종사님과 구인선진님들이 창생제도를 위해 사무여한 정신으로 기도를 올려 백지혈인의 기적을 나투셨던 정신을 이어 받아 봉공회, 청운회, 여성회, 청년회 등 4개 재가단체가 뜻을 모아 '10년 대정진 기도를 올렸다. 이는 원불교 100년 성업을 거룩하게 봉찬하고 결복교운의 융창을 이루어 내겠습니다.' 하고 진리 전과 대종사 성령 전에 서원 올리고 시작하였다. 원기 91년 4월 27일 좌산 종법사님을 모시고 영모전 광장에서 결제식을 시작한 후 원기 101년 4월 27일까지 만10년 3,654일로 정하고 진행되었다. 매월 1일 당번 교구로 릴레이 되고 교구는 다시 한 달 동안 교구 내 전 교당을 이어갔다. 릴레이 이관품은 좌산 종법사님께서 하사하신 목탁과 교정원장님께서 하사하신 죽비, 기도현수막, 기원문 그리고 기도일지 등이었다.

그 후 원기 93년 11월 3일 원불교100년기념성업회가 발족됨에 따라 재가 단체의 기도를 100년 성업기도로 통합하여 전 출가재가가 함께하는 교단적인 기도로 전환하였다. 대종사님 성령 전에 올렸던 서원과 약속을 지키기 위해 하루 하루 정성을 다해온 10년 세월이었다. 많은 시련과 어려움을 극복하고 13개 교구와 전 교당을 하루도 빠짐없이 진행하며, 매 100일 회향식과 500일 단위 회향식을 하면서 중간 중간 기운을 결집하며 진행했다.
이 기도는 단체와 단체 간, 교당과 교당 간, 교구와 교구 간, 출가와 재가 간의 기운을 하나로 모아 교단 전체의 기운을 결집시킨 역할을 했다.
원기 101년 4월 27일 100년성업 10년 대정진 릴레이 기도 해제식이 총부 반백년기념관에서 거룩하게 봉행되었다. 이날은 원불교 역사의 한 페이지를 뚜렷하게 장식한 날이며, 영원히 기억될 현장이었다. 10년 동안 국내와 해외에서 출가와 재가들이 얼마나 많은 정성을 모았던 기도의 세월이었던가. 격정의 눈물로 하나된 자리였다.
기도금은 작은 정성들이 쌓여서 10년간 11억 3천여 만 원이 모였고 재가 양성기금으로 활용되어 교단 발전에 기여할 것으로 보인다.
그 기도의 정성과 기운은 진리에 사무쳐 교단 결복 교운이 활짝 열리고, 세계주세교단으로 인류구원의 큰 역할을 다할 것이며, 교도들의 신앙과 수행의 원천이 될 것으로 믿는 바이다. 이 기도를 10년 동안 해왔던 저력으로 전 재가출가가 원불교 교단부활에 앞장서는 주인이 되어야 할 것으로 믿는다.
_근산 이근수 교도(전 청운회장)

서원의식

원불교인 "답게 살겠습니다" 선언

봉공회장 (답게 살겠습니다 운동 취지 설명)
지난 10년간 이어진 100년성업 대정진기도를 통해 우리는 더욱 성숙한 마음공부로 성장하였습니다. 그러나 사회적으로는 인간소외, 불평등, 양극화 현상 등으로 갈등과 반목이 지속되고 있습니다. 이에 우리 재가단체에서는 결복교운을 열고, 희망찬 사회 발전을 이루기 위해 전 교단적으로 시행하고 있는 감사잘함 운동을 원불교인 "답게 살겠습니다" 운동 실천사항으로 결의합니다.

청년회장 (감사해요 메시지)
우리는 사은의 은혜 속에서 살아감을 인식하며 만물에 감사합니다.
기후변화 등으로 인해 피폐해져가는 지구 환경문제를 나의 문제로 자각하며 환경 살리기를 생활화하겠습니다.

여성회장 (사랑해요 메시지)
만유의 근원인 참 나를 찾고, 더불어 살아갈 수 있도록 도와주시는 만물을 사랑합니다.
이기적 개인주의에 빠져있는 사회에서 우리는 자리이타 정신으로 가족과 이웃에 대한 돌봄을 생활화하겠습니다.

청운회장 (잘했어요 메시지)
일원의 진리를 깨쳐 만물에 감사하고 사랑하는 우리 모두 잘했습니다.
가정, 학교, 직장, 사회에서 우리에게 주어진 역할이 있음을 감사하며, 격려와 칭찬을 생활화하겠습니다.

봉공회장 (함께해요 메시지)
만법이 한 근원인 이치를 깨달아 무아봉공을 함께합니다.
우리는 사회갈등 해소와 인권존중에 앞장서며 이를 생활화하겠습니다.

감사해요
사랑해요
잘했어요
함께해요

100년 성업
10년 대정진기도 결산

강산 변한 10년 기도 정진, 동참 13만명, 회향식 37회, 기도체험으로 신앙심 고취

기도일수 3,654일, 동참인원 13만명, 회향기도 37회, 매일 기도시간 25분, 총 기도시간 9,135분 13개 교구 11번 순회, 모아진 성금 11억 5천여만 원.

민족의 영산 백두산 현지에서 거행된 3,000일 기도 회향식은 최고 정점이었다. 각 교구 800여 명의 재가출가 교도들이 참석한 가운데 진행된 회향식은 민족의 평화통일과 교단 발전을 염원한 감동 그 자체였다. 당시 남궁성 교정원장은 "조그마한 연못의 물이 흙탕물이 없었던 것도, 처음부터 맑은 것도 아니었다. 끊임없이 어딘가에서 샘물이 솟았기 때문이다. 우리의 기도가 세상의 생수가 되고, 샘물의 원천이 돼야 한다"고 기도 운동을 독려했다. 회향기도가 37회나 되는 것은 기도 100일마다 회향식을 진행했기 때문이다.
기도의 긴장감을 높이고, 참가자들의 피로감을 줄이기 위한 방편이 100일마다의 회향식이었다.

10년 기도는 교도들에게 신앙의 체를 잡게 했고 공부에 대한 자신감을 불어넣을 뿐만 아니라 개인 기도로 성취감을 증명했다. 교당과 교단의 주인들을 많이 배출해 냈다는 평가를 받고 있다. 원불교신문 1798호 2016.05.06 나세윤기자

| 원불교100주년기념대회 | 10년 대정진기도 |

(중략) 1년에 한번씩 갖는 30일간 100년성업 대정진 릴레이 기도는 나에게 더없이 소중한 자신성업봉찬의 시간이었다. 매일 목탁과 죽비 일지를 챙기며 사은님의 은혜에 보은하는 불제자가 되길 염원했다. 이제는 시간이 갈수록 자신감이 생기며 힘이 난다. 정말 기도를 하면 힘이 생기고 가정생활과 일이 저절로 챙겨졌다. 날마다 참 행복했다. 나도 모르게 녹아 내리는 삼독심을 툭툭 털며 어두운 밤길을 혼자 걸으면서 사무치게 울었던 적도 있었고, 길을 걷다가 어려운 이들을 만나면 스스럼없이 기도할 수 있었던 용기도 기도의 힘이라 믿는다. 영생을 두고 보면 10년은 아무것도 아니라고 한다. 앞으로는 365일 계속 기도하려 한다.(중략)
_최성근 교도

(중략) 우리는 무엇 때문에 기도하는가. 무엇을 위해서 기도하는가? 언젠가 발표할 기회가 있었는데 "나는 과연 확철대오하여 대종사님의 심통제자가 되었는가?" 하고 물은 적이 있었다. 무엇이 성불이고 제중인가? 그땐 난 나를 잘 알아서 내 주위 인연들과 행복하게 사는 것이라고 대답한 적이 있었다. 기도의 의미는 내 주위 인연들이 모두 평화와 행복을 공유함을 내 심력을 기울여 염원하는 것이라 생각된다. 그 염원을 10년 동안 이어왔다. 나 혼자만의 염원이 아니고 우리 교단 모두의 염원이 되어 3,654일 동안 이어져 온 것이다. (중략)
_김진웅 교도

원불교신문 10년대정진기도체험 감상담 (연재기사)

호수	저자/소속	제목	날짜
1799호	오민웅 교도/원불교 청년회장	기도하는 삶의 목적	16.05.13
1800호	양제관 교도/서광주교당	원불교100년과 나의기도	16.05.20
1801호	최성근 교도/부산울산교구 여성회장	소중한 자신성업봉찬 시간	16.05.27
1802호	기정교 교도/대구교당	나를 키운 기도적공	16.06.03
1803호	황인덕 교도/원남교당	마음아침밥 챙기셨나요?	16.06.10
1804호	최혜남 교도/대구경북교구 여성회 부회장	50대의 행복한 시간	16.06.17
1805호	이승오 교도/대연교당, 원봉공회	봉공활동과 100년성업기도	16.06.24
1806호	김용현 교도/구로교당	나를 변화시킨 대정진 10년기도	16.07.08
1807호	김진웅 교도/원불교 청운회장	기도 순례, 폭우·강풍 속에 빛났다	16.07.16
1808호	한양직 교도/중흥교당	청운실천단과 100년 성업기도	16.07.22
1809호	허재원 교도/제주교구 청운회장	기도로 제주교화 새바람	16.07.29

(중략) 나는 도대체 왜 매일 새벽 5시에 일어나서 기도 정진을 하고 저녁에는 일기 기재를 하면서 참회 반성하는 일과를 지키면서 살려고 하는 것인가? 도대체 무엇을 위해서. 그럴 때마다 떠오르는 생각들은 대종사님께서는 왜 그토록 대각을 이루시기 위해서 정성을 다하셨으며 대각을 이루신 이후에도 새로운 법을 제정하시고 새로운 회상을 여시고 제자를 기르시고 하는데 다시 정성을 다하셨을까? 대종사님께서 목적하신 바가 바로 내가 목적하는 바가 아닐까?(중략)
_오민웅 교도

(중략) 뭘 해달라고 요구하는 기도가 아닌, 자신성업봉찬으로 이미 결복교운이 열려있는 그대로에 감사할 줄 아는 그런 행복한 기도가 낙원세상을 만들어가는 으뜸 사명임을 명심하고 10년 대정진기도를 바탕으로 20년 30년 쭉쭉 이어가는, 우리 100년 성업기도인이 됐으면 하는 바람을 담아본다. 이처럼 나부터 조금씩 변화하지 않으면 언제나 그 자리에 그대로일 것 같다. 한순간 한순간의 감각이나 감상에 머물지 아니하고 맹세코 실천하는 기도인의 모습으로 거듭나길 두손 모아 염원한다.(중략)
_양제관 교도

2016. 4. 28~30
원불교 중앙총부 반백년기념관

원광대학교 숭산기념관
원불교 100주년
원광대학교
70주년 기념
국제학술대회

종교·문명의 대전환과 큰적공

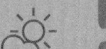

지 역	전라북도 익산시
평균기온	14.2
풍속(m/s)	2.8

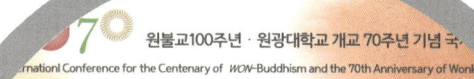

004
종교, 문명의 대전환과 큰적공
국제학술대회

"원불교 100년, 종교·문명의 대전환과 큰적공"은 4월 28일부터 3일간 원불교 중앙총부 및 원광대학교에서 개최된 <원불교100주년·원광대학교 개교 70주년 기념 국제학술대회>의 주제다. 여기서 말하는 '대전환'이란 다름 아닌 '개벽'을 말하는 것이고, '큰적공'은 그러한 개벽을 위한 '노력'이며, '준비'라고 해도 좋을 것이다. 우리사회, 나아가 인류가 직면한 복합적 위기상황들을 타계하고 '대전환의 새길 찾기'에 나섬을 선언하는 야심차면서도 엄중한 계획이다. 2세기를 여는 '한국으로부터의 세계종교' 원불교가 그러한 대전환을 선도하자는 의미이기도 하다.

원불교100주년기념 국제학술대회는 종교를 비롯하여 정치, 경제, 생명 등의 영역을 종합적으로 아우름과 동시에, 학계와 시민사회 활동가, 청년 등이 공동으로 참여하였다.

무엇보다도 현재 우리사회가 직면하고 있는 다양한 위기적 상황들은 그 원인과 영향이 어느 한 분야에 국한되는 것이 아니라 상호 연관되어 더욱 증폭되어가고 있다는 점에서 종교, 정치, 경제, 생명 분야의 석학들과 시민사회, 청년 등이 함께 모여 슬기로운 새길 찾기를 시도한다는 점이 이번 국제학술대회의 가장 큰 특징이었다.

학술대회 감상평

종교, 문명의 대전환과 큰적공
박맹수(원광대 원불교학과 교수)

2016년은 한국의 '4대 종교'의 하나인 원불교 100주년이 되는 해이자, 그 원불교가 설립한 호남 유수의 명문 사립대학인 원광대학교 설립 70주년이 되는 해이다. 이것을 기념하기 위해 지난 4월28일부터 30일까지 원불교 중앙총부 반백년 기념관 및 원광대학교 숭산기념관에서는 원불교 100년·원광대학교 개교 70주년 기념 국제학술대회가 성황리에 개최되었다.

2년 전부터 준비해 온 이번 국제학술대회는 대회 첫날인 28일 오후의 기조강연을 시작으로, 29일 오전 오후의 종교, 정치, 경제, 생명 등의 4개 세션의 발표와 토론, 29일 저녁부터 30일 오전까지 이어진 생명평화활동가 한마당 및 미래세대 종교청년 한마당 등의 특별 세션, 그리고 30일 오후의 전체 세션 총괄 및 대회 마무리까지 총 3일에 걸쳐 진행되었다.

이웃 종교, 시민사회와 함께 한 대회

널리 알려져 있듯이, 1916년 4월 28일 소태산 박중빈 대종사(1891-1943, 이하 소태산)의 큰 깨달음(大覺)을 계기로 성립된 원불교는 동학, 증산교, 대종교와 더불어 우리 땅에서 자생한 대표적인 개벽(開闢) 종교의 하나이다. 차별과 갈등, 어둠으로 대표되는 상극(相剋)의 시대를 마감하고 평등과 화해, 밝음으로 상징되는 상생(相生)의 새 시대를 열고자 이 땅에서 등장했던 동학과 증산교의 '후천개벽의 꿈'을 계승한 새 종교 원불교가 올해(2016년)로 개교 100주년을 맞은 것이다. 원불교 사람들만의 학술잔치에 그칠 것이 아니라, 한국의 모든 종교 및 시민사회단체가 함께 하는 대회가 되도록 준비하자는 쪽으로 방향을 잡았다. 그리하여 '함께 하는' 국제학술대회로 만들기 위해 수시로 이웃 종교 지도자들을 만나 협의하였으며, 시민사회단체 활동가들과도 격의 없는 만남을 계속했다. 그렇게 하는 가운데 기독교와 불교, 천주교, 천도교 관계자로부터 아낌없는 협조를 끌어낼 수 있었으며, 20개가 넘는 시민단체들로부터 원불교와 원광대가 준비하는 대회에 함께 하겠다는 약속을 받아낼 수 있었다.

학술대회가 내건 「종교, 문명의 대전환과 큰적공」이라는 대주제를 포괄하는 전체 기조강연은 김도종 원광대 총장과 백낙청 서울대 명예교수, 돈 베이커 캐나다 브리티시 컬럼비아대 교수가 맡았다. 그리고 분야별 기조 강연자로는 종교 세션에 한자경 이화여대 교수, 정치 세션에 김종철 녹색평론 발행인, 경제 세션에 다다 마헤슈와라난다(Dada Maheshvarananda) 베네수엘라 프라우트연구소 소장, 생명 세션에 김태창 전 공공철학공동연구소 소장이 맡았다.

향후의 과제에 대한 전망

이번 학술대회는 원불교와 원광대학교가 지난 세월에 쌓아온 저력을 유감없이 발휘하는 대향연의 자리가 되었다. 동시에 한국 사회 및 인류사회의 기대와 열망이 무엇인지를 뜨겁게 확인하는 마당이기도 했다. 1천 3백여 명의 참석자 수가 그것을 보여주었다. 비록 3일간이라는 짧은 기간이었지만 '아래로부터' 솟아오르는 '대전환'에 대한 열망을 확인하기에는 부족함이 없는 시간이었던 셈이다.

개 요

- **사업명**

  원불교100주년기념 국제학술대회

  "원불교 100주년, 종교·문명의 대전환과 큰적공"

- **사업자**

  원불교100년성업회·원광대학교 원불교사상연구원

- **사업목적 및 필요성**

  우리나라뿐만 아니라 지구촌의 현대사회는 인간성의 매몰로 인한 반인륜적 범죄, 물질만능주의, 환경파괴, 생명경시, 극단적 이기주의 등의 복합위기의 시대에 직면해 있음.

  이에 원불교100년기념성업회와 원광대학교 원불교사상연구원에서는 2016년 원불교 100년·원광대학교 개교 70주년을 기념하고, 복합위기의 시대에 들어선 우리사회에 대한 냉철한 현실 인식과 그에 바탕한 대전환의 새 길을 모색하는 학술대회를 개최하고자 함.

  특히, 종교·정치·경제·생명 분야의 세계적 석학들은 물론 시민사회 활동가, 미래세대의 주역인 청년리더가 함께 참여하는 국제학술대회를 통해 복합위기상황의 보다 실질적인 해답을 찾고 우리사회에 발산하고자 함.

  국제학술대회의 구성은 종교·정치·경제·생명의 4대 메인세션과, 생명평화 활동가 한마당, 미래세대종교청년 한마당, 문화자본과 다문화(2016년 9월 예정)의 3대 특별세션으로 구성.

- **사업기간**

  - 국제학술대회 = 2016년 4월 28일(목)~2016년 4월 30일(토)
  - 원불교100주년기념대회 = 2016년 5월 1일(일)

- **사업장소**

  원불교 중앙총부, 원광대학교, 서울월드컵경기장

- **참석인원**

  발표·토론자 100명, 참석자 1,000명.

전체일정

일정	프로그램	장소
2016.04.28.(목) 13:00~20:30	• 개회식　• 기조강연　• 환영만찬	원불교 중앙총부 반백년기념관 (환영만찬)원광대학교 숭산기념관
2016.04.29.(금) 10:00~18:00	• Session 1 : 종교의 대전환　• Session 2 : 정치의 대전환 • Session 3 : 경제의 대전환　• Session 4 : 생명의 대전환	원광대학교 숭산기념관
2016.04.30.(토) 09:00~18:00	• Special Session 1 : 생명평화 활동가 한마당 • Special Session 2 : 미래세대종교청년 한마당　• 폐회식	원광대학교 숭산기념관 원불교 중앙총부
2016.05.01.(일) 13:00~16:00	• 원불교100주년기념대회 서울월드컵경기장	서울월드컵경기장

> 날짜 : 4/28(목) <개회 및 기조강연>
> 장소 : 원불교중앙총부 반백년기념관
> 진행 : 박맹수·염승준(원광대 교수)

원불교 100년, 종교·문명의 대전환과 큰적공

시간		내용	발표
13:00~13:40	개회 및 기조강연1	원불교 100년, 이 시대 한국에서 새로운 역사 만들기	김도종(원광대 총장)
13:40~14:20	기조강연 2	문명의 대전환과 종교의 역할	백낙청(서울대 명예교수)
14:20~15:00	기조강연 3	20세기 한국종교의 전환을 이끈 원불교	돈베이커 (Donaldbaker, 브리티시컬럼비아대교수)
15:00~15:20		휴식	
15:20~16:00	종교세션기조강연	'各自爲心'에서 '一圓一心'으로: '두렷하고 고요한 마음'에 입각한 '정신개벽'의 길	한자경(이화여대 교수)
16:00~16:40	종교세션기조강연	성장시대의 끝에서 생각하는 민주주의	김종철(녹색평론 편집인)
16:40~17:00		휴식	
17:00~17:40	경제세션기조강연	자본주의 이후 영적 깨달음과 이상사회 만들기	다다 마헤슈와란다 (Dada Maheshyarananda, 베네스웰라 프라우트 연구소)
17:40~18:20	생명세션기조강연	목숨, 삶, 살림 - 나의 주체적 생명체험	김태창(전 공공철학공동연구소 소장)
18:40~20:30		<환영만찬> 원광대학교 숭산기념관	

종교·정치·경제·생명 대전환, 시대적 사명

국제학술대회 박윤철 조직위원장은 "이번 국제학술대회는 여러 석학들과 젊은 세대들이 함께 마지막까지 열띤 토론과 간절히 열망했던 지혜들이 모여지는 공론의 장이었다"며 "각 세션별 학술발표와 토론을 거듭할수록 결국은 모두가 하나로 연결되어 있고, 종교·정치·경제·생명 분야에서 추구하는 우리들의 마음들은 같았다는 사실을 다시 확인하는 자리가 됐다. 이제 우리가 하나의 자리에서 하나의 마음으로 하나의 세계를 지향해가는 출발선에서 함께 노력해 나갈 때다"고 말했다. 이어 "국제학술대회가 성공적으로 마무리되기까지 함께 해 준 스텝들과 물심양면으로 도와준 문화체육관광부를 비롯해 원불교100성업회와 원광대학교 총장께 감사드린다"고 말했다. _원불교신문 1798호 2016.05.06 정성헌 기자

한자경(이화여자대학교 교수) 김태창(전 공공철학공동연구소장) Dada Maheshyarananda (베네스웰라 프라우트 연구소)

원불교 100주년·원광대학교 개교 70주년 기념 국제학술대회(기조 강연자)

김도종(원광대학교 총장) 백낙청(서울대학교 명예교수) 김종철 (녹색평론 발행인) Donald Baker(한국학 연구자)

세션발표 : 종교·정치·경제·생명

<제1세션 : 종교의 대전환>에서는 세계적인 이슬람 연구자인 카마다 시게루(鎌田繁) 도쿄대학 교수를 비롯하여, 불교개혁운동에 앞장서 온 해남 미황사 주지 금강스님, 수도원 운동의 실천으로 유명한 김한중 목사, 원광대학교 종교문제연구소 소장 박광수 교수 등이 발제자로 나서며, 박태식 성공회대 교수, 능인불교대학원대 교수인 명법스님, 원불교대학원대학교 이용석 교수, 이정재 경희대학교 교수 등이 함께 토론자로 참여.

- 장소 : 원광대학교 숭산기념관 대회의실(3층)
- 진행 : 한내창(원광대 교수)

시간		내용	발표	토론
10:00~11:00	제1주제	기독교 영성과 수도원 운동	김한중(솔성수도원 원장)	박혜훈(영산선학대 교수)
11:00~12:00	제2주제	한국불교의 대전환	금강스님(미황사 주지)	명법스님(능인불교대학원대 교수)
12:00~13:00		점심시간		
13:00~14:00	제3주제	원불교와 새로운 문명전환	박광수(원광대 교수)	이정재(경희대 교수)
14:00~15:00	제4주제	코란에서 의미의 다층성과 이슬람의 전개	카마다 시게루(鎌田繁. 도쿄대 교수)	박태식(성공회대 교수)
15:00~15:20		휴식		
15:20~16:20		종합 토론		

Session 2 : 정치의 대전환

<제2세션 : 정치의 대전환>에서는 서승 리츠메이칸대학(일본) 특임 교수, 진징이(金景一) 베이징대학교 교수, 김성곤 국회의원, 윤창원 서울디지털대학교 교수, 이성전 원광대학교 교수 등이 동아시아 관계 및 통일문제, 인권문제, 한국의 현실정치, 종교와 정치 등의 분야에서 대전환을 키워드로 발제하고, 이삼성 한림대학교 교수, 박찬수 한겨레신문 논설위원, 최형묵 한신대학교 교수, 윤황 선문대학교 교수, 이찬수 서울대학교 연구 교수 등이 토론자로 나섬.

- 장소 : 원광대학교 숭산기념관 제3회의실(3층)
- 진행 : 이재봉(원광대 교수)

시간		내용	발표	토론
10:00~11:00	제1주제	동아시아 평화의 위기, 무엇이 문제인가?: 인권의 관점에서	서승(리츠메이칸대학 특임교수)	이삼성(한림대 교수)
11:00~12:00	제2주제	전환시대의 한국정치	김성곤(국회의원)	박찬수(한겨레 논설위원)
12:00~13:00		점심시간		
13:00~14:00	제3주제	한반도 평화통일 구축과 원불교 통일방안	윤창원(서울디지털대 교수)	최형묵(한신대 교수)
14:00~15:00	제4주제	중미관계와 북핵문제	진징이(金景一, 베이징대 교수)	윤황(선문대 교수)
15:00~15:20		휴식		
15:20~16:20	제5주제	정산종사의 치교사상 : 건국론을 중심으로	이성전(원광대 교수)	이찬수(서울대 교수)
16:20~17:00		종합토론		

Session 3 : 경제의 대전환

<제3세션 : 경제의 대전환>에서는 강신준 동아대학교 교수, 아난다 마르가의 수행자 칫다다 (Dada Cittarainjanananda), 윤병선 건국대학교 교수, 정태인 성공회대학교 교수 등이 노동 문제, 자본주의 문제, 다원적 경제 문제 등에 대한 발제가, 이에 대한 토론자로는 이상호 동국대학교 교수, 전창환 한신대학교 교수, 김흥주 원광대학교 교수, 조영철 한국외국어대학교 교수 등이 나섬.

- 장소 : 원광대학교 숭산기념관 제1세미나실(2층)
- 진행 : 성제환(원광대 교수)

시간	내용		발표	토론
13:00~13:40	제1주제	노동해방: 마르크스의 약속	강신준(동아대 교수)	이상호(동국대 교수)
13:40~14:20	제2주제	세계경제 대공황과 자본주의의 종말	칫다다(Dada Cittarainjanananda, 아난다마르가)	전창환(한신대 교수)
14:20~14:50		토론 1		
14:50~15:10		휴식		
15:10~15:50	제3주제	생명의 눈으로 본 한국 농업	윤병선(건국대 교수)	김흥주(원광대 교수)
15:50~16:30	제4주제	다원적 경제로의 전환	정태인(성공회대 교수)	조영철(한국외대 교수)
16:30~17:00		토론 2		

Session 4 : 생명의 대전환

<제4세션 : 생명의 대전환>에서는 소광섭 서울대학교 명예교수, 일본의 '쓰고 버리는 시대를 생각하는 모임' 창립인 츠치다 다카시(鎚田), 이병철 생태귀농학교 교장, 최봉영 한국 항공대학교 교수, 정순일 원광대학교 교수 등이 발제자로 나서고, 김훈기 홍익대학교 교수, 일본의 미래공창신문 사장 야마모토 교시(山本恭司), 조희부 생태공동체 눈비산마을 대표, 방인 경북대학교 교수, 이용석 원불교대학원대학교 교수 등이 토론자로 나섬.

● 장소 : 원광대학교 숭산기념관 제1회의실(2층)
● 진행 : 김정현(원광대 교수)

시간		내용	발표	토론
10:00~11:00	제1주제	경락-프리모 순환계에 바탕한 새로운 생명관 및 의학	소광섭(서울대 명예교수)	김훈기(홍익대 교수)
11:00~12:00	제2주제	후천개벽과 생명의 규칙 '공생공빈'의 길 : 물질문명의 몰락을 대비하며	쓰치다 다카시(槌田, 전 세이카대학교수)	야마모토교시(山本恭司, 미래공창신문 사장)
12:00~13:00		점심시간		
13:00~14:00	제3주제	내가 걸어온 길에서의 생명운동	이병철(생태귀농학교 교장)	조희부(생태공동체눈비산마을 대표)
14:00~15:00	제4주제	한국인의 살림살이와 원불교	최봉영(한국항공대 교수)	방인(경북대 교수)
15:00~15:20		휴식		
15:20~16:20	제5주제	소태산 생명철학의 이중적 구조	정순일(원광대 교수)	이용석(원불교대학원대 교수)
16:20~17:00		종합토론		

특별세션 및 폐회

Special Session 1 : 생명평화 활동가 한마당
- 장소 : 원광대학교 숭산기념관
- 시간 : 4/30(토) 09:00~12:00
- 내용 : 생명평화운동과 영성
  −더불어 사는 마음, 그리고 그 너머
- 진행 : 전진택(남녘교회 목사)

*4/29(금)19:00 생명평화 활동가 한마당 전야제 : 원불교중앙총부

Special Session 2 : 미래세대종교청년 한마당
- 장소 : 원불교중앙총부 법은관
- 시간 : 4/30(토) 09:00~12:00
- 내용 : 청년, 내일로 가다!
- 진행 : 최연주(원불교청소년국)

폐회식 : 원불교100년, 종교·문명의 대전환과 큰적공
- 장소 : 원광대학교 숭산기념관
- 시간 : 4/30(토) 13:00~18:00
- 진행 : 김도공(원광대 교수)

시간	내용	발표	토론
13:00~13:30	제1세션 총평 종교의 대전환	한내창(원광대 교수)	
13:30~14:00	제2세션 총평 정치의 대전환	이재봉(원광대 교수)	
14:00~14:30	제3세션 총평 경제의 대전환	성제환(원광대 교수)	
14:30~14:50	휴식		
14:50~15:20	제4세션 총평 생명의 대전환	김정현(원광대 교수)	
15:20~15:50	특별세션1 총평 생명평화 활동가 한마당	김용우(무위당만인회기획위원장)	
16:10~16:40	특별세션2 총평 미래세대종교청년 한마당	윤박경(대화문화아카데미)	
16:40~17:00	휴식		
17:00~18:00	폐회		

원불교100주년기념대회 | 국제학술대회

함께 만든 사람들
원불교환경연대, 생명평화결사, 전환마을은평, 넥스트젠코리아

기념대회

2016. 5. 1
서울월드컵경기장

기념대회

물질이 개벽되니 정신을 개벽하자

지 역 서울 마포구
평균기온 18.8
풍속(m/s) 2.2

005

종단 간 유대와 사회적 역할 약속

세계종교지도자 접견과 만찬

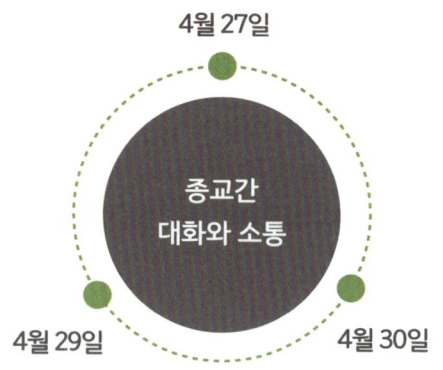

- 4월 27일
- 4월 29일
- 4월 30일

종교간 대화와 소통

접견

장소	은덕문화원
일정	원기 101(2016)년 4월 27일, 29일, 30일/3회
참여자	국내외 종교지도자와 종교학자

환영만찬

장소	세종문화회관 세종홀
일정	원기 101(2016)년 4월 29일
참여자	국내외 종교지도자와 종교학자 200여 명

니찌꼬 니와노 회장 **일본 입정교성회 종정**	"입정교성회의 마음 밭을 가꾸는 목적과 원불교의 마음공부가 매우 비슷하며, 종교의 바탕을 하나로 보며 존중하는 데 뜻을 함께하고 있다. 교리는 물론 원불교 교무들에게도 형제의 느낌을 받는다"
팰롭 타이아리 **사무총장**	원광대학교로부터 명예 철학박사 학위 수여를 받은 타이아리 사무총장은 "오늘 받은 학위는 나만이 아닌, WFB와 함께하는 모든 분들이 함께 받은 것으로 생각한다. WFB와 원불교는 40년이 넘는 인연을 이어오며 UR정신 실천을 위한 행보에 늘 감명을 받아왔다."
윌리엄 빌 벤들리 **세계종교인평화회의** **(WCRP) 사무총장**	"원불교가 100년동안 얼마나 어려운 길을 걸어왔는지 알고 있다. 정직하고 겸손한 걸음이 지금의 좋은 결실을 맺은 것 같다. 원불교와 세계종교인평화회의가 파트너십을 더욱 강화해 종교의 다양성을 담아냈으면 좋겠다."
딘 삼수딘 **아시아종교인평화회의** **(ACRP) 의장**	"2014 인천 ACRP 8차 총회 개최, 이번 ACRP EC 총회를 유치해줘서 감사하다. 특히 2005년 뉴 자카르타 지진 피해 때 원불교에서 적극적으로 복구지원을 해줘서 다시 한번 감사의 마음을 전한다."

경산종법사는 "입정교성회는 WCRP, ACRP 창립과 발전에 큰 공헌을 했고, 인류 평화의 가장 큰 문제인 종교간 갈등을 해결하기 위한 대화 운동을 해왔다"며 치하했다. 또한 "원불교와 입정교성회가 세계 평화를 위해 함께 해 온 활동을 더욱 긴밀한 교류로 이어가자"고 당부했다.

특히 입정교성회가 40여 년째 매달 1일과 15일에 한 끼 걸러 어려운 이웃, 재난재해 현장을 돕는 것에 대해 "교육과 봉공으로 전 교도가 합심함에 깊은 인상을 받았다."며 원불교의 일원 데이와 봉공회의 활동등을 소개했다. 접견자들과 함께 세계 불교의 흐름과 비전을 공유하는 한편, 각 국가에서 불교가 어떤 사회적 역할을 하고 있는지 현황을 나눴다. 니찌꼬 니와노 회장은 "불교는 전통 불교와 개선된 불교, 새로운 불교로 나뉘는데, 대만 불광사는 개선된 불교, 원불교는 새로운 불교로 볼 수 있다. "이 세 불교가 함께 교류하며 서로 배워 세계평화에 기여하는 것이 교단의 방향이다. 이런 종교회의와 교류를 통해 여러 종교의 좋은 점을 배워가니, 오히려 우리에게는 성장촉진제가 되고 있다"고 화답했다. 원불교신문 1798호 2016. 05. 06 민소연 기자

세계종교지도자 접견(은덕문화원)

세계종교지도자 환영만찬
인류평화와 공동선 당부

"원불교는 이웃종교와의 꾸준한 소통을 통해 발전과 성장을 해오고 있다"며 다양한 종교와의 연대를 강조한 뒤 "지금 우리 각자는 작은 조각들이지만 ACRP, WCRP, UR 등을 통해 크고 위대한 미래가 될 것이다." _김성곤 ACRP 명예회장

"올해 개교 100주년을 맞은 원불교는 모든 종교의 근본은 하나이니 인류평화와 공동선을 위해 함께하자는 가르침을 실천하고 있다"며 협력을 당부했다.
_여타원 한은숙 교정원장

세계종교지도자 환영만찬

4월 29일 세종문화회관
인류평화와 공동선 당부

원불교100주년을 축하하기 위해 내한한 세계종교지도자들을 위한 환영만찬이 4월 29일 세종문화회관 세종홀에서 열렸다.

정인성 문화사회부장이 막을 연 만찬은 홍보영상 상영에 이어 한은숙 교정원장이 환영의 인사를 전했다.

그는 "이 자리에 오신 모든 분들의 활동과 리더십, 종교협력을 향한 의지에 경의를 표한다"며 "올해 개교 100주년을 맞은 원불교에서는 모든 종교의 근본은 하나이니 인류 평화와 공동선을 위해 함께하자는 가르침을 실천하고 있다"며 협력을 당부했다.

백혁리 국제부장의 내빈 소개에 이은 축사는 윌리엄 벤들리 세계종교인평화회의(WCRP) 사무총장, 딘 삼수딘 아시아종교인평화회의(ACRP) 의장, 니찌꼬 니와노 일본종교인평화회의(JCRP) 회장, 팰롭 타이아리 세계불교도우의회(WBF) 사무총장 순으로 진행됐다.

이 자리에서 벤들리 사무총장은 "20년 전 원불교의 가르침을 처음 접하고 소태산 대종사의 대각터를 방문했던 적이 있다"며 당시의 감동을 전하고, "소태산 대종사의 일원주의는 서로가 서로를 필요로 하며 돕는다는 의미로, WCRP 역시 이 뜻과 함께 하고 있다"고 축사했다.

삼수딘 의장은 "원불교 100년은 한국의 역사, 특히 민주주의를 향한 희망과 고통 등의 부침과 함께 해왔다"고 의미를 짚었으며, 타이아리 의장은 "오랜 전통의 뿌리 위에 현대사회에 가까운 불교인 원불교는, 상호성과 상호의존성이 뛰어난 새로운 불교다"고 말했다.

마지막으로는 김성곤 ACRP 명예회장이 건배사로 이 자리의 의미와 미래 종교 사회에의 비전을 제시했다.

그는 "원불교는 이웃종교와의 꾸준한 소통을 통해 발전과 성장을 해오고 있다"며 다양한 종교와의 연대를 강조한 뒤 "지금 우리 각자는 작은 조각들이지만 ACRP, WCRP, UR 등을 통해 크고 위대한 미래가 될 것이다"고 전했다.

민소연 기자 minso@wonnews.co.kr

원불교신문 1798호 2016.05.06 민소연기자

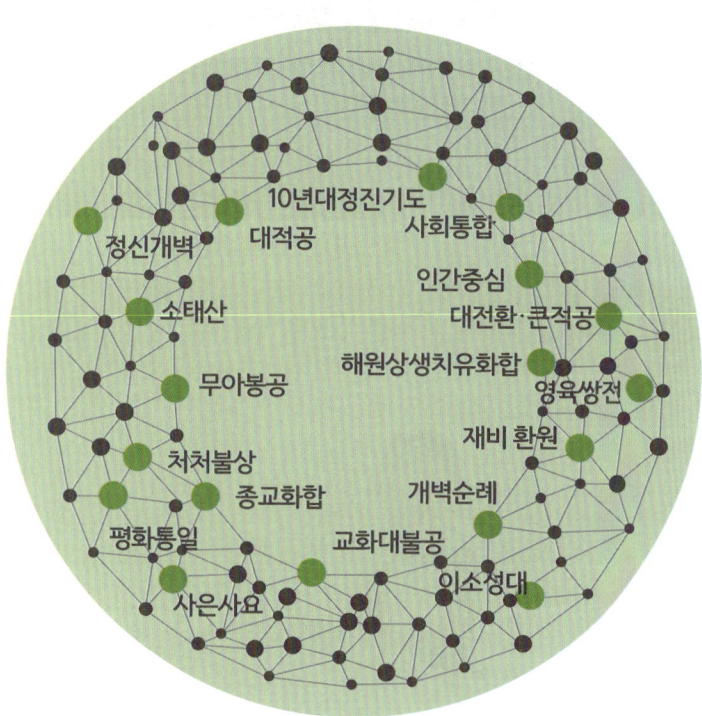

○○5

물질이 개벽되니 정신을 개벽하자
기념대회 개요

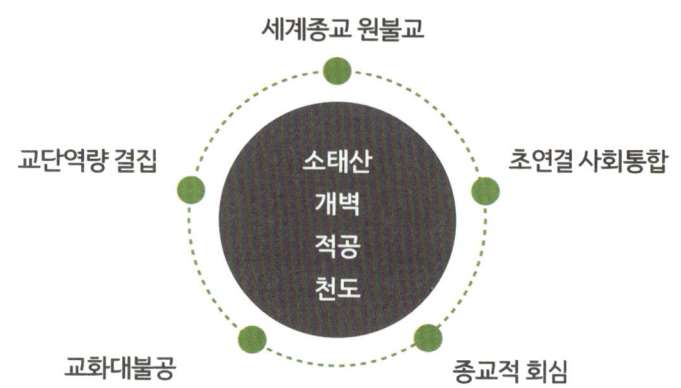

행사명	원불교100주년기념대회
일정	원기 101(2016)년 4월 25일~5월 1일
메인행사	기념식 원기 101년 5월1일
대상	국내외 전 교도 & 시민, 종교인, 외국인
장소	서울월드컵경기장
주제	물질이 개벽되니 정신을 개벽하자!
표어	- 소태산의 개벽시대를 열자! - 마음공부로 새 세상의 주인이 되자! - 울을 넘어 하나의 세계를 개척하자!
목표	- 개교 100년의 결산 - 세상과의 소통 및 희망 나눔 - 새로운 미래를 향한 비전 선포

OO5

창립정신으로 돌아가자
기념대회에서 세 가지 주요내용

첫째, 10개 언어 교서 정역 봉고식
원불교 초기 불법연구회 시절 부터 한국에서 태동하고 자생한 종교로서 100년간 성장해 <원불교 교서>를 번역, 세계 보편 종교로 자리매김하는 의미가 있다. 원불교 100주년에 10개 언어 교서정역의 완성은 정신의 지도국, 도덕의 부모국으로서 교법의 세계화 실현에 중요한, 하나의 매듭을 짓는 의미가 있다.

둘째, 구인선진 법훈 서훈식
원불교100주년기념대회를 통해 우리의 정체성을 상징한다. '창립정신으로 돌아가자'는 교단 내외의 정서에서 구인선진 법훈 서훈식을 통해 그 의지를 재결집하고자 한다. 세계가 지켜보는 가운데 구인선진을 교단의 주세불 표준제자로 받들어 세상에 공표하는 의미가 있다.

셋째, 정신개벽 서울선언문
원불교 100주년 이후 원불교 2세기 발전 방향을 제시한다. 과학의 시대, 생명이 존중받는 시대, 평화의 시대, 다가올 미래에 대한 선언문을 선포함으로써 100년을 맞이한 원불교가 인류평화와 공동선을 위해 어떤 미래지향을 품고 나아가야 할 것인가에 대한 비전을 선언하는 의미가 있다

005

함축적·안정적·미래지향적 축제 분위기
연출방향

기념대회는 대형 스타디움에서 대낮에 거행되고 5만여 명이 참석하는 행사라는 점에서 여러가지 어려움이 예상됐다. 이에 전체 진행을 함축적이며 시(詩)적으로 연출하고자 했다. 낮이라 조명효과를 기대하지 못하므로 영상과 음악을 효율적으로 사용하여 대중의 이목을 집중시키고자 했다.
원불교의 종교정서를 반영한 음악을 다채롭게 작곡 편곡했고, 현장에서의 음향적 안정성을 확보하기 위하여 합창, 연주 사전녹음을 적절히 활용했다. 무대는 주세불이신 소태산을 상징하고자 솥의 이미지를 중심으로 최상단에 불단, 그 아래에 독경단-합창단-오케스트라가 이어지고 무대 중심의 법좌 좌우에 내외빈이 자리 잡게 했다. 각 행사의 운용 시간은 최대한 간결하게 구성했고, 축사는 사전에 촬영, 제작된 7개의 영상으로 대신했다.

> "전체적으로는 원불교100주년기념대회 행사만을 위한 음악을 많이 활용하고 행사를 진행하는 사이에 계속 음악이 들리게 해서 사람들의 이목과 관심을 집중시키고, 그 음악에 사람들이 감동하게 하자, 이런 것들을 크게 목표로 잡고 연출을 했습니다. 무척이나 영광스럽고 기뻤고 공부를 많이 한 자리였습니다. 고맙습니다." _김동원 원불교100주년기념대회 총연출감독

기념대회 연출 포인트

1. 함축적인 진행
- 무대 위 사회자 없이 내레이션 형식의 음성으로 진행한다.
- 내외빈 축사는 모두 사전에 영상으로 제작한다.
- 각 중요한 의식 및 행사는 최대한 함축적으로 진행한다.

2. 영상을 통한 메시지의 전달
- 사전에 다양한 영상을 제작하여 각 행사의 진행에 주도적인 역할을 담당한다.
- 현장 중계를 적극 활용하여 현장감을 증대시킨다.
- 원음방송, 유튜브 등의 채널을 통해 적극적으로 생중계한다.

3. 음악의 적극적인 활용을 통한 행사 분위기 조성
- 행사의 각 장면별로 적합한 음악을 다양하게 선정하여 연주한다.
- 음악이 영상과 더불어 대회의 분위기를 주도하도록 연출한다.
- 경종 10타, 독경 등에 오케스트라가 반주하는 등 새로운 음악적 시도를 한다.

4. 장엄한 무대 구성과 효율적 음향
- 솥의 이미지를 형상화하여 중앙에 대형 전광판(36X12M)을 배치하고 좌우에 중계화면을 배치한다.
- 불단 좌우에 독경단(200명), 합창단(400명)을 배치하고, 그 아래 오케스트라(70명)와 내외빈 좌석(300명)을 배치한다.
- 음향은 관객의 시각을 방해하지 않는 한 최대한 다양하게 분포시켜서 스타디움의 음향적 한계를 극복한다.

5. 공동체적이면서 미래지향적인 축제 분위기
- 행사 전에는 각 교당의 축하영상을, 행사 후에는 성업 헌공금 기여자들의 명단을 영상으로 제작하여 상영한다.
- 정신개벽 서울선언문과 원불교 새천년 아리랑을 통해 원불교의 정신을 되새긴다.
- 대동한마당을 통해서 원불교의 정신으로 세상을 교화하고 인류를 감싸는 장면을 연출한다.

OO5

두근거림이 설렘으로
감상담

"우리 작은 교당들이 모여서 한 둥근 원마을을 이루었다. 서울월드컵경기장은 둥글고 큰 연못 같은 느낌을 주었다." _신정섭 교도(압구정)

"그런데 독경이 시작되는 순간 그 오만 가지의 생각들이 오직 독경 일념으로 모여지면서 형언할 수 없는 장엄함과 경건함이 온몸을 정화시키는 느낌을 받았다." _전종만 교도(수원)

"5만 명이 넘는 인원과 버스 850대, 500여 대의 승합차와 승용차가 주차와 하차를 일사분란하게, 질서정연하게 이루어지도록 서로 안내하고 따르는 모습을 보면서 기념대회장은 우리가 받아왔던 상시 훈련의 장이었다. 같이 왔던 비교도는 기다림과 남을 먼저 배려하는 원불교인들의 모습에서 참 종교인의 자세를 보여주는 원불교 행사의 성숙함에 감동을 받았다고..." _홍일심 교도(원불교 여성회장)

"어린 학생들부터 교무들까지 어찌나 자원봉사자가 많고 친절한지 모두가 환영받으며 편안하게 입장을 할 수 있었다. 미리 나눠준 햇빛 가리개용 개벽삼총사모자는 각각 다른 색으로 되어있어 각 교구별 자리로 찾아가기 쉬웠다."

지난 100년, 역사적으로 힘든 시기에 개교하여 지금까지 선진님들의 간절함과 굳은 심신으로 정성껏 잘 만들어 온 것이 원불교 문화이다. 앞으로 우리 후진들은 원불교인이라는 자부심과 더욱 정성된 공부로 모두가 본 받을 수 있는 아름다운 일원문화를 꽃 피울 수 있도록 더욱 정진해야 한다.

_허경진 교도(강북)

원불교… 이제 근대적 민족종교에서 세계종교로

원불교100주년기념대회 | 기념대회

원불교… 이제 근대적 민족종교에서 세계종교로

원불교, 민족종교의 '근대화' 주체적으로 달성한 종교
국가와 민족·인종·종교 차이 뛰어넘는 '보편성' 중요
원불교100주년기념대회, 교단적 대전환 계기 되길 염원
국민신자에서 세계시민 신자로, 세계적 종교로 거듭나길

서울월드컵경기장에서 열린 원불교100주년기념대회에 참여한 조희연 서울시교육감과 정치명 대표봉이 경산종법사와 인사를 나누고 있다.

5월1일 상암동 서울월드컵경기장에서 열린 '원불교100주년기념대회'에 다녀왔다. 1916년 일제강점기에 소태산 대종사가 원불교를 창립한 이후 한국의 6대 종교로 발전한 원불교가 '100주년 시대'를 열어가는 뜻깊은 행사를 한 셈이다.

원불교 인사들과의 인연들

개인적으로 원불교와 인연의 끈이 적지 않은 편이다. 원불교 인사 가운데 교우해온 친구들이 적지 않다. 학생연대에 몸담고 있던 시절에는 원불교 대표로 이선종 교무가 공동대표로 함께 했기 때문에 이래저래 원불교 인사들과 만날 기회가 적지 않았다. 그분 외에, 내가 대학원에 성공회대에서 시민사회 활동가를 위해 개설한 NGO대학원에도 목사, 신부는 물론 원불교 교무들도 적지 않다.

혁신 통해 민족종교의 근대화 달성

나는 종교인은 아니지만 원불교에 대해서는 대단히 흥미롭게 생각해왔다. 내가 이해하는 바에 속하는 사회집단에도, 원불교가 이런 놀라운 종교적 발전을 이룩한 것이란, 토리스토스가 1949년 공휴일로 지정되고, 석가탄신일이 1975년에 공휴일로 지정되었다는 사실이 상징하는 바를 생각해보면 우리 사회의 분위기를 감지해볼 수 있을 것이다.

있었다고 하면, 원불교는 '종교적 삶의 근대화'라고 하는 큰 역사적 노력이었다고 생각된다.

어떤 의미에서 원불교는 민족종교의 '근대화'를 주체적으로 달성한 셈인데, 과거 종교에서 전근대적 허례허식과 기복적 성격을 떨쳐내고, 과감하게 남녀평등을 실현해내고, 근대적인 대의체계로 종교행정을 운영하는 등 당시로서는 대단히 혁신적이었다. 현재 1500인의 교무 중에 남녀가 거의 반반이라고 한다. 원불교에서는 출가 재가 교 대표가 공동으로 구성하는 '수위단회'(모두 36명으로 구성되어 있다)가 최고 결의기구에서 종법사도 선출하고 중요한 사안들을 결정한다고 한다. 대중 초기에 성직자 수준에서 남녀평등을 실현했다는 것은 참으로 놀라운 사실이다.

이런 혁신의 역사보다 내게 더 경이로운 것은, 해방 이후 사회가 미국의 강력한 영향력 하에 '병상되지 않은 앞에 속하는 사회집단'에도, 개신교와 가톨릭의 교세가 사회를 압도하는 분위기 속에서도 원불교가 명맥을 유지한 것은 물론, 신도 100주년을 맞아 사회적 보편성을 추출해 얻었을 뿐만 아니라, 나아가 해외로까지 교리가 확산되어 있다는 사실이다. 앞으로 이후 한국에서 교회를 다니는 것은 '자연스러운' 일로 여겨지고, 참여 다니지 않은 '특이한' 일로 받아들여질 정도였는데, 거기에 '원'불교를 믿는다고 하면 이건 매우 '범상하지 않은' 앞에 속하는 사회집단에도, 원불교가 이런 놀라운 종교적 발전을 이룩한 것이다.(크리스토스가 1949년 공휴일로 지정되고, 석가탄신일이 1975년에 공휴일로 지정되었다는 사실이 상징하는 바를 생각해보면 우리 사회의 분위기를 감지해볼 수 있을 것이다.)

100주년을 기한 '서울선언문'에서 밝힌 것처럼, "오늘날 인류사회는 국가와 인종, 종교와 사상에 따른 독선과 오만, 욕심과 갈등으로 인한 한계와 테러, 질병과 기아, 환경파괴와 인간의 존엄을 잃어가는 시대

10개국 언어로 번역된 경전

원불교와 조우하면서 내가 특히 흥미롭게 생각하는 것은, 민족종교가 어떻게 세계종교로 변화해갈 수 있을 것인가 하는 점이다. 원불교는 현재 세계 각지에 500여개의 교당이 있다고 한다. 100주년기념대회에서 가장 중요한 프로그램이 10개국 언어로 번역을 완료한 결정교서를 봉정하는 행사였다. 영어, 일본어, 러시아어, 여월어, 프랑스어, 독일어, 스페인어, 포르투갈어는 물론 에스페란토어로 번역이 되었다고 한다. 기독교는 그리스어, 히브리어, 영어로 된 결전이 여러 외국어로 번역되고 한국어로도 번역되었다. 원불교의 경우는 한국어에서 세계 각국어로, 정반대의 경로를 걷고 있는 셈이다.

세계종교의 보편성을 확보할 것인가

원불교와 특강을 할 기회가 있을 때, 이 설명에서라 진정, 혹은 경전을 여러 해외 언어로 번역하는 차원을 넘어서, 어떻게 원불교의 윤리를 세계인의 윤리로 재구성할 것인가 하는 점이 중요하다고 생각한다. 아직은 원불교가 국내에서, 그리고 재외한국인들이 세계에 이동하면서 퍼지는 차원에 머물러 있는 게 아닌가 기억이 나고, 지금도 그런 생각이 든다. 이 점은 한류가 한국의 문화상품일 뿐만 아니라 세계인이 즐기는 문화가 되어가고 한다면, 그 내용에서 보편성을 가져야 한다는 사실과 마찬가지인가, 앞으로 한류의 확산도 그런 과제를 안고 있다.

100주년을 기한 '서울선언문'에서 밝힌 것처럼, "오늘날 인류사회는 국가와 인종, 종교와 사상에 따른 독선과 오만, 욕심과 갈등으로 인한 한계와 테러, 질병과 기아, 환경파괴와 인간의 존엄을 잃어가는 시대

여러 사람들은 이러한 물질적, 기술적, 경제적 변화로 인해 머지않아 유토피아가 도래하기라도 할 것처럼 생각하곤 사실 은 전혀 그렇지 않다. 그 변화들은 이전보다 더 큰 권력과 부의 차원에서 더 큰 불평등과 사회관계의 왜곡을 동반할 수도 있다. 반드시 그렇게 되지는 않겠지만, 로봇과 인공지능이 가진 자들의 권력자들의 도구가 되어, 서민들은 더 심한 '노예'가 될 수도 있다.

나는 '정신개벽'이란 이런 차원에서도 이루어져야 한다고 생각한다. 물론 정신개벽은 그러한 새로운 시대에 부응하는 신념, 감정, 행위양식, 관계양식, 인식과 태도, 윤리 등으로도 해석될 수 있을 것이다. 그런 점에서 나는, '원불교 100주년 서울선언문'에서 "우리는 물질을 선용하고 환경을 존중하는 상생의 세계를 만들어간다"라고 한 구절에 주목한다. 나는 이 구절이 단지 표현에 그치지 않고 원불교의 윤리와 문화, 행동 속에서 살아 움직였으면 하는 소망을 가져본다. 경산 종법사 설법 중에 "한길은 능히 선할 수도 있고 능히 악할 수도 있다"고 했다. 그의 말씀은, 정신개벽이 물질개벽에 어떻게 대응하느냐에 따라 '선한 미래'가 열릴 수도 있고, '악한 미래'가 열릴 수도 있을 것이다.

원불교 100주년 기념사업을 진행하고 투혁하신 고생했을 정상작 교무(기념대회 집행위원장)는 그가 성공회대학교 다니던 시절 나의 논문지도 학생이었다. 더 남다른 애정을 가지고 기념대회를 지켜보았다. 원불교 100주년 맞이 한 번 축하와 함께, 100주년의 원불교의 보편적 메시지를 바탕으로 세계종교로 발돋움하는 대전환의 계기가 되기를 기원한다.

조희연
서울시교육감

"나는 종교인은 아니지만 원불교에 대해서는 대단히 흥미롭게 생각해 왔다. 식민지 시기의 암울한 상황에서 다양한 개혁운동이 민족독립운동, 사회주의운동, 안창호 등의 교육운동 등으로 표현되었다고 하면, 원불교는 '종교적 삶의 근대화'라고 하는 큰 역사적 노력이었다고 생각된다. 어떤 의미에서 원불교는 민족종교의 '근대화'를 주체적으로 달성한 셈인데, 과거 종교에서 전근대적 허례허식과 기복적 성격을 떨쳐내고, 과감하게 남녀평등을 실현해내고, 근대적인 대의체계로 종교행정을 운영하는 등 당시로서는 대단히 혁신적이었다."

'원불교 100주년 서울선언문'에서 "우리는 물질을 선용하고 환경을 존중하는 상생의 세계를 만들어간다"
라고 한 구절에 주목했다.
나는 이 구절이 단지 표현에 그치지 않고 원불교의 윤리와 문화, 행동 속에서 살아 움직였으면 하는 소망을 가져본다.

◀ 원불교신문 1798호 2016.05.06

원불교100주년기념대회 감상
서로 감사하는 세상을 만드는 원불교

\Special Ⅱ \ 감상

서로 감사하는
세상을 만드는 원불교

조윤수 성지송학중학교 2학년

5월 1일, 나는 원불교 창립 100주년을 맞아 열리는 '원불교100주년기념대회'를 관람하러 서울월드컵경기장으로 떠났다. 하늘도 청명하고 햇살도 따스했다. 마치 만물의 모든 것들이 원불교 100주년을 축복해주는 것만 같아 내 기분까지 괜스레 들떴다.

영광에서 서울까지의 네 시간은 비록 조금 고됐지만, 원불교 교도들의 간절한 신앙심과 친구들의 인내심이 보태져 조용할 수 있었던 힘이 되었다.

나는 경기장에 도착해 들어가자마자 원불교의 웅장함에 놀랐다. 교도들이 내가 상상한 것보다 더 많았기 때문이다. 같은 목적을 지닌 사람들의 열정에 나조차 물들어버려서, 어느새 나도 그들과 같이 대회를 고대하게 되었다.

대회는 거대한 폭죽과 함께 막을 올렸다. 원불교의 창시자인 소태산 대종사를 주인공으로 한 소년이 어른이 되어 마침내 만물의 모든 것을 깨닫게 되고, 그것을 바탕으로 원불교를 세우게 되었다는 내용의 연극은 굉장히 인상적이었다. 특히 하늘하늘한 천으로 '바다'와 '꽃'을 표현한 것이 굉장히 기억에 남는다.

또 기억에 남았던 것은 박근혜 대통령의 축사였다. 화면에 박근혜 대통령의 모습이 가득 차자 내 곁에 있던 모든 사람들의 시선이 일제히 화면으로 모았다. 여기서 알 수 있는 점은 '원불교'라는 종교가 대통령의 축사를 받을 만큼 널리 알려져 있고, 그만큼 가치와 독창성을 지니고 있다는 것이다. 여기 있는 모든 사람들이 원불교라는 종교에 몸담고 있는 교도로서 자부심을 가져도 충분하다는 생각이 들었다.

그리고 또 하나 뇌리에 깊이 박힌 것은 '정신개벽 서울 선언문'이었다. 온갖 범죄와 비도덕적인 악행이 모순되며 이루어져 가고 있는 우리 사회의 양심의 벽을 활짝 열어젖힌다는 내용의 선언문. 분명 문물은 발달하고, 정보와 지식의 처리 속도는 빨라져 가고 있는데 우리의 사회는 왜 점점 퇴보해 가고 있을까? 그 이유는 아직까지도 사람들의 정신이 개벽되어 있지 않기 때문이다. 온갖 문물은 매우 발달하였으나 우리 인간의 정신은 아직까지도 온전히 개벽되어 있지 않아, 두 가지가 맞지 않아 서로 어긋나 충돌할 수밖에 없는 상황. 이 모순된 두 가지 상황을 우리 각자의 정신을 개벽함으로써 충족할 수 있다는 것이다. 나는 이 연설문을 들으며 큰 깨달음을 얻었다. 그리고 앞으로 정신개벽을 차근차근 실천하는 사람이 되어야겠다고 스스로 다짐을 했다.

이번 대회를 관람하고 나서 나는 원불교에 대해 많은 것을 알게 되었고, 그만큼 많은 관심을 갖게 되었다. 원불교에 대해 관심이 많아진 이유를 꼽으라면, 닿지 못한 존재인 '신'을 무조건적으로 믿게 하지 않고 자기 자신을 믿게 하는 원불교 특유의 신념 덕분이라고 하겠다. 생각해 보면 그동안 내가 알던 종교는 막연하게 '신은 있다'는 주장을 믿게 함으로써 신앙심을 강조했다. 그런데 원불교는 서로에게 의지하고 보은함으로써 신앙심을 쌓아가게 하는 매우 흥미로운 종교라고 생각되었다.

앞으로 다가올 원불교 2세기에도, 지금까지 그랬던 것처럼 마음공부로 요란한 심지를 다스리고 서로 감사하는 세상을 만들어 가는 원불교가 되었으면 좋겠다. 서울월드컵경기장에서 보낸 네 시간은 분명 모두에게 값진 깨달음의 시간이었으리라고 나는 장담한다.

◀ 월간원광 vol.502 2016년 7월호

그리고 또 하나 뇌리에 깊이 박힌 것은 '정신개벽 서울 선언문'이었다. 온갖 범죄와 비도덕적인 악행이 모순되며 이루어져 가고 있는 우리 사회의 양심의 벽을 활짝 열어젖힌다는 내용의 선언문. 분명 문물은 발달하고, 정보와 지식의 처리 속도는 빨라져 가고 있는데 우리의 사회는 왜 점점 퇴보해 가고 있을까? 그 이유는 아직까지도 사람들의 정신이 개벽되어 있지 않기 때문이다. 온갖 문물은 매우 발달하였으나 우리 인간의 정신은 아직까지도 온전히 개벽되어 있지 않아, 두 가지가 맞지 않아 서로 어긋나 충돌할 수밖에 없는 상황. 이 모순된 두 가지 상황을 우리 각자의 정신을 개벽함으로써 충족할 수 있다는 것이다. 나는 이 연설문을 들으며 큰 깨달음을 얻었다. 그리고 앞으로 정신개벽을 차근차근 실천하는 사람이 되어야겠다고 스스로 다짐을 했다.

_조윤수 성지송학중학교 2학년

거룩하면서도 소박한 원불교문화 결정체
서로 배려하는 마음, 교도들 자긍심 높여

원불교신문 1798호 2016.05.06

기념대회를 맞이하기까지

은생수
김성은 교도
북일교당

원불교 1세기의 거룩한 꽃이 피는 이 찰나를, 2세기를 시작하는 이 찰나를 누가 함께 할 수 있을까? 대종사께서 말씀해 주셨듯이 100년대 안의 특별한 인연이 아니고는 맞이할 수 없는 영광의 주인공들이 오늘의 우리들이라 생각한다.

원불교 100년의 거룩한 성업을 이루어 내기 위해 개인에 있어서는 자신성업봉찬(선정진,기도정진, 의두정진, 유무념정진)으로 역사의 한 장을 썼고, 공중사에 있어서는 정신·육신·물질의 희사만행으로 모두가 역사의 한 장에 동참했다.

100년 성업봉찬이란 단어가 처음엔 생소하기도 했고, 때론 부담스럽게 받아들여지기도 했다. 그러나 마치 자석에 이끌리듯 하나 둘 모여들었고 거룩한 그 뜻이 있기에 모두가 한마음으로 준비를 하게 된 것 같다. 우리가 이루어내고 있는 100년성업의 큰 결실은 구인선진들의 영산방언 정신을 체받은 신성의 작품이지 않을까? 잠깐, 교당에서 이루어낸 성업기금 준비과정을 생각해본다.

원광대학교 부근 대학로에 있는 교당이기에 교단적 비전수립에 발맞추어 청년, 학생들을 교화 1번지로 하기위한 교당, 이웃과 함께하는 열린교당 신축을 결의하고 건축기금을 마련하고 있다. 개미군단의 교당이기에 장단기계획을 세워야했고, 교무님 또한 자린고비와 같은 절약정신으로 교당을 운영해 주셨다. 그런데 건축기금을 준비하는 도중에 100년 성업기금마련이라는 큰 과제를 또 부여받게 되었다.

부담스러운 큰 기금이였지만 교도들의 오랜 숙원사업인 교당신축을 선과제로 정하고 신축을 단행했다. 신축액 1/3정도의 금액을 부채로 안고 봉불식까지 완료하였으나, 교당에 빚이 있으면 안된다는 원로교도들의 간절한 부촉의 말씀을 받들어 전 교도들이 부채상환에 총매진하듯 합력했고, 단기간내에 모든 부채를 상환할 수 있었다. 이렇듯 모두가 힘겨운 동참불사를 하고 있기에 가장 큰 과제에 대해서는 말을 꺼낼 수 없는 상황이었다.

그런데 교도님들은 성업기금마련이란 큰 과제를 수행하기 위해 신축을 조속히 종료라도 했듯이 이구동성으로 "이젠 성업기금을 마련해야지"하며 제2의 과제 수행에 몰입해 주셨다. 자녀 결혼,부모님 열반, 축하, 감사등의 명분으로 동참불사를 해 주셨고, 동네를 돌아다니시며 주위 모은 박스를 팔아서 성업기금으로 합력해주시는 교도님, 자녀들이 주는 용돈을 아끼고 아껴서 성금으로 내 주시는 어른들도 있었다. 이렇듯 성업봉찬에 합력하려는 염원으로 결실을 이루어 냈으니 이것이 신성의 작품이 아니고 무엇이라 할 수 있을까?

모두가 100년성업의 큰 잔치를 위해 허리띠를 졸라매었지만 준비하며 합력하는 마음 가운데엔 신심·공심·공부심으로 하나가 되었기에, 화동의 나날들이었다.

100년성업 기념의 날을 준비하는 우리는 교단사의 역사적 주역들이라 생각한다.

대종사께서 밝혀주신 이 정법을, 진리을 한 소식을 얻어들을 수 있었음 만으로도 은혜로움이 충만한데, 거룩한 그날에 함께 할 수 있는 흥복을 얻게 됨을 어떻게 말로 다 표현할 수 있을까?

한사람이라도 더 이회상과 인연 맺어주고자 하는 간절한 염원으로 가족모임을, 친구모임을, 그리고 지인들과는 만남의 날로 정하여 기운을 합력했던 교도들, 숨겨놓은 보물이라도 전해주듯 지혜 몇줌 손안에 건네주시며 '그날의 간식비에 보태줘'하셨던 원로 교도들. 이동시간에 불편함 없도록 차내 이동식 용변기까지 준비하기 위해 동분서주 했던 젊은 교도들. 열거할 수 없을 만큼의 훈훈한 정이 준비과정에서 있었다. 이렇게 만전을 기하는 우리들의 정성이 저 허공에 뿌리를 내리고 있는듯 했다.

교당신축으로 뭉쳐진 마음속에 100년 성업의 큰 뜻을 내포하고 있었듯이, 100년성업 기념대회를 준비했던 마음속엔 5만년 대운을 준비하는 마음이 담겨져 있었다. 10년동안 이어진 100년성업 릴레이기도를 비롯해, 법잔치 은혜잔치로 열어온 100년, 마지막 화룡이 백년성업의 기념대회를 맞아 특별천도재와 100년성업 100일 대정진 개벽기도의 기운까지 함께했다. 요즈음엔 "개벽의 상두소리. 기도하자"하셨던 대종사님의 말씀이 귓전에 들리는 듯 하다.

영광의 궁촌벌지에서 시작된 개벽의 활시위가 풍동의 꽃을 향하여 힘차게 당겨지고, 서울하늘에서 그 꽃가루가 흩날리는날 '물질이 개벽되니 정신을 개벽하자' 는 개벽의 상두 꽃편지가 온세상을 향하여 날아갔다. 우리는 분명 백년성업봉찬의 주역이다.

원불교신문 1802호 2016.06.03

'100주년이 선물한 훈련'

눈살위운 창원
홍일심 교도
전북교의회장

(본문 생략)

원불교신문 1799호 2016.05.13

기념대회 감동의 대 환희

은생수
전종만 교도
수원교당

(본문 생략)

5.1 기념대회 Q-sheet

	시 간		식 순
준비	13:00-13:40	40	한겨레중고등학교 합창, 축하영상
식전공연	13:42-13:56	14	개막공연_아,소태산! 개벽의 혼불이여
	13:56-14:00	4	영상_1에서 100년
개회	14:00-14:01	1	개회 멘트
	14:01-14:05	4	영상_경종 10타
	14:05-14:08	3	연주_대회기념서곡(개벽)
	14:08-14:11	3	의전_종법사 입장
	14:11-14:15	4	영상축사_좌상상사/박근혜대통령
	14:15-14:17	2	실연_개회선언
기도	14:17-14:18	1	의식_입정
	14:18-14:19	1	독경_영주7독
	14:19-14:22	3	낭독_기원문
	14:22-14:29	7	독경_일원상서원문,반야바라밀다심경
	14:29-14:31	2	영상축사_자승스님/김영주목사

	시 간		식 순
법훈	14:31-14:36	5	영상_교단창립 9인선진소개
	14:36-14:39	3	의식_교단창립 9인선진 법훈서훈
	14:39-14:44	5	축하공연_원무(연화헌공)
	14:44-14:49	5	대회주제가_백년 꽃이 활짝 피네
법문	14:49-14:51	2	합창_청법가
	14:51-15:14	23	설법_종법사 법문
	15:14-15:17	2	영상축사_윌리암벤들리/삼수딘
정역	15:17-15:18	1	낭독_10개언어 교서정역봉고
	15:18-15:25	7	영상+의식_10개언어정역교서증정
선언	15:25-15:27	2	영상_100년성업 발자취
	15:27-15:29	2	낭독_정신개벽 서울선언문
	15:29-15:34	5	대회경축가_일원세계로
폐막	15:34-15:42	8	원불교새천년맞이_개벽한마당
	15:42-		Ending Credit

| 원불교100주년기념대회 | 기념대회 |

005

우리는 한울안
한겨레 중·고등학교 합창

> 우리의 소원은 통일 꿈에도 소원은 통일
> 이 정성 다해서 통일 통일을 이루자
> 이 겨레 살리는 통일 이 나라 살리는 통일
> 통일이여 어서 오라 통일이여 오라

한겨레중·고등학교는 새터민 중에서 청소년을 대상으로 대한민국의 정규 교육을 받을 수 있도록 원불교에서 설립하여 운영하는 중등교육기관. (출처 원불교대사전)

소태산의 개벽시대를 열자
아, 소태산! 개벽의 혼불이여

한 아이의 의심으로 시작된 간절한 정성이 오늘 원불교 100주년의 역사를 열게 하였다.
소태산 대종사의 거룩한 구도과정과 원불교 교법선포를 담은 개막공연 '아! 소태산! 개벽의 혼불이여'
26세 청년. 소태산! 1916년 4월 28일 새벽 19년의 정성어린 구도를 통해 대각을 이룬다.
그러나 깨달음의 기쁨도 잠시.
혼탁한 세상에 직면한다. 격변하는 시대 그리고 고통 속의 민중.
일체생령을 광대무량한 낙원으로 인도하기 위한 소태산과 제자들의 세상을 향한 힘찬 걸음.
이어 일체생령을 위해 원불교 교법을 세상에 선언한다.

> 오늘을 있게 하신 소태산 대종사님의 대각과정의 어려움과 교법선언을 그린 연희극으로서 사전 제작된 영상과 음악에 맞추어 연행.
> 무엇보다도 '3막 교법선언'이 전체 연희극의 흐름에서 가장 하이라이트 부분이다. _조성열 교무(시나리오)

대종사 십상 (大宗師 十相) 이란?
소태산 대종사의 일생을 십상(十相)으로 설명하는 것으로
최초 대종사 십상도는 1980년 대각개교절에 완성되었으며
원불교 100년을 앞두고 현림 정승섭 화백과 100년기념성업회의 합력으로 10상을 다시 제작하게 됨

1_관천기의상 觀天起疑相
대종사께서는 원기전 25년(1891) 5월 5일에 한국 전라남도 영광군 백수면 길룡리 영촌에서 농촌 평민의 가정에 태어나신바 어릴 때부터 큰 생각을 품으시고 자라시다 7세부터 하늘 이치를 비롯해서 모든 인간사에 미치기까지 의심이 나시어 사색에 전념하시기를 4년간이나 계속하셨으니 이것이 후일에 큰 도를 깨달으실 근본이 되셨다.

2_삼령기원상 蔘嶺祈願相
11세 때 선산 묘소에 참석하신 후부터는 산신을 만나서 의심을 해결하리라는 희망으로 멀고도 험한 삼밭재 마당바위를 5년간이나 다니시며 일천 정성으로 기도를 계속 하셨으니 이때비록 산신은 만나지 못하셨으나 이 지극한 원력이 뭉쳐져서 자연 마음 통일하는데 큰 도움이 되셨다.

3_구사고행상 求師苦行相
16세 때 어느 소설에서 도사를 만나 성공한 이야기를 들으신 후부터는 그간의 모든 의심을 풀어주고 인생의 정로를 가르쳐줄 참 스승을 찾기 위하여 6년 동안 갖은 고행을 다하셨으나 때는 말세인지라 뜻을 이루지 못하셨다. 그러나 이때의 그 간절한 정성이 어리고 어리어 후일에 스스로 스승이 되신 것이다.

4_강변입정상 江邊入定相
산신과 도사를 만나서 원을 이루려는 희망마저 잃게 되시자 22세부터는 내 이일을 어찌할꼬 하는 큰 걱정만 날로 계속되면서 때로는 우연히 솟아오르는 주문도 외우시고 동상처럼 명상에 잠기기도 하시다가 24~25세 부터는 그 걱정까지도 다 잊으시고 큰 정에 드신바 이가 바로 대각의 열쇠가 되신 것이다.

5_장항대각상 獐項大覺相
구원겁래에 세우신 큰 서원과 큰 적공으로 정에 들어 계시다가 26세 되시던 해(1916) 4월 28일 새벽에 동쪽 하늘의 밝은 빛을 보시고 문득 마음이 밝아지시며 그동안의 모든 의심이 다 풀리고 마침내는 우주의 대도와 인생의 정로를 밝게 깨치시니 이로부터 어두웠던 불일이 거듭 밝혀졌고 쉬어 있던 법륜은 다시 굴려졌다.

6_영산방언상 靈山防堰相
대각을 이루신 후에는 모든 동포들의 어두운 마음을 밝혀주기 위하여 회상을 열러 하심에 먼저 오는 세상에 맞추어서 영육쌍전과 이사병행의 표본을 보이시려고 저축조합을 설치하시는 한편 원기 3년 4월부터는 구인 제자와 함께 방언공사를 시작하시어 이듬해 3월에 준공을 보시니 이것이 대도창업의 기초가 되었다.

7_혈인법인상 血印法認相
원기 4년에는 천하 사람을 대도에 회향케 하기 위하여 먼저 아홉 제자의 마음을 통일시켜서 공도정신을 살리시려고 기도서원을 올리게 하신바 사없는 혈인으로써 대회상 창립의 법계 인가를 얻으셨으니 이 사무여한의 희생정신으로 전무출신의 산 표본을 삼게 하셨다.

8_봉래제법상 蓬萊制法相
원기 5년부터 4년간 변산 봉래정사에서 수양을 하시는 한편 만법의 주종이 되는 일원종지를 드러내시어 공부의 요도인 삼학 팔조의 원만한 수행길과 인생의 요도인 사은 사요의 대 윤리를 제정하심으로써 교리의 강령을 세우고 지나간 모든 교법을 통합 활용하게 하셨다.

9_신룡전법상 新龍轉法相
원기 9년(1924)부터는 불법과 생활이 둘이 아닌 산 종교를 실현하기 위하여 총부를 익산에 정하시고 교화 교육 자선의 각 기관을 설치하여 사농공상 간 때와 곳을 가리지 않고 선을 하게 하시며 일체처 일체불에게 불공을 함으로써 복혜를 아울러 갖추게 하사 종교를 대중의 것 실용의 것 시대의 것으로 살려 놓으셨다.

10_계미열반상 癸未涅槃相
열반에 드시기 3년 전에는 게송을 발표하시고 정전을 친재편수하시며 말씀하시기를 나의 교법은 원만구족하고 지공무사한 법신불을 종지로 하여 신앙과 수행을 병진하고 공부와 생활을 아울러 닦도록 하였으며 법을 전하는 데에도 재가출과 남녀대중에게 두루 전하였으니 제군은 이 법을 가져다 마음대로 활용하라 하시더니 원기 28년 6월 1일 열반에 드셨다.

- **1막 구도의 과정**

  소태산 대종사의 일생을 정리한 10상 중 관천기의상, 삼령기원상, 구사고행상, 강변입정상 등을 연희극으로 구성.

1장 관천기의상	2장 삼령기원상	3장 구사고행상	4장 강변입정상

7세 아이가 세상 만물에 대한 의구심에 깊은 사색에 잠긴다.	어린 대종사는 산을 오르며 의구심을 풀기 위한 기도를 한다.	산을 내려와 세상에서 답을 찾으려 하지만 결국 찾지 못한다.	20대로 자란 대종사는 깊은 명상에 빠진다.
"구름, 바람, 살고 죽는 것은 뭘까"	"산신님은 아실까"	"저기, 혹시"	

현하 과학의 문명이 발달됨에 따라 물질을 사용하여야 할 사람의 정신은 점점 쇠약하고,
사람이 사용하여야 할 물질의 세력은 날로 융성하여,
쇠약한 그 정신을 항복 받아 물질의 지배를 받게 하므로,
모든 사람이 도리어 저 물질의 노예 생활을 면하지 못하게 되었으니,
그 생활에 어찌 파란고해(波瀾苦海)가 없으리요.

> 원불교100주년기념대회 | 기념대회

2막 대각의 과정

"만유가 한 체성이며, 만법이 한 근원이로다.
이 가운데 생멸 없는 도와 인과 보응되는 이치가 서로 바탕하여 한 두렷한 기틀을 지었도다."

3막 교법선언

"이 세상 민중의 행복, 정신의 개벽"

1장 세상의 유혹	2장 장항대각상	1장 세상의 풍경	2장 교법선언

깨달음을 얻기 전 세상의 유혹	깨달음을 얻고 기쁨을 느낌	고통받는 민중들, 대종사에게 의지하는 사람들 대종사는 혼탁한 세상을 직면한다.	세상을 정화하기 위해 교법을 선언

그러므로, 진리적 종교의 신앙과 사실적 도덕의 훈련으로써 정신의 세력을 확장하고,
물질의 세력을 항복 받아,
파란고해의 일체 생령을 광대무량한 낙원(樂園)으로 인도하려 함이 그 동기니라.

그리고 이제 새 시대 새 종교의 새 역사가 지금 여기서 시작되다.
"물질이 개벽되니, 정신을 개벽하자!"

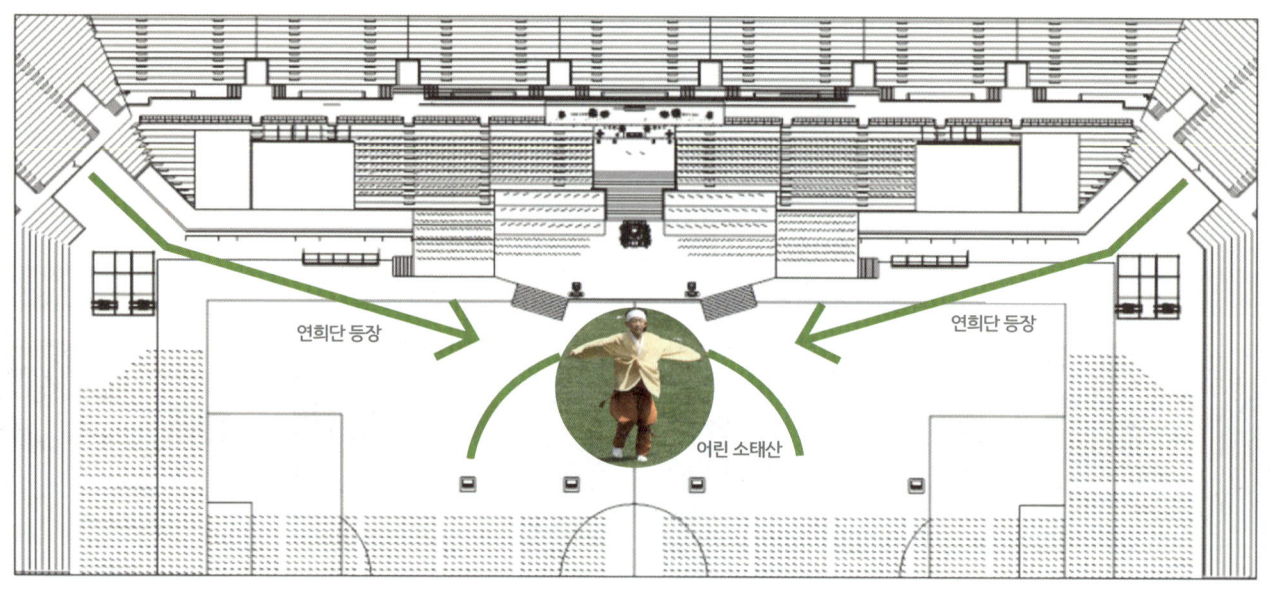

- 개막공연
  - 아, 소태산! 개벽의 혼불이여!
- 연출 : 양진성 연희감독, 조성열 교무
- 시나리오 : 조성열 교무
- 출연
  - 11세 소태산 : 이하늘
  - 26세 소태산 : 김안윤
  - 연희 : 필봉농악보존회 연희단(총 : 29명)

| 원불교100주년기념대회 | 기념대회 |

OO5

원불교 100년 역사
1에서 100년 카운트업 영상

평화를 염원하신 스승님들의 꿈!
우리 백년의 꿈! 백년의 약속이 서울월드컵경기장에서 펼쳐졌다. 원불교 소태산 대종사께서는 정신과 물질이 조화를 이룬 참 문명의 세상, 낙원 세상을 꿈꾸셨다. 모두가 부처 되고, 모두가 마음의 자유를 얻어 함께 즐기는 아름다운 세상을 염원하셨다.

격동의 100년 + 적공의 100년 + 사명의 100년 + 감사의 100년

> 원기 1년에서부터 100년까지의 숫자를 시각적으로 진행하면서 그동안 대표적인 역사적 성취를 나타내다가 90년부터는 온 대중이 함께 100까지 숫자를 세고 2시 정각에 개회하는 것으로 연출했다. _이건종 교무(영상감독)

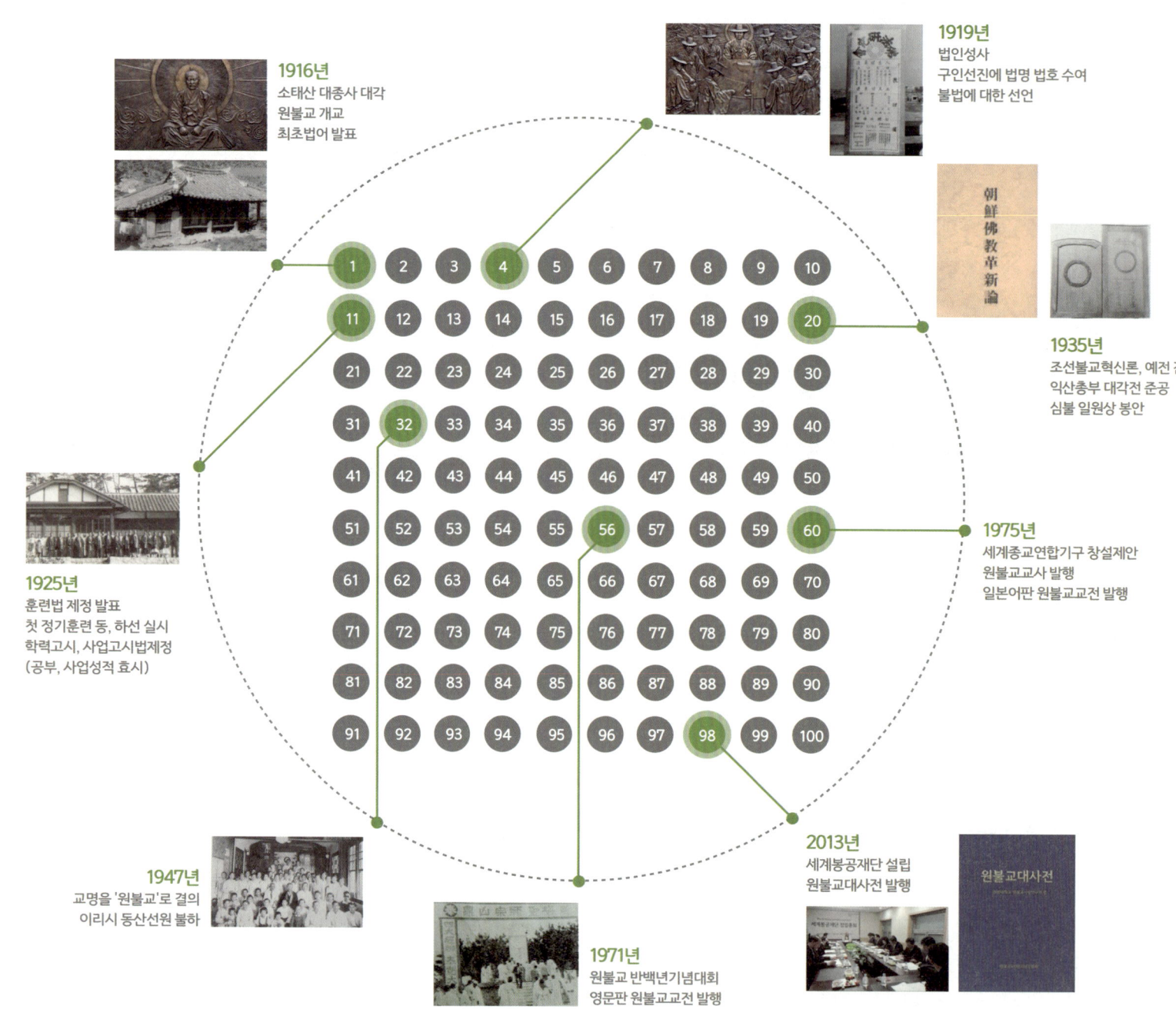

01 INTRO

작곡 : 원일
편곡 : 김택찬

INTRO

"
곡의 이미지는 바다 위로 떠오르는 붉은 태양의 둥근 빛이었습니다. 태평성대를 기원하는 태평소의 독주와 오케스트라가 간결하며 장중한 선율을 연주하는 형식입니다.
"

005

천하에 울리는 법음
경종10타

"경종10타의 지역선정은 전 세계를 대상으로 했기 때문에 5대양 6대주의 나라들 중 원불교 교당이 있는 지역 그리고 상징물이 있는 지역을 안배하여 선정했습니다. 영산성지에서는 새벽 고요한 시간에 혼자 찾아가 삼각대에 카메라를 세워놓고 직접 촬영했습니다. 전 세계 경종10타를 의도하며 그 나라의 상징물 앞에서 경종을 쳐주기를 바랬지만 각각 촬영 방식이 달라 다양한 개성의 경종10타 영상을 편집하는데 어려움을 겪기도 했습니다."_양용원 교무(영상 부감독)

세계 속의 원불교, 원불교의 세계화

23개국 · 67개 도시 · 140여 명의 교역자 · 1962 해외포교연구소 · 1943 일본어판 시작 · 10개언어 정역

영산 성지에서 시작하여 세계 각지 교도들의 타종을 25초 간격으로 배치한 영상에 오케스트라의 라이브 연주로 상응함으로써 경종의 울림을 들을 때 감응하는 신앙심을 음악적으로 상징하고자 기획했다.

러시아 모스크바
Moskva, Russia

미국 뉴욕
New York, USA

중국 베이징
Beijing, China

| 원불교100주년기념대회 | 기념대회 |

프랑스 파리
Paris, France

남아프리카공화국 라마코카
Ramokoka, Republic of South Africa

호주 시드니
Sydney, Australia

圓音閣

세계 원불교 교화 현황

유럽/아프리카
- 베를린
- 프랑크푸르트
- 필쾰른/일원원불교선센터
- 파리
- 레겐부르크
- 유럽무사선 한울안공동체
- 모스크바/원광한국학교/세종학당
- 알마타
- 케냐
- 까풍아/원광센터/보건진료소/AIDS쉼터
- 요하네스버그
- 라마코카/원광센터

아시아/오세아니아
- 몽골
- 베이징/원광문화원
- 창마오
- 성도
- 포카라
- 라다크국제명상센터
- 델리
- 곤명
- 홍콩
- 항조우
- 상하이
- 장춘
- 단동
- 연변/연변삼동
- 훈춘
- 도쿄
- 요코하마
- 오사카
- 연태
- 다련
- 하노이(베트남)
- 라오스
- 태국
- 프놈펜
- 론빈니/삼동스쿨
- 카투만두어린이집
- 바람방/의료원/탁아원
- 퀸슬랜드/호주보화당한의원
- 시드니
- 멜버른
- 호주원광선문화원
- 하와이국제훈련원
- 하와이

미주/캐나다
- 뉴욕/원광학교/원광복지관
- 심원훈련원
- 샌버나디노
- 미주총부법인 원다르마센터
- 보스턴
- 밴쿠버
- 버클리
- 토론토
- 시카고
- 맨하탄/원불교총부UN사무소
- 샌프란시스코
- 덴버
- 뉴저지
- 발리
- 프레즈노
- LA
- 미주서부교구훈련원
- 필라델피아/미주선학대학원/원광복지관/원광한국학교
- 워싱턴/보화당한의원/실버스프링보화당한의원
- 오렌지카운티
- 리치몬드
- 샌디에고
- 오스틴
- 노스캐롤라나/할리원불교선센터
- 휴스턴
- 애틀란타
- 마이애미/미주소태산사상연구소
- 상파울로
- 산티아고
- 부에노스아이레스

268

005

영성의 꽃으로 피어 장엄된 인간세상 구현
대회 기념 서곡, 개벽

"음악감독을 맡으며 이 곡을 의뢰받고 오랫동안 고민했습니다. 그리고 선뜻 이것이다, 라고 내놓지 못하고 사라진, 많은 스코어들과 소소한 영감이 깃들었던, 완성되지 못한 악보들이 었습니다. 뭔가 선언적이고 일원적이며 어렵지 않으면서도 희망의 기분을 느낄 수 있는 음악을 작곡하기란 참 어렵다는 사실을 다시 한 번 절감하는 시간들이었던 것 같습니다. 개벽의 의미는, '화엄영성음악제'를 올해로 11년간 이끌어 오면서 '영성의 꽃으로 피어 장엄된 인간세상 구현'이라는 의미로 생각하며 저도 음악인으로서 보시의 마음으로 헌신해오고 있기에 각별히 다가온 작업이었던 것 같습니다.
아마 그래서 가사도 직접 붙일 수 있었던 것 같고 역시 정확하게 의미를 붙였다고는 할 수 없지만 준비하시는 원불교의 여러분들도 부족한 가사의 내용을 대승적 차원에서 감내해주신 것이라 생각합니다. 이 점 깊이 감사드립니다." _원 일 음악감독

개벽

상암월드컵경기장 오케스트라 배치도

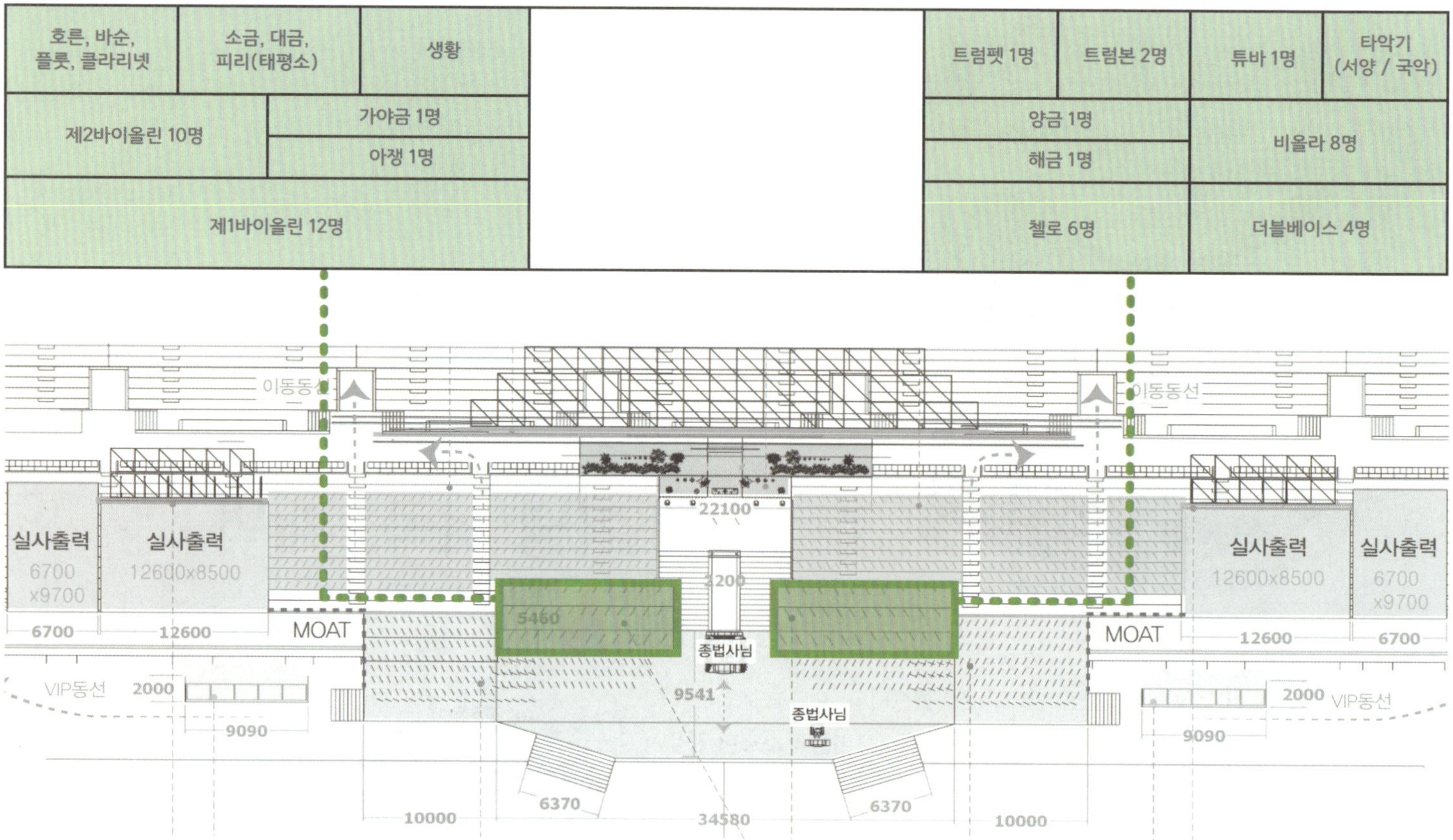

호른, 바순, 플룻, 클라리넷	소금, 대금, 피리(태평소)	생황		트럼펫 1명	트럼본 2명	튜바 1명	타악기 (서양 / 국악)
제2바이올린 10명	가야금 1명			양금 1명		비올라 8명	
	아쟁 1명			해금 1명			
제1바이올린 12명				첼로 6명		더블베이스 4명	

총 69명

국악단 11명
소금 정진우 대금 고경록 피리 최소리 태평소 이형훈 생황 안형모 양금 최휘선 가야금 황현성 아쟁 정성수 타악 이룬다, 박세호 베이스기타 오승현

랑코르 캄머 필하모닉 오케스트라 58명
제1 바이올린 배해련, 장효원, 오지은, 김미나, 최연정, 김지연, 이혜리, 이수영, 현준희, 한재민, 김무선, 박태연 제2 바이올린 임유진, 함윤애, 이동주, 홍자연, 박민주, 송지원, 조진영, 김예지, 진경민, 김승현 비올라 이기헌, 오용건, 폴, 고진호, 배경주, 김예지, 배세미, 박하늘 첼로 김유설, 조은영, 원지희, 장효정, 최지애, 이나래 더블베이스 신동성, 김상훈, 최효정, 김은선 트럼펫 이승엽, 박용욱 트럼본 정병일, 이태희 호른 조규성, 김보라 튜바 공도인 플루트 이주원, 김보연 클라리넷 이진아, 주혜진 바순 이승연, 이지영 서양타악기 신무경, 황주희 키보드 손다혜, 김정혁

개벽

> 앞부분은 불운했던 시절과 대각의 간난을 형용하고
> 후반부에는 개벽의 기운을 묘사함.
> 일원상이라는 것을 어떻게 소리로 표현할까,
> 고민을 많이 하다가
> 어느 날 문득 생각이 들었던 것이 좌종.
> 좌종은 원으로 되어 있고 모든 종은 각성 효과를 갖고
> 그리고 그 종은 원으로부터
> 번져 나가는 것이고 그래서 한 음,
> 하나의 중심음이 이것을 표현할 수 있다.
> 그로부터 출발한다는 생각이 중요했다.
> 그래서 처음에 나오는 부분이 같은 음인데
> 하나의 음을 쪼개고
> 그것이 본질적으로 가는 것도 하나의 음이다.
> 그래서 하나의 음을 개벽이라는 임팩트적인 효과와
> 다시 하나로 모이는 효과를 낼 수 있을까 고민하다
> 서곡의 패턴을 만들었다.
> 그 음과 그 리듬 한 음으로 된
> 그 리듬을 얻고 나서부터 풀려나가기 시작했던 것 같다.
> – 원 일 음악감독

원음&금강 10개 합창단

소프라노 : 173명

강명진, 강성원, 강수인, 강유진, 강윤진, 강정화, 고화중, 공경신, 권인우, 권희원, 길성순, 김경은, 김달인, 김대권, 김덕인, 김도연, 김도일, 김도진, 김도창, 김도화, 김명지, 김보경, 김삼련, 김선영, 김선오, 김선정, 김성인, 김성진, 김숙희, 김시명, 김안선, 김연경, 김윤선, 김은정, 김은홍, 김정수, 김하진, 김현숙, 김형진, 나기명, 나상덕, 남신유, 남은소, 노지선, 노현심, 노혜명, 노혜은, 도윤정, 류정은, 문지영, 박도선, 박명음, 박상명, 박상진, 박성란, 박성애, 박성은, 박연식, 박영진, 박인수, 박인하, 박인화, 박정선, 박주혜, 박현주, 배진미, 배현민, 변성렬, 변순덕, 서성운, 서재성, 서지훈, 서진원, 선미연, 소순정, 손경은, 손수향, 손양명, 손양현, 송대원, 신정인, 신중도, 신현조, 심애경, 안도명, 안명원, 안봉은, 안심원, 안옥진, 양성관, 양성덕, 양혜숙, 양효선, 엄현송, 여지성, 오인전, 우지행, 원성화, 원정화, 손양현, 송대원, 신정인, 유현심, 유현옥, 유혜은, 윤명진, 윤묘형, 윤무애, 윤수연, 윤원심, 윤지연, 윤현공, 이명선, 이명성, 이묘관, 이법인, 이법진, 이성순, 이수아, 이수형, 이승인, 이안신, 이양진, 이여일, 이원선, 이윤일, 이은관, 이은숙, 이인선, 이인순, 이정현, 이지성, 이지은, 이지현, 이지혜, 이해양, 이혜명, 이혜윤, 임애주, 임여심, 임은성, 임형자, 장서경, 장원심, 장인경, 장혜월, 전동명, 전상일, 정상인, 정서인, 정연실, 정주성, 조성보, 조인선, 조진광, 지선양, 진용화, 천봉문, 최덕원, 최명권, 최선주, 최성경, 최성근, 최연옥, 최이신, 최진수, 최현덕, 하유리, 한법은, 한성봉, 홍이은, 황선숙

알토 : 125명

황여진, 황경은, 홍경운, 허영경, 한혜선, 한자인, 한원순, 탁해진, 최영실, 최덕인, 최규원, 최경신, 채도심, 진귀은, 주경덕, 조혜렴, 조현진, 정혜련, 정보화, 정명인, 정도인, 정덕례, 전광은, 장인진, 장안정, 장서연, 임정무, 이환길, 이혜선, 이진공, 이은승, 이은명, 이은공, 이은경, 이은경, 이윤화, 이원심, 이수현, 이소진, 이성연, 이봉선, 이법주, 이도현, 이도연, 이덕윤, 이덕성, 이덕범, 이기정, 윤미선, 유원복, 유연욱, 유심원, 유명원, 유덕혜, 왕명희, 엄연서, 양혜심, 양신혜, 안현진, 안선영, 신현석, 신지우, 신명중, 송윤주, 손혜인, 손일진, 성진희, 서홍진, 서정포, 서소영, 서상원, 변정원, 변인화, 변선만, 배진수, 박희선, 박정덕, 박인덕, 박은신, 박윤희, 박양진, 박시종, 박성원, 박성신, 박선명, 박경심, 민덕선, 문정명, 문양경, 류현호, 노명수, 남은심, 나인덕, 김희원, 김혜원, 김혜련, 김해인, 김해심, 김창희, 김정인, 김인신, 김인성, 김은진, 김은전, 김오진, 김연심, 김양인, 김수경, 김상현, 김법진, 김법은, 김도원, 김능인, 김광원, 김경훈, 구성경, 구덕행, 곽소옥, 고성주, 강혜숙, 강정진, 강인수, 강여주, 강법선

테너 : 55명

강종원, 권세진, 김도연, 김석원, 김성철, 김승복, 김연수, 박대은, 박상현, 박송도, 박일도, 박주원, 박형근, 방일성, 배광한, 변상훈, 서연종, 설동운, 송대현, 송완영, 신재상, 신호연, 오도응, 오지운, 유성균, 윤제성, 이대승, 이대진, 이원호, 이장영, 이제세, 이종범, 이해철, 장재홍, 전원식, 전창제, 정법주, 정원덕, 정원중, 정인원, 조창준, 조현명, 채용중, 최달원, 최대절, 최성륜, 최호원, 하명훈, 하원교, 한세명, 한수진, 한양범, 한원성, 허정욱, 황상수

베이스 : 38명

최진방, 조상국, 정계현, 임성각, 이천곤, 이지광, 이정명, 이장원, 이성모, 이상진, 이상범, 이강중, 유영산, 유기현, 유기덕, 양제관, 양원공, 양상현, 신경욱, 손선명, 성원종, 석대신, 배성문, 박준규, 박원경, 노정환, 김형도, 김창욱, 김정환, 김원봉, 김성원, 김성원, 김성용, 김성목, 권방원, 곽상인, 고준신, 고덕주

| 원불교100주년기념대회 | 기념대회 |

005

일월이 대명하고
종법사 입장

경산 장응철 종법사님께서 입장하십니다. 대중은 모두 자리에서 일어나 종법사님을 환영해 주시기 바랍니다. 원불교 최고 지도자이신 경산 종법사님께서는 오늘의 이 기념 대회가 "물질이 개벽되니 정신을 개벽하자." 라고 하신 소태산 대종사님의 개교정신을 널리 실현하는 자리라고 강조하셨습니다. 뿐만 아니라 대한민국 근·현대 100년의 상처를 치유하고 사회 통합과 평화 통일을 여는 시간이며, 종교 화합으로 세계 평화의 등불이 되기를 기도하셨습니다.

_내레이션 : 김일안 교무, 정연아 아나운서

종법사 찬가
성가 15장

現 경산 장응철 종법사(1940년 ~)
원기 91(2006)년 종법사에 추대되었다.
원불교에서는 교단의 최고직위를 종법사라 한다. 종법사는 원불교의 교조(敎祖)인 원각성존 소태산 박중빈 대종사로부터 법통을 계승하는 주법으로서 교단을 주재하고 교헌에 의하여 대외적으로 원불교를 대표하는 최고지도자의 지위를 갖는다.

일월이 대명하고
宗法師 讚歌

정산종사 작사
이홍렬 작곡

1. 일월이 대명하고 사시 순연하니 온 세계 많은 유가 생성을 얻고 성인이 법을 이어 교화 연하니 한 없는 무리들이 제도를 받네 찬송하세 찬송하세 우리 종법사 법계의 광명이신 우리 종법사

2. 대종사 전해주신 일원대도를 대대로 받들어 법 윤굴리고 동서와 남북으로 가 없는 세상 영원히 광명놓아 불일빛 내네

일월이 대명하고

원불교100주년기념대회 | 기념대회

○○5

원불교, 세상과 함께하다

내빈소개

○ 종단   ○ 정·관·재계   ○ 시민사회   ○ 언론 및 내빈   ○ 국제학술대회   ○ 국제부초청

종단 한양원 한국민족종교협의회 회장, 회정 정사 진각종 통리원장, 홍수철 대종교 총전교, 방한수 성균관 대표 부관장, 김성수 대주교(대한성공회 서울교구),김광준 KCRP 사무총장, 정성환 한국종교계사회복지협의회 회장,김희중 대주교(천주교주교회의 의장), 김영주 목사(한국종교인평화회의 대표회장), 이주화 한국이슬람중앙회 이맘, 윌리엄 빌 벤들리 세계종교인평화회의(WCRP) 사무총장/ **정·관·재계** 김무성,안철수,천청배,박원순,심상정,원유철,김종인,정재문 전 국회의원,김장실·신경림·김세연·전정희·정세균·이춘석·김성곤·남인순·김제남·주호영·박용진국회의원,조배숙·김용태 국회의원 당선자, 우동기 대구광역시 교육감, 정헌율 익산시장,송하진 전라북도 도지사, 원용기 문체부 종무실장, 이재명 성남시장, 박우섭 인천 남구청장, H.E.Khamsouay KEODALAPHONG 주한라오스 대사, Hulan ganbaatar 주한몽골참사관, Manisha Gunasekera 주한스리랑카 대사, Md.Zulfiqur RAHMAN주한방글라데시 대사, PHAM HUU CHI 주한베트남 대사, Thura U Thet Oo Maung 주한미얀마 대사, 홍석조 BGF 리테일 회장, 홍석준 보광창업투자 회장/ **시민사회** 강대인 대화문화아카데미원장, 강영식 우리민족서로돕기운동 사무총장, 김삼열 독립유공자유족회 회장, 김은하 한국여성운동본부장, 김인숙 여성민우회 공동대표, 박석민 전국민주노동조합총연맹 통일위원장, 신낙균 여성평화외교포럼 이사장, 정세현 한반도평화포럼 상임대표, 이승환 시민평화포럼 공동대표, 이정자 여성정치포럼대표, 이태호 참여연대 정책위원장, 최열 환경재단 대표, 조성우 (사)우리겨레하나되기운동본부 이사장, 조종남 한국 YMCA 회장, 이창복 6.15 남측위 상임대표 의장/ **언론 및 내빈** 이수성 전 총리, 한승헌 전 감사원장, 허성관 전 행자부장관, 손혁재 수원시정연구원장, 원만식 mbc전주방송 대표이사, 장필화 이화여대 아시아여성학센터 소장, 정연주 전KBS 사장, 금기창 원광대총동문회장, 김종규 삼성출판박물관장, 문대원 멕시코 태권도 관장/**국제부 초청 명단** 보정 스님 중국불교협회 국제부장, 류우열 교서정역위원(북경대학 교수), 김경진 교서정역위원(민족대학 교수), Robert Buswell 교서정역위원, Christina Buswell 교서정역위원, Tokiko Asada 오모또교 본부장,Ngangabani Dlamini 스와지랜드 까풍아 추장, Hon Johnson Nduya Muthama 케냐 마차코스주 상원의원, Bernard Muia Kaila 케냐 마차코스 부지사,Hon Susan Musyoka 케냐 여성대표 마차코스 국회의원, Hon Robert Mbui Mwaka 케냐 국회의원.

이상 많은 내빈들이 참석했지만 지면관계로 생략

원불교100주년기념대회 | 기념대회

005

한마음으로 축하합니다
영상축사

이웃종교, 각계 지도자 한마음으로 원불교 100주년 영상 축하 메시지

5만 관중이 모인 낮 행사에 2시간 동안 촘촘하게 전개되는 프로그램으로 구성되어 지루하지 않게 연출하는데 무게중심을 두었다.
각 행사의 운용시간을 최대한 간결하게 구성하고자, 모든 축사는 영상 축사로 사전 제작되어 의식 흐름에 어울리게 배치하였다.

좌산 이광정 상사

일원대도의 전법회상 1세기, 100년사를 마감하고 새로운 세기를 맞는 이 출발선상에서 재가출가 호법동지 여러분과 내외 귀빈들이 참석한 이 자리에서 여러분과 함께해서 대단히 반갑습니다. 한없이 감사합니다. 지난 100년 세월이라고 하는 것은 결코 수월한 시대가 아니었습니다. 온갖 소용돌이치는 격랑의 시대였습니다. 내우외환이 함께 격랑치면서 어려움도 많았고 또 기쁨도 많았던 그 세월들을 용케 넘기고 이제 우리는 백년에서 새로운 세기를 맞는 이 순간에 있습니다.
그동안 여러분들이 있었기에 오늘이 있습니다.
여러분들이 남 먼저 대종사님의 교법을 알아봤고 또 대종사님의 교법에 입각해서 신앙, 수행하면서 또 봉사해 주었기 때문에, 우리 교단이 이렇게 오늘이 있게 된 것입니다. 그동안 참으로 감사했습니다. 아울러서 여러분들이 있기 때문에 세상은 희망이 있습니다. 여러분들이 진리신앙과 사실수행을 하면서 또 세상을 위해서 봉사하려고 하는, 그러한 혼으로 뭉쳐 있기에 세상은 희망이 있습니다. 앞으로 우리가 해내야 할 몫이 있습니다. 이 땅위에 온갖 거짓의 낯도깨비들이 사라지고 진실이 충만한 시대를 만들어가야 하고, 온갖 상극의 기운이 씻은 듯이 사라지고 상생의 은혜가 충만한 세상을 만들어 가고, 온갖 비합리적인 것이 사라지고 오직 합리와 정법만이 이 땅위에 가득한, 충만한 그러한 세상을 만들어가야만 합니다. 그리하여 이 세상이 진실이 충만한 세상, 은혜가 충만한 세상, 그리고 합리가 충만한 세상이 되면, 이 세상을 살아나가는 우리 인류는 물론, 온 생령들이 크게 복조를 누릴 것입니다. 이 일에 우리 모두가 한몫들을 담당하려고 하는 다짐의 날이, 오늘이 되기를 바랍니다. 그렇게 할 때 이 땅의 복조는 한량 없을 것입니다. 감사합니다. 축하합니다.

박근혜 대통령

존경하는 경산 종법사님을 비롯한 원불교 교도 여러분, 원불교 100주년을 진심으로 축하하며 새로운 100년의 도약을 다짐하는 뜻깊은 자리가 되기를 축원합니다.
100년 전, 소태산 대종사께서는 일원상의 큰 깨달음으로 원불교를 개교하시고, 우리 민족에게 정신개벽과 참 문명 세계 건설의 가르침을 주셨습니다.
생활 속에서 대중과 함께하는 종교로서 근검절약과 허례허식 폐지, 금주와 단연으로 경제적 기초를 세웠고, 진리를 선양하며 국민들의 바른 삶을 이끌어 왔습니다.
또한 다양한 봉사와 나눔의 활동은 고귀한 실천의 모범이 되어 우리 사회를 밝히는 빛이 되어 주었습니다. 최근에는 북한의 도발로 인한 안보위기 상황에서 국가와 국민의 안녕을 위해 항상 기도해 주고 계신 데에 감사드립니다. 정부도 북한이 핵을 포기하고 변화의 길로 나서도록 만들어 한반도에 진정한 평화와 안정이 깃들도록 모든 노력을 다하겠습니다. 여러분 모두 건강하고 행복하시기를 두 손 모아 기원합니다.

자승스님 한국종교지도자협의회 대표의장

원불교 100주년을 맞아 생명은 더 푸르고 싱그러움은 한층 더하고 있습니다. 종법사님의 평안함과 더불어 교도 여러분께 진심으로 축하를 드립니다. 원불교는 우리나라 근·현대 100년의 상처를 따뜻하게 치유하고 사회통합과 평화세상을 이루기 위해 수많은 실천에 앞장서 왔습니다. 이는 소태산 대종사의 개교정신을 널리 실현했을 뿐만 아니라 우리 사회의 종교적 모범으로 전해지고 있기도 합니다. 정신의 가치를 중시하고 인류를 위해 늘 정진해오셨듯이 앞으로도 생명이 존중되는 평화의 세상, 희망이 넘치는 공동체를 만들어 가시기를 염원하겠습니다. 원불교 100주년을 거듭 축하드리며 원불교의 깊은 공덕과 선대의 덕화가 우리의 삶을 청명하게 하고 모든 분들에게 향기롭게 전해지기를 기원합니다.

김영주 목사 한국종교인평화회의 대표회장

원불교 창립 100주년을 축하 또 축하드립니다. 100년 전에 소태산 대종사님께서 '물질이 개벽되니 정신을 개벽하자'란 창교 표어를 주창하시며, 우리 인류 역사에서 큰 획을 그으셔서 오늘날 정신문화와 종교의 큰 역사를 이루셨습니다. 100년 동안 원불교 정신을 구현하고 문화민족으로서 자부심과 긍지를 가질 수 있도록 교리를 지켜오면서 헌신해 온 모든 원불교 교도들과 지도자들에게 특별히 축하드리구요. 100년 동안 잘 지내오셨으니 앞으로 100년 동안 더욱 발전하시고 우리 한국사회나 인류 정신문화의 발전, 종교사의 큰 획을 긋는 종교로 발돋움 하시기를 바랍니다. 축하드립니다.

윌리엄 벤들리 세계종교인평화회의 사무총장

경산 종법사님을 비롯하여 훌륭하신 모든 원불교 교도님들에게 진심으로 축하드립니다. 우리는 여러분들에게 감사드립니다. 여러분들은 수행을 통해 여러분 안에 있는 불성을 성장시키고 있습니다. 이는 모든 종교인들이 함께 모여 전 인류와 생령의 웰빙을 위해 노력할 수 있도록 합니다. 따라서 우리 세계종교인평화회의에서는 원불교 100주년을 맞이하여 진심으로 감사하고 축하드립니다. 여러분들이 대단히 자랑스럽습니다. 또한 여러분들은 우리가 모두 한가족이라고 느끼게 해줍니다. 이에 다시 한 번 감사드립니다. 원불교의 미래에 더 큰 힘, 영성의 힘, 자비의 힘이 함께하기를 기원합니다. 감사합니다.

딘 삼수딘 아시아종교인평화회의 의장

축하합니다! 아시아종교인평화회의를 대신하여, 현재 의장으로서, 또한 인도네시아 내의 모든 이슬람교도 조직의 최상위 조직인 울라마인도네시아협의회 그리고 제가 사랑하는 단체인 모하마디야를 대신하여 저는 원불교가 세계에서 특히 아시아에서, 더욱 중요한 역할을 하기를 희망합니다. 왜냐하면 우리의 시간은 아시아를 위한 시간이기 때문입니다. 2005년 뉴 자카르타 지진의 희생자들을 돌보기 위한 원불교의 폭넓은 지원을 감사하는 마음으로 기억하고 있습니다. 감사합니다!

박원순 서울시장

정신개벽을 주창하면서 탄생한 원불교가 100주년이 되는 뜻깊은 해를 맞아서 원불교 100년의 의미를 돌아보고 비전을 선포하는 원불교 100주년을 진심으로 축하드립니다. 원불교는 일제탄압의 시대에 세상에 나와서 우리 민중에게 어둠 속 등불이 되어주셨습니다. 원불교는 우주의 근본원리인 일원상의 진리를 바탕으로 해서 지난 100년 동안 사회와 세상을 위한 문화교화와 사회공헌, 자선사업 그리고 소태산 대종사님의 가르침과 나눔의 정신을 적극적으로 실천해 오셨습니다.

특히 올해는 서울광장에서 근·현대사의 아픔과 상처를 치유하는 특별천도재를 개최해서 시대와 대중의 아픔을 보듬어 주셨습니다. 지난 100년 동안 한맺힌 그 모든 것을 해원해 주셨습니다. 천만 시민을 대표해서 감사의 말씀을 드리구요. 또한 서울 성적지 순례 등 서울에서 중요한 행사를 진행해 주신다는 점에서 서울시장으로서 환영의 말씀을 전합니다. 모쪼록 이번 원불교100주년기념대회가 모두가 함께 어울리는 축제의 한마당이 되기를 기원합니다. 이번 기념대회를 통해서 원불교가 평화의 세상, 행복한 공동체 구현이라는 미래의 희망을 밝히는, 그런 종교로 더욱 성장하시길 바랍니다. 모든 원불교 교도 여러분들의 건강과 행복, 법신불 사은의 은혜가 가득하시기를 기원합니다. 감사합니다.

| 원불교100주년기념대회 | 기념대회 |

005

위대한 여정, 더 큰 서원

개회선언

"오늘 이 자리에 함께 해주신 내외 귀빈 여러분! 재가출가 교도님들 반갑습니다. 그리고 감사합니다.
원불교는 100년 전 '물질이 개벽되니 정신을 개벽하자!'는 개교정신으로,
일체 생령을 광대무량한 낙원으로 인도하기 위해 교문을 열었습니다. 원각성존 소태산 박중빈 대종사는
정신과 물질이 조화를 이루는 참 문명세상과 평화롭고 은혜로운 세상을 염원하셨습니다.
원불교 100년 역사는 소태산 대종사와 함께 창립의 초석을 세우신 아홉 분 선진과 전 재가출가 교도들의
희생과 헌신, 열정과 적공, 그리고 뜻을 함께 해주신 모든 분들의 합력으로 만들어낸 위대한 여정이었습니다.
그리고 오늘 우리는 지난 100년의 위대한 역사와 가치를 재조명하고,
고귀한 창립 정신을 이어받아 더 큰 서원과 적공으로, 미래를 힘차게 열어가고
세계 주세교단으로 나아갈 염원을 담고자 합니다.
원각성존 소태산 박중빈 대종사께서 천명하신 '감사와 은혜'의 정신개벽 운동을 온 세상에 거듭 선포하며, 전 교도의 기도와 정성으로 준비해 온 원불교
100주년기념대회의 개회를 선언합니다." _여타원 한은숙 교정원장

지금, 여기

지금, 여기

> 소금, 대금, 피리, 가야금,
> 양금, 아쟁, 생황, 플루트, 클라리넷,
> 바순, 호른, 트럼펫,
> 트롬본, 튜바, 팀파니, 심벌즈,
> 공, 탐탐, 차임, 바이올린, 비올라,
> 첼로, 콘트라베이스

| 원불교100주년기념대회 | 기념대회 |

005

고요한 나를 만나다
입정

마음을 한 곳에 통일하여 신·구·의 삼업 짓는 것을 그치는 것, 참선하기 위해 선방에 들어가는 것 따위의 의미가 있다.
원불교에서는 각종 법회나 기도식 때에 먼저 입정으로 마음의 안정을 얻은 후에 각항 순서를 진행하게 되므로 대체로 식순에 '입정' 순이 있다.
입정은 성품의 본래에 합일하여 일체의 사념이 돈망한 상태를 말하며, 이는 선정의 극치이다. [출처 : 원불교대사전]

입정(入定) = 선정(禪定)에 들어가는 것

005

일심 정성으로 천지와 하나 되다

영주7독

> " 원불교 100주년을 기념하는 기도를
> 재가출가 교도 200여 명으로 구성된 독경단과 함께 하겠습니다.
> 천지의 기운과 하나되는 영주7독 함께 하겠습니다. "

중심음 Dm으로
오케스트라가 즉흥적으로
독경을 반주함

'영주'는 기도할 때 외우는 주문으로 일심 정성으로 하면 천지 기운과 하나가 되어 큰 위력을 얻을 수 있다. 성주(聖呪)・청정주(淸淨呪)와 함께 원불교에서 사용하는 대표적인 기도문이다. 원불교에서 열반인을 위한 천도재나 기도에 성주를 많이 사용한다면, 영주는 생존인의 소원성취를 위한 기도에 주로 사용한다.

[출처 : 원불교대사전]

원불교100주년기념대회 | 기념대회

영주 靈呪 Yŏngju

天地靈氣我心定　萬事如意我心通　天地如我同一體　我與天地同心正
천지영기 아심정　만사여의 아심통　천지여아 동일체　아여천지 동심정
ch'ŏnji yŏnggi asim chŏng　mansa yŏŭi asim t'ong　ch'ŏnji yŏa tong ilch'e　ayŏ ch'ŏnji tong simchŏng

005

간절히 원하옵니다
기원문

"100주년기념대회 기원문
천지하감지위! 부모하감지위! 동포응감지위! 법률응감지위! 거룩하신 법신불 사은이시여! 대환희로 맞이하는 원불교100주년기념대회를 세계인이 함께하는 거룩하고 성스러운 축제의 장으로 열게 하시니 감사하옵나이다.
법신불 사은이시여! 오늘 저희는 일원의 소식을 세계만방에 전하기 위해 <원불교 교서>를 10개 언어로 정역하고 법신불 전에 봉정하오니 일원의 법음이 새 문명건설의 중심이 되어 병든 세상을 치유하고 상호 존중과 화합으로 하나가 되는 맑고 향기로운 세상을 열어가게 하옵소서.
법신불 사은이시여! 간절히 염원하오니 오늘 원불교100주년기념대회의 인연으로
세상의 모든 전쟁과 갈등이 해소되고, 갑작스런 지진으로 인해 고통 받는 이들에겐 크신 위로와 안정을 주옵시고
정신의 지도국, 도덕의 부모국이 될 이 나라에 하루속히 평화통일이 앞당겨지며
진리적 종교의 신앙과 사실적 도덕의 훈련이 이 땅에 뿌리내려 저희 모두의 삶이 새롭게 축복받는 인생이 되어
훈훈한 세상을 만들어 가는 주인공이 되게 하옵소서.
원불교100주년기념대회! 우리 스스로 은혜가 되고 기쁨이 되는 이 자리, 온 우주에 울려 퍼지는 오늘의 함성,
온누리 일체만물이 정신개벽으로 깨어나게 하옵소서. 저희들 모두의 마음을 모아 일심으로 기원하옵고 사배 올리옵나이다." _선타원 오정도 교무

정의

정의 Justice

"소금, 대금, 피리, 생황, 해금, 25현 가야금, 양금, 제1 바이올린, 제2 바이올린, 비올라, 첼로, 콘트라베이스"

작곡 : 표건수
편곡 : 김백찬

독경_일원상서원문, 반야바라밀다심경

일원상서원문(一圓相誓願文)

일원은 언어도단(言語道斷)의 입정처(入定處)이요, 유무 초월의 생사문(生死門)인 바, 천지 부모 동포 법률의 본원이요, 제불 조사 범부 중생의 성품으로 능이성 유상(能以成有常)하고 능이성 무상(無常)하여 유상으로 보면 상주 불멸로 여여 자연(如如自然)하여 무량 세계를 전개하였고, 무상으로 보면 우주의 성주괴공(成住壞空)과 만물의 생로병사(生老病死)와 사생(四生)의 심신 작용을 따라 육도(六途)로 변화를 시켜 혹은 진급으로 혹은 강급으로 혹은 은생어해(恩生於害)로 혹은 해생어은(害生於恩)으로 이와 같이 무량 세계를 전개하였나니, 우리 어리석은 중생은 이 법신불 일원상을 체받아서 심신을 원만하게 수호하는 공부를 하며, 또는 사리를 원만하게 아는 공부를 하며, 또는 심신을 원만하게 사용하는 공부를 지성으로 하여 진급이 되고 은혜는 입을지언정, 강급이 되고 해독은 입지 아니하기로써 일원의 위력을 얻도록까지 서원하고 일원의 체성(體性)에 합하도록까지 서원함.

> * 일원상서원문은 대종사님께서 깨치신 진리의 내용을 담은 글로서, 우리들이 일상생활을 통하여 일원상의 진리를 깨치고 활용하여 마침내는 불보살의 큰 인격을 이루도록 서원을 올리는 글이다. 원불교의 각종 의식에서 독송하는 간절하고도 지극한 발원문이요, 서원문이다.

반야바라밀다심경 (般若波羅蜜多心經)

觀自在菩薩 行深般若波羅蜜多時 照見 五蘊皆空 度一切苦厄
관자재보살 행심반야바라밀다시 조견 오온개공 도일체고액

舍利子 色不異空 空不異色 色卽是空 空卽是色 受想行識 亦復如是
사리자 색불이공 공불이색 색즉시공 공즉시색 수상행식 역부여시

舍利子 是諸法空相 不生不滅 不垢不淨 不增不減
사리자 시제법공상 불생불멸 불구부정 부증불감

是故 空中無色 無受想行識 無眼耳鼻舌身意 無色聲香味觸法
시고 공중무색 무수상행식 무안이비설신의 무색성향미촉법

無眼界 乃至 無意識界 無無明 亦無無明盡 乃至 無老死 亦無老死盡
무안계 내지 무의식계 무무명 역무무명진 내지 무노사 역무노사진

無苦集滅道 無智亦無得 以無所得故
무고집멸도 무지역무득 이무소득고

菩提薩埵 依般若波羅蜜多故 心無罣礙 無罣礙故 無有恐怖 遠離顚倒夢想 究竟涅槃
보리살타 의반야바라밀다고 심무과애 무과애고 무유공포 원리전도몽상 구경열반

三世諸佛 依般若波羅蜜多故 得阿耨多羅三藐三菩提
삼세제불 의반야바라밀다고 득아뇩다라삼먁삼보리

故知 般若波羅蜜多 是大神呪 是大明呪 是無上呪 是無等等呪
고지 반야바라밀다 시대신주 시대명주 시무상주 시무등등주

能除 一切苦 眞實不虛 故說 般若波羅蜜多呪
능제 일체고 진실불허 고설 반야바라밀다주

卽說呪曰, 揭諦揭諦 波羅揭諦 波羅僧揭諦 菩提娑婆訶
즉설주왈, 아제아제 바라아제 바라승아제 모제사바하 (세번)

> * 반야바라밀다심경은 불교의 가장 핵심 교리인 공(空)의 원리를 밝힌 불교 최고의 경전으로 이를 정성으로 외우고 또한 실천하면 모든 고통과 재액을 넘어서 극락생활을 할 수 있다.

005

교화의 초석 구인선진의 은혜

구인선진 법훈 서훈

교단 창립기에 표준제자로 원불교의 토대를 만들어 주신 구인선진의 출가위 종사 법훈 서훈!
구인제자는 원불교 교단 창업기에 남 먼저 참여하여 새 회상 건설에 앞장서 초기 교단사의 초석을 다졌다. 원불교 발상지 영산 성지에서의 저축조합운동, 방언공사(防堰工事), 백지혈인(白指血印)의 법인성사(法認聖事) 등을 몸소 체현(體現)한 주인공들이다. 인류 역사를 돌아보면 석가·공자·예수 등 대성자들이 출세(出世)하여 혼탁한 세상인심을 바로잡고 인류가 평화의 성지에서 행복하게 살도록 인도함에, 그러한 대성인의 곁에는 반드시 그 법을 받들고 보필하는 훌륭한 제자들이 있었다. 그 대표적 인물들이 바로 불교 석가불의 십대 제자(十大弟子)요, 유교의 공문십철(孔門十哲)이며, 기독교의 예수 십이사도(十二使徒)이다. 원불교에서는 소태산의 구인제자가 바로 이런 인물들이다.

입장

> 소태산 대종사의 첫 표준 제자 아홉 사람. 일산 이재철(一山 李載喆), 이산 이순순(二山 李旬旬), 삼산 김기천(三山 金幾千), 사산 오창건(四山 吳昌建), 오산 박세철(五山 朴世喆), 육산 박동국(六山 朴東局), 칠산 유건(七山 劉巾), 팔산 김광선(八山 金光旋), 정산종사(鼎山 宋奎) 등이다.
> 원불교 교단은 이들을 구인선진(九人先進)이라 부른다. [출처 : 원불교 대사전]

입 장

작곡 : 원일
편곡 : 김백찬

입장

"플루트, 클라리넷, 바순, 호른, 트럼펫, 트롬본, 튜바, 팀파니, 베이스드럼, 퍼커션1, 퍼커션2, 신시사이저, 제1바이올린, 제2바이올린, 비올라, 첼로, 콘트라베이스"

각 방위별로 교단에 사표가 된 구인선진을 대신해 수위단원 9인에게 대리 수여

법훈은 법계의 훈장입니다.

법훈인	대리법훈인
정산 종사	중앙단원 왕산 성도종 수위단원
건방 일산 이재철 선진	근산 이근수 수위단원
감방 이산 이순순 선진	명산 김성대 수위단원
간방 삼산 김기천 선진	덕타원 전덕선 수위단원
진방 사산 오창건 선진	제타원 박성인 수위단원
손방 오산 박세철 선진	수산 김경일 수위단원
이방 육산 박동국 선진	정타원 송정연 수위단원
곤방 칠산 유건 선진	현산 안인석 수위단원
태방 팔산 김광선 선진	율타원 김혜봉 수위단원

구인선진 출가위 법훈 서훈 기념 학술대회 개요

대회명
원불교 100주년 구인선진 출가위 법훈서훈기념 학술대회(원불교 九人先進의 생애와 사상)

주관
원불교100년기념성업회·원광대학교 원불교사상연구원

취지 및 목적
- 원불교가 지난 100년간 유례없는 발전을 거듭하여 우리사회는 물론 세계적 종교로서 건강한 역할을 할 수 있었던 것은 교조이신 소태산의 개교정신을 계승하고 확장시키는 일에 일생을 바친 수많은 선진(先進)들이 있었기 때문임.
- 특히, 구인선진(九人先進)은 교조 소태산 대종사와 더불어 온갖 어려움을 극복하며, 새 회상을 열기 위한 교단의 기틀을 마련한 인물들로 오늘날 원불교를 있게 한 장본인들임.
- 이러한 점에서 구인선진의 출가위 법훈 서훈은 참으로 경사스러운 일임. 더불어 구인선진의 생애와 사상 및 활동을 체계적으로 정리하고, 그들의 사상과 종교적 실천을 학술적으로 조명하는 과제 역시 지속적으로 이루어져야 함.
- 이에 원광대학교 원불교사상연구원과 원불교100년성업회에서는 첫째, 구인선진의 출가위 법훈 서훈을 기념하고, 둘째, 구인선진의 종교사적 위상을 정립하고 널리 현창하며, 셋째, 향후 관련 분야 연구 및 활용의 초석을 마련함은 물론, 넷째, 원불교 2세기의 새로운 발전 동력을 모색함을 목적으로 학술대회를 개최하고 기념 논문집을 발간하고자 함.

일시
2016년 4월 8일(금) 09:00~17:00

장소
원불교 중앙총부 반백년기념관

원불교 구인선진의 생애와 사상을 조명한 '구인선진 출가위 법훈 서훈 기념 학술대회'가 8일 중앙총부 반백년기념관에서 열렸다. 이번 학술대회는 소태산 대종사를 보필해 초기교단을 일궈낸 구인제자의 삶과 공덕을 재조명함으로써 원불교 100주년을 맞아 교단 창립정신을 결집하고 추원보본하자는 취지다.

◀ 원불교신문 1795호 2016.04.15 정성헌 기자

세부일정

시간	주제	발표자	구분
10:40~11:10	개회사	100년성업회	[제1부] 개식 및 법설 기조강연
11:10~11:40	기념법설	교산 이성택 종사	
11:40~12:10	기조강연	양현수	

이성택 원로교무는 "소태산 대종사가 대각 직후 제일 처음 한 일은 함께 회상을 발전시킬 구인제자를 찾고 조직을 결성한 일이었다"며 "그만큼 구인선진들은 중요한 인물이었다. 대종사를 혈성을 다해 모셨던 그 분들의 정신을 백년이 지난 우리들은 어떻게 창조적으로 계승할 것인지 깊이 연구해야 한다"고 말했다.

시간	주제	발표자	구분
10:40~11:10	제 1발표	이성전	
11:10~11:40	제 2발표	김혜광	
11:40~12:10	제 3발표	박도광	
13:00~13:30	제 4발표	김성택	
13:30~14:00	제 5발표	정성미	【제2부】 구인선진의 종교사적 위상
14:00~14:30	제 6발표	백광문	
14:50~15:20	제 7발표	이경진	
15:20~15:50	제 8발표	최정윤	
15:50~16:20	제 9발표	류성태	
16:30~17:00	총평 및 폐식	총평: 박윤철	

'소태산 대종사와 구인선진'을 주제로 원광대학교 양현수 명예교수가 기조강연을 했다. 정산종사는 원광대학교 이성전 교수, 일산 이재철 종사는 원광대학교 김혜광 교수, 이산 이순순 종사는 원광대학교 박도광 교수, 삼산 김기천 종사는 원광대학교 김성택 원로교수, 사산 오창건 종사는 원광대학교 정성미 교수가 맡았다. 또한 오산 박세철 종사는 정책연구소 백광문 소장, 육산 박동국 종사는 영산선학대학교 이경진 교수, 칠산 유건 종사는 교정원 교육부 최정윤 차장, 팔산 김광선 종사는 원광대학교 류성태 교수가 연구 발표했다.

<원불교 구인선진 개벽을 열다> 출간

- 기 획 : 원불교100년기념성업회·원광대학교원불교사상연구원
- 발행일 : 2016년 8월 20일
- 페이지 : 536쪽
- 판 형 : 152mm x 225mm(양장)
- 가 격 : 30,000원
- ISBN : 979-11-86502-59-4 (93290)

소태산 대종사를 도와 교단 창립과 발전의 초석을 다진 아홉 제자, 일산 이재철(1891~1943), 이산 이순순(1879~1945), 삼산 김기천(1890~1935), 사산 오창건(1887~1953), 오산 박세철(1879~1926), 육산 박동국(1897~1950), 칠산 유건(1880~1963), 팔산 김광선(1879~1939), 정산 송규(1900~1962)의 삶과 사상을 16명의 연구자가 다양한 각도에서 조명한 최초의 학문적 성과물이다. 평범한 조선의 서민, 향촌 지식인들이 한 선각자의 지도 속에서 종교적 선진으로 성장해 활동하고, 한국 자생의 세계적인 종교로서 원불교를 조형하는 큰 역할을 하게 되는 과정과 의의를 밝혔다.

'소태산 대종사와 구인선진', '구인선진의 생애와 사상', '구인선진의 종교사적 위상' 등 3부로 구성됐으며, 양은용 원광대 명예교수, 이용재 영산선학대 교수, 이경열 원불교대학원대학교 교무처장, 조성면 수원문화재단 시민문화팀장을 비롯한 16명이 저자로 참여했다.

구인선진 출가위 법훈 서훈 기념 학술대회가 8일 중앙총부 반백년 기념관에서 열렸다. 구인선진 후손들은 학술대회에 참석한 후 성탑을 참배했다.

005

진리의 손, 연꽃으로 피어나다
원무(圓舞) '연화헌공'

구인선진의 출가위 종사 법훈 서훈을 축하하는 공연으로 일원상과 하나되어
교단창립 구인선진께 연꽃을 공양하는 원무(圓舞)인 연화헌공은 원불교 예비교무 96명이 함께 했다.

"연화헌공보다는 준비기간에 원무(圓舞)라는 이름으로 더 많이 부르면서 준비했습니다. 연화헌공은 원광대학교와 영산선학대학교 원불교학과 학생들 96명이 함께 한마음으로 만들어내는 뜻 깊은 프로그램이었습니다. 그러나 처음에 기념대회에서 원무를 하자는 요청이 들어왔을 때는 원무라는 단어가 주는 의미가 그리 크지 않았습니다. 그냥 무용을 하는 것이라는 생각만 했고, 100주년기념대회 5만여 명의 관중들의 앞에서 무엇인가 하나의 공연을 한다는 것이 오히려 부담으로 다가왔습니다. 그래서 처음에는 퇴굴심이 많이 일어났었습니다.
하지만 연화헌공(원무)의 동작 하나하나에 담겨 있는 깊은 의미와 원불교의 무용이라는 새로운 장르를 선보인다는 것에 자부심을 가지고 뿌듯함을 느낄 수 있었습니다. 원불교 100주년이라는 큰 행사에서 원불교학과의 예비 전무출신의 한 사람으로 설 수 있는 기회를 가질 수 있어서 감사했습니다." _김명수 영산선학대학교 예비교무

장단이 없는 선(禪)춤과
연화헌공에서는
대금과 신시사이저가
음악을 연주
장단이 있는 은(恩)춤에서는
북과 가야금이
음악을 연주

원불교100주년기념대회 | 기념대회

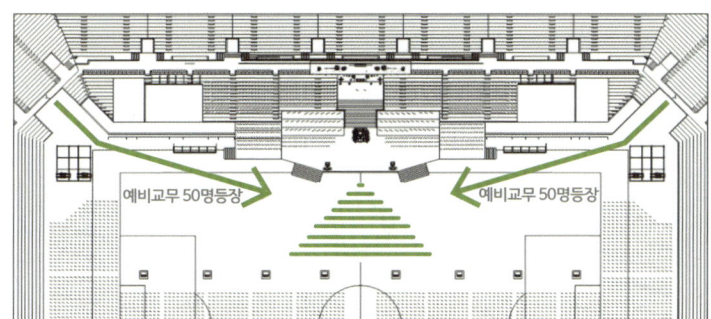
예비교무 50명등장 → ← 예비교무 50명등장

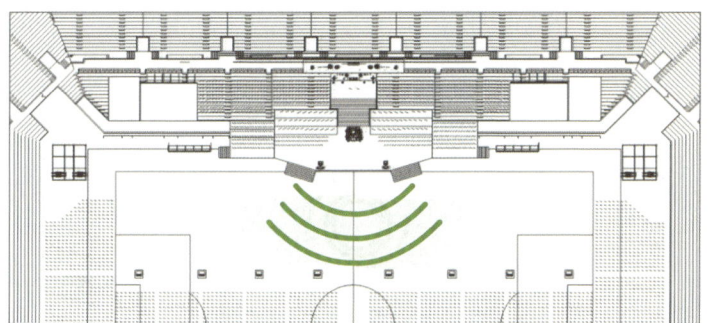

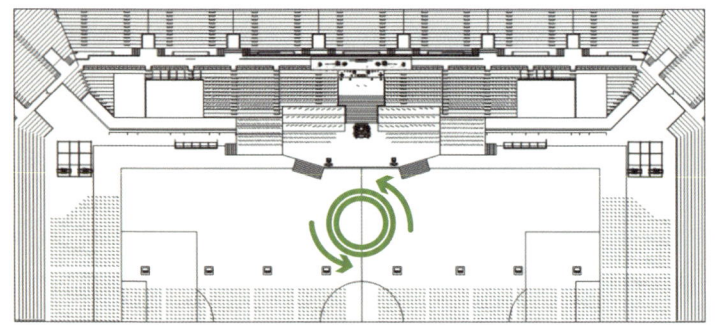 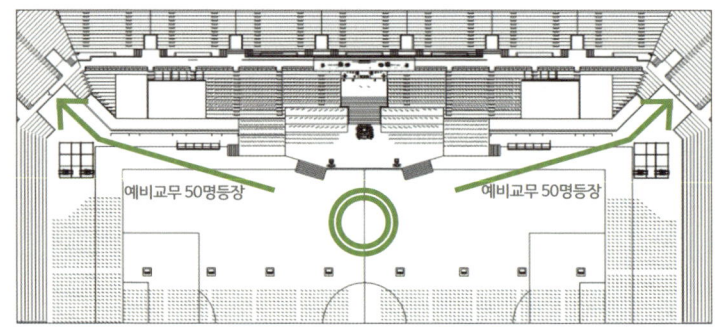

준비워크샵

 1차 워크샵

2016.03.26. 10시 ~ 15시
원광대학교 구체육관

영산선학대학교_37명

양광수, 이도일, 배성훈, 손형진, 김도광, 배상덕, 김명수, 김혜천, 조형철, 김정택, 이달원, 이도선, 현승민, 고종석, 라상현, 김명중, 소대용, 이원주, 배성연, 김기원, 노홍원, 김용석, 정경명, 황덕수, 홍은명, 정상명, 김진수, 김부영, 박도은, 장원희, 김혜원, 박여주, 김효성, 강지영, 지연실, 김서윤, 이다현

 **2차 워크샵**

2016.04.16. 10시 ~
원광여자고등학교 체육관

원광대학교_59명

공석천, 김원호, 노경원, 송종현, 신중휘, 오연수, 유기륜, 이동진, 최원일, 양진경, 강민승, 권경은, 김남덕, 김대윤, 김성재, 김원호, 김현덕, 명도훈, 김은지, 박주원, 박지호, 양덕원, 양자훈, 양현식, 이강원, 최정원, 김유진, 허선재, 강다빈, 고해민, 권성일, 김기현, 김성식, 김윤환, 박덕준, 박승제, 설영원, 윤지수, 성보국, 성영도, 유원진, 정다성, 정성인, 조일곤, 조진광, 홍세일, 황현진, 윤은진, 이은진, 김도현, 김성원, 이준석, 이홍원, 장덕천, 장도명, 김선화, 장은형, 조상원, 한솔

 3차 워크샵

2016.04.28. 19시 ~ 19시30분
원광대학교 구체육관

여 26명 27.1%
영산선학대 14명 + 원광대 12명

총인원 96명 중

남 70명 72.9%
영산선학대 23명 + 원광대 47명

○○5

백년 꽃이 활짝 피네
100주년기념대회 주제가

1. 꽃이 피네 꽃이 피네 백년 꽃이 활짝 피네 물질이 개벽되니 정신을 개벽하자
대종사님 외쳐주신 개벽의 함성 백년의 희망
온세상 온천지에 은혜가득 솟아나네 우리 함께 경축하세
성스러운 백년아침 우리 함께 노래하세 원불교 백년성업

2. 꽃이 피네 꽃이 피네 백년 꽃이 활짝 피네 마음공부 잘하여서
새 세상의 주인되자 스승님들 가르쳐준 생명의 말씀 진리의 약속
온세상 온천지에 평화가득 피어나네 우리 함께 경축하세
성스러운 백년아침 우리 함께 노래하세 원불교 백년성업

3. 꽃이 피네 꽃이 피네 백년꽃이 활짝피네 하나이니 하나로 일원세계 건설하자
우리님들 밝혀주신 하나의 진리 하나의 세상
온세상 온천지에 일원화로 피어나네 우리 함께 경축하세
성스러운 백년아침 우리 함께 노래하세 원불교 백년성업

백년꽃이 활짝 피네
방길튼 작사
박재완 작곡
엄진경 편곡

원불교100주년기념대회 경축가 및 주제가 녹음, 뮤직비디오 촬영 • 일시 : 2015년 12월 27일 13시~22시 • 장소 : 서울특별시 강남구 청담동 바이브스튜디오

주제가·경축가 제작과정 : 주제가는 국악 베이스, 경축가는 양악 베이스로 작곡
- 주제가 작곡 확정 및 시상식 15.05.27
- 주제가 1차 편곡 음원공유 15.07.20
- 2차 편곡 작업 15.12.10~12.26(엄진경)
- 주제가·경축가 합창단 녹음 15.12.27
- 주제가·경축가 마스터링 15.12.27~12.30 (황병준 음향감독 / 사운드 미러)

박재완 작곡가 시상식 2015.05.27

베이스 조창준님 [원불교 부산·경남지역 합창단 '원더풀']
" 아, 오늘 이렇게 100년 성업가를 함께 부르고 훌륭한 작업에 동참하게 되어서 너무너무 기쁘고 가슴 벅찹니다."

알토 하소정님 [원불교 부산·경남지역 합창단 '원더풀']
"원불교100년성업사업에 저도 한 일원으로 행사에 참여했다는 것에 너무 뿌듯하고 감동적입니다."

알토 전혜리님 [원불교 부산·경남지역 합창단 '원더풀']
"정말 마음이 너무나 평안하고 우주같은 그런 아름다운 느낌이 들었습니다. 노래가 좋은 것 같아요."

베이스 추현철님 [원불교 부산·경남지역 합창단 '원더풀']
"조금 더 많은 사람들이 원불교에 대해서 알게 되고 또 와서 공부를 하고 또 일원사상으로 모두 하나되는 그런 계기가 되었으면 좋겠습니다."

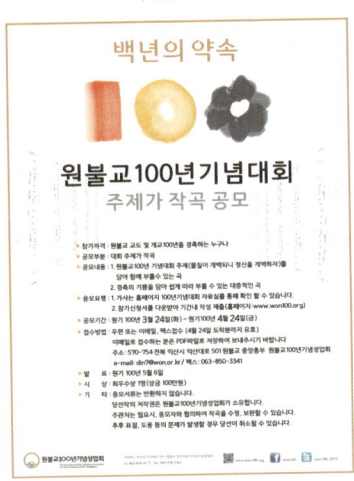

주제가 작곡 공모전 포스터

합창사전녹음
서울특별시 양천구 목동 KT채임버홀
2016년 4월 17일 13시 ~ 21시

지역(단체)	명단
경남	김덕인, 김숙희, 김양인, 김은전, 김인신, 김정환, 김해인, 김혜원, 박경심, 박성은, 박양진, 박영진, 박은신, 배진수, 서상원, 서홍진, 손선명, 손수향, 손양현, 신명중, 신중도, 안도명, 엄연서, 윤지언, 이도현, 이환길, 장서경, 정명인, 천봉문, 최경신, 한법은, 황여진
경인	강여주, 강정진, 강혜숙, 구덕행, 권희원, 김경훈, 김광원, 김은진, 김정수, 박상진, 박정덕, 변인화, 서연종, 서지훈, 성원종, 송대현, 신경욱, 심애경, 안선영, 양효선, 오인전, 오지운, 원성화, 원정화, 유진훈, 윤묘형, 이법진, 이봉선, 이성연, 이윤일, 이은공, 이은명, 이지은, 이진공, 이혜선, 장인진, 정주성, 진용화, 채도심, 황선숙
광주/전남	강성원, 김도원, 김상현, 김선영, 김성원, 김안선, 김연경, 김혜은, 김희원, 나기명, 나상덕, 나인덕, 노정환, 박도선, 박선명, 박송도, 박시종, 박윤희, 박인화, 박정선, 방일성, 소순정, 신현석, 안명원, 안옥진, 양신혜, 여지성, 유혜은, 이기정, 이도연, 이정신, 장안정, 정연심, 정연심, 정인원, 최덕원, 최명권, 최진수, 하명훈, 한양범, 한여진, 허정욱
금강	강윤진, 고준신, 곽소옥, 김경은, 김대권, 김도연, 김보경, 김성용, 김성철, 김창욱, 김하지, 도유정, 석대신, 손양명, 양혜심, 윤명진, 윤현공, 이대진, 이성모, 이은승, 이종범, 이지광, 이혜명, 이혜윤, 장서연, 전창제, 조상국, 조현진, 최덕인, 하원교
대구/경북	권방원, 김도일, 김도진, 김성목, 김연심, 김오진, 김해심, 노명수, 박인수, 배광한, 배진미, 배현민, 서소영, 손경은, 손일진, 손혜인, 신현조, 양혜숙, 엄현송, 유기현, 유영산, 이덕성, 이소진, 이안신, 이여일, 이윤화, 이은경, 정법주, 조창준, 최이신, 홍경운, 황경은
대전/충남	강종원, 공경신, 길성순, 김달인, 김성인, 김연수, 김윤선, 김현숙, 김형진, 노혜은, 박명음, 박상현, 박성란, 박성애, 박연식, 박일도, 변성렬, 변순덕, 선미연, 송완영, 신호연, 안봉은, 유인교, 윤원심, 이묘관, 이원선, 이인선, 임애주, 장원심, 전상일, 정서인, 정원덕, 지선양, 최대절, 최선주, 최연옥, 황상수
부산/울산	강법선, 강수인, 강인수, 고성주, 고화중, 곽상인, 구성경, 권인우, 김선정, 남신유, 남은심, 류정은, 류현호, 박대은, 박성원, 서성운, 서진원, 안심원, 우지행, 윤무애, 이덕윤, 이명성, 이상범, 이수아, 이수형, 이은관, 이숙숙, 이장영, 이장원, 이지혜, 이천곤, 전광은, 조성보, 조혜렴, 최규원, 최성근, 최성륜, 최진방, 한원순, 한혜선
서울	고덕주, 김능인, 김도화, 김법은, 김선오, 김성진, 김수경, 김시명, 김원봉, 김창희, 남은소, 문양경, 문지영, 민덕선, 박상명, 박원경, 박인덕, 박형근, 박희선, 배성문, 변상훈, 서재성, 서정포, 설동운, 송대원, 송윤주, 신재상, 신정인, 신지우, 양원공, 유덕혜, 유명원, 유성균, 유연옥, 유지원, 유현심, 유현옥, 이중, 이덕범, 이법주, 이상진, 이성순, 이양진, 이인순, 임성각, 임여심, 임은성, 정보화, 정인혜, 조인선, 조현명, 최성경, 최영실, 한성봉, 한원성, 한자인, 허영경
전북	강유진, 권세진, 김명지, 김법진, 김삼련, 김석원, 김성원, 김은홍, 김정인, 김형도, 김혜련, 노지선, 노혜명, 문정명, 박준규, 박현주, 성진희, 안현진, 양상현, 양성관, 양성덕, 유기덕, 유원복, 이명선, 이법인, 이상진, 이수현, 이승인, 이원호, 이정명, 이정현, 이지성, 이해철, 장인경, 장재홍, 전동명, 정계현, 정상인, 정혜련, 주경덕, 최달원, 탁해진, 한세명, 한수진
중앙	강명진, 강정화, 김도연, 김도창, 김승복, 김은정, 김인성, 노현심, 박성신, 박인하, 박주원, 박주혜, 변선만, 변정원, 오도웅, 왕명희, 유심원, 윤미선, 윤수연, 윤제성, 이대승, 이원심, 이은경, 이제세, 이지은, 이지현, 이해양, 임정무, 임형자, 장혜월, 전원식, 정덕례, 정도인, 정원중, 조진광, 진귀은, 채용중, 최현덕
원더풀합창단	윤지영, 황혜진, 안소영, 문정재, 송은지, 이수정, 박주현, 유동호, 우예소라, 고일언

백년 꽃이 활짝 피네

- 원불교 100주년 기념대회 주제가 -

방길튼 작사
박재완 작곡
원불교백년기념성업회

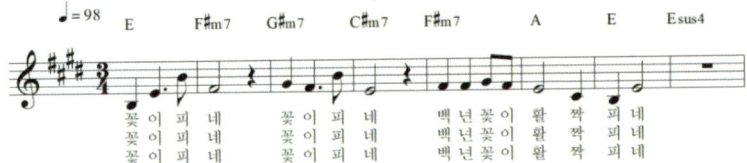

백년 꽃이 활짝 피네

> 대종사님 외쳐주신 개벽의 함성 백년의 희망
> 온 세상 온 천지에 은혜 가득 솟아나네
> 우리 함께 경축하세 성스러운 백년아침
> 우리 함께 노래하세 원불교 백년성업

○○5

법을 설하소서
종법사 법문

마음은 천지(天地)를 품고
영겁(永劫)을 함께하며
선악(善惡)의 조물주이니
정신개벽(精神開闢) 선도하자

♪

성가 : 청법가

005

원불교 100년 교서 정역 20년
10개 언어 교서 정역 봉고

"원불교의 교리를 세계 만방에 전할 수 있는 성스러운 번역 사업을 완수했습니다.
오늘 5대양 6대주의 해외 교도들이 함께 한 가운데 법신불 일원상 전에 정역교서를 봉정합니다.
정역은 인고의 시간 속에 잉태한 귀중한 원불교의 자산입니다.
정역으로 인해 세계의 많은 사람들이 이 법을 봉대하고 실천해 마음의 자유를 얻고, 평화의 시대를 열어 간다면
참으로 소태산 대종사님과 구인선진께 보은하는 길일 겁니다." _ 효산 조정근 봉행위원장

고난을 넘어

원기 101년 5월 1일에 원불교100년기념성업회 회장 조정근은 재계하옵고 전 교도를 대표하와 삼가 법신불 사은 전에 봉고하옵나이다.
봉고 사유는, 원불교 개교 100년 성업으로 착수해온 "10개 언어 교서 정역 사업"이 법신불 사은의 거룩하신 은혜와 위력에 힘 입사와 완성을 하게 되었삽기로, 그 크옵신 은덕에 다 같이 감사의 정성을 올리며 이에 봉고하옵나이다. 정역봉고문

02 고난을 넘어

작곡 : 원일
편곡 : 김백찬

" **고난을 넘어**

비올라, 첼로, 콘트라베이스
플루트, 클라리넷, 바순, 호른, 트럼펫, 트럼본
튜바, 팀파니, 베이스드럼, 퍼커션1·2,
신시사이저, 제1바이올린, 제2바이올린,
비올라, 첼로, 더블베이스 "

005

세계 보편종교로의 발걸음
10개 언어 교서 정역 증정

원기 92년 경산 종법사께서 10개 언어로
<정전>, <대종경>, <정산종사 법어>, <불조요경>, <예전>, <교사> 번역본을 합본해
원불교100주년기념대회에서 정역 봉정식을 올리도록 당부하셨다.
이에 해외 교당에 자문을 구하고 원광대학교 정역원의 후원으로 10개 언어
영어, 일어, 중국어, 프랑스어, 독일어, 스페인어, 포르투갈어, 러시아어, 아랍어, 에스페란토를 번역하는
불사를 이루어 5월 1일 원불교100주년기념대회에서 각 언어로 번역된 경전을 현지 교도 한 분 한 분에게
전달하였다. _ 내레이션 : 김일안 교무, 정연아 아나운서

"Infinite"

"10개 언어로 번역된 경전을 법신불 사은 전에 봉정하고 온누리에 널리 전함은 참으로 가슴 벅찬 일입니다.
세계 각국의 교도들은 이 경전을 삼가 받들어 고국으로 돌아가 일원대도를 전할 것입니다."

원불교100주년기념대회 | 기념대회

개교의 동기(開敎-動機)

현하 과학의 문명이 발달됨에 따라 물질을 사용하여야 할 사람의 정신은 점점 쇠약하고,
사람이 사용하여야 할 물질의 세력은 날로 융성하여,
쇠약한 그 정신을 항복받아 물질의 지배를 받게 하므로,
모든 사람이 도리어 저 물질의 노예 생활을 면하지 못하게 되었으니,
그 생활에 어찌 파란고해(波瀾苦海)가 없으리요.
그러므로, 진리적 종교의 신앙과 사실적 도덕의 훈련으로써
정신의 세력을 확장하고, 물질의 세력을 항복받아,
파란 고해의 일체 생명을 광대무량한 낙원(樂園)으로 인도하려 함이 그 동기니라.

English_영어

The Founding Motive of the Teach

Today, with the development of scientific civilization, the human spirit, which should be making use of material things, has steadily weakened, while the power of material things, which human beings should be using, has daily grown stronger, conquering that weakened spirit and bringing it under its domination; humans therefore cannot help but be enslaved by the material. How would they avoid the turbulent sea of suffering in their lives? Consequently, our founding motive is to lead all sentient beings, who are drowning in the turbulent sea of suffering, to a vast and immeasurable paradise by expanding spiritual power and conquering material power through faith in a religion based on truth and training in morality based on facts.

中國語_중국어

开教动机

目前，随着科学文明的发展，使得使用物质的人们之精神日渐衰弱，而供人们所使用的物质之势力却日益增强。这种势力逐渐征服了人类衰弱的精神，使之受物质支配。其结果是人类沦为物质的奴隶，生活在无边苦海之中。因此，人类应通过作为真理之宗教的信仰和基于现实的道德训练，增强精神力量以征服物质势力，引导生活在无边苦海中的一切生灵进入广大无量的乐园。此为开教动机。

日本語_일본어

開教の動機

今日、科学文明の発達にともない、物質を使用する人間の精神は次第に衰え、人間の使用すべき物質の勢力は日増しに栄える。

衰えたその精神は、物質に支配されることによって、すべての人びとはかえってその奴婢生活を免れないようになった。

そうした生活に、どうして波瀾苦海がなかろうか。それゆえに、真理的宗教の信仰と事実的道徳の訓練により精神の勢力を拡張して、物質の勢力を屈服させ、波瀾苦海にあえぐ一切の生霊を広大無量な楽園に導こうとするのが、本教を開いた動機である。

русский_러시아어

Мотив создания Учения

Сегодня с развитием научной цивилизации дух человека, который должен использовать материаль-ное, все более и более ослабевает, а сила материального, ко то рое должен испол зо вать чело-век, день за днем воз рас тает и, покоряя этот осла-бевший дух, подчиняет его своему гос подству; и поэтому все люди оказались нес по соб ными избег-нуть порабощения матери аль ным. Как в такой жиз ни не быть бушующему морю страданий?

Поэтому мотив создания Учения состоит в том, чтобы повести все живые существа, тону щие в море страданий, в огромный и неизме римый рай, расширяя силу духа и покоряя силу материального верованием в религию, опираю щуюся на истину, и тренировкой нравствен ности, опирающейся на факты.

le français _프랑스어

Les raisons de la fondation de la religion

A présent, à mesure que se développe une civilisation scientifique, l'esprit humain, qui devrait mettre à son service les choses matérielles, ne cesse de faiblir, tandis que le pouvoir de ces choses matérielles, qui devraient être mises à son service, ne cesse, lui, de se renforcer de jour en jour, si bien que c'est par elles que cet esprit humain affaibli en vient à être dominé. Les êtres humains en sont inexorablement réduits au rang d'esclaves de ces choses matérielles. Dès lors, comment une telle vie pourrait-elle bien être autre chose qu'un océan tourmenté de souffrances ? Voilà pourquoi l'origine a pour raison d'être de conduire tous les êtres vivants hors de cet océan de souffrances vers un incommensurable paradis, en étendant le pouvoir de l'esprit et en maîtrisant le pouvoir lié aux choses matérielles, par une foi en une religion qui s'enracine dans la vérité et par la pratique d'une morale qui s'enracine dans la vie réelle.

العربية _아랍어

دوافع التأسيس

في يومنا هذا، ومع تقدم الحضارة العلمية، فإن روح الإنسان (والتي عليها أن تستفيد من المادة وأن تستغلها لصالحها) تضعف تدريجياً؛ بينما تزداد قوة المادة يوماً بعد يوم (وهي التي يتعين على البشر استغلالها لصالحهم)، مسيطرةً بذلك على روح الإنسان ومتحكمةً بها، فلا يجد البشر مفراً من أن يُستعبدوا من قِبل المادة. تحت هذه الظروف، كيف يمكن للبشر أن يتجنبوا الوقوع في بحر المعاناة الهائج في حياتهم؟

تبعاً لذلك، فإن دافع التأسيس هو هداية كل الأحياء الذين يغرقون في بحر المعاناة الهائج إلى فردوس واسع لا حدود له، عن طريق إنماء القوة الروحية والتغلب على قوة المادة من خلال الإيمان بدين أُسَّس على الحقيقة وعلى التدرّب على الأخلاقيات المستندة إلى الحقائق.

Español _스페인어

Motivación

Hoy en día, con el progreso de la civilización técnica, el espíritu de los hombres que han de manipular la materia va debilitándose, mientras el potencial material que ha de manejar el hombre crece día a día hasta dominar al debilitado espíritu humano. Al ser tanto más inevitable que el hombre se convierta en esclavo de la materia, ¿cómo no habría de hallarse en su vida un océano tempestuoso de sufrimientos?

Por ello la motivación es conducir a todos los seres vivos de ese océano tempestuoso de sufrimientos a un paraíso de extensión infinita aumentando el poder espiritual y venciendo al poder material mediante la creencia en una religión auténtica y la práctica de una moral auténtica.

Portuguese_포르투갈어

Motivo da fundação

Nos dias de hoje, com o progresso da civilização técnica, mais e mais se enfraquece o espírito dos seres humanos que têm de usar a matéria, enquanto cresce dia a dia o poder da matéria que domina vitoriosamente o espírito humano enfraquecido e, por isso, nenhum deles consegue fugir de uma vida escravizada a essa matéria. Como, pois, não haveria na vida deles um mar revolto de sofrimentos? Assim, o motivo para fundar o Uombulismo é o de conduzir todos os seres vivos de um mar revolto de sofrimentos a um paraíso ilimitadamente vasto, aumentando o poder espiritual e vencendo o poder material por meio da crença de uma religião verdadeira e um treinamento numa moralidade baseada em fatos.

Deutsch_독일어

Beweggründe für die Gründung des Ordens

Mit dem Fortschritt der technischen Zivilisation wurde der menschliche Geist, der sich eigentlich des Materiellen bedienen sollte, immer mehr geschwächt, und die Macht des Materiellen, das dem Menschen eigentlich zu Diensten sein sollte, erstarkte beständig, unterwarf den geschwächten Geist und errichtete die Herrschaft des Materiellen. Da alle Menschen nun einem Leben als Sklaven des Materiellen nicht entrinnen können, bedeutet dies nicht ein Leben im Wogenden Meer des Leidens?

Es ist deshalb unsere Absicht, durch den Glauben an eine Religion, die auf der Wahrheit fußt, und die Unterweisung in einer Moral, die auf der Wirklichkeit gründet, die Kraft des Geistes zu stärken, die Macht des Materiellen zu brechen, und alles Lebendige aus dem Wogenden Meer des Leidens in das überragende und unermessliche Paradies zu führen.

Esperanto_에스페란토어

Fondmotivo

Nun laŭ la progreso de scienca civilizo pli kaj pli malfortiĝas la spirito de homo, kiu devas uzi materion, dum la potenco de materio uzenda por homo ĉiutage prosperas kaj venke regas la spiriton malfortiĝantan, tial male ĉiuj homoj ne povas eviti vivon sklavan al tiu materio. Kiel do en ilia vivo ne estus ondoplena sufermaro?

Do la fondmotivo estas konduki ĉiujn vivulojn en ondoplena sufermaro al senlime vasta paradizo, pligrandigante spiritan potencon kaj venkante materian potencon per verreligia kredo kaj realmorala trejno.

원불교100주년기념대회 | 기념대회

Infinite

작곡 : 원일
편곡 : 김태환

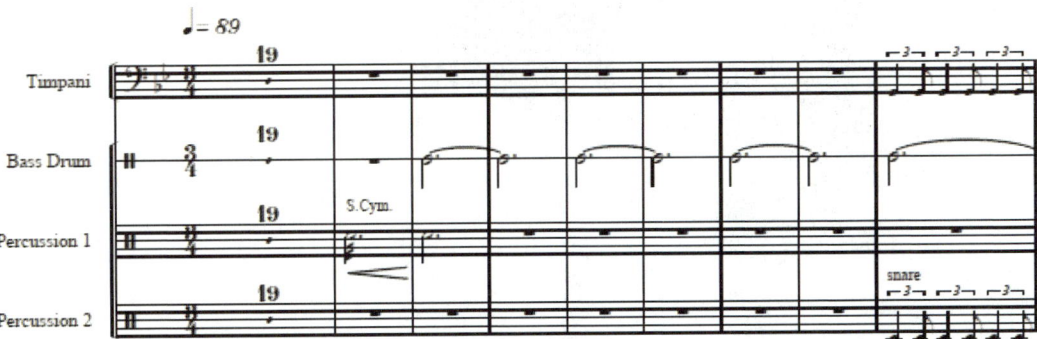

"Infinite"

팀파니, 베이스 드럼,
퍼커션1~2

005

일심합력! 일천정성!
100년성업 발자취

100년성업 5대지표

- 교화대불공
- 자신성업봉찬
- 세계주세교단건설
- 대자비교단
- 보은대불사

교화대불공 1

마음공부사회화, 경전 주석 보급, 어린이 정전 발행, 원불교 대사전 발행,
소태산 마음학교, 한동근체 보급, 교화단큰학교, 마음노래 선 CD

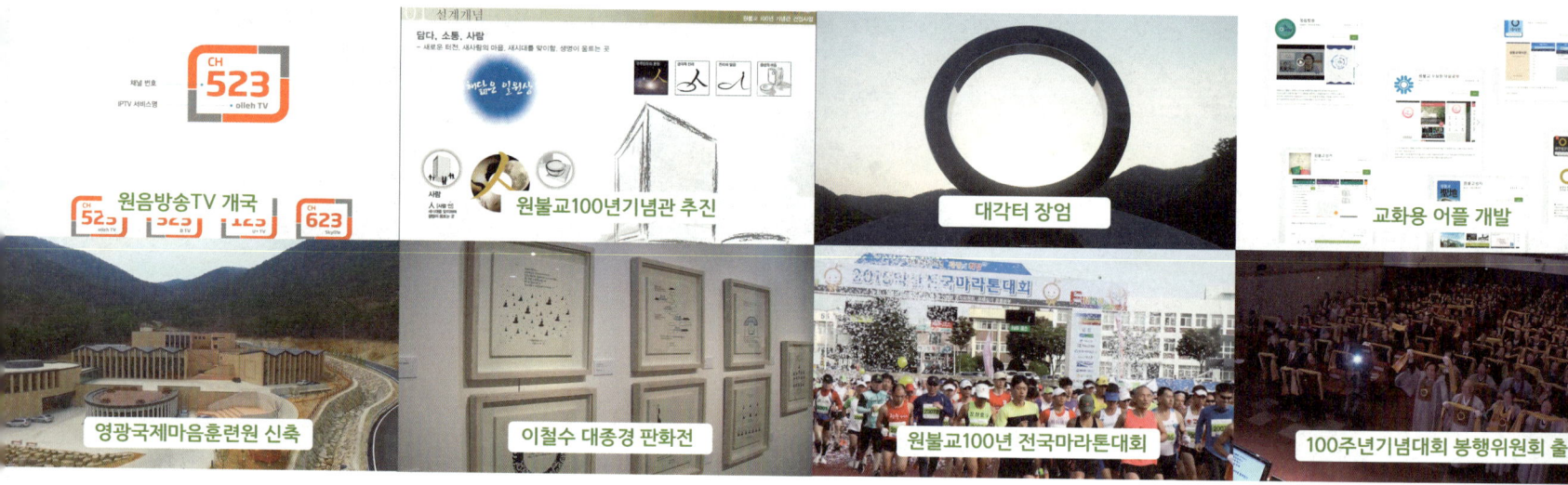

교화대불공 2

원음방송 TV개국, 원불교100주년기념관 추진, 대각터 장엄, 교화용 어플개발,
영광 국제마음훈련원 신축, 이철수 대종경 판화전,
원불교 100년 전국마라톤 대회, 100주년기념대회 봉행위원회 출범

원불교100주년기념대회 | 기념대회

자신성업봉찬
10년 대정진기도, 마음공부 실천사례 공모, 4정진 운동전개, 법문사경

세계주세교단건설
교서정역사업, 100년 총람 제작, 대각터 팽나무 2세 대은수 보급, 원다르마센터 봉불

대자비교단(上)
세계봉공재단 창립, 햇빛발전소 보급, 어린이난치병 치료

보은대불사(右)
대산종사법어 출간, 대산종사탄생 100주년 기념대법회

| 원불교100주년기념대회 | 기념대회 |

005

은혜·상생·평화 하나의 세계
정신개벽 서울선언문

원불교 100주년 이후 원불교 2세기 발전 방향을 제시한다.
과학의 시대, 생명이 존중받는 시대, 평화의 시대, 다가올 미래 등에 대한
서울선언문을 선포함으로써 100년을 맞이한 원불교가 인류평화와 공동선을 위해 어떤
미래 지향을 품고 나아가야할 것인가에 대한 비전을 선언하는 의미가 있다.

날개
김백찬 작곡

정신개벽 서울선언문

은혜·상생·평화·하나의 세계

원불교를 창교하신 소태산 대종사는 일원의 진리를 깨쳐 인류사회가 '서로 없어서는 살 수 없는 은혜의 관계'이고

진리·세계·인류·일터가 하나임을 천명하여 '하나의 세계'를 개척해 나갈 것을 염원하셨다.

원불교의 지난 100년은 소태산 대종사께서 인류구원의 방향으로 밝혀주신

'물질이 개벽되니 정신을 개벽하자'는 개교표어에 바탕하여,

한국 근현대 100년의 역사와 함께 하며, 인류의 아픔을 보듬어 온 개벽의 소식이었다.

그러나 오늘날 인류사회는 국가와 인종, 종교와 사상에 따른 독선과 오만, 욕심과 갈등으로 인한

전쟁과 테러, 질병과 기아, 환경파괴와 인간의 존엄을 잃어가는 시대에 직면해 있다.

이에 우리는 원불교 2세기를 힘차게 열며

'열린 마음으로 세상과 소통하는 밝은 지혜', '하나의 마음으로 생명을 존중하는 바른 실행'을 정신개벽의 방향으로 규정하고

온 인류와 함께 정신개벽 실천운동을 다음과 같이 전개하고자 한다.

> 하나, 우리는 물질을 선용하고 환경을 존중하는 상생의 세계를 만들어간다.
>
> 하나, 우리는 마음공부와 적공으로 강약이 진화하는 평화의 세계를 만들어간다.
>
> 하나, 우리는 서로 감사하고 보은하는 하나의 세계를 만들어간다.

원기 101(2016)년 5월 1일
수산 정상덕 원불교100년기념성업회 사무총장

Seoul Declaration for the Great Opening of Spirit

World of Grace, Mutual life-giving, Peace, and One.

The Founding Master of *Won*-Buddhism, Sotaesan, was enlightened to the truth of *Il-Won*; proclaimed that human society is "a relation of the grace without which nobody can live," that the truth, the world, mankind, and the workplace are One; and ardently hoped that all of us pioneer to make "the One World." The past 100 years of *Won*-Buddhism has been based on the Founding Motto of "With this Great Opening of matter, let there be a Great Opening of spirit," which was revealed as the direction for saving human beings by Founding Master Sotaesan; has walked with history for 100 years with Korea; and has spread the news of the Great Opening through comforting pains of the human race.

However, our human society is facing an era of losing dignity as human beings, because of self-righteousness and arrogance due to differences in nations, races, religions, and ideologies; bring wars and terrors caused by greed and conflict, disease, hunger, and environmental destruction, etc.

Therefore, as we powerfully open the second century of *Won*-Buddhism, we define "the enlightened wisdom along with the open mind to communicate with the world" and "the proper practice with one mind to honor other's life" as two directions of the Great Opening of spirit. Now, we will deploy the practicing movement of the Great Opening of spirit with all human beings as follows;

1. We will make a world of mutual life-giving where material is properly used and the environment is honored.
2. We will make a world of peace where the strong and the weak progress together through the study of the mind, and buddha offerings.
3. We will make One World where everybody appreciates each other and expresses gratitude each other.

At the Commemorative Ceremony of the Centennial of *Won*-Buddhism,
On May first of the *Won*-Buddhist Year 101 (2016)

원불교100주년기념대회 | 기념대회

005

일원화 만발하라
경축가

1. 백년이 흘러 우리 여기 모여 천년의 역사를 써가려네 소태산 대종사 제자되어 오직 한 길로 여기 왔네
우리가 모두 부처임을 깨닫게 하시고 오롯한 마음 하나로 날 살게 하시네
아 물질이 개벽되니 정신을 개벽하자 은혜의 세상을 만들어 평등세계 이루자

2. 진리를 알아 내 안을 밝히고 두렷하게 온 세상 밝히어 사은님께 항상 감사하며 오직 한 맘으로 여기에
새롭게 맞이할 세상은 우리 하나 되어 대적공 대적공하여 참 나를 누리리
아 물질이 개벽되니 정신을 개벽하자 하나의 세상을 만들어 일원세계 이루자
찬란하게 빛나라 우리 백년 성업 영겁으로 이어갈 우리 원불교
아 물질이 개벽되니 정신을 개벽하자 하나의 세상을 만들어 일원세계 이루자 일원세계 이루자

♬
일원세계로
박찬미 작곡·작사
엄진경 편곡

일원세계로

"
대산종사 탄생100주년 행사부터
원불교 100주년기념대회까지
음악활동을
쉬지 않고 해올 수 있었음에
이런 영광이 어디 있을까 싶습니다.
큰 축복이었고 은혜로운 시간이었습니다.
_박찬미 작곡가
"

005

가야할 미래 새로운 희망
새천년 맞이 개벽 한마당

새로운 천년을 열어 갈 모두가 하나 되는 개벽 한마당 시간입니다.
개벽 한마당은 원불교의 또 다른 시작을 알리며 소태산 대종사님의 백년의 꿈과 우리의 약속과 그 만남을
이어갈 연결고리입니다. 우리의 약속은 정신개벽입니다. 정신개벽으로 새 세상의 주인이 되어야 하겠습니다.

호남좌도필봉농악보존회	29명	라마코카교당	20명
원광디지털대학교빛오름전통예술단	60명	모스크바교당	17명
미추홀전통연희단	76명	연화헌공단	96명

새천년 아리랑
'Flying'
'Fly To The Sky'

음악이 'Flying'으로 바뀌면 북동쪽 입구와 남동쪽 입구로 나뉘어 각각 모스크바 교도, 사물놀이 팀과 아프리카 교도, 무용단을 앞세우고 연희단 60~70명씩 나와서 방울진으로 뭉치면 예비교무 96명이 나와서 큰 일원상으로 감싸는 장면을 연출.

원불교 새천년 아리랑 _작사 : 수산 정상덕 원불교100년기념성업회 사무총장

1절 하늘보고 의심 걸린 한 소년이 사무치다 문득 깨쳐 큰 빛 이루네
큰 빛으로 온갖 이치 밝혀 내시니 새 회상의 큰 경사 여기 열렸네
아리랑 아리랑 아라리오 둥근 빛 온누리에 길이 빛나리

2절 천지를 감동시킬 마음 하나로 목숨걸고 기도하니 응답 있었네
대종사 대각으로 새날을 여니 무아봉공 법계인증 혈인 받았네
아리랑 아리랑 아라리오 둥근빛 온누리에 길이 빛나리

3절 한 인류 한 세상 일원의 진리 천지 부모 동포 법률 은혜의 세상 물질이
개벽되고 또 개벽되니 정신을 개벽하고 또 개벽하세
아리랑 아리랑 아라리오 둥근 빛 온누리에 길이 빛나리

4절 아~ 우리 큰 스승 소태산 대종사 그 가르침 따라서 백년의 적공
아~ 우리 원불교 온누리 밝혀 새천년 개벽세상 열어 가려네
아리랑 아리랑 아라리오 둥근빛 온누리에 길이 빛나리
둥근 빛 온누리에 길이 빛나리

> **폐막공연 : 새천년 개벽한마당**
> 180명의 연희단, 원불교 모스크바교당, 아프리카 라마코카교당의 태권도, 풍물패가 함께 하고 있습니다. 원불교 새천년을 열어갈 개벽의 어울 한마당입니다.

- **호남좌도 필봉농악 보존회**

  고정석, 김경남, 김명숙, 김석범, 김성진, 김세미, 김양순, 김은하, 김응경, 박연하, 박혜정, 송하중, 신상남, 신지혜, 양이정, 오미화, 오진길, 오현택, 이미순, 이영복, 이인엽, 이정호, 이종휘, 이진규, 임창주, 정혜진, 천정영, 한성열, 함순오

- **미추홀전통연희단**

  강지원, 고광문, 권국균, 김경순, 김경임, 김교생, 김명숙, 김명희, 김미숙, 김민숙, 김분희, 김예나, 김 은, 김정례, 김주례, 김진우, 김필순, 김혜숙, 김홍매, 김희진, 명혜경, 문정숙, 박경숙, 박경숙, 박용훈, 박희정, 사상철, 서수지, 송상기, 신호성, 안영옥, 안진헌, 엄재한, 예철혜, 오명숙, 오선순, 이길자, 이난형, 이미옥, 이민구, 이송자, 이순도, 이순조, 이양분, 이옥희, 이윤구, 이일재, 이진예, 이평주, 이향란, 임효정, 정금진, 정선영, 조경민, 조순자, 조유진, 조정아, 최윤재, 홍미정, 황명자

- **원광디지털대학교 빛오름 전통공연예술단**

  강 현, 강영호, 강정효, 고복자, 고순덕, 권기매, 김 란, 김미경, 김수희, 김영만, 김예주, 김완수, 김재유, 김창한, 김판순, 김하람, 김현수, 김혜정, 김희정, 문경빈, 문선희, 문성숙, 문영숙, 박수빈, 박현수, 배수화, 서신석, 성미향, 손광주, 송수경, 송영주, 신승호, 안혜림, 양현미, 여유정, 유점숙, 유현숙, 윤정미, 윤현화, 이미자, 이연수, 이연승, 이영숙, 이은송, 이은자, 이의태, 이정철, 이정화, 이정호, 이혜영, 이효정, 장남익, 장윤미, 전미숙, 전영걸, 전현숙, 정기례, 조계동, 조성규, 최규춘, 최보근, 최수빈, 최순옥, 최완수, 최원민, 최중석, 최현자, 한세영, 한예림, 한은실, 홍혜영, 황선화, 황순식, 황이정, 황지원, 황지현

- **원불교 남아프리카 라마코카 교당**

  브래들리 모나이, 쳬뻬소 마질라, 쳬빵 마질라, 마세호 모탐메, 모세우 챠우케, 임마뉴엘 마시시, 호모쩨항 디첼레, 비앙카 부시엘로, 데이비드 라마코카, 투멜로 마질라, 폴로꼬 모아찌, 오트뜰렝 디체테, 드라미니 음두두지, 벰베 바넬레벰베, 음포 코우웨, 발리사 라카코카, 응강아바니 드라미니, 놈푸메레로 드라미니, 마가렛, 노나

- **원불교 러시아 모스크바 교당**

  아멜키나 알렉산드라, 바투리나 따찌야나, 소니나 올가, 그립코바 빅토리아, 폴쉬코바 스베뜰라나, 그리트뇨바 따찌야나, 박 마리I 간차로바 마리야, 티모쉬키나 예카테리나, 쉬로보코바 옐레나, 취조바 이리나, 사피나 마리야, 키슬로바 예브게니야, 아파냐씨예바 다리야, 이그나토바 따찌야나

'Flying'

새천년 아리랑

> 새로운 세상을 맞이하는 기쁨은 분명 신명이고
> 아리랑 아라리요의 기쁨이고 하나됨일 것입니다.
> 새 세상을 은혜로 열어주고 모두를 부처로 희망준
> 소태산의 개벽소식을 이야기하고 싶었습니다.
> _수산 정상덕 원불교100년기념성업회 사무총장

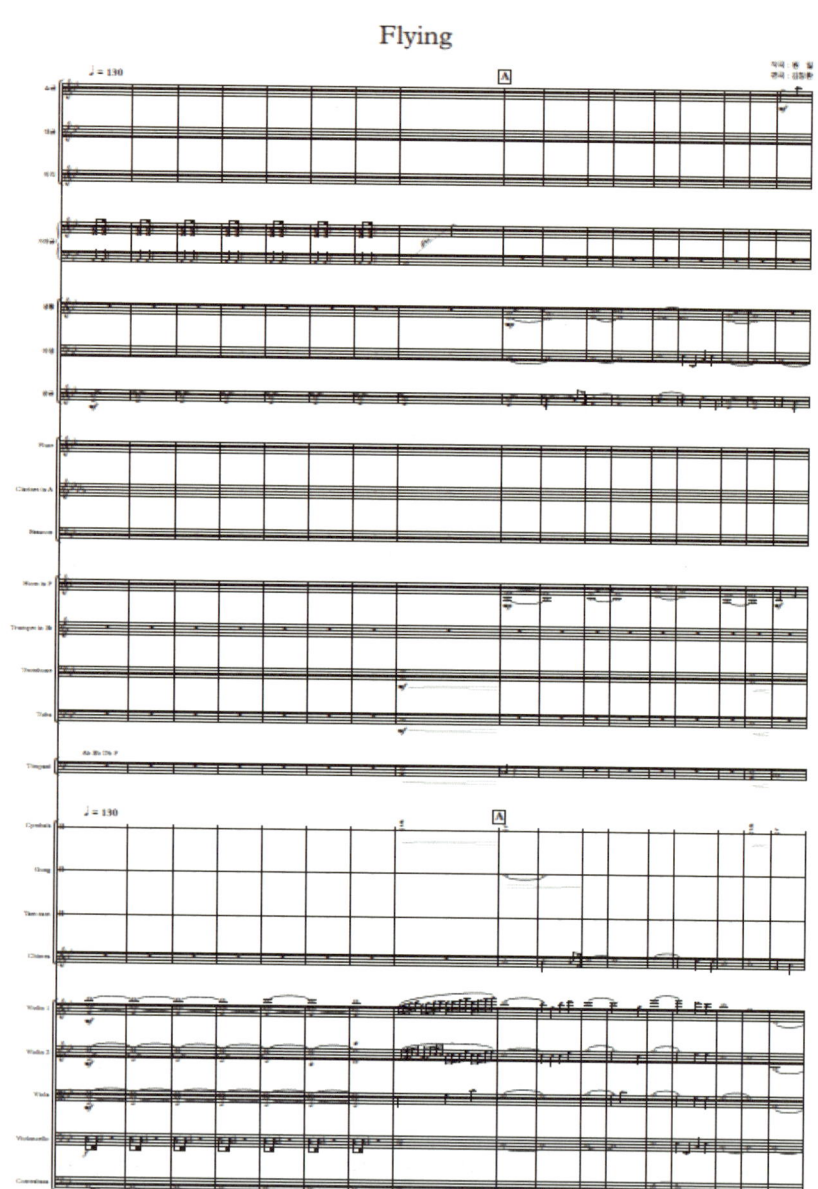

Flying

" 대동의 기분을 담아내고 환희의 기분에 동조하는 분위기의 음악으로 선곡 "

Fly To The Sky

005

대적공 대적공 대적공
엔딩 크레딧

"고맙습니다"

국내외 수많은 우리 교도님들은 원불교100년성업을 위해 그동안 기도 정성과 정진 적공을 하며 헌신적인 힘을 보여주셨습니다. 여러분께서는 지금! 100년성업에 동참해 주신 성업 동참 7만여 명 인연들의 거룩한 이름들을 보고 계십니다. 지난 4월 25일 거행된, '대한민국 근·현대 100년, 해원·상생·치유·화합을 위한 특별천도재, 그리고 10년 대정진 기도와 종교 문명의 대전환과 큰적공의 국제학술대회 그리고 오늘 100주년 기념대회가 원만하고 성대히 개최되기까지 교도님들의 아낌없는 염원이 있었기에 이루어진 은혜로운 성업이었습니다. 고맙습니다. 사랑합니다.

함께 해 주신 일원가족 모든 분들께 다시 한 번 감사드립니다. 이제 헤어져야 할 시간입니다. 우리는 온 세상에 두루 비칠 일원의 사도입니다. 우리의 약속과 우리의 만남을 가슴 깊이 새기겠습니다. 안녕히 가십시오! 조심히 가십시오!! 늘 도우시는 법신불 사은님께서 우리를 지켜 주실 것입니다. 그동안 동참해 주시고 기원해 주신 모든 분들과 그 보이지 않는 수많은 노고에 머리 숙여 인사드립니다. 오늘의 주인공은 바로 여러분, 자랑스런 일원가족 여러분입니다. 오늘의 이 시간과 이 만남을 영원히 기억하겠습니다. 원불교 2세기의 비전을 가슴 가득 품에 안고 안녕히 가십시오. 이것으로 원기 101년 5월 1일 원불교100주년기념대회를 마치겠습니다. 고맙습니다. 모두 안녕히 가십시오.   _내레이션 : 김일안 교무, 정연아 아나운서

기념대회 의식연출 감독단

총연출감독 김동원 교수
(사)사물놀이 한울림(김덕수 사물놀이)연구교육부장 역임
스위스 바젤음악원, 캐나다 토론토 대학교, 프랑스 파리8대학교 초빙교수 역임
카네기홀 링컨센터, 시드니 오페라 하우스 등 세계 공연장에서 연주
現 원광디지털대학교 전통공연예술학과(학과장)교수

연희감독 양진성 교수
필봉농악보존회(회장)
유네스코 인류무형문화유산
중요무형문화재 11-5호
　　　(최연소 인간문화재)
원광디지털대학교 전통공연학과 교수
전주세계소리축제 조직위원
전라북도 문화재단 이사 등

제작감독 주재연 대표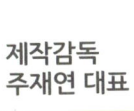
난장컬쳐스(대표이사)
한국문화예술경영학회 운영이사
프랑스'코레디씨 페스티벌' 공동 기획
서울아리랑페스티벌 예술감독

무대미술감독 박성규 대표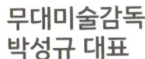
아트캐리어(대표)
SM엔터테인먼트,
빅뱅 월드투어, jtbc 개국쇼
연합뉴스 개국, mbc 뉴스룸,
드림콘서트, 김연아쇼, 볼쇼이아이스쇼
아시아 문화전당 미술감독 등

음악감독 원일 작곡가
제45회 대종상영화제 음악상
최연소 국립국악관현악단 예술감독
화엄음악제 예술총감독
영화,대하드라마 '불멸의 이순신'등
　　　　　　　　　　다수 작곡

음향감독 황병준 대표
사운드미러(대표)
54회, 58회
Grammy Awards,
Best Engineered Album, Classical 수상
동국대 영상대학원 컴퓨터 음악과,
백석대 백석 컨서바토리 음향학 강사

영상감독 이건종 교무
現 원광디지털대학교
미래전략실 실장
원불교 교전 앱 개발 등 前 원불교
　　　　　　　　정보전산실 근무

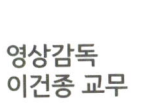

005

5만 대중의 시선이 모이다

무대, 시스템, 리허설

4/25(월) ~ 4/29(금)

- 무대 SET-UP, 조명, LED, 음향 타임랩스 등 구조물 설치
- 무대 방염 처리승인 무대 구조물 안전점검
- 안전점검 서울시설관리공단 승인 완료

4/30(토)

06:00(AM)-12:00(PM)360분
- 중계 SET-UP 방송 중계차 3대, 카메라, 중계준비
- 원음방송 TV, Radio, Internet 방송 송출 준비

09:00(AM)-11:00(AM)120분
- 설비점검 메인 LED, 음향 설비 점검 불전도구 셋팅

10:30 AM- 7:30(PM) 리허설
- "원무-연화헌공" 리허설, 독경·의식 리허설, 오케스트라 + 합창단 리허설, 폐막공연 리허설(영상&공연), 개막공연 리허설(영상&공연)

5/1(일)

9:00(AM)- 12:00(PM)
- 당일 리허설, 헬리캠(드론)
- 개별 리허설(연희공연 중심), 법훈 서훈식, 봉고문 리허설, VIP 리허설

12:00(PM)- 1:00(pM)
- 최종 점검
- 기념대회 최종 점검 (대회 경축가, 주제가 반복 재생)

원불교100주년기념대회 | 기념대회

리허설
1_합창단
2_법좌점검
3_오케스트라
4_개막공연
5_총연출감독
6_연화헌공

기념대회 무대설치 2016.04.27~2016.05.01

Technical Rider 파트별 담당자

구분	시스템명	담당자
주최	기념대회 실무 총괄	김도경 기획운영실장
연출	총연출	김동원 감독
공연	연희	양진성 감독
제작	제작	주재연 감독
무대	미술·기술	박성규 감독
음악	음악	원 일 감독
영상	영상	이건종 교무(감독)
음향	음향	황병준 감독
중계	원음방송	양용원 교무(부감독)
연출	조연출	손혜선 연출
음향	스타네트웍스	심우탁 팀장
무대	쿠바 프로덕션	김광석 감독
무대	프리랜서	김경일 감독
LED영상	베이직테크	최진철
STAGE	아트캐리어	소영준
구조물	프레임컴퍼니	이영찬
조명	페스티발 라이팅	김연도
렌탈	이엠지	한승진
특효	미라클	최준현 실장
발전차	두성발전	정두성
전식	플레어	박세웅
경호	강한친구들	채규칠 대표

상암 월드컵 경기장 : 시스템도

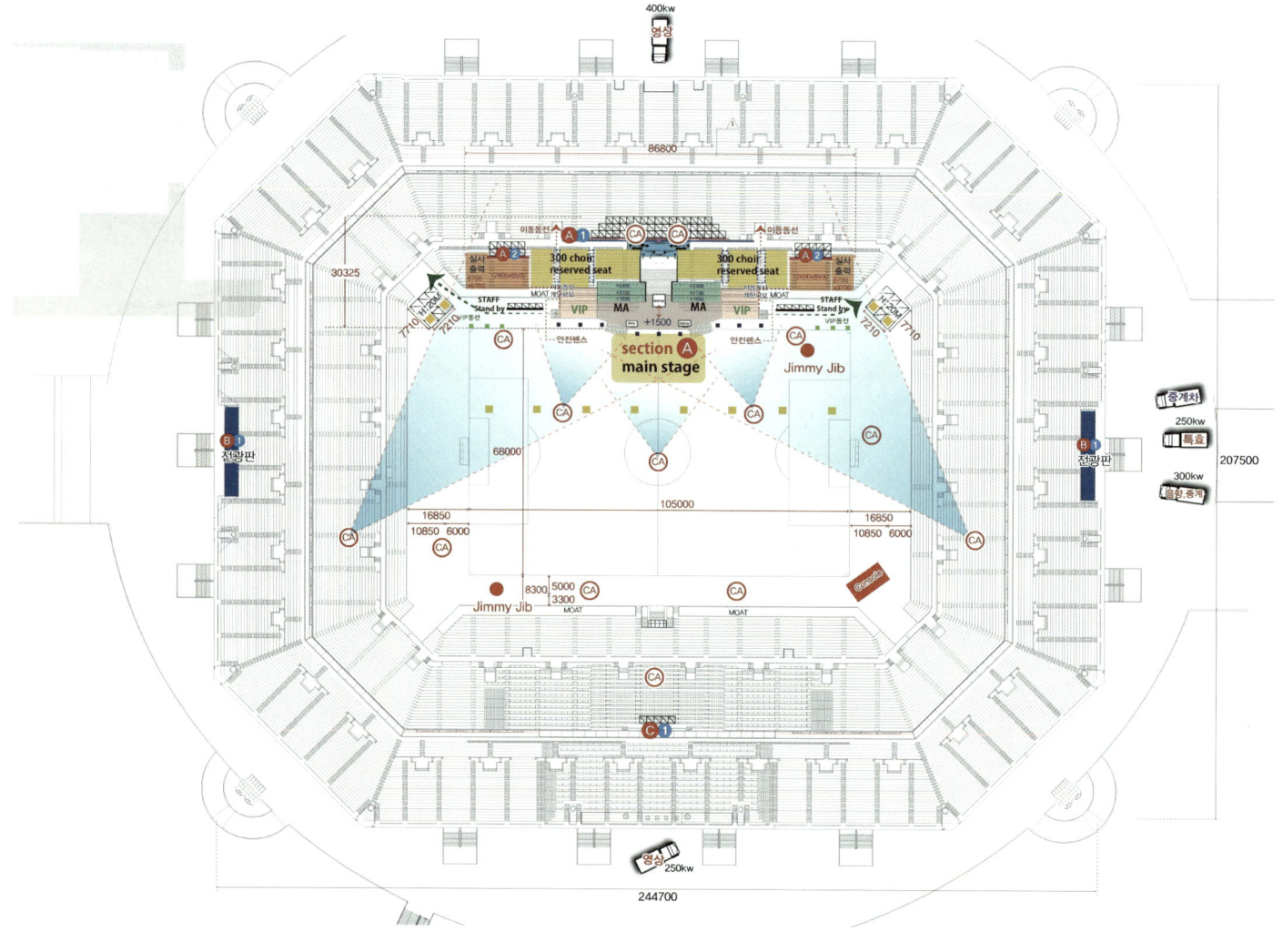

상암 월드컵 경기장 : 무대평면

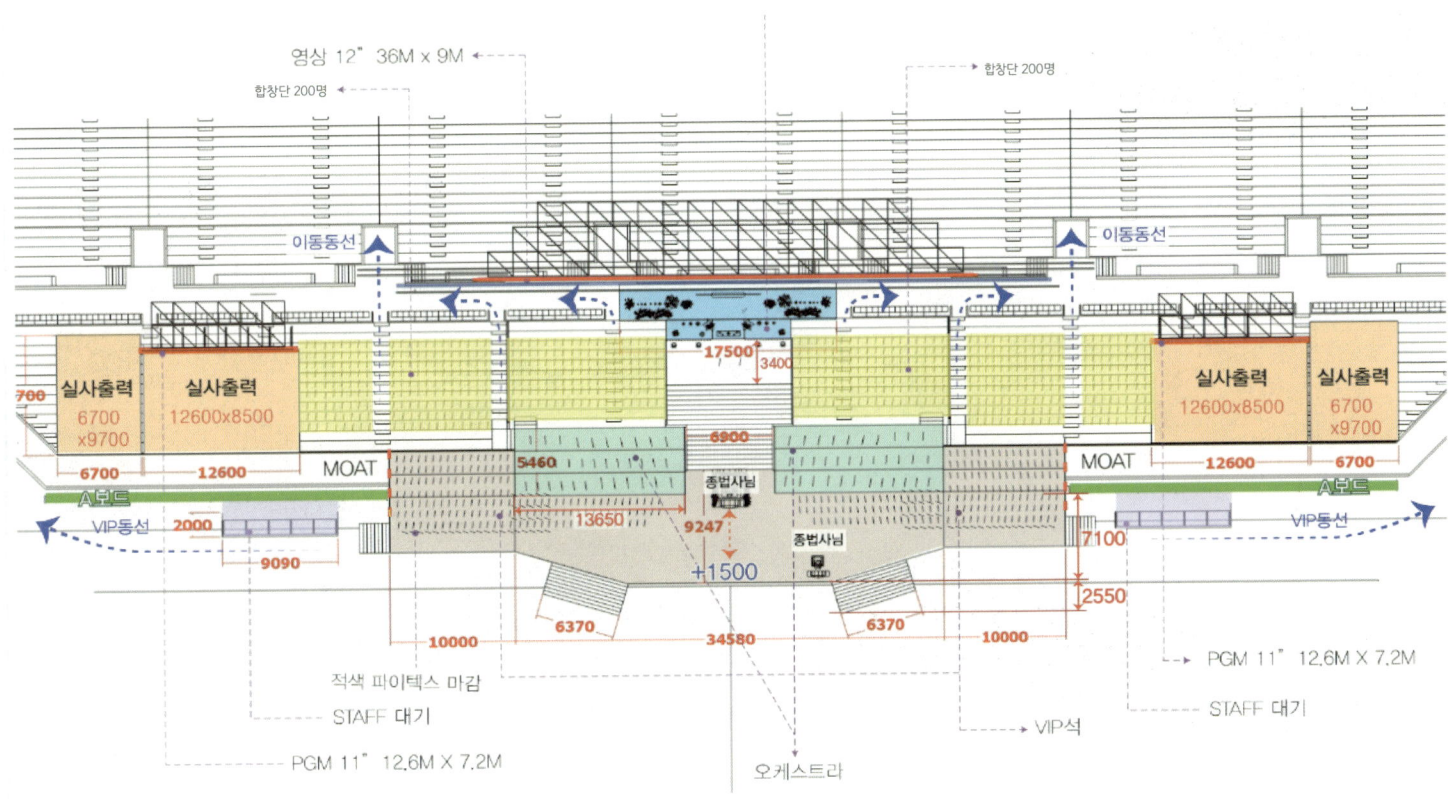

상암 월드컵 경기장 : 무대

위치	무대크기
	가로 X 세로, 단위 : m
중앙무대	34 x 10
좌,우 무대 (내외빈, 법호인석)	13 x 8.2
좌,우 오케스트라단석	14.7 x 6.2
불단	25 x 4 + 10 x 8
독경단, 합창단 석	25 x 10

1,000여 명이 단상에 올라가는
큰 스케일의 무대 제작을 위해
기존 스탠드와 가변설치 무대 사이 빈 공간을
독경단과 합창단이 앉을 수 있도록
스탠드를 연결하여 제작 설치

Technical Rider : 상암 SOUND

• 특수효과 '노랑 풍선'(6망)

현장 설치 사진

• PA/음향타워 무대 양측설치
• 양쪽 스탠드 관중석 시야 확보를 위한 각도 조절 등 섬세한 설치
• 설치면 넓이 : 52㎡, 높이 : 20.1m

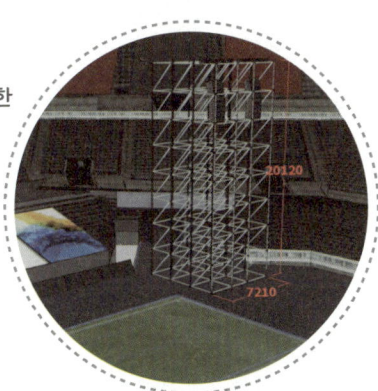

Technical Rider : 상암 L.E.D

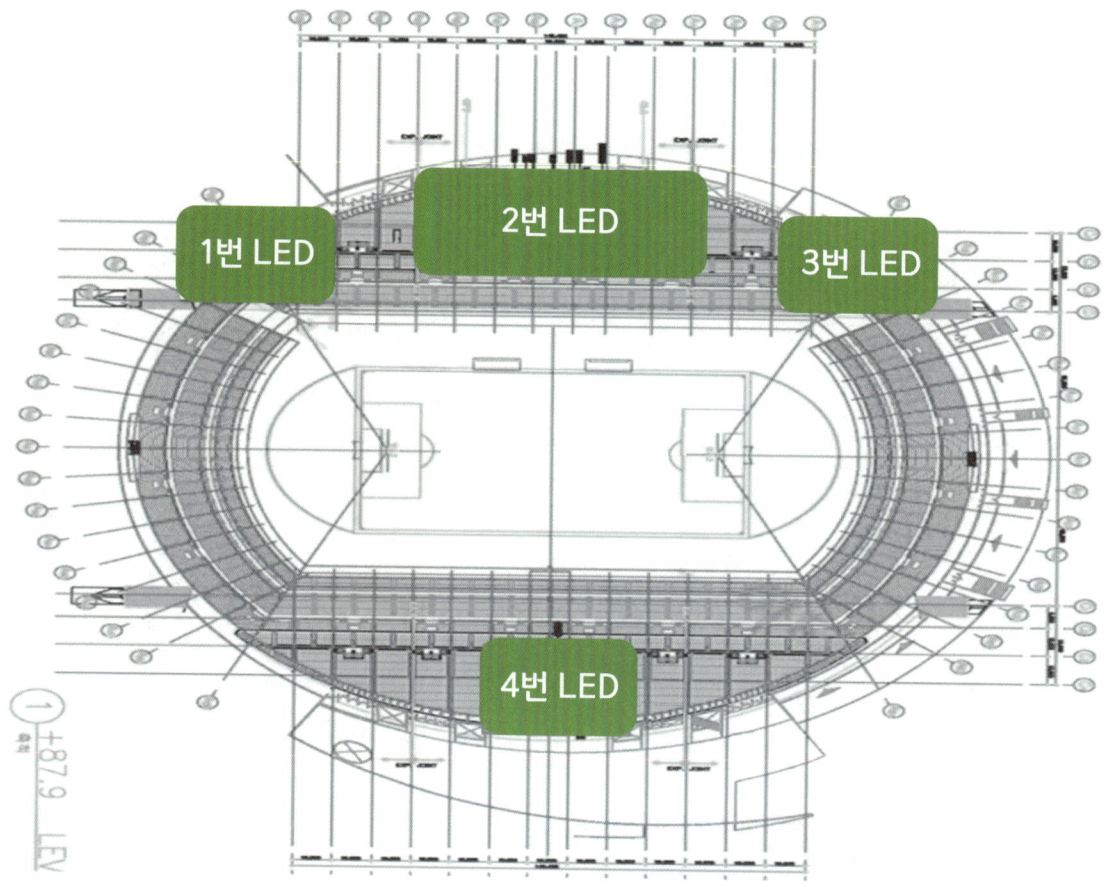

1번 LED	2번 LED	3번 LED	4번 LED
• FX11 450(mm)size • 가로 12.6m, 세로 9m • 총 448ea	• BT12 600(mm)size • 가로 9.6m, 세로 5.4m • 총 144ea	• FX11 450(mm)size • 가로 12.6m, 세로 9m • 총 448ea	• BT12 600(mm)size • 가로 9.6m, 세로 5.4m • 총 144ea

Technical Rider : L.E.D

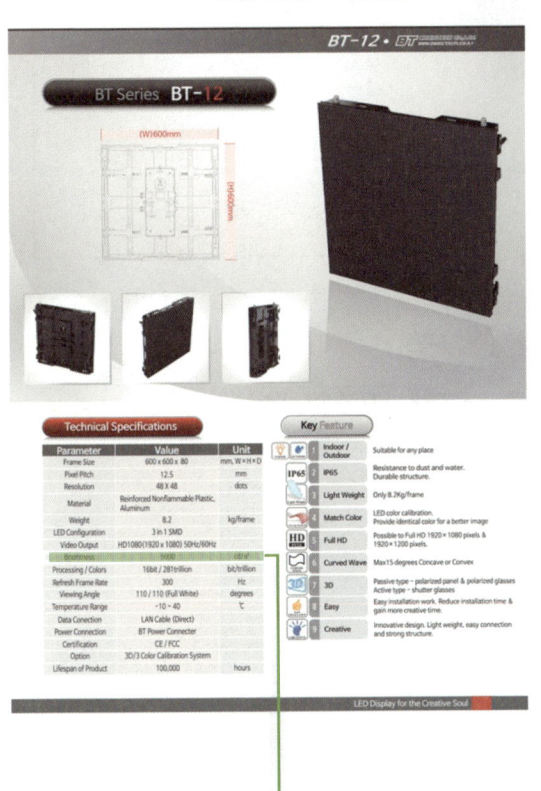

Brightness   5000   cd/㎡

Brightness : LED Pixel / 5000cd/㎡

Technical Rider : ENCORE- VISUAL

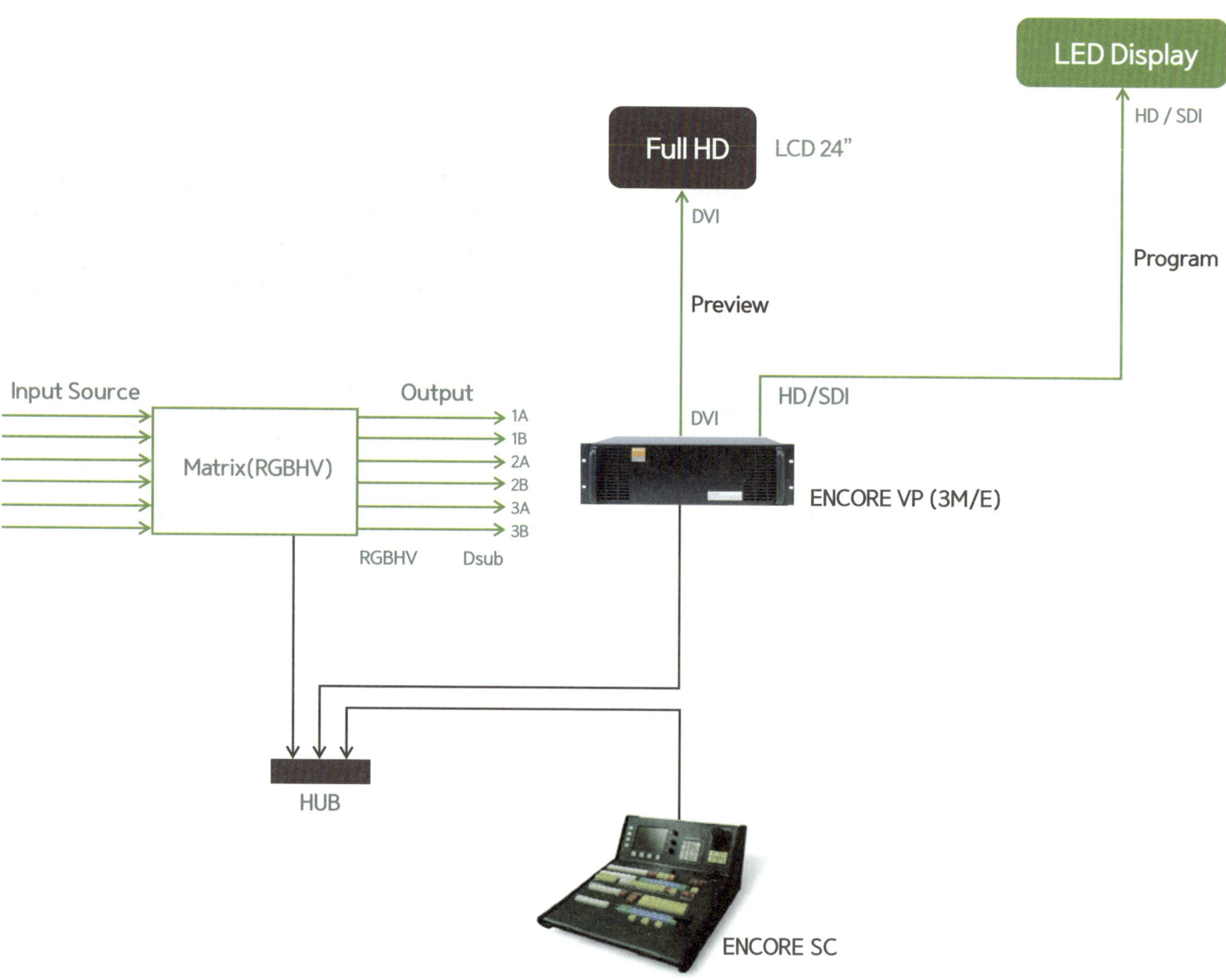

Technical Rider : Lighting

Model	Manufacturer	National	Power	Lamp	Weight	Count
MMX SPOT	ROBE	CHEZO	1050W	DISCHARGED LAMP 35R	23Kg	18ea
MOORE 260	OMART	CHINA	300W	DISCHARGED LAMP 15R	17.5Kg	50ea
AURORA	J-Tech	CHINA	400W	LED	12Kg	32ea
INDIGO 3000XE	LS MEDIA	CHINA	200W	LED	7Kg	30ea
ATOMIC 3000	MARTIN	GERMANY	1500W	DISCHARGED LAMP	15Kg	10ea
XENON-2000	SANEI	JAPAN	2000W	XENON LAMP	45Kg	3ea

Technical Rider : Lighting

Model	Manufacturer	National	Power	Lamp	Weight	Count
PAR64	KUPO	KOREA	1000W	TUNGSTEN LAMP	3Kg	50ea
PAR46	KUPO	KOREA	250W	TUNGSTEN LAMP	1Kg	64ea
MOLEFAY 4LITE	KUPO	KOREA	2700W	TUNGSTEN LAMP	7Kg	18ea
GRANDMA2 LIGHT	MALIGHTING	GERMANY	PARAMETER 4096 PARAMETER		40Kg	1ea
ATOMIC 3000	RGB DIMMER	LS MEDIA	KOREA	System output 12dimmer/12direct	40Kg	4ea
HZ-400	ANTARI	TAIWAN	230V/AC	System output 2800 cu.ft	18.5Kg	2ea

Technical Rider : 상암 PGM monitor 배치도

Technical Rider : 상암 CONSOLE 배치도

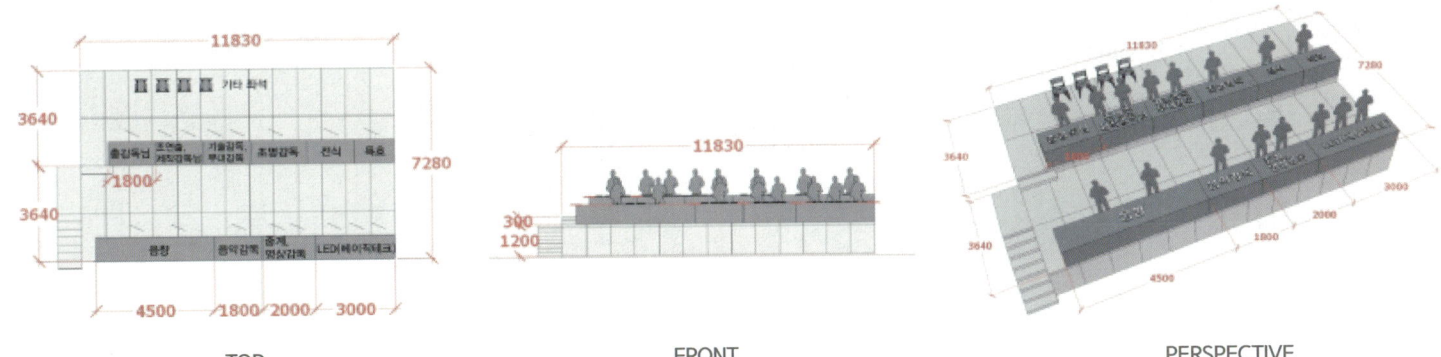

TOP　　　　　　　　　FRONT　　　　　　　　　PERSPECTIVE

Technical Rider : 상암 객석PGM

BT-12(LED)
- 전체 화면크기(가로 x 세로) : 9.6 x 5.4 (m)
- 픽셀피치(화면을 구성하는 작은 점들 사이의 간격) : 12.5 (mm)
- 해상도 : 48 x 48(dots)
- 크기(cm) : 60 x 60
- 수량 : 144장

Technical Rider : INTERCOM

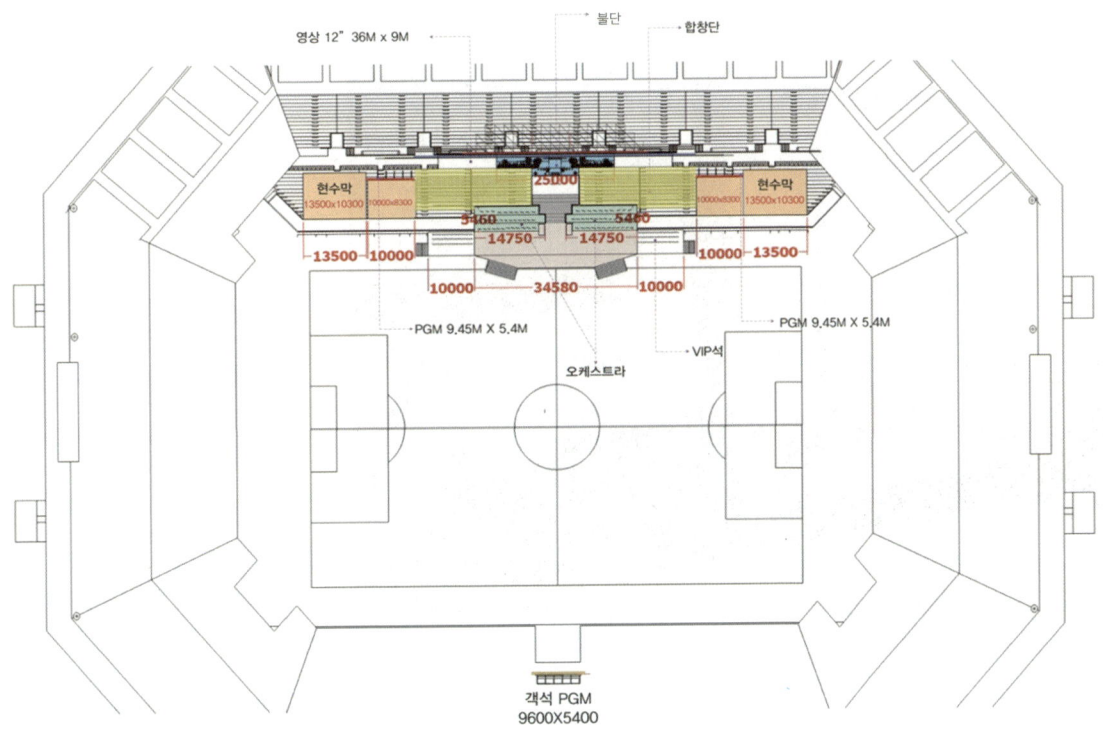

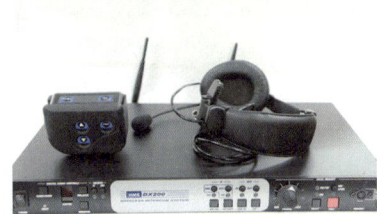

Intercom(wireless)
- Stage manager-(3ea)
- Director-(4ea)
- Spare-(2ea)

Intercom(wire)
{Console}
- production manager-(1ea)
- Director-(1ea)
- lighting-(2ea)
- VJ-(1ea)
- sound-(2ea)
- s/f-(1ea)
- VJ-(1ea)
- spare-(2ea)

Technical Rider : POWER(발전차)

 발전차 총 4대

- 400kw 영상(메인무대) 1대
- 250kw 영상(본부석) 1대
- 350kw 음향, 중계 1대
- 250kw 특수효과 1대

● 경기장 잔디 보호를 위해 무대, 의자, 영상 등 촬영 기자재는 잔디보호재를 깔고 설치하도록 했다.

Technical Rider : LED power

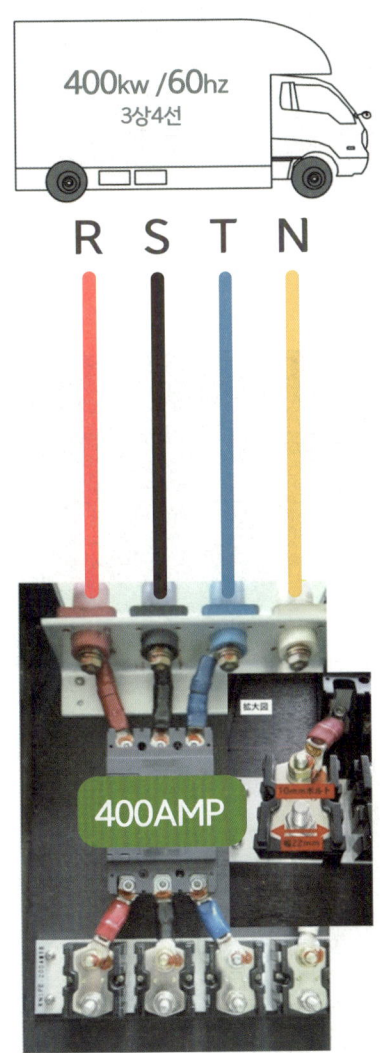

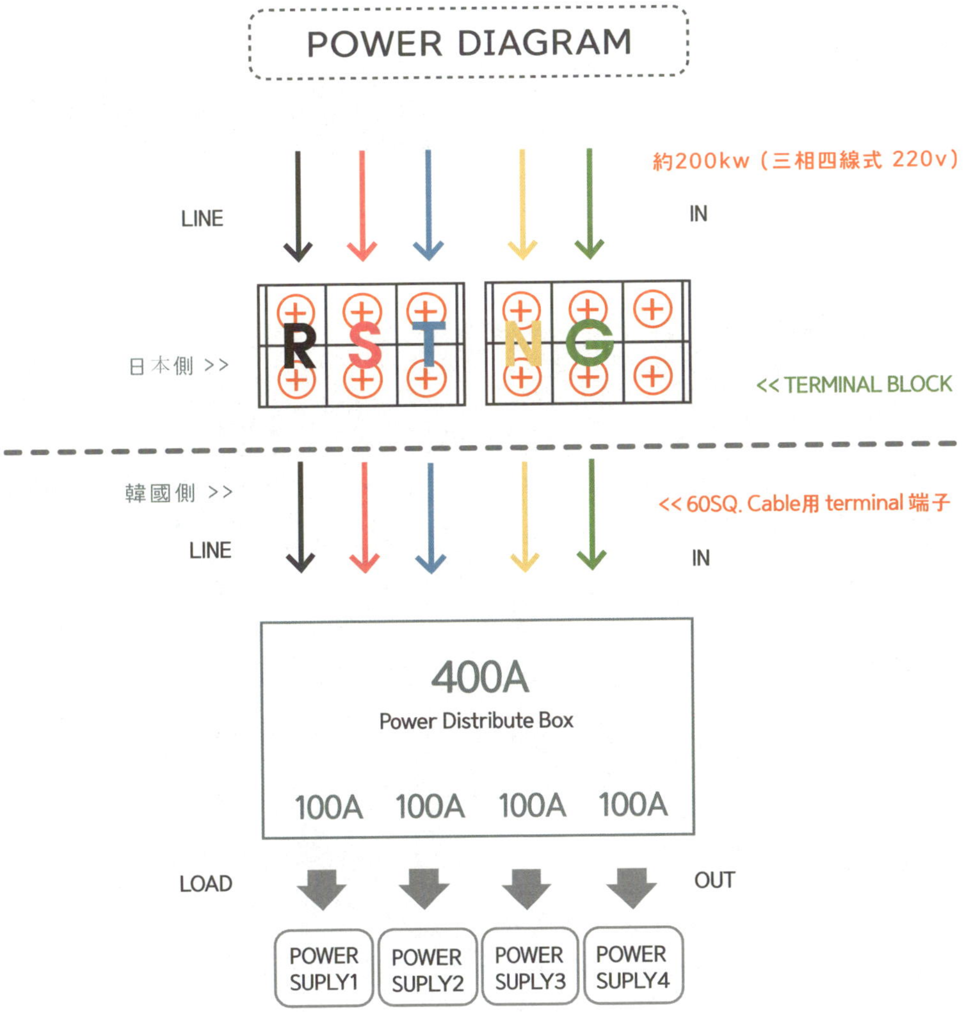

400kw /60hz
3상4선
R S T N
400AMP

POWER DIAGRAM
約200kw（三相四線式 220v）
LINE
IN
日本側 >>
R S T N G
<< TERMINAL BLOCK
韓國側 >>
<< 60SQ. Cable用 terminal 端子
LINE
IN
400A
Power Distribute Box
100A 100A 100A 100A
LOAD
OUT
POWER SUPLY1
POWER SUPLY2
POWER SUPLY3
POWER SUPLY4

종법사님 좌석 사이즈

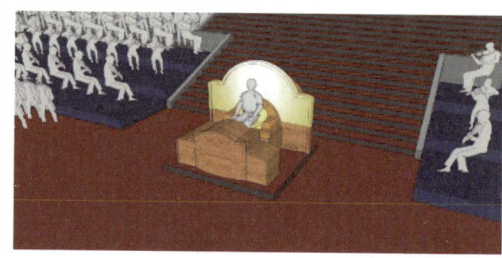

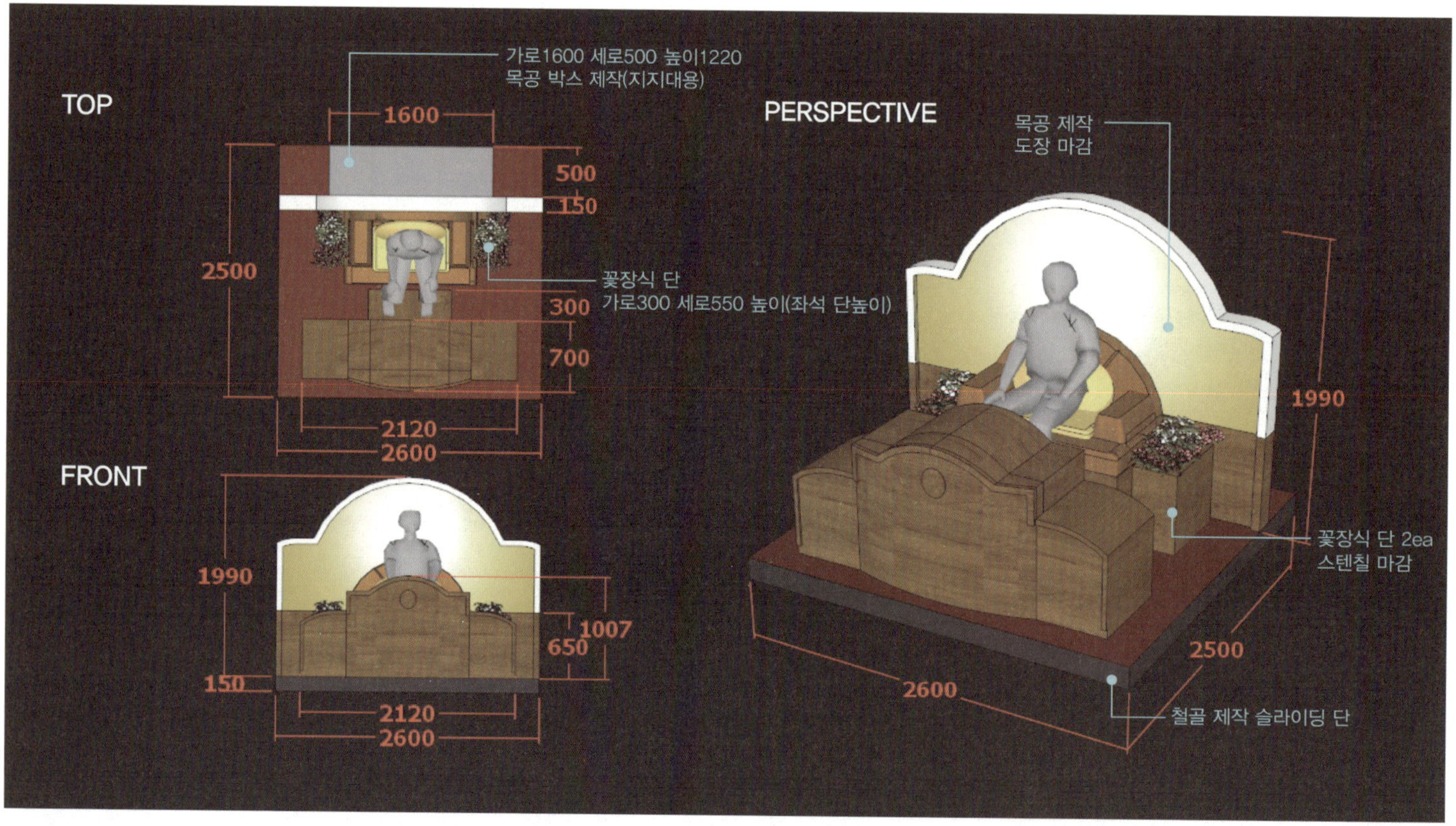

TOP

가로1600 세로500 높이1220
목공 박스 제작(지지대용)

1600
500
150
2500
꽃장식 단
가로300 세로550 높이(좌석 단높이)
300
700
2120
2600

FRONT

1990
1007
650
150
2120
2600

PERSPECTIVE

목공 제작
도장 마감

1990

꽃장식 단 2ea
스텐칠 마감

2500
2600

철골 제작 슬라이딩 단

제단 사이즈

불단 및 무대배경
방염처리 승인완료

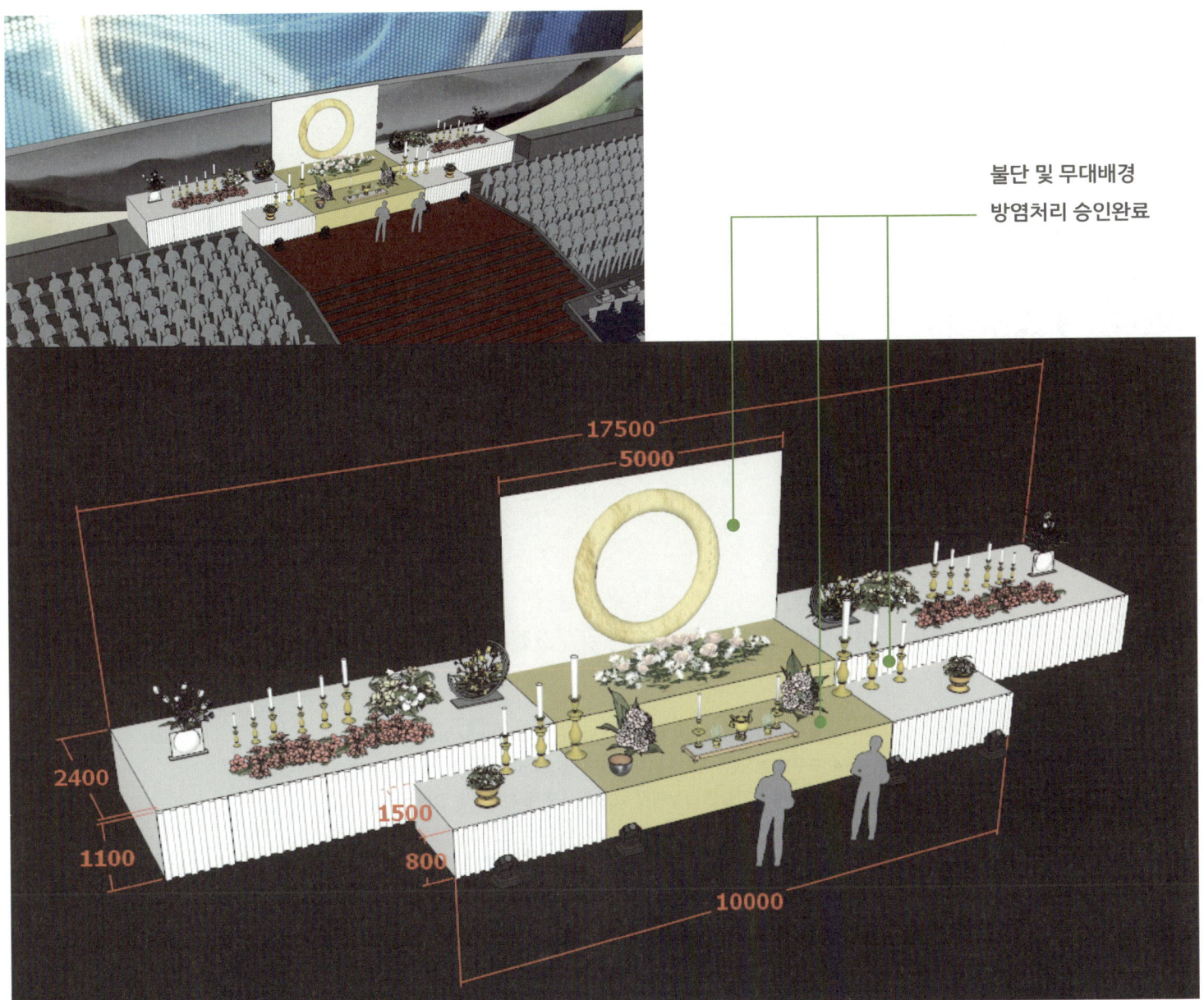

○○5

이 회상 100년, 한 자리에 모이다

좌석 배치

| 교통약자 | 초청인사 | 해외 교구 | 원거리 교구 | 영남권 교구 |

좌석배치기준

- 퇴장을 고려하여 기차 이동시간 및 차량탑승 계획에 맞춰 진행
- 교구별 현장안내(교구 안내 표지판 등)와 인원 통솔은 섹터별로 착석하는 것이 편리
- 이에 따라 가능한 나누어져 있는 좌석 형태로 교구별 인원 배치

교구별 좌석 배치도

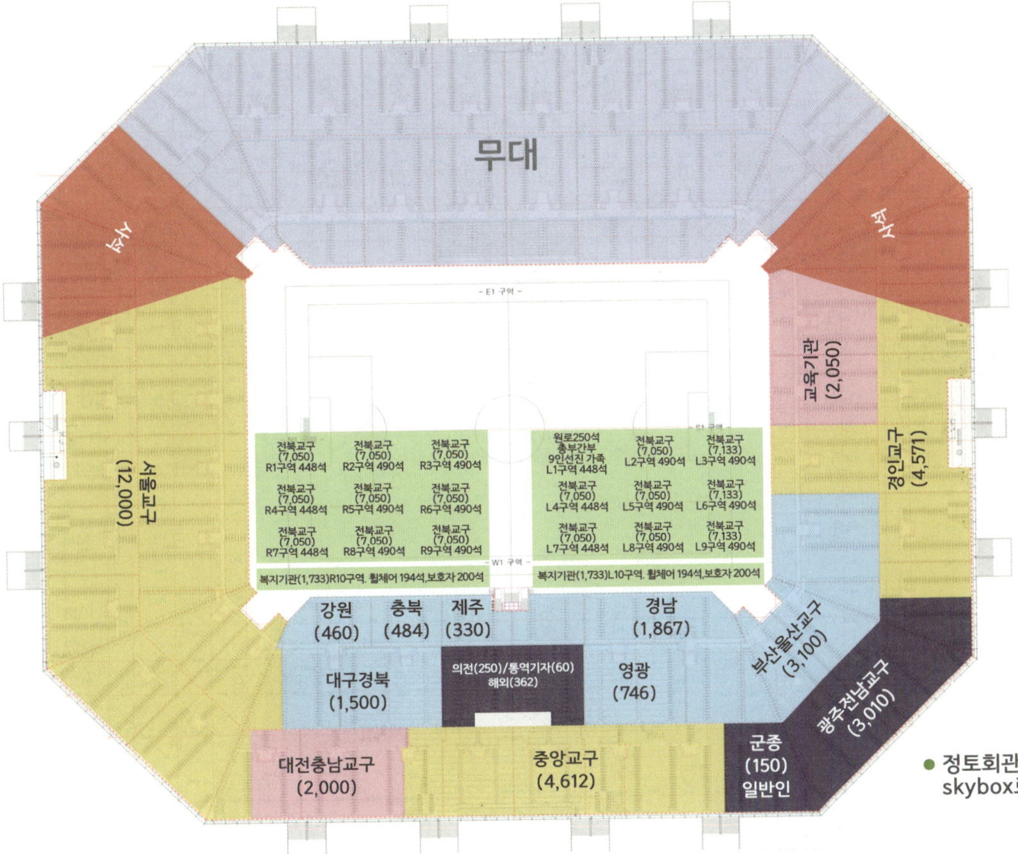

무대

서측 / 동측

교육기관 (2,050)

서울교구 (12,000)

경인교구 (4,571)

전북교구 (7,050) R1구역 448석	전북교구 (7,050) R2구역 490석	전북교구 (7,050) R3구역 490석	원로250석 총부간부 9인선진 가족 L1구역 448석	전북교구 (7,050) L2구역 490석	전북교구 (7,133) L3구역 490석
전북교구 (7,050) R4구역 448석	전북교구 (7,050) R5구역 490석	전북교구 (7,050) R6구역 490석	전북교구 (7,050) L4구역 448석	전북교구 (7,050) L5구역 490석	전북교구 (7,133) L6구역 490석
전북교구 (7,050) R7구역 448석	전북교구 (7,050) R8구역 490석	전북교구 (7,050) R9구역 490석	전북교구 (7,050) L7구역 448석	전북교구 (7,050) L8구역 490석	전북교구 (7,133) L9구역 490석

복지기관(1,733) R10구역, 휠체어 194석, 보호자 200석
복지기관(1,733) L10구역, 휠체어 194석, 보호자 200석

- 강원 (460)
- 충북 (484)
- 제주 (330)
- 경남 (1,867)
- 부산울산교구 (3,100)
- 대구경북 (1,500)
- 의전(250)/통역기자(60) 해외(362)
- 영광 (746)
- 광주전남교구 (3,010)
- 대전충남교구 (2,000)
- 중앙교구 (4,612)
- 군종 (150) 일반인

● 정토회관 400명은 skybox로 배정합니다.

교구별 좌석에 따른 모자색 지정 및 배포

[제작방식 : 조립형]

* 개벽삼총사 모자 조립 영상 제공

사양 재질 P.P

참석자 숫자 (2016.05.01 기준)

번호	교구	참석인원 교구별 신청수	교구별				착석인원
			독경단	합창단	법훈자 / 교구장 / 의장	봉사	
1	강원교구	466	1		3		462
2	광주전남	3,306	10	40	3		3,253
3	경기인천	4,724	27	39	3	10	4,655
4	경남교구	2,141		29	3		2,109
5	대구경북	1,506		30	3		1,473
6	대전충남	2,119	12	37	2		2,068
7	부산울산	3,402	12	38	5		3,348
8	서울교구	12,200	92	80	46	117	11,982
9	전북교구	7,597	26	43	4		7,524
10	중앙교구	4,663	26	40	9		4,588
11	영광교구	871			2		869
12	제주교구	428			2		426
13	충북교구	524	3		3		518
14	해외교구	364					364
15	교육기관	3,804				1,299	2,754
16	삼동회	367				88	367
	원광	9					9
	보화당	20					20
	출판사	20					20
	청운보은동산	34				28	34
	은혜원	18					18
	원광효도	300					300
17	총부 원로	351	11		90		250
18	정토회	400					400
19	초 청	296					296
20	군 종	187	1				186
21	신협	40					40
22	원광사	23					23
23	원창	40					40
24	중앙총부 등	200				163	100
25	의료인 등	121				121	0
26	연희단	180				180	0
27	기자 등	30				30	0
28	당일참석	200					200
29	국내외빈	400					400
30	해외외빈	130					130
	합계	52,037	221	376	178	2,036	49,226

서울교구 구역별 좌석 수

구역	좌석수	비고	실제 좌석번호
N-B	1,092	2층 / 구역일부	8열 1-47, 9열 1-47, 10열 1-47, 11열 1-46, 12열 1-46, 13열 1-45, 14열 1-45, 15열 1-45, 16열 1-45, 17열 1-44, 18열 1-44, 19열 1-43, 20열 1-43, 21열 1-42, 22열 1-42 23열 1-41, 24열 1-41, 25열 1-40, 26열 1-40, 27열 1-39, 28열 1-39, 29열 1-38, 30열 1-38, 31열 1-37, 32열 1-37, 33열 1-36, 34열 1-36, 35열 1-35, 36열 1-35, 37열 1-34, 38열 1-34, 39열 1-33, 40열 1-29
N-C	1,076	2층 / 구역전체	
N-D	1,068	2층 / 구역전체	
N-E	1,338	2층 / 구역전체	
N-F	927	2층 / 구역전체	
N-J	412	5층 / 구역일부	41열 1-28, 42열 1-48, 43열 1-27, 44열 1-26, 45열 1-25, 46열 1-24, 47열 1-7, 48열 1-14, 49열 1-16, 50열 1-16, 51열 1-16, 52열 1-23, 53열 1-22, 54열 1-22, 55열 1-21, 56열 1-21, 57열 1-20, 58열 1-20, 59열 1-19, 60열 1-19, 61열 1-18, 62열 1-18, 63~64열 1-5, 17, 65~69열 1-5
N-K	747	5층 / 구역전체	
N-L	746	5층 / 구역전체	
N-M	869	5층 / 구역전체	
N-N	938	5층 / 구역전체	
N-P	1,169	5층 / 구역전체	
W-A	930	2층 / 구역전체	
W-N	1,169	5층 / 구역전체	
W-P	943	5층 / 구역일부	41열 22-31, 42열 22-32, 43열 22-33, 44열 22-33, 45열 22-34, 46열 22-35, 48열 32-36, 49열 32-37, 50열 32-38, 51열 32-38, 52열 32-39, 53열 32-40, 54열 32-40, 55열 32-41, 56열 32-42, 57열 32-43, 58열 32-43, 59열 32-44, 60열 32-45, 61열 32-45, 62열 32-46, 63열 32-44, 64열 32-44, 65열 32-44, 66열 32-45, 67열 32-45, 68열 32-45, 69열 32-45
합계	13,424		

강원교구 구역별 좌석 수

구역	좌석수	비고	실제 좌석번호
W-B	462	2층 / 구역일부	1열 7-30, 2열 7-32, 3열 7-33, 4열 7-35, 5열 7-37, 6열 7-38, 7열 7-40, 8열 7-41, 9열 7-42, 10열 7-42, 11열 7-43, 12열 7-44, 13열 7-44, 14열 7-45
합계	462		

충북교구 구역별 좌석 수

구역	좌석수	비고	실제 좌석번호
W-B	42	2층 / 구역일부	1-14열 1-3
W-C	476	2층 / 구역전체	
합계	518		

제주교구 구역별 좌석 수

구역	좌석수	비고	실제 좌석번호
W-D	426	2층 / 구역전체	
합계	426		

경남교구 구역별 좌석 수

구역	좌석수	비고	실제 좌석번호
W-E	440	2층 / 구역전체	
W-F	476	2층 / 구역전체	
W-G	1,193	2층 / 구역일부	36열까지 경남교구
		2층 / 구역일부	37열~40열 - 원광디지털대학교 교직원
합계	2,109		

대구경북교구 구역별 좌석 수

구역	좌석수	비고	실제 좌석번호
W-B	440	2층 / 구역일부	16-40열
W-J	867	2층 / 구역전체	
W-H	166	2층 / 구역일부	30-37열 1-8, 38열 1-8,11-35, 39열 1-8, 11-36, 40열 1-8, 11-37
합계	1,473		

초청석 구역별 좌석 수

구역	좌석수	비고	실제 좌석번호
W-KL	296	2층 / 구역일부	15-21열
합 계	296		

해외교구 구역별 좌석 수

구역	좌석수	비고	실제 좌석번호
W-KL	364	2층 / 구역일부	22-32열
합 계	364		

영광교구 구역별 좌석 수

구역	좌석수	비고	실제 좌석번호
W-M	869	2층 / 구역전체	
합 계	869		

대전충남교구 구역별 좌석 수

구역	좌석수	비고	실제 좌석번호
W-H	120	2층 / 구역일부	15-29열 1~8
W-P	596	5층 / 구역일부	41-46열 1~18 47-69열 1~28
W-Q	1,352	5층 / 구역전체	
합 계	2,068		

부산울산교구 구역별 좌석 수

구역	좌석수	비고	실제 좌석번호
S-A	929	2층 / 구역전체	
S-B	1,371	2층 / 구역전체	
S-C	843	2층 / 구역일부	15-40열 1-9 제외
W-H	205	2층 / 구역일부	8-14열, 16열 17-20, 17열 17-21, 18열 17-21, 19열 17-21, 20열 17-22, 21열 17-23, 22열 11-24, 23열 11-25, 24열 11-25, 25열 11-26, 26열 11-27, 27열 11-28, 28열 11-28, 29열 11-29
합계	3,348		

경기인천교구 구역별 좌석 수

구역	좌석수	비고	실제 좌석번호
S-C	233	2층 / 구역일부	15-40열 1-9
S-D	1,076	2층 / 구역전체	
S-H	561	5층 / 구역일부	41-46열 1-18, 47열-69열 1-24
S-J	872	5층 / 구역전체	
S-K	737	5층 / 구역전체	
S-L	773	5층 / 구역전체	
S-M	403	5층 / 구역일부	41-42열 13~ 43열 14~ 45열 16~ 46-51열 17~ 52열 18~ 53-54열 19~ 55-56열 20~ 57-58열 21~ 59-60열 22~ 61-62열 23~ 63-64 24~ 65-69열 36~
합계	2,742		

교육기관 구역별 좌석 수

구역	좌석수	비고	실제 좌석번호
S-E	1,338	2층 / 구역전체	
S-M	469	5층 / 구역일부	41-42열 1~12 43열 1~13 45열 1~15 46-51열 1~16 52열 1~17 53-54열 1~18 55-56열 1~19 57-58열 1~20 59-60열 1~21 61-62열 1~22 63-64 1~23 65-69열 1~24
S-N	937	5층 / 구역전체	
합계	2,744		

중앙교구 구역별 좌석 수

구역	좌석수	비고	실제 좌석번호
W-R	518	5층 / 구역전체	
W-S	757	5층 / 구역전체	
W-T	795	5층 / 구역전체	
W-U	487	5층 / 구역전체	
W-V	1,341	5층 / 구역전체	
W-W	690	5층 / 구역일부	41-46열 29~ 47열-69열 19~
합계	4,588		

군종교구 구역별 좌석 수

구역	좌석수	비고	실제 좌석번호
W-W	186	5층 / 구역일부	47열-69열 ~15
합계			

광주전남교구 구역별 좌석 수

구역	좌석수	비고	실제 좌석번호
W-H	438	2층 / 구역일부	16열 55-56, 17~18열 54-56, 19열 53-56, 20~21열 52-56, 22열 51-56, 23열 50-56, 24~25열 49-56, 26열 48-56, 27~28열 47-56, 29열 46-56, 30~37열 11-56, 38열 40-56, 39열 39-56, 40열 38-56
W-W	72	5층 / 구역일부	41-46열 ~25
W-X	1,169	5층 / 구역전체	
S-G	1,169	5층 / 구역전체	
S-H	405	5층 / 구역일부	41-46열 22~ , 47-69열 25~
합계	3,253		

공연단 대기실 배치도

합창단(남)	E24 ~ E25
독경단(출가_여)	E21 ~ E23
독경단(출가_남)	E19 ~ E20
독경단(재가_여)	E17 ~ E18
독경단(재가_남)	E15 ~ E16
연화헌공(여)	E13~E14
연화헌공(남)	E11~E12
오케스트라	E1~E2
연희단	E3~E4

의전 좌석 배치(VIP)

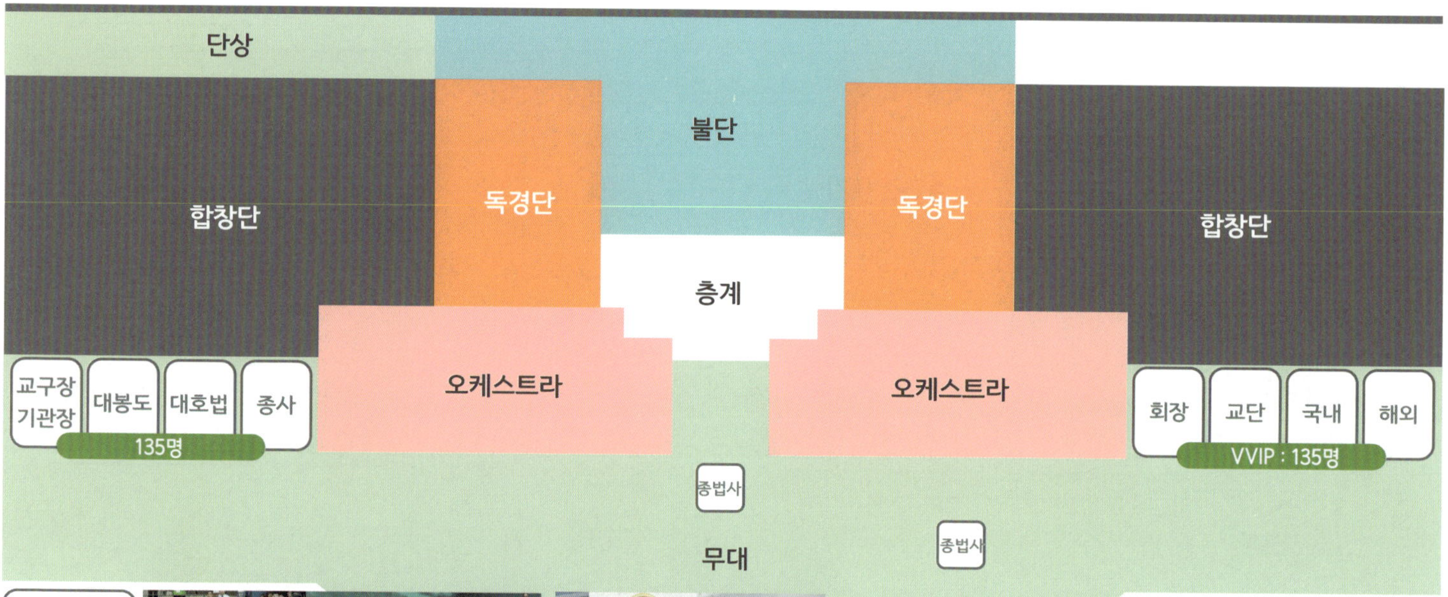

단상

- 합창단
- 독경단
- 불단
- 독경단
- 합창단

| 교구장/기관장 | 대봉도 | 대호법 | 종사 |
135명

오케스트라 | 층계 | 오케스트라

| 회장 | 교단 | 국내 | 해외 |
VVIP : 135명

종법사

무대

종법사

<교단>
- 대봉도
- 대호법
- 종사
- 기관장
- 교구장

<회장단>
- 봉행위원장
- 대회장
- 감찰원장
- 양 중앙
- 중앙교의회의장
- 법무실장, 사무총장

무대석

<교단>
- 수위단원
  (법훈대리수여)
- 교구교의회의장

<국내초청>
- 정관계인사
- 국회의원
- 지자체장
- 시민단체 대표
- 언론, 문화 대표

<해외초청>
- ACRP VIP
- 국제부 초청 VVIP
- 각국 대사

<VVIP> : 종교수장, WCRP 사무총장, ACRP 의장, Rfp/Japan, WFB 회장

<총부 간부석>

<원로 석>250
구인선진 후손

그라운드석

VIP ZONE 배치도

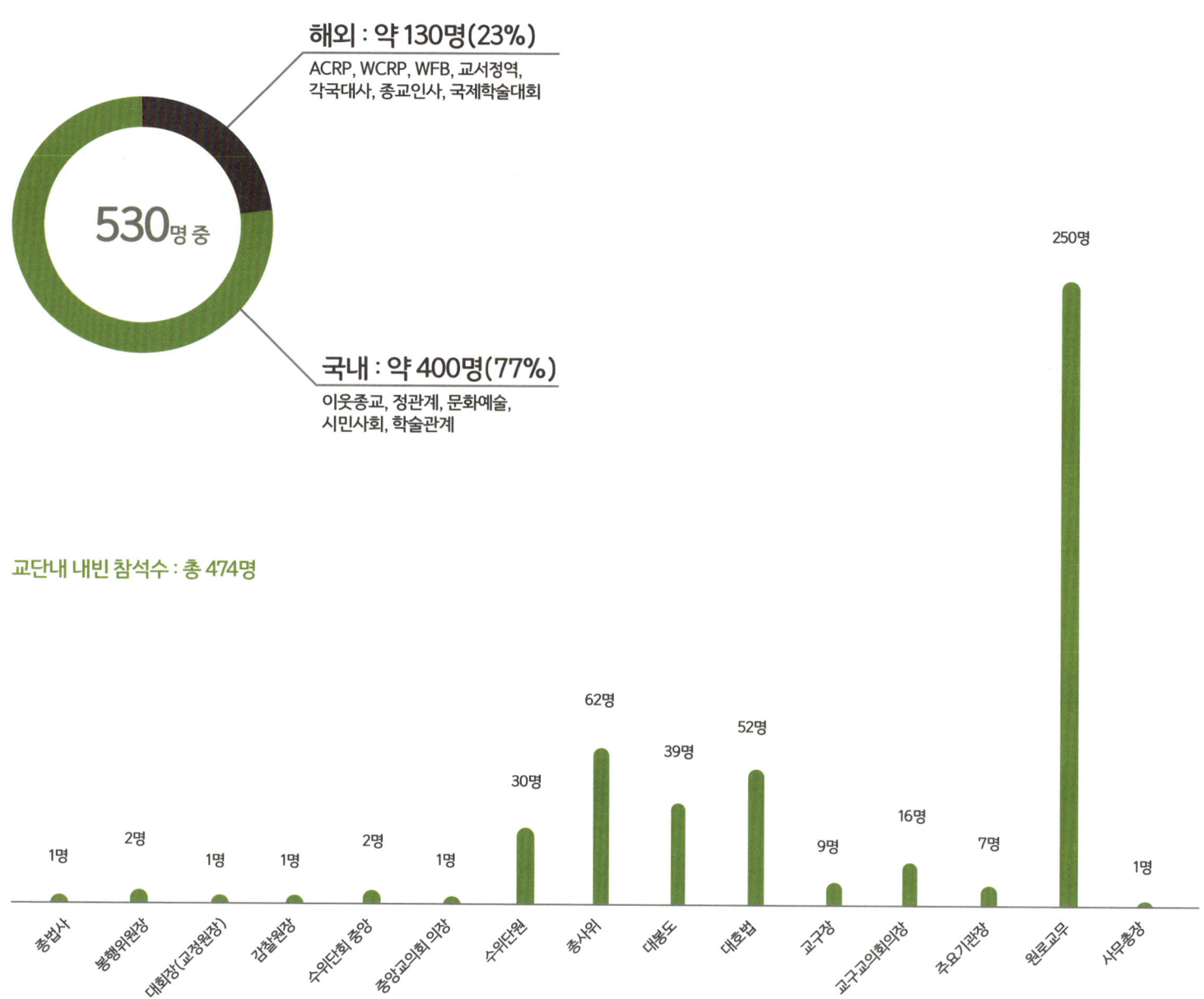

오케스트라 좌석 배치도

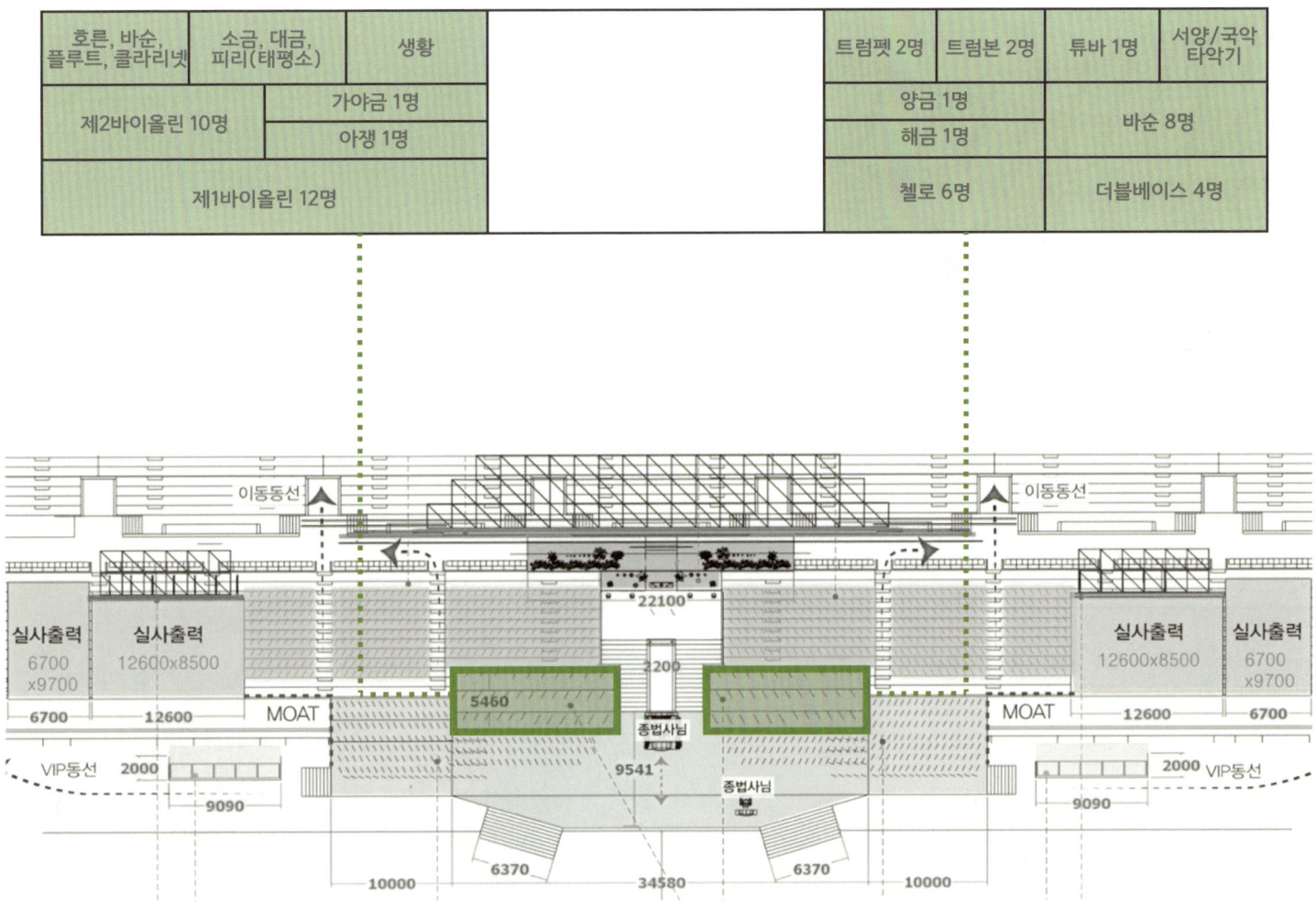

005

도착부터 입장, 퇴장까지
내빈, 의전

대상	• 5월 1일(일) 기념대회 공식 초청자
좌석	• 무대단상, 교단내외 VVIP 초청자 : 약 300여 명 • VIP Zone, 국내외 VIP : 약 300여 명 • 운동장, 원로교무 : 약 300여 명
역할	• 초청, 안내, 응접, 통역, 안전, 종교지도자포럼
의전담당	• 고원주 : 의전총괄 • 이용원 : 종법사, 수위단원, 대기실, 자리 안내 • 송세주 : 교단내 주요인사, 구인선진 후손, 대기실, 자리 안내 • 이인광 : 원로교무, 대기실, 자리 안내 • 이명아 : 국내 초청인사, 리셉션홀, 종교지도자포럼, 자리 안내 • 김태성 : ACRP EC, 통역 안내, 동시통역, 자리 안내 • 류정도 : 국외 초청인사, 통역 안내, 동시통역, 번역, 자리 안내(학술대회팀) • 이성일 : 귀빈안전(부, 김민성, 박상원) • 최도운 : 의전주차 • 장인국 : 언론, 방송 기자 안내 • 김효성 : 의전물품 보급 및 부착물

도착시간
교단 인사 : 1시
국내외 인사 : 1시 20분

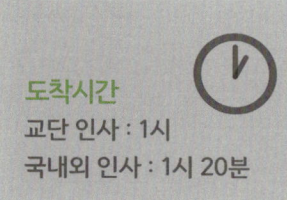

서문 입차 및 주차

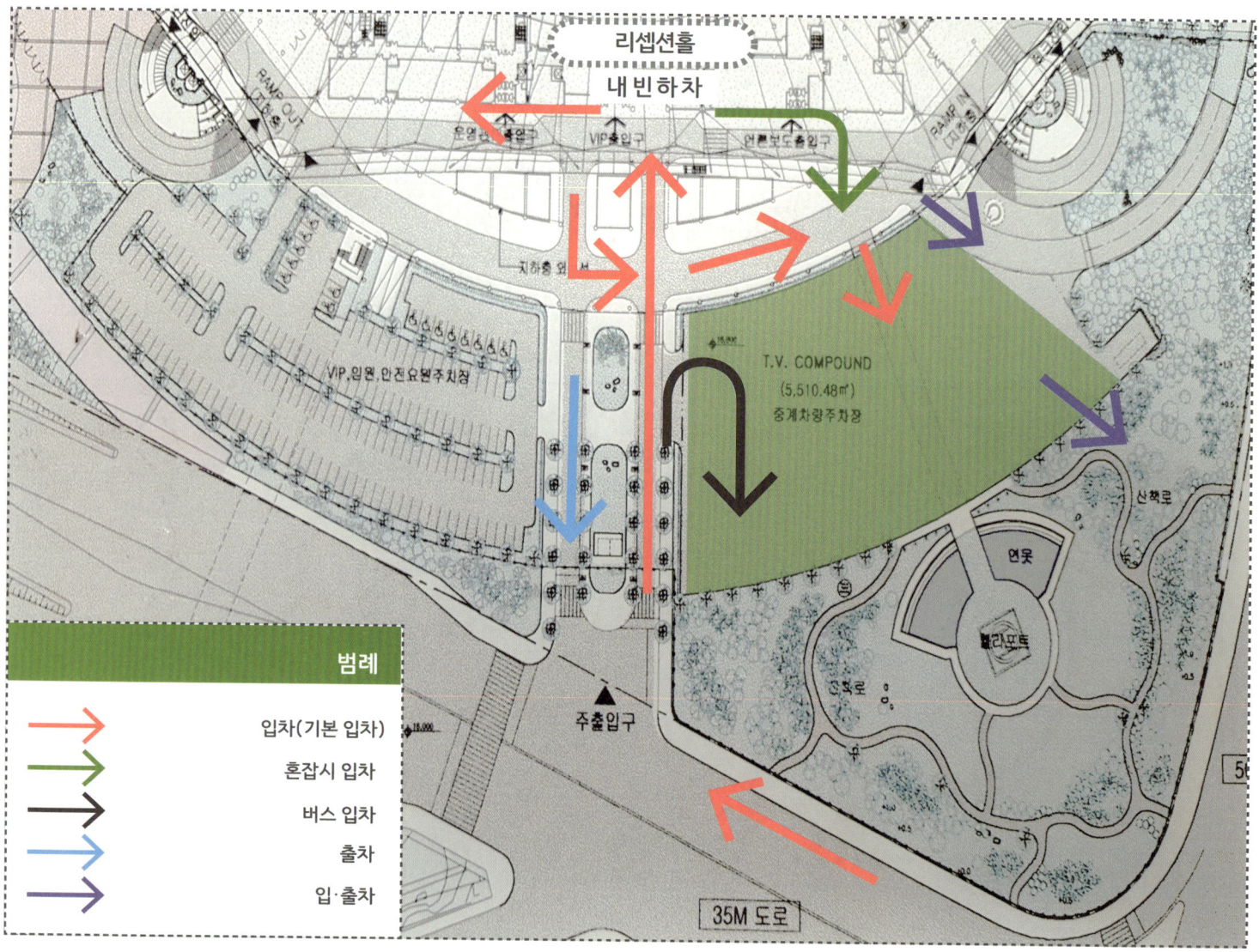

차량비표 : VIP 의전용 차량

버스용(80cm X 30cm) : 지상 및 지하 주차장

승용차용(A4) : 지하 주차장

승용차용 (19cm X 7.5cm) : 지상 주차장

원불교100주년기념대회 | 기념대회

VIP 대기실 이동 동선

- 종법사 ········→ 서문 ▸ 선수/심판 주차장(지하) ▸ 엘리베이터(전용) ▸ 3층 VIP룸
- 봉행위원장(2人), 양 원장, 양 중앙, 중앙교의회의장 ········→ 서문 ▸ 선수/심판 주차장(지하) ▸ 감독실 B
- 원로원, 수도원 버스 ········→ 서문 ▸ 선수/심판 주차장(지하) ▸ 선수실 A,B
- 종사위 ········→ 부스 ▸ 서문 ▸ 운영관리 출입구 ▸ 지하계단 ▸ 지하 프레스룸
- 대봉도 ········→ 부스 ▸ 서문 ▸ 운영관리 출입구 ▸ 지하계단 ▸ 지하 경기진행실4
- 대호법 ········→ 부스 ▸ 서문 ▸ 운영관리 출입구 ▸ 지하계단 ▸ 지하 경기진행실2
- 수위단원 ········→ 부스 ▸ 서문 ▸ 운영관리 출입구 ▸ 지하계단 ▸ 지하 도핑검사실
- 교구장, 교구교의회의장, 기관장 ········→ 부스 ▸ 서문 ▸ 지하계단 ▸ 선수/심판 의무실
- ACRP VVIP ········→ 서문 ▸ 영접홀 ▸ 4층 엘리베이터 ▸ 4층 스카이룸 3호
- 해외 인사 ········→ 서문 ▸ 영접홀 ▸ 1층 리셉션홀(좌측)
- 국내 인사 ········→ 서문 ▸ 영접홀 ▸ 1층 리셉션홀(우측)

VIP 대기실 인원 배치도 : 1층 출입구 및 리셉션홀

등단 동선

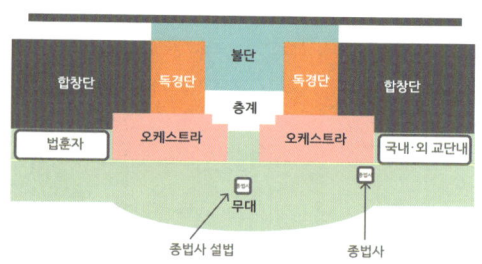

1. 원로석
2. 대봉도
3. 대호법
4. 종사
5. 교구장, 교의회장, 기관장
6. 수위단원
7. 국내 초청인사
8. 해외 초청인사
9. ACRP VVIP
10. 종교수장
11. 주 빈
    종법사1, 봉행위원장2, 양 원장, 양 중앙4, 중앙교의회의장1, 법무실장, 사무총장1
12. 간부석

등단 방식 : 군집이동

퇴장 위치

교단내 인사	• 퇴장 방식 : 군집 이동 • 국내 초청 : 퇴장 후 바로 차량 이동 • 해외 초청 : 리셉션홀로 퇴장 후 이동
교단외 인사	• 퇴장 방식 : 군집 이동 • 종법사, 상사 : 퇴장 후 바로 차량 이동 • 교단내 인사 : 퇴장 후 대기실로 교당버스로 함께 이동할 경우 대기실에 부스로 이동

의전용 선물세트

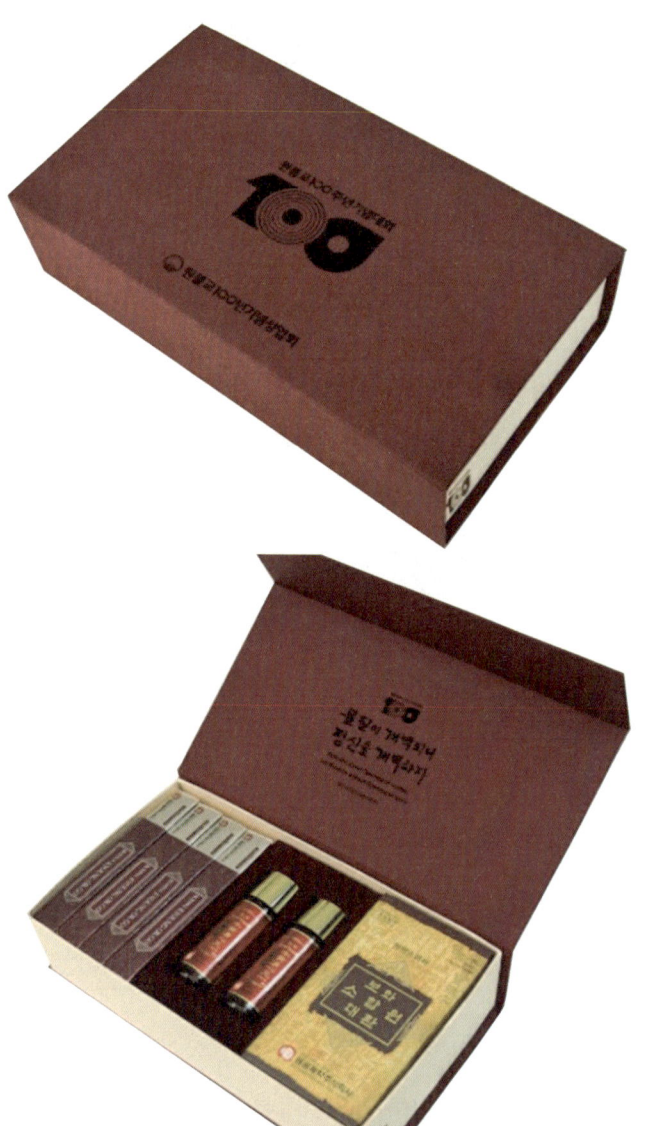

의전용 선물세트 포장지

의전용 기념품 세트

기념품
- 개벽삼총사 피규어 1set
- 티라이트 1set
- 기념우표 1set

포장재
- 박스 : 330x230x55cm
- 쇼핑백 : 365x255x70cm

의전 통역 인력 배치

통역안내

- ACRP EC : 자체수급_김태성
- 각국대사 : 자체수급_김계원
- 해외초청인 : 자체수급_국제부
- 기타 : 초청기관 자체수급

동시통역

- 정식 통역 : 영어_장세영, 한현자
- 스케치통역 : 중국어_박도광
  일본어_이공현
  러시아어_원신영
- 해외교구 참석교도 : 일부사용
  (대상 : 4개국 300여 명)

번역

- 통역지원 번역 담당 : 류정도, 장세영

설치

- 통역관련 부스
- 무대주변 4동

원불교100주년기념대회 | 기념대회

005

도착부터 입장, 퇴장까지
대중 안내

1. 입장 안내
　경기장 출입은 남문과 북문, 트랙 입구 세 곳으로 이동
　차량에서 하차 후 안내 요원의 안내에 따라 접수대로 이동, 지정된 출입구를 통해 입장

2. 접수대(남문, 북문, 트랙)에서 좌석까지의 이동
　좌석 배치는 해외교구, 원거리 교구의 기차 이동시간 및 차량 탑승 계획을 고려하여 교구별로 배치

3. 퇴장 안내
　기념대회를 마치고 일제히 경기장을 퇴장하게 되면 안전상 위험이 따르므로 무대 진행자의 안내에 따라 순차적으로 퇴장

원불교100주년기념대회장
입장·퇴장 안내

교구별 좌석배치

교구	접수대	출입구	비고
서울교구	북문	1 GATE	
대전충남교구	북문	5 GATE	
대구경북교구, 강원교구 충북교구, 제주교구	남문	6 GATE	
중앙교구	북문	7 GATE	
해외교구	남문	7 GATE	
영광교구, 경남교구	남문	8 GATE	
부산울산교구	남문/셔틀접수대	9 GATE	
광주전남교구, 군종교구	남문/셔틀접수대	11 GATE	
경기인천교구	남문	12 GATE	
교육기관	북문	13 GATE	
정토회관	북문	10 GATE	
전북교구, 복지기관 휠체어 이용교도	트랙접수대	서북측 트랙입구	휠체어 이용 교도는 보호자 1인 동반

교구별 출차 순서

교구	순위	주차장	승차장
부산울산교구	1차	평화2	평화2
제주교구	1차	평화2	평화2
군종교구	1차	서문	서문
전북교구	1차	난지	난지
해외교구/경남교구	1차	평화1	평화1
광주전남교구	1차	평화1	평화1
영광교구	1차	평화2	평화2
대구경북교구	1차	평화2	평화2
강원교구/충북교구	1차	평화2	평화2
경기인천교구	2차	국방대	난지
서울교구	2차	국방대	난지
중앙교구	2차	국방대	평화1
대전충남교구/교육기관	2차	수색	평화2
복지기관/총부기관	2차	수색	평화2

1. 입장 안내

경기장 출입은 남문과 북문, 트랙입구 세 곳으로, 차량에서 하차 후 안내요원의 안내에 따라 접수대로 이동 지정된 출입구를 통해 경기장 안으로 입장하면 된다.

2. 접수대(남문, 북문, 트랙)에서 좌석까지의 이동

좌석배치는 해외 교구, 원거리 교구의 기차 이동시간 및 차량 탑승 계획을 고려하여 교구별로 배치됐다. 이동 지점 간 주요 포인트마다 안내요원이 배치되어 있으며 곳곳에 교구별 진행 방향 표시가 부착되어있다.

- 교도들은 차량 하차 후 안내요원의 안내를 받아 이동한다.
- 경기장 상층부로 이동하는 교구는 회랑을 통해 지정된 입구로 출입하여 경기장 내 계단을 통해 상층으로 이동한다. 지정 출입구, 상층부 이용계단 등 플랑으로 안내되어 있으며, 안내요원의 지시를 받으면 된다.
- 안내접수대에서는 입장 시 팜플렛과 기념품을 배부하며, 지정된 출입구를 통해 교구(교당)별 지정된 좌석에 착석하면 된다.

3. 퇴장 안내

기념대회를 마치고 일제히 경기장을 퇴장하게 되면 안전상 위험이 따르므로 무대 진행자의 안내에 따라 퇴장한다.

- 기차를 이용하는 부산울산교구 일부, 대구경북교구 일부, 순천지구, 전주시내권 내 우아, 문정교당은 주차장(남문)에서 시간대별로 탑승하여 수색역으로 이동한다.
- 해외교구, 광주전남, 강원, 경남, 대구경북, 부산울산, 영광, 제주, 충북, 전북교구는 입장 시 주차된 주차장으로 이동한다.

1차로 출발하는 교구들이 완전히 출발한 후, 국방대 주차장과 수색주차장에 있는 버스들이 이동하게 된다.
평화1, 2 주차장, 난지주차장의 버스들이 전부 출발하고 1시간 정도 후 2차 버스 승차가 시작된다.

- 중앙교구는 평화1주차장으로 이동하여 대전충남교구, 교육기관, 복지기관, 총부기관은 평화2주차장으로 이동한다.
- 서울, 경기·인천교구는 난지주차장에서 승차한다. 대중교통을 이용하여 참석한 교도들은 지방에서 참석한 교도들을 배려하여 맨 마지막에 퇴장한다.

교구별 버스비표 색상

교구	CMYK 색상	비고
전북	(48/0/100/0)	
서울 / 경기인천 / 중앙	(10/9/98/0)	
정토 / 교육기관 / 대전충남	(2/57/5/0)	
복지기관	차량 (2/57/5/0)	모자/좌석 (48/0/100/0)
부산울산 / 강원 / 경남 / 대구경북 / 영광 / 제주 / 충북 / 해외	(50/1/0/0)	
광주전남 / 초청 / 군종	(100/100/27/46)	

- 사이즈 : 80cm x 30cm
- 인쇄 : 200g 스노우지

385

상행 차량 기도문

[일괄 사전 배포]

자비 충만하신 법신불 사은이시여!
오늘 저희들은 대종사님을 마음에 모시고 백년의 꿈, 우리의 약속, 새 시대를 열어갈 100주년기념대회 그 희망의 만남을 위하여
서울월드컵경기장으로 향하고 있습니다.
원각성존 소태산 대종사님께서 "물질이 개벽되니 정신을 개벽하자!"는 개교표어로 낙원세상을 열어주신지 100년.
재가출가 전 교도는 대환희의 기쁨으로 기운을 연하고 마음을 합하여 안으로 적공의 결실을 돌아보고
세상을 향한 새로운 개벽의 울림으로 나아가려 합니다.
법신불 사은이시여!
내 안에 깊이 있는 경외의 마음으로 은혜로운 세상을 열어가고자 정신개벽의 새로운 마음을 다짐합니다.
새롭게 개교 정신을 밝혀 정신개벽의 한 둥근 세상을 열어가는 영겁법자의 원력을 올리나이다.
오늘 열리는 기념대회에는 새 시대 주세불로 이 땅에 오신 원각성존 소태산 대종사님을 보필하여
교단창립의 귀중한 초석을 놓아주신 교단 창립 구인선진의 거룩한 삶과 무량한 공덕을 널리 알리고 기리는 뜻 깊은 자리가 될 것입니다.
또한 물질이 개벽되니 정신을 개벽하자는 개교정신으로 소태산의 개벽시대를 열고, 마음공부로 새 세상의 주인이 되고자 합니다.
울을 넘어 하나의 세계를 개척하자는 마음으로 개교 100년 적공의 역사를 결산하고 세상과의 소통, 희망 나눔으로 새로운 미래를 향한 비전을 선포하는
뜻 깊은 자리이오니 이 회상 만난 기쁨으로 덩실덩실 춤추게 하소서.
법신불 사은이시여!
간절히 원하옵건대 오늘 기념대회를 오고 가는 모든 교도들 편안하고 여유로운 마음으로 은혜의 손길 나누게 하시고 지혜로 살펴 주시고
모든 여정이 원만히 진행되도록 위력 내려 주시옵소서.

교구별 피켓 색상

교구	CMYK 색상	비고
전북	(48/0/100/0)	
서울 경기인천 중앙	(10/9/98/0)	
정토 교육기관 대전충남	(2/57/5/0)	
복지기관	차량은 (2/57/5/0)	모자/좌석 (48/0/100/0)
부산울산 강원 경남 대구경북 영광 제주 충북 해외	(50/1/0/0)	
광주전남 초청 군종	(100/100/27/46)	

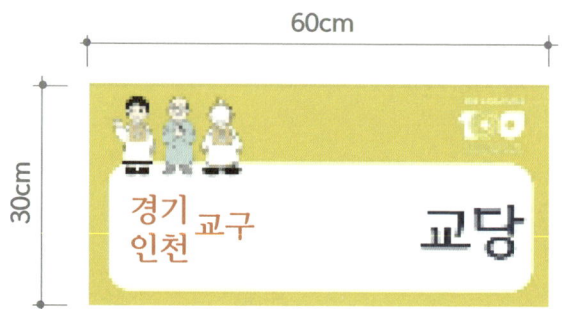

- 사이즈 : 60 x 30cm
- 인쇄 : 무광 스티커 용지

교도 경기장 진입방법

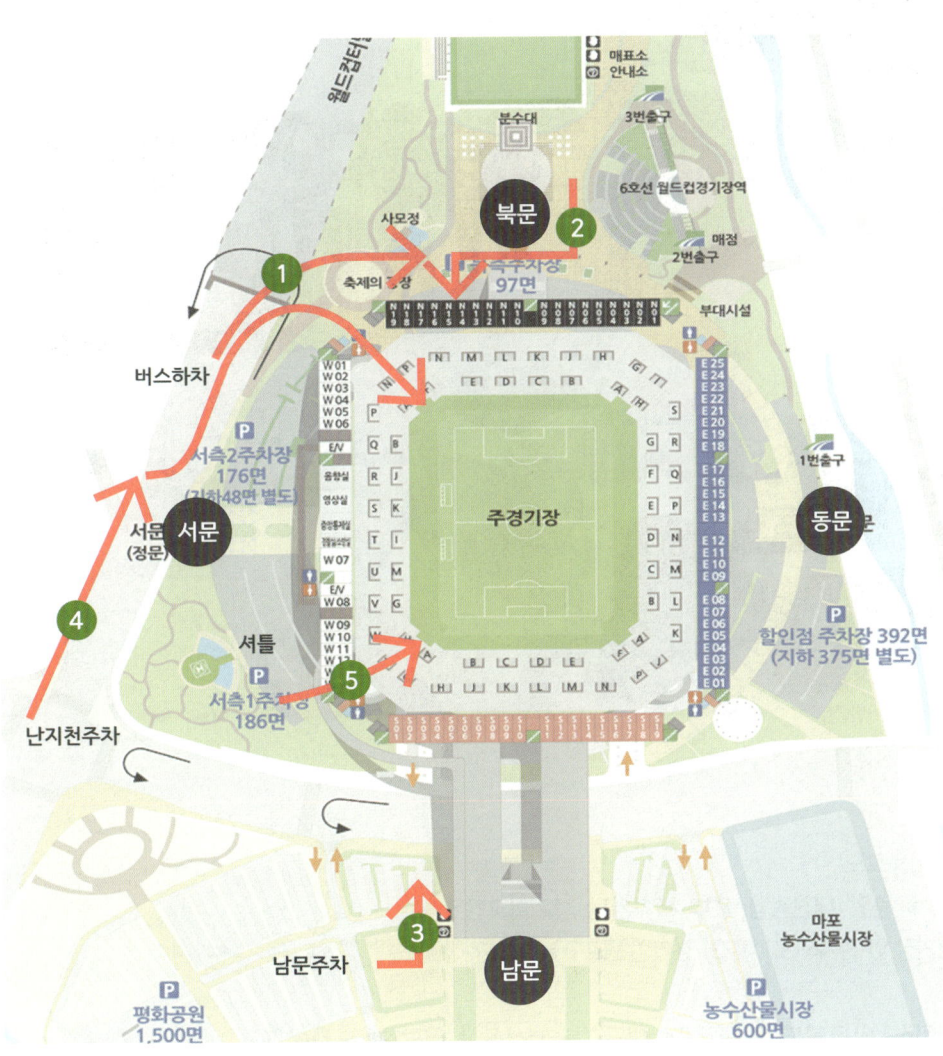

① 버스하차 후 이동
② 지하철 이용 후 이동
③ 남문주차 후 이동
④ 난지주차 후 이동 : 트랙으로 입장
⑤ 셔틀하차 후 나선형 : 통로를 이용하여 입장

교구	접수대	출입구
서울	북문	1 GATE
대전충남	북문	5 GATE
대구경북	남문	6 GATE
강원	남문	6 GATE
충북	남문	6 GATE
제주	남문	6 GATE
중앙	북문	7 GATE
해외	남문	7 GATE
영광	남문	8 GATE
경남	남문	8 GATE
부산울산	남문/셔틀접수대	9 GATE
광주전남	남문/셔틀접수대	11 GATE
경기인천	남문	12 GATE
교육기관	북문	13 GATE
정토회관	북문	10 GATE
전북	트랙접수대	서북측 트랙입구
복지기관	트랙접수대	서북측 트랙입구
총부원로	트랙접수대	서북측 트랙입구

접수 / 안내

북문 접수 안내	• 지하철 이용교도 • 서문 하차 : 중앙, 대전충남, 총부, 복지기관, 정토회교당 • 보조경기장 앞 하차교도 : 서울, 경기인천교구 버스이용객
남문 접수 안내	• 평화주차장1 이용 교도 : 강원, 경남, 대구경북, 부산울산, 영광, 제주, 충북교구 • 평화주차장2 이용 교도 : 광주전남, 해외교구

교구별 주차장 안내

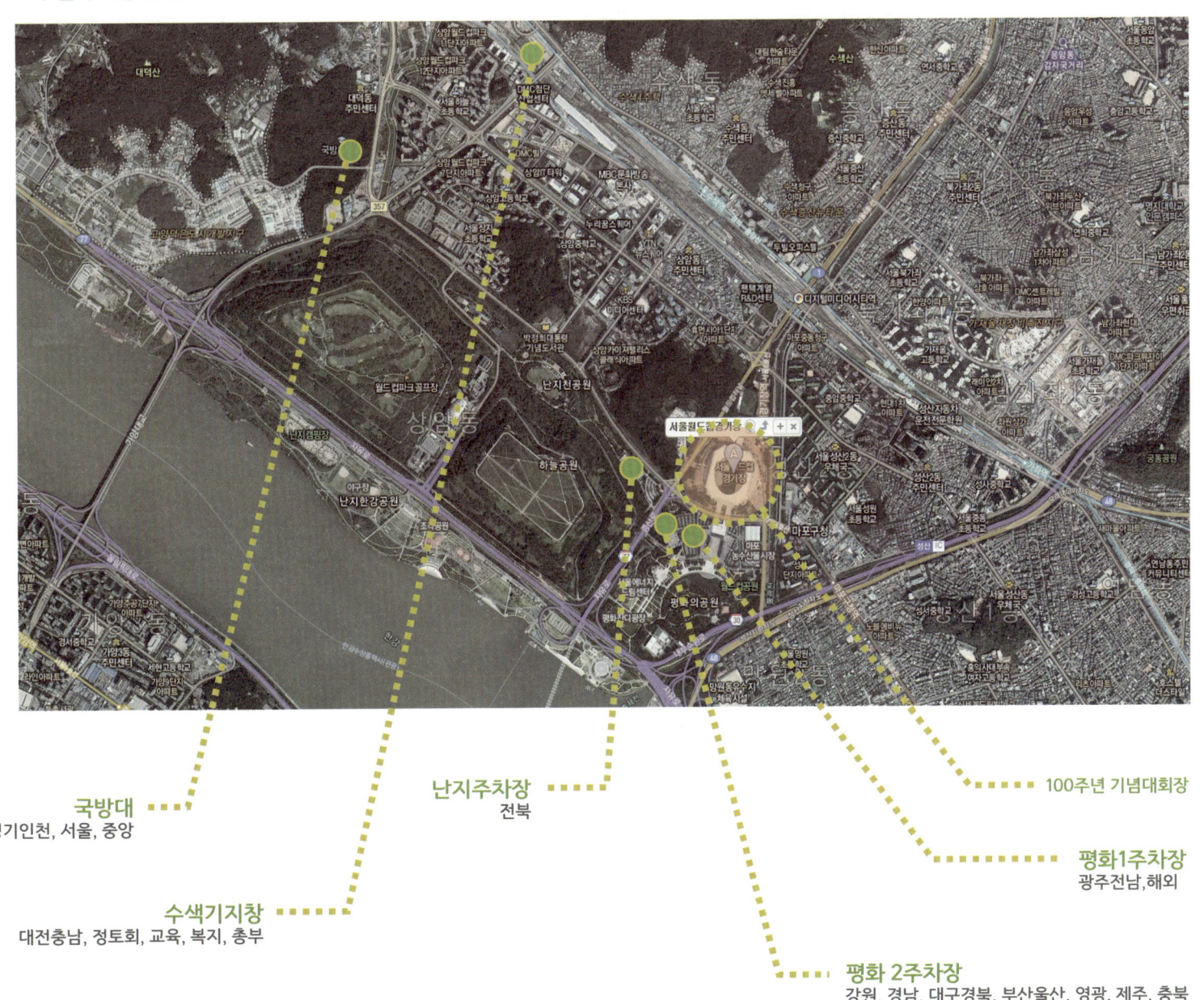

- **국방대** — 경기인천, 서울, 중앙
- **난지주차장** — 전북
- **100주년 기념대회장**
- **평화1주차장** — 광주전남, 해외
- **수색기지창** — 대전충남, 정토회, 교육, 복지, 총부
- **평화 2주차장** — 강원, 경남, 대구경북, 부산울산, 영광, 제주, 충북

차량주차 세부 안내

차량주차 세부 안내

교구별 대형버스 주차장

- 평화1 주차장 – 광주전남, 해외
  : 월드컵경기장 사거리로 진입하는 차량은 우회전하여 평화1주차장으로 진입하며, 마포농수산물시장으로 진입하는 차량은 남문 건널목 입구에서 좌회전하여 진입한다.
- 평화2 주차장 – 강원, 경남, 대구경북, 부산울산, 영광, 제주, 충북
  : 강변북로에서 월드컵경기장으로 진입하여 하늘공원 육교에서 우회전하여 진입, 반려견 놀이터 입구에서 우회전하여 진입한다.
- 난지 주차장 – 전북
  : 강변북로에서 월드컵경기장 진입로를 지나 하늘공원 입구에서 우회전하여 진입하고 구룡사거리에서 우회전하여 난지공원 주차장으로 진입한다. 승하차 위치는 이와 같다.
- 국방대 주차장 – (경기인천, 서울, 중앙) /수색기지창 주차장 – (대전충남, 교육, 복지, 총부, 정토회) : 위의 교구와 기관들은 서문에서 하차하여 대회장 북문으로 이동하며 차량은 국방대 주차장과 수색기지창 주차장에 주차한다. 단, 경기인천교구와 중앙교구 이리지구는 남문에서 하차하여 남문 출입구로 대회장에 입장하고 중앙교구 남중·군산지구는 서문에서 하차하여 북문을 통해 2층 회랑으로 올라와 대회장에 입장한다. 승차는 평화1주차장(중앙교구)과 평화2주차장(대전충남, 교육, 총부, 복지, 정토회), 난지주차장(경기인천, 서울)에서 한다.
- 기차셔틀버스 운행
  : 기차를 이용하는 부산울산, 대구경북, 순천지구, 전주 지역 교도들은 수색역에서 교통팀 안내에 따라 셔틀버스를 타고 남문에서 하차하며, 돌아갈 때에도 남문에서 승차하여 수색역으로 이동한다. 12대의 셔틀버스는 기차 도착시간(11시 30분, 11시 50분, 12시 20분)에 맞추어 경기장까지 왕복 3번 운행될 예정이며, 대회가 끝난 4시 30분부터 셔틀버스가 운행된다. 단, 셔틀버스는 기차를 이용하는 교도들만 탑승 가능하다.

주차 관련 공지사항

- 월드컵경기장 주변 지정된 장소 이외 승하차 금지
  : 많은 차량으로 월드컵경기장 주변 혼잡이 예상되므로 지정된 장소(기차 셔틀버스, 국방대학·수색기지창 주차장) 이외에는 승·하차가 불가능하다.
- 버스 차량 표시물 부착 필수
  : 교구마다 주차장 구역이 다르므로 기념대회준비위원회에서 준비한 차량 표시물을 조수석 앞 유리창 하단에 부착하여 식별가능 하도록 하며, 주차 안내원의 안내에 따라 협조해야 한다.
- 평화1 주차장, 평화2 주차장, 난지주차장은 버스 주차 시 중간이동 불가
  : 주차된 차량은 중간에 이동할 수 있는 공간이 없으므로 이점을 숙지해야 하며, 행사가 끝난 후 바로 차량에 탑승해야 전체 차량의 출발이 가능하다.
- 원불교100주년기념대회에 많은 사람들이 참석하다 보니 차량주차 소통에 불편함이 많을 것으로 예상된다. 안전하고 원활한 행사진행을 위해 교통안내요원의 안내에 적극 협조해야 한다.

교구별 참석인원 및 차량이용 계획안

역할		담당자	위치	분대장	자원봉사
교통·의료 총괄		양명일(서울교구 사무국장)	상황실		4명
교통	교통총괄	박정관(경인교구 사무국장)	전체 총괄	1명	3명
	교통1조	박대원(교정원 교육부)	평화주차장 1	2명	28명
		박선장(감찰원사무처)			
	교통2조	손인도(감찰원사무처)	평화주차장 2	2명	35명
		김동원(화곡교당)			
	교통3조	권성덕(감찰원사무처)	난지주차장	1명	29명
		전성욱(안암교당)			
	교통4조	전철후(강남교당)	국방대학교	1명	32명
		이도광(개봉교당)			
	교통5조	하태은(인천교당)	버스 출입, 출차		69명
		최성남(교구),박태길(여의도)			
		이세진(수원교당)			
	교통6조	노현성(서울교구)	셔틀버스	1명	31명
		김대곤(화정교당)			
	교통7조	표원국(중곡교당)	수색역	1명	46명
		허 석(종로교당)			
	교통8조	김달인(구로교당)	수색기지창		5명
	총합계	19명		9명	282명

교구	인원	버스	승합	기차	비고
강원교구	350	11	4		
광주전남	2,883	85		470	11:00 (순천지구) 16:30
경기인천	4,500	74	13		
경남교구	1,867	46	8		
대구경북	1,429	15	1	750	도착 11:40(대구 시내권)18:00
대전충남	2,000	50			
부산울산	3,100	49		720	12:53(부산시내권) 17:30
서울교구	12,000	41	32		편도 15, 주차 20, 2차출차만 6
전북교구	6,691	173	8	180	11:00(우아,문정) 16:30
중앙교구	4,612	120	2		
영광교구	746	20	1		
제주교구	320	8			
충북교구	484	14			
해외교구	362	11	4		
군종교구	150	3			
교육기관	2,488	51			
복지기관	1,416	22	13		**휠체어22대 요청**
총부 원로	250	8			
정토회	400	10			
초청	220				
합계	46,048	811	86	2,120	

원불교100주년기념대회 | 기념대회

교통 계획안

입차 : 시간별 계획 (버스)

교구	도착시간	주차장	버스	고속도로	휴게소	내용
교육	9:00	수색	51	경부		경부→한남IC→올림픽대로→여의하류IC→양화대교→강변북로→월드컵경기장 교차로 직진→서문에서 하차
제주	10:00	평화2	8	비행기		강변북로→월드컵경기장 교차로→반려견 놀이터 입구 우회전
해외	10:00	평화1	11			평화1주차장 우회전
경기인천	10:30	국방	122	서해안		일직JC→성산대교→자유로→노을공원 입구→난지교 우회전→월드컵경기장 교차로 직진→서문에서 하차
서울	10:30	국방	51			자유로→노을공원 입구→난지교 우회전→월드컵경기장 교차로 직진→서문에서 하차
강원	11:00	평화2	11	강원		강변북로→월드컵경기장 교차로→반려견놀이터 입구 우회전
대구경북	11:00	평화2	15	경부		경부→한남IC→올림픽대로→여의하류IC→양화대교→강변북로→월드컵경기장 교차로→반려견놀이터 입구 우회전
대전충남	11:00	수색	50	경부	입장	경부→한남IC→올림픽대로→여의하류IC→양화대교→강변북로→월드컵경기장 교차로 직진→서문에서 하차
				서해안	행담도	일직JC→성산대교→마포농산물시장→경기장 교차로 우회전→서문에서 하차
영광	11:00	평화2	19	서해안	대천	일직JC→성산대교→자유로→반려견놀이터 입구 우회전
전북	11:00	난지	160	서해안	행담도	일직JC→성산대교→자유로→노을공원 입구→난지교 우회전→난지주차장 입구 우회전
				경부	입장	경부→한남IC→올림픽대로→여의하류IC→양화대교→강변북로→노을공원입구→난지교 우회전→난지주차장 입구 우회전
충북	11:00	평화2	14	경부		경부→한남IC→올림픽대로→여의하류IC→양화대교→강변북로→월드컵경기장 교차로→반려견놀이터 입구 우회전
경남	11:30	평화2	46	경부	입장	경부→한남IC→올림픽대로→여의하류IC→양화대교→강변북로→월드컵경기장 교차로→구름다리 지나 우회전
광주전남	11:30	평화1	85	서해안	대천	일직JC→성산대교→자유로→월드컵경기장 교차로 우회전→평화 1주차장 우회전
				경부선		경부→한남IC→올림픽대로→여의하류IC→성산대교→강변북로→월드컵경기장 교차로 우회전→평화1 주차장 우회전
복지	11:30	수색	22	경부		경부→한남IC→올림픽대로→여의하류IC→양화대교→강변북로→월드컵경기장 교차로 직진→서문에서 하차
부산울산	11:30	평화2	46	경부	안성	경부→한남IC→올림픽대로→여의하류IC→양화대교→강변북로→월드컵경기장 교차로→반려견놀이터 입구 우회전
정토회	11:30	수색	10	경부		경부→한남IC→올림픽대로→여의하류IC→성산대교→마포농산물시장→월드컵경기장 교차로 우회전→서문에서 하차
중앙	11:30	국방	117	서해안	행담도	서문에서 하차, (서문이 복잡할시에는 터널위쪽으로 유턴하여 반대편 도로에 하차) (이리지구) 남문(경기장 맞은편)에 하차
총부	11:30	수색	7	경부		일직JC→성산대교→자유로→월드컵경기장 교차로 직진→서문에서 하차

교통 계획

입차 : 임시 하차장 시간별 계획 (버스)

하차장	이용교구	버스수
서문하차장	서울교구 46대, 중앙교구(군산 21대, 남중지구 37대),대전충남교구 50대, 교육기관 51대,복지기관 22대,총부기관8대,정토회 10대	245
남문하차장	경기인천교구 83대, 중앙교구 (이리지구 59대)	142
남문셔틀버스하차장	부산울산교구,대구경북교구,순천지구	36

주차장	교구	시간	주차장	내 용
서문(좌)	전체	1차	서문	서문주차장 (좌측)
난지		2차	난지	서문 -> 터널위로 유턴 -> 사거리 지나서 주차장 입구
국방대		3차	평화1	

※행사 당일, 주차하지 않은 버스가 있어 입차 및 주차 차량수가 계획과 차이가 있음.

 최찬호
5월 2일

원불교. 교리나 어떤 것을 지향하는 종교인지는 모르겠으나 어제 상암월드컵경기장에서 100주년기념대회를 하며 보여준 질서정연한 모습을 보면 정말 바로 선 종교란 생각이 든다.

6만여명이 800대의 버스로 행사에 참석하여 일대 극심한 혼잡이 우려되었으나 자체 교통관리계획에 따라 일사분란하게, 질서정연하게 안내하는 자체 봉사요원들의 안내에 따라 움직이다보니 다소의 정체, 혼잡은 불가피한 것이고, 걱정했던 교통대란은 없었다.

행사가 14시에서 16시까지임에도 혼잡을 피하기위해 경기장 도착시간을 지역별로 11시부터 차근차근 도착하게 계획하고, 행사가 끝난후엔 다시 지역별로 16시부터 18시까지 차례대로 지정된 위치에서 승차를 하고 출발을 했다.

지역에 따라서는 행사가 끝나고 2시간이 넘게 대기하다 버스를 타러 이동하는데도 불만을 표시하지 않고 안내에 따라 침착하게 움직이는 모습에 진정한 종교의 힘. 나보다 다른 사람들을 먼저 배려하는 것이 몸에 베었구나 하는 생각에 교육의 중요성을 절감했고,

항상 일본의 질서의식을 높이 평가하는데 우리국민도 제대로 교육만 된다면 일본보다 질서의식이 훨씬 뛰어날것이란 생각이 들었다.

앞으로 다른 종교나 다른 단체에서도 대규모 행사가 있을텐데, 원불교 행사처럼 성숙한 모습을 보여주길 기대해본다.

_마포경찰서 교통과장 최찬호
2016.05.02. FaceBook

교통 계획

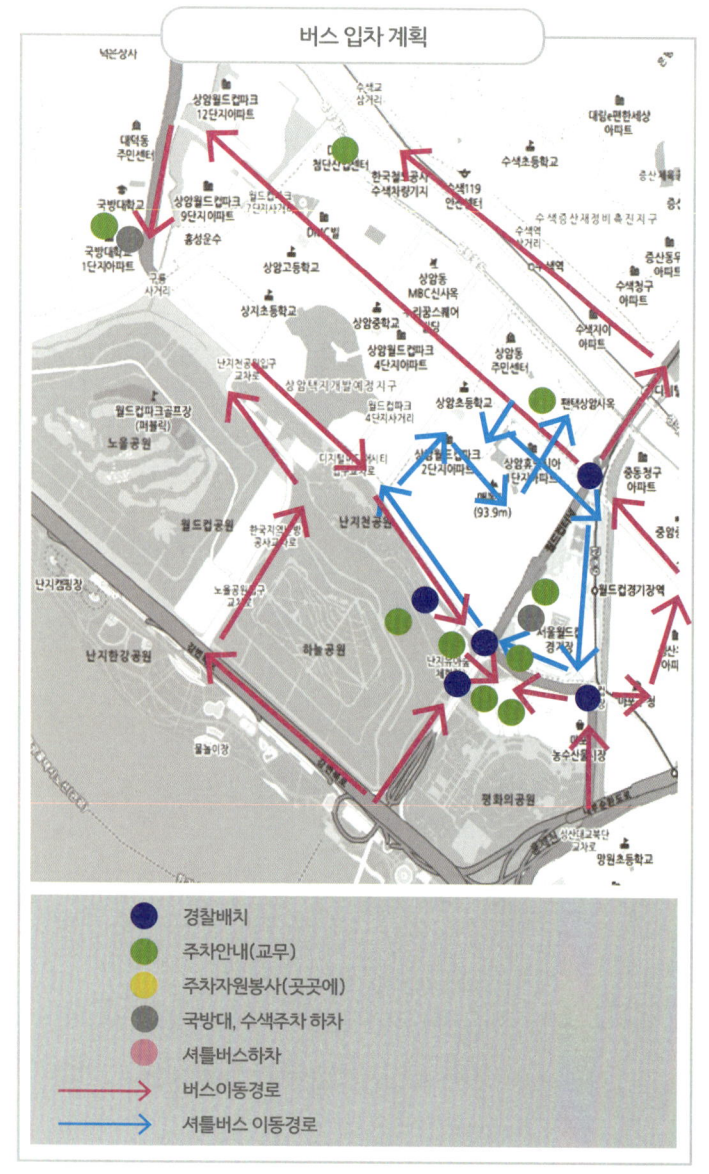

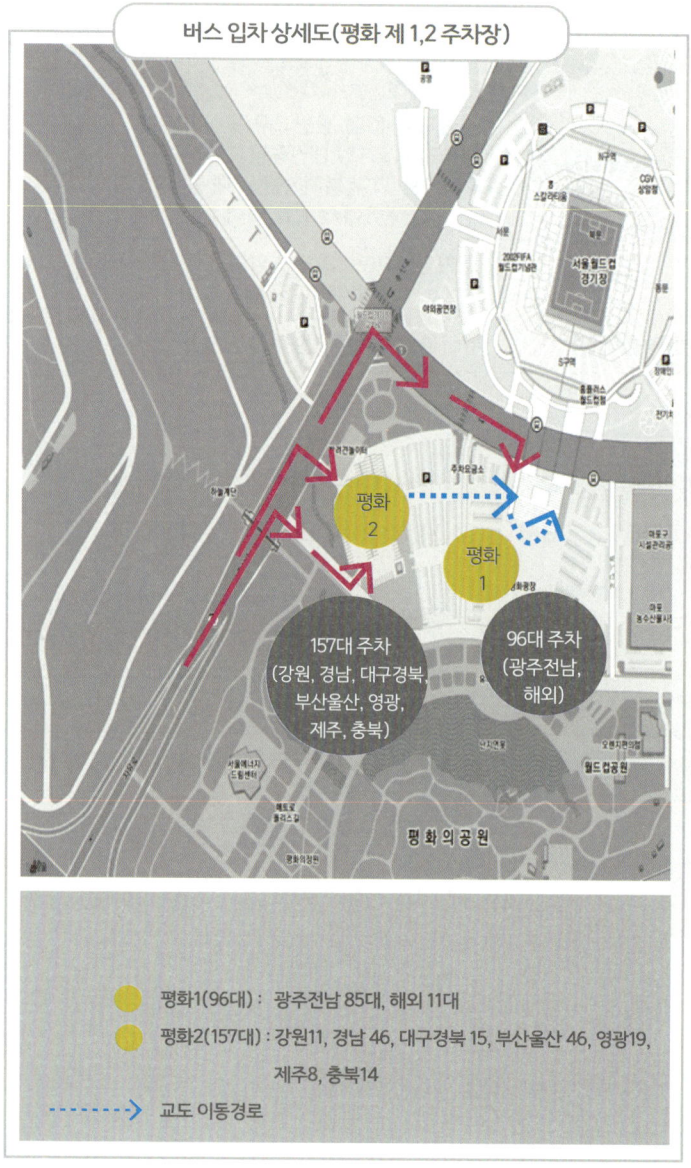

교통 계획

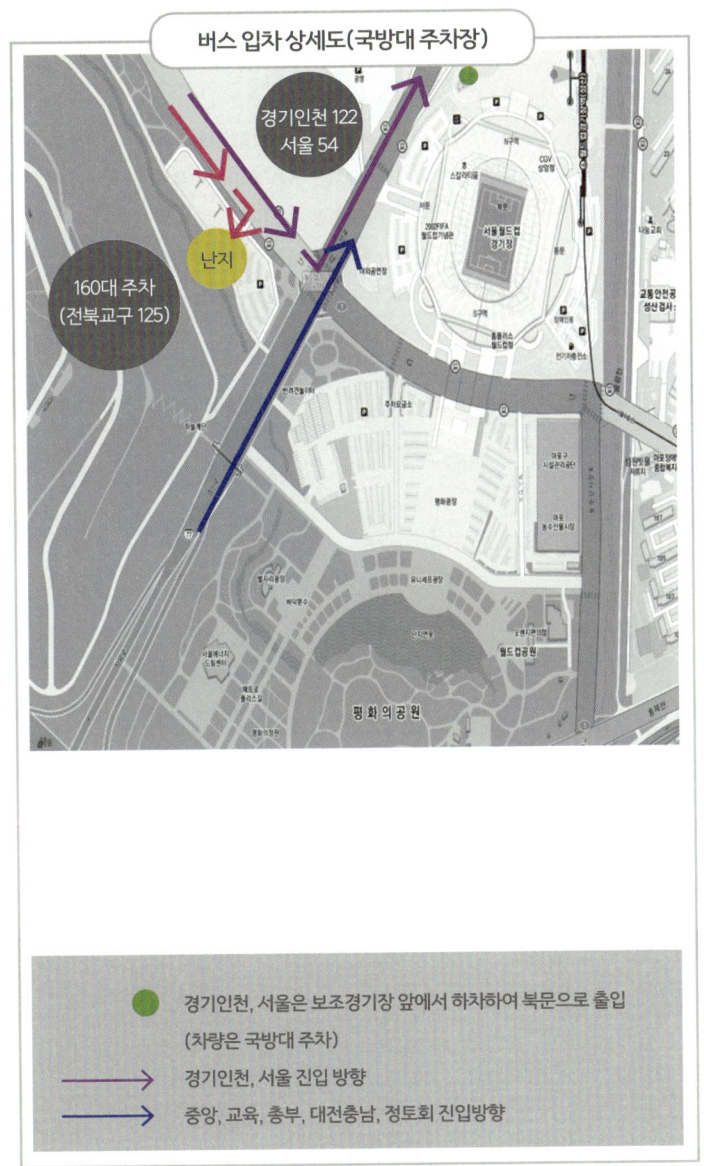

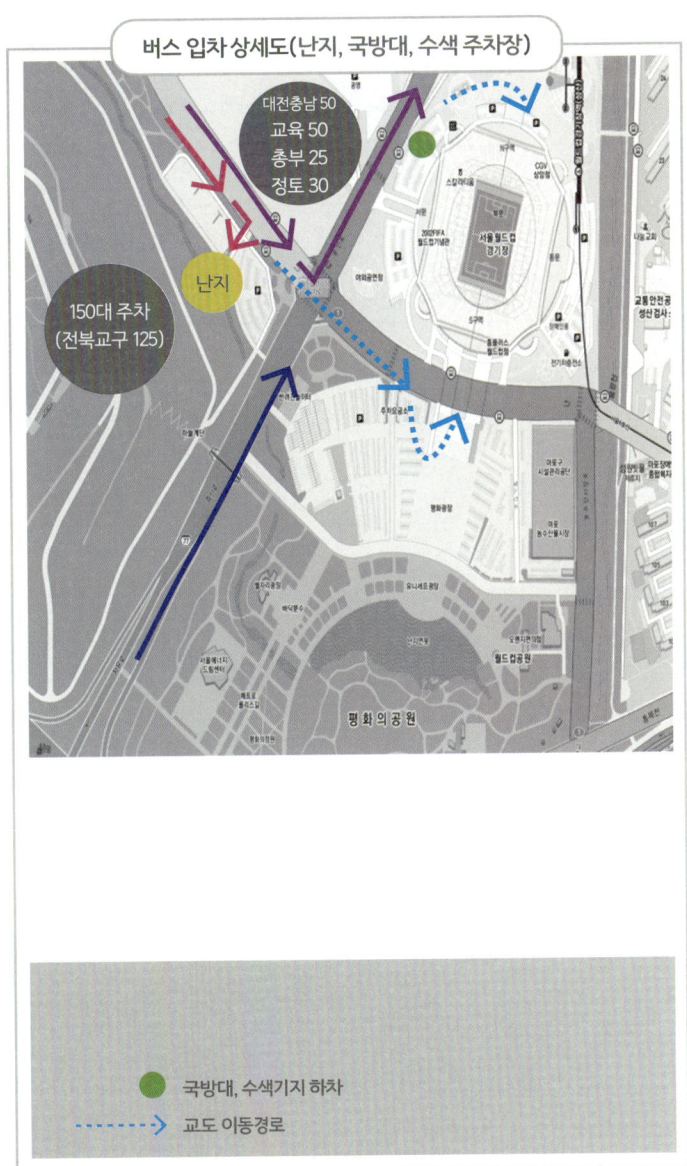

출차

주차장	교구	시간	승차장	버스수	내용
평화1	광주전남, 해외교구	16:30	평화1	96	주차장→우회전→마포농산물 시장→성산대교
평화2	강원, 경남, 대구경북, 부산울산, 영광, 제주, 충북	16:30	평화2	157	주차장→좌회전→강변북로
난지	전북교구	16:30	난지	160	주차장→우회전→월드컵 교차로 우회전→ 강변북로
국방대	경기인천, 서울교구	17:30	난지	176	주차장→우회전→월드컵 교차로 우회전→ 강변북로
국방대	중앙교구	17:30	평화1	117	주차장→우회전→성산대교 군산지구 21대 / 남중지구 37대 / 이리지구 59대
수색	대전충남,교육기관,복지기관,총부기관	17:30	평화2	137	평화2주차장 승차→좌회전→강변북로

기차 셔틀버스

교구	교당	인원수	도착	출발	교구	교당	인원수	도착	출발
순천/우아	우아,문정	140	11:00	18:30	대구경북	경산	30	11:30	18:00
						고령	10		
						구미	30		
						구성	1		
						김천	20		
						대구	187		
						대명	36		
						대현	118		
						삼덕	20		
	총수	140				상인	26		
부산울산			12:00	17:30	대구경북	서성로	65	11:30	18:00
						선산	7		
						성주	30		
						수성	26		
						왜관	20		
						청도	5		
						초전	11		
						동명훈련원	14		
						행복대학	72		
	총수					총수	728		

교구별 출차 순서

시간	교구	순위	주차장	승차장	버스수	내 용
1	부산울산교구	1차	평화2	평화2		기차(17:30) / 부산·울산교구에서 기차를 타셔야 하는 교당은 남문회랑을 이용하여 내려가셔서, 내리셨던 곳에서 셔틀버스를 타셔야합니다. 5시30분 기차입니다. 서둘러주시기 바랍니다. 화장실은 수색역에서 이용하실 수 있습니다.
2	제주교구	1차	평화2	평화2		김포공항(17:30) / 항공편 예약관계로 제주교구도 먼저 이동하겠습니다. 서둘러 주시기 바랍니다.
	군종교구	1차	서문	서문		군부대복귀 / 군종교구에서 오신 군인장병 여러분 퇴장합니다. 군부대 복귀를 위해서 먼저 퇴장합니다.
	전북교구	1차	난지	난지		6시30분 기차를 타실 교당은 기다리세요. (4시 40분 승차, 마지막 셔틀버스를 타도록 합니다. 전북교구와 광주전남교구기차를 타실분들은 안내방송이 나갈 때까지 제자리에서 기다려 주시기 바랍니다.)
	해외교구 / 경남교구	1차	평화1	평화1		
	광주전남교구	1차	평화1	평화1		6시 30분기차를 타실 교당은 기다리세요. (4시 40분 승차, 마지막 셔틀버스를 타도록 합니다. 전북교구와 광주·전남교구기차를 타실분들은 안내방송이 나갈 때까지 제자리에서 기다려 주시기 바랍니다.)
	영광교구	1차	평화2	평화2		
	대구경북	1차	평화2	평화2		기차(18:00) / 대구경북교구에서 기차를 타셔야 하는 교당은 남문회랑을 이용하여 내려가셔서, 내리셨던 곳에서 셔틀버스를 타셔야 합니다. 5시 30분 기차입니다. 서둘러주시기 바랍니다. 화장실은 수색역에서 이용하실 수 있습니다.
	강원교구 / 충북교구	1차	평화2	평화2		
	경기인천	2차	국방대	난지		대중교통으로 가실 분들은 퇴장하십시요. 버스를 타셔야 하는 분은 기다리세요. 1시간 후에 입차 가능합니다.
	서울교구	2차	국방대	난지		원남지구/여의도지구, 서울지구/화곡지구, 종로지구 / 잠실지구 순으로 퇴장합니다. 대중교통으로 가실 분들은 퇴장하십시요. 버스를 타셔야 하는 분은 기다리세요. 1시간후에 입차가능합니다.
	중앙교구	2차	국방대	평화1		
	대전충남교구 / 교육기관	2차	수색	평화2		
	복지기관 / 총부기관	2차	수색	평화2		

교통 계획

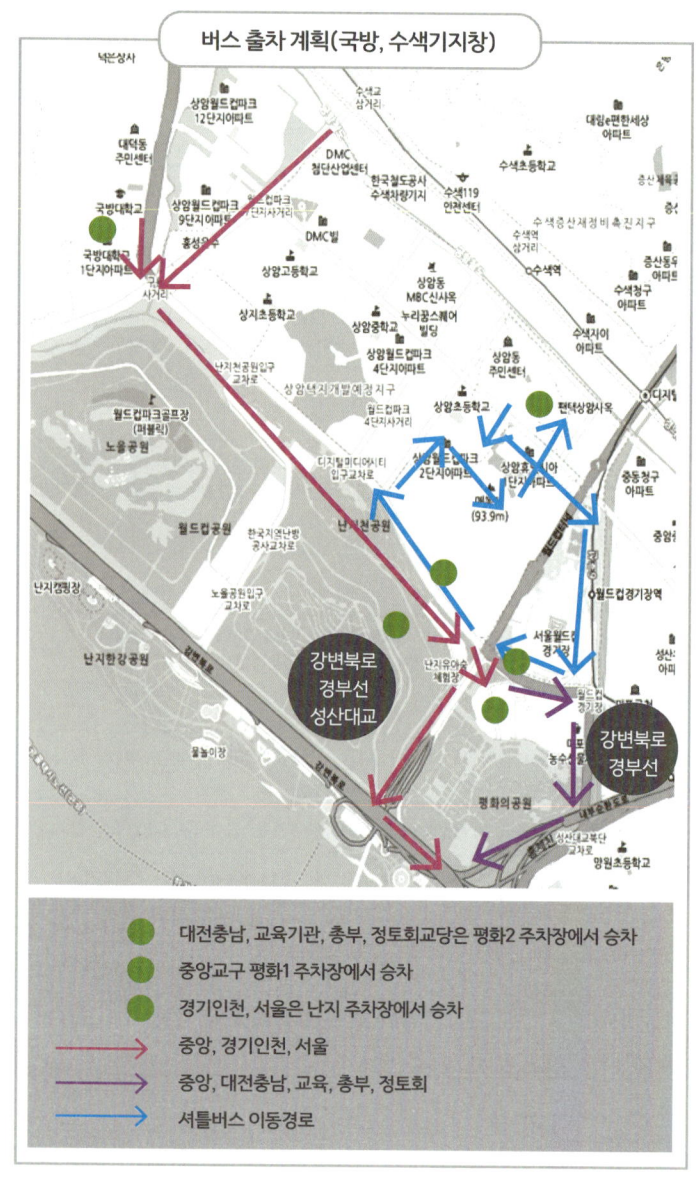

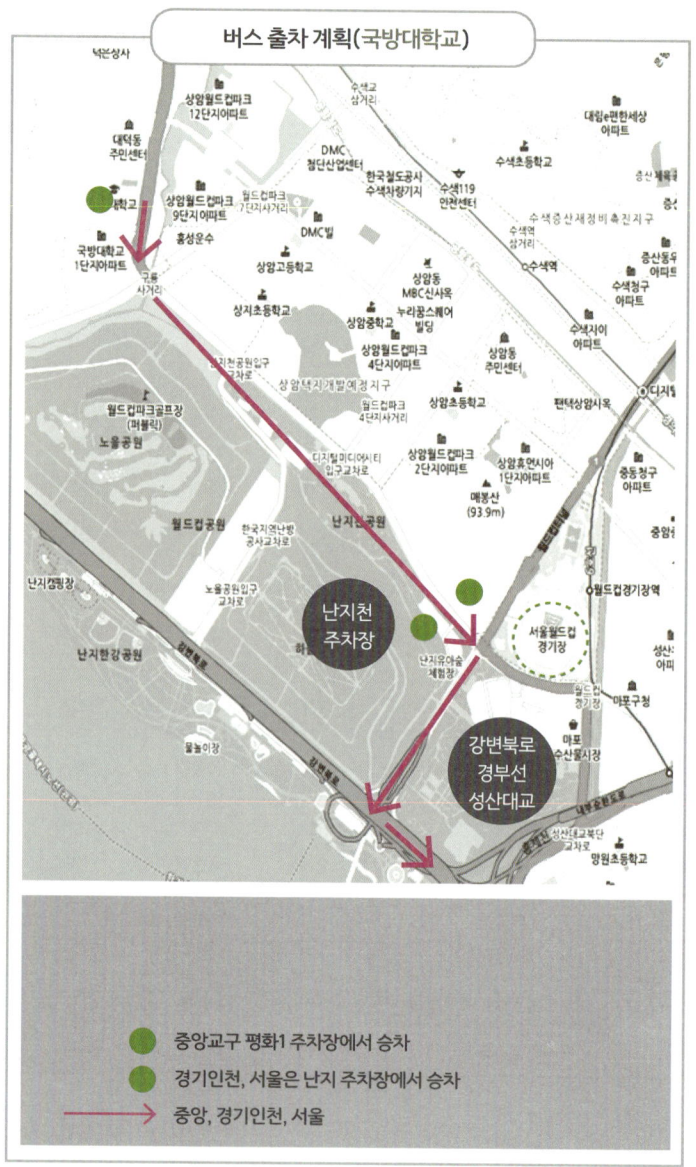

교통 계획

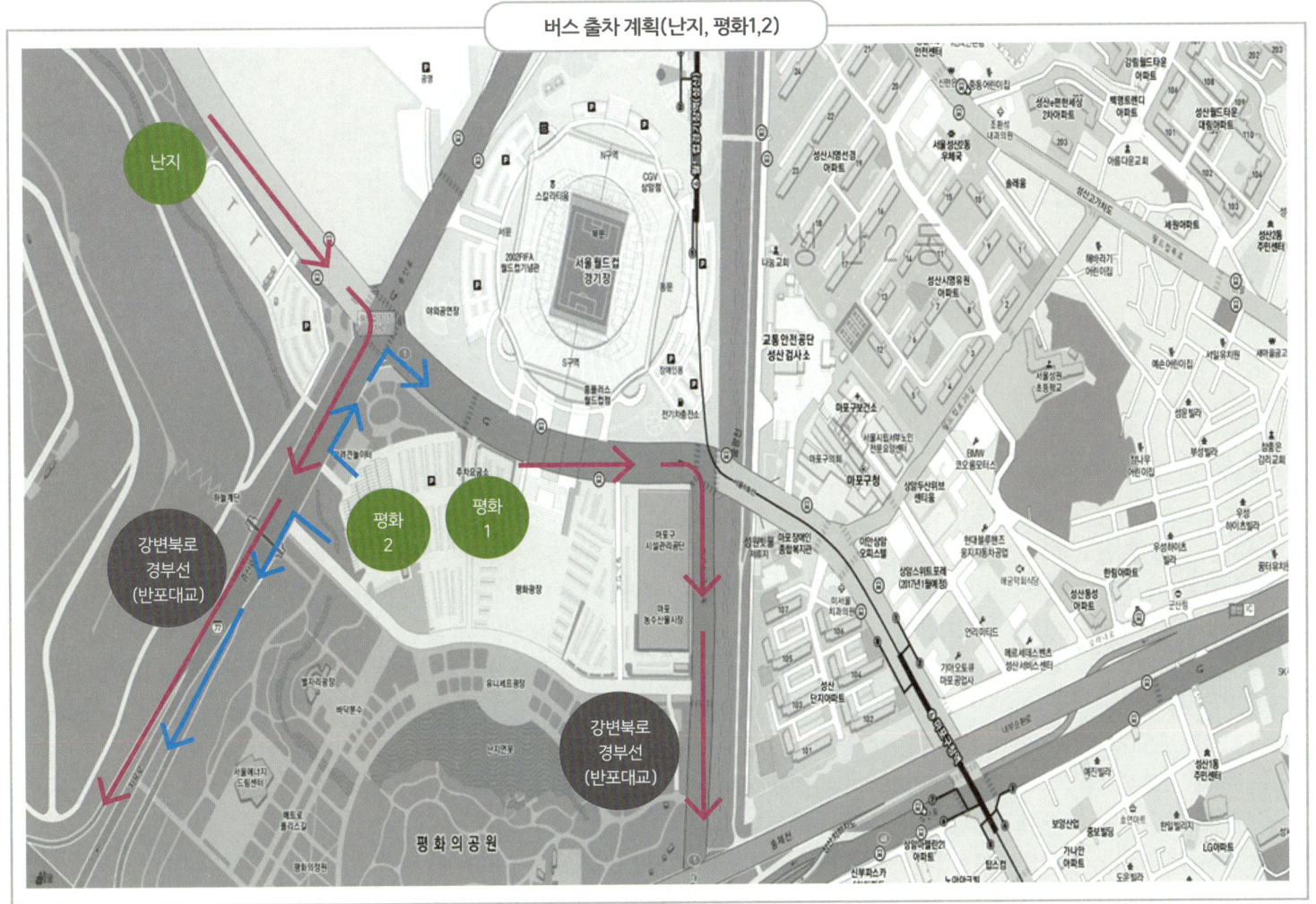

하행 차량 심고문

[일괄 사전 배포]

천지하감지위! 부모하감지위!
동포응감지위! 법률응감지위!
원기 101년 5월 1일 원불교100주년기념대회에 참여한 OO 교당 참가교도 및 초대인 일동은 100주년기념대회의 기쁨과 여운을 담아 심고 올리나이다.
법신불 사은이시여, 오늘을 계기로 물질이 개벽되니 정신을 개벽하자 하신 소태산 대종사님의 개교정신이 세상에 널리 널리 실현되게 하소서.
10개 언어로 교서가 번역되었으니 세계교화의 문이 활짝 열리고 종교화합으로 세계 평화의 초석이 될 수 있도록 해주시니 고맙습니다.
오늘 우리들의 마음 속 깊은 곳에 울림을 준 '소태산, 개벽, 적공, 천도, 구인선진의 법훈 서훈'을 본받아 생활 속에서 그 정신을 실현해 내는 불제자로
거듭나겠나이다.
하오니 법신불 사은이시여, 100년 성업의 기원이었던 교화대불공의 주역, 자신성업봉찬으로 일원대도 영겁법자 일원회상 영겁주인,
세계주세교단 건설의 역군, 대자비교단, 스승님들의 유업 계승 발전의 거룩한 원이 우리 각자의 원이 되어 전 교도가 화합하도록 꾸준히 정진하겠나이다.
100주년기념대회의 서울선언문은 사회와 국가, 세계가 실현해 내야할 인류의 미래 비전이었나이다.
저희들 각자 각자가 그 비전의 주인이 되어 음으로 양으로 그 정신을 이어가겠나이다.
서로 격려하며 대적공 대적공으로 원불교 100주년의 이 날을 기다려온 저희들은 오늘 그 대회를 원만히 마치고
이제 원불교 2세기의 희망찬 출발점에 함께 하나이다.
일원의 진리가 보편적 사상이 되어 생활 속에서 두루 실천되도록 하옵소서.
그리하여 이 사회에 마음공부 하는 사람이 많아지고, 울을 넘어 하나의 세계를 개척해 나가도록 호념하시옵소서.
더불어 저희 개인 개인마다 소망하고 염원하는, 많은 일들이 뜻과 같이 크게 성취될 수 있도록 하소서.
저희 모두의 간절한 마음을 모아 일심으로 비옵나이다.

기념대회 종료 후 임시열차 편성 운행 및 상, 하선 열차 간격 조정 요청 및 결과 공문

- 원불교 100주년 기념대회 -
안전수송 추진 결과 보고
['16.5.2(월), 전략마케팅처]

1 행사개요

- 행 사 명 : 원불교 100주년 기념대회
- 일   시 : 2016. 5. 1(일), 14:00~16:00
- 행사장소 : 서울 월드컵경기장
- 대 상 역 : 6호선 월드컵경기장역
- 참 가 자 : 50,000명(월드컵경기장역 이용 약 15천명)

2 수송실적

[단위: 명, %]

구 분		행사일 ('16.5.1)	평시 ('16.4.17)	평시대비	
				증감	비율
계		39,324	10,867	+28,457	361.87%
승 차		19,843	5,277	+14,566	376.03%
	행사종료 (16~17시)	7,245	688	+6,557	1053.05%
하 차		19,481	5,590	+13,891	348.50%
	행사시작 (11~13시)	8,323	1,112	+7,211	748.47%

※ 전주 동요일 4.24(일) 마라톤대회행사로 전전주 4.17(일) 수송실적과 비교

3 주요 조치사항 및 추진 효과

- 행사종료 후 임시열차 1편성 운행 및 상·하선 열차 간격 조정
- 안전지원인력 배치 : 총 13명(기존근무 3명 → 16명)

지 원 시 간	지 원 인 력
13:00~18:00	10명(사업소 2, 역장 5, 사회복무 3)
15:30~18:00(행사종료 지원)	3명(자역 야간근무자 조기출근)

- **행사당일 승객 이동에 따른 유기적인 대처로 사고 없이 안전수송 완료**

협조요청 공문발송

물질이 개벽되니 정신을 개벽하자

수신자 월드컵경기장역장
제 목 원불교100주년기념대회 업무 협조의 건

1. 세상의 희망이 되는 원불교 100주년 기념대회 봉행위원회입니다.
2. 귀 역사가 행복한 교통문화를 선도하는 서울도시철도의 중심이 되기를 기원합니다.
3. 시대와 함께 걸어온 원불교가 100주년을 맞아 5월 1일(일) 서울 월드컵 경기장에서 원불교100주년기념대회를 봉행합니다. 행사가 원만하게 진행될 수 있도록 아래와 같이 요청하오니 첨부를 참조하시어 협조하여 주시기 부탁드립니다.

- 아 래 -

협조사항:
 가. 지하철 승강장 및 대합실 자원봉사자 활동허용 협조
 나. 지하철 승강장 및 대합실 대회장 안내 배너 설치허용 요청
 다. 2번 출입구 에스컬레이터 전향 운행 요청

붙임 : 1. 행사개요 1부.
       2. 봉사자 위치 및 배너 설치 위치.

원불교100주년기념대회 봉행위원회

담당 김성진 의식진행팀장 박명은 부집행위원장 김은경 집행위원장 정상덕(전결)
시행 원불100 101-45 (2016. 04. 15)
서울특별시 용산구 한강로1가228(한강대로52길 25-8) 3층
전화 (02)816-0428 전송 (02)816-3174 메일 100wonbul@gmail.com

005

의료봉사로 기념대회 성공 기여
응급 의료대책

원불교100주년기념대회 행사 때 유사시를 대비한 응급 의료진은 원광대학교병원의 진료처장, 기획정보실장, 교육부장 등 보직 교수들을 우선적으로 구성해 전문 인력을 동원했고 그 외 병원에 근무하는 정토회원 의사와 간호사 등 희망자들로 60여 명의 의료팀을 꾸렸다.

또한, 차량은 대형버스 2대와 승합차량 2대로 의료지원 운영을 준비했다.
침대와 엑스레이 촬영 등 의료시설이 갖춰진 건강검진 차량과 현장 응급지원 차량을 준비했으며,
만약의 경우 큰 사고시 병원 이송이 가능한 앰뷸런스 2대가 대기해 신속한 이송을 도울 수 있도록 철저히 준비했다.

" 기념대회에 5만 명이 참석한다고 했을 때 모두들 걱정이 많았다. 연로하신 교도들이 많아 사고가 날 위험이 컸기 때문이다. 모두가 기억한 것처럼 큰 사고 없이 기념대회가 끝났다. 준비했던 의료장비와 약품은 거의 그대로 회수해서 돌아왔다. 큰 행사에 사고와 중환자가 없었다는 것은 너무 감사한 일이다."
_ 의료지원팀 김명주 원광대학교병원 사회사업팀장

응급의료 시스템 구축 / 병원 후송체계 구축(동서남북)

의료안전

분류	위치	담당	간호사	비고
교통의료HQ	상황실	양명일		양명일(서울교구사무 국장)
의료총괄	의료 총괄	원광대병원 서일영교수		서일영(병원 기획정보실장)
		총괄:김명주 오영란 김성희 김지인		김명주(병원 사회사업팀장)
				오영란(병원 사회사업팀)
				김성희(병원 사회사업팀)
				김지인 (병원 사회사업팀)
				소경희(산본병원 총무팀장)
				서원택(본부 제작운영팀장)
1조	VIP 무대 뒤	서일영	이도경 탁미선	서일영(비뇨기과)
2조	VIP 대기실	김태균	류정임 양금진 성미연	김태균(정형외과)
3조	3층회랑 북C 의료부스	서검석	홍일화 최현숙	서검석(소화기내과)
4조	3층회랑 서J 의료부스	김남호	김정자 정재희	김남호(순환기내과)
5조	3층회랑 남C 의료부스	안선호	강수정 김다정 오유경	안선호(신장내과)
6조	5층회랑 북G 의료부스	최정우	강민 김소현 명선희	박도심(진단검사의학)
				김영전(가정의학과)
7조	5층회랑 서N 의료부스	최창욱	박도연 배은숙	최창욱(안과)
8조	북문 검진차량	박도심	손 윤 조은아	최정우(응급의학과)
		김영전		
9조	5층회랑 서X 의료부스	이 철	정수연 박옥희 최문자	이철(마취통증의학과)
		최금하		최금하(병리과)
엠블란스 1	북문	권성택		권성택(관리팀 운전)
		이정훈		이정훈(고객지원팀 운전)
엠블란스 2	남문	산본		
총합계				의사(11명) 간호사(22명) 기타(6명) 자원봉사(20명) 총59명

원불교100주년기념대회 | 기념대회

의료안전

의료지원 일정 프로그램

날 짜	시 간	진 행
5월 1일(일)	AM 07:00	한방병원 앞 출발
	10:30	서울 월드컵 경기장 도착
	10:30-12:00	의료진료 장소 배정 및 셋팅
	PM 12:00-12:30	의료지원 장소에서 점심식사(도시락)
	12:30-17:00	의료지원
	17:00	익산으로 출발
	21:00	익산도착(해산)

의료팀 안내 지침서

- 혹시 모를 안전사고와 응급환자 대비를 위하여 의료팀을 운영합니다.
- 의료팀은 북문, 남문에 항시 앰뷸런스가 대기하고 있으며, 혹시 응급 환자가 생긴 경우 북문, 남문 출입구로 환자를 이동시키면 됩니다.
- 경기장 내에도 VIP 의료전담팀과 7군데에 간단한 응급처치와 응급환자를 대처할수 있는 의료팀을 두고 있습니다. 가까운 곳에 있는 의료팀을 찾으세요.

진료현황

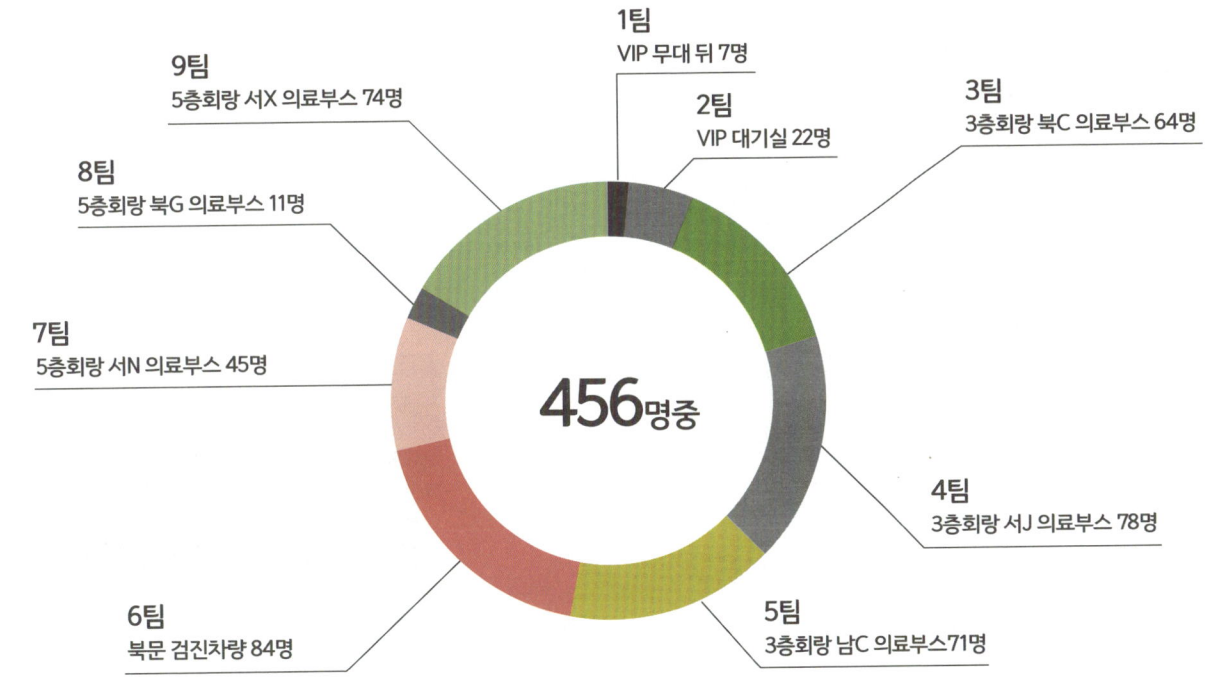

456명중

- 1팀 VIP 무대 뒤 7명
- 2팀 VIP 대기실 22명
- 3팀 3층회랑 북C 의료부스 64명
- 4팀 3층회랑 서J 의료부스 78명
- 5팀 3층회랑 남C 의료부스 71명
- 6팀 북문 검진차량 84명
- 7팀 5층회랑 서N 의료부스 45명
- 8팀 5층회랑 북G 의료부스 11명
- 9팀 5층회랑 서X 의료부스 74명

의료봉사로 기념대회 성공 기여

성업 미담 / 원광대학교병원 의료지원팀

의료봉사로 기념대회 성공 기여

원광대학교병원 성업 동참 자원봉사 자발적 참여

원광대학교병원이 '원불교100주년기념대회'에 의료지원 봉사활동과 성금 전달로 기념대회를 빛냈다. 지난 1일 원광대학교병원은 기념대회의 성공적인 개최를 위해 의료봉사로 안전을 책임지며 보이지 않는 곳에서 역할을 톡톡히 해냈다. 사실 큰 대회나 행사에 반드시 의료팀이 준비돼야 한다. 하지만 교립학교의 병원이라고 직원들을 휴일 근무시킬 수 없는 입장이다. 이를 감안한 최두영 원광대학교병원장은 의료봉사에 자발적인 참여를 유도했다. 특히 병원에 근무하고 있는 교도직원부터 기념대회에 참석하고 싶은 지원까지 자발적인 의료봉사를 기획했다.

최두영 원광대학교병원장은 "행사 진행 본부측에서 원하는대로 100% 지원을 해야한다. 원불교 재단에 몸담고 20~30년을 근무한 우리들이 100년에 한번밖에 없는 이번행사에 적극 참여 하자"고 강조했다고 말했다. 이런 최 병원장의 노력에 자원봉사자들이 모여들었고, 기념대회의 건강을 책임지게 됐다.

최 병원장은 "5만명이 참석한 큰 행사를 통해 교직원 모두가 원불교 재단의 자부심을 갖게 됐다. 교도와 비교도의 자발적인 참여로 일군 의료봉사는 개인적으로도 공지를 갖게 된 계기가 됐다"며 "다행이 위급한 상황이 발생하지 않아 어려움없이 의료봉사를 마칠 수 있었다. 직원들의 의료봉사는 종교와 이념을 떠나 기념대회의 성공을 바라는 마음에서 출발했기 때문에 책임을 다할 수 있었다"고 밝혔다.

의료지원팀은 원100기념대회 진행본부측과 협의해 진행됐다. 야외 의료부스는 9곳을 설치해 운영하고, 각 부스에 병원차량 지원과 이에 따른 인력을 배치했다. 의료진을 모집할 때는 어려움이 예상됐으나 적당한 의료진들이 지원해 수월했고, 간호부는 자원봉사자 모집 공고를 통해 인력을 모았다.

의료진은 진료처장, 기획정보실장, 교육부장 등 보직 교수들을 우선적으로 구성해 전문 인력을 동원했고 그 외 병원에 근무하는 정토회원 의사와 희망자들로 50여 명의 의료팀을 꾸리게 됐다. 또한 차량에도 대형버스급 2대와 승합차량급 2대로 의료지원 운영을 준비했다. 참내와 엑스레이 촬영 등 의료시설이 갖춰진 건강검진 차량과 현장응급지원 차량이 준비됐고, 만약의 경우 큰 사고시 병원이송이 가능한 앰뷸런스 2대가 대기해 신속한 이송을 도울 수 있도록 했다. 의사와 간호사 외에 사회사업팀이 모두 참여한 가운데 행정직원들도 참여하면서 야외 의료부스는 원만히 진행될 수 있었다.

이날 원광대학교병원 의료봉사팀은 9곳 부스에서 450여 명의 환자를 진료했다. 환자는 기념대회장을 찾은 고령의 어르신들이 대부분이었다. 2시간 넘게 뜨거운 햇살에 노출되면서 체력적으로 한계에 다달은 것이다. 어르신 환자들을 친절하고 따뜻하게 맞이한 의료진들은 휴식에 필요한 의료지원에 정성을 다했다.

고령의 환자 외에도 팔이 끌절된 환자, 얼굴을 긁힌 환자, 가벼운 활과상 환자, 어지럼증을 호소하는 환자, 복통환자 등 다양한 진료를 요하는 환자들이 의료 부스를 찾았다. 다행히 종합병원으로 이송할 만큼의 중환자는 발생하지 않았다.

의료지원팀 김영주 사회사업팀장은 "그 큰 행사에 직접 역할을 맡게 되어 너무 행복했다. 교단의 대업에 나도 힘을 보탰다"며 자원봉사의 보람을 전했다. 이어 그는 "기념대회에 5만명이 참여한다고 했을 때 모두들 걱정이 많았다. 연로한 교도들이 많아 사고가 날 위험이 컸기 때문이다"며 "모두가 기억한 것처럼 큰 사고없이 기념대회가 끝났다. 준비했던 의료장비와 약품은 거의 그대로 회수해 돌아왔다. 큰 행사에 중환자가 없었다는 것은 너무 감사한 일이다"며 당일의 벅찬 감동을 회고했다.

한편 원광대학교병원은 교단 발전과 기념대회의 성공을 위해 원100성업회에 성금을 전달했다. 3월28일~4월15일 병원 임직원 1천1백여명이 모금활동에 동참, 3천여만원을 모아 성업회에 전달해 원불교100주년의 의미를 되새겼다. 종교와 이념, 노사를 떠나 원불교100주년기념성업의 성공적 결실을 한 마음으로 바란 결과다.

최 병원장은 "직원들에 앞서 임직원들이 솔선수범해 기념대회를 더욱 빛낼 수 있었다. 이런 마음이 병원을 더 발전시킬 수 있는 원동력이 되고, 지역의료를 선도할 수 있는 힘이 될 것이다"고 말했다.

유원경 기자 an1@wonnews.co.kr

▲ 원불교신문 1800호 2016.05.20 유원경 기자

원광대학교병원 성업 동참 자원봉사 자발적 참여

원광대학교병원이 5월1일 원불교100주년기념대회에서 의료지원 봉사활동에 참여해 5만여 교도들의 안전을 책임졌다.

005

살피고 다시 살피고
재난재해 대비

○ 비상 상황에 따른 임무 및 역할

비상 체계	임무 및 역할
비상 대책 결정	총괄 책임자와 관리 책임자가 상황을 신속히 분석하여 행사 중지 및 관객 대피 여부를 결정해야 한다.
비상 상황 신고	각 관리 책임자는 협조 기관에 신고를 한다.
대피 방송	비상 상황에 대한 간략한 설명과 함께 관객 대피를 유도하는 방송을 실시한다.
관객 대피	탈출 경로를 확보하여 관객을 안전한 곳으로 대피시킨다.
사고 진압	자체 진압 또는 협조 기관을 통해 사고를 진압한다.
응급 의료	환자 발생시 자체 응급 구호 및 환자 이송을 실시한다.
차량 및 관객 통제	대피 후 2차 안전사고 발생을 대비하여 차량 및 관객의 질서 유지를 해야 한다.

○ 비상 대처 체계 흐름

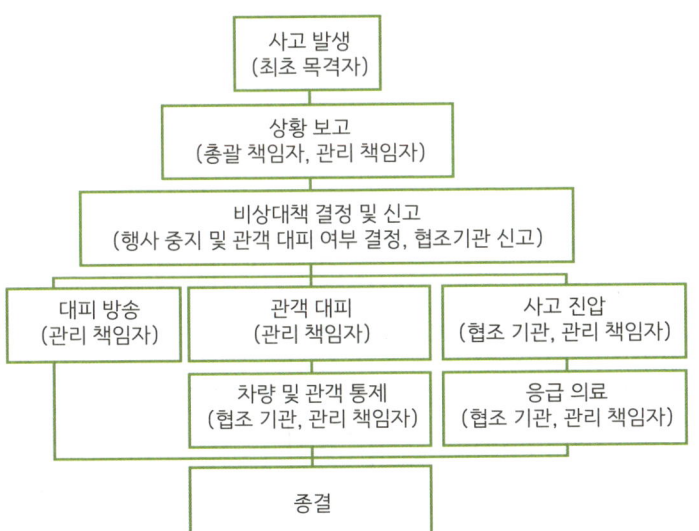

관련기관 협조 공문: 서울 마포경찰서, 서울 마포구청

- 경기장 주변 교통 정리 협조
- 기념대회 행사시 혹 있을 수 있는 치안 협조
- 경기장 주변 이면도로 주차 협조
- 행사 주차 단속 유예 협조

원불교100주년기념대회

물질이 개벽되니 정신을 개벽하자

수 신 서울 마포경찰서
경 유
제 목 원불교100주년기념대회 행사 협조 요청의 건

1. 세상의 희망이 되는 원불교 100주년기념대회 봉행위원회입니다.

2. 원불교에서는 원불교 100주년을 맞이하여 교단적인 행사로 100주년 기념대회를 오는 2016년 5월1일(일) 오후2시, 서울월드컵경기장에서 갖고자 합니다.

3. 해외 및 전국 각지에서 정계, 재계, 종교계 지도자들과 5만 여명의 교도들이 방문하게 되는 기념대회가 원만하게 진행될 수 있도록 아래와 같이 요청하오니 첨부를 참조하시어 협조하여 주시기 바랍니다.

-아 래-

가. 경기장 주변 교통 정리 협조(경기장 사거리, 삼거리)
나. 기념대회 행사시 혹 있을 수 있는, 행사 방해자나 세력에 대한 치안 협조
다. 교통관리시간: 2016년 5월 1일(일) 오전 9시~오후 6시

첨부 1. 행사계획안(재해대처 계획 포함) 1부.
2. 교통 및 주차계획안 1부. 끝.

원불교100주년기념대회 봉행위원회 원불교 100주년기념대회 봉행위원회

담당 이은정 팀장 정소이 기획운영실장 김도경 사무총장 정상덕
시행 원100 101 - 59 (2016. 4. 20.)
우04382 서울시 용산구한강로1가228(한강대로52길25-8)3층 원불교100주년기념대회봉행위원회
전화 (02)816-0428 전송 (02)816-3174 메일 100wonbul@gmail.com

원불교100주년기념대회

물질이 개벽되니 정신을 개벽하자

수 신 서울 마포구청
경 유
제 목 원불교100주년기념대회 행사 협조 요청의 건

1. 세상의 희망이 되는 원불교 100주년기념대회 봉행위원회입니다.

2. 원불교에서는 원불교 100주년을 맞이하여 교단적인 행사로 100주년 기념대회를 오는 2016년 5월1일(일) 오후2시, 서울월드컵경기장에서 갖고자 합니다.

3. 해외 및 전국 각지에서 정계, 재계, 종교계 지도자들과 5만 여명의 교도들이 방문하게 되는 기념대회가 원만하게 진행될 수 있도록 아래와 같이 요청하오니 첨부를 참조하시어 협조하여 주시기 바랍니다.

-아 래-

가. 기념대회 행사시 경기장 주변 이면도로 주차 협조의 건
나. 기념대회 행사시 행사 차량 주차 단속 유예 협조의 건

첨부 1. 행사계획안(재해대처 계획 포함) 1부.
2. 교통 및 주차계획안 1부. 끝.

원불교100주년기념대회 봉행위원회 원불교 100주년기념대회 봉행위원회

담당 이은정 팀장 정소이 기획운영실장 김도경 사무총장 정상덕
시행 원100 101 - 58 (2016. 4. 20.)
우04382 서울시 용산구한강로1가228(한강대로52길25-8)3층 원불교100주년기념대회봉행위원회
전화 (02)816-0428 전송 (02)816-3174 메일 100wonbul@gmail.com

원불교100주년기념대회 | 기념대회

○○5

처처불상 적공뱅크단
자원봉사 운영

전체 일정

12월 ~ 5월	1월	2월 ~ 4월	3월	4월	5월
적공뱅크단 모집	적공뱅크단 발대식	적공뱅크단 수다데이 운영	거리 플래시 몹 진행	분야별(의전, 안내, 교통) 자원봉사 교육 진행, 협조공문 발송	기념대회장 활동

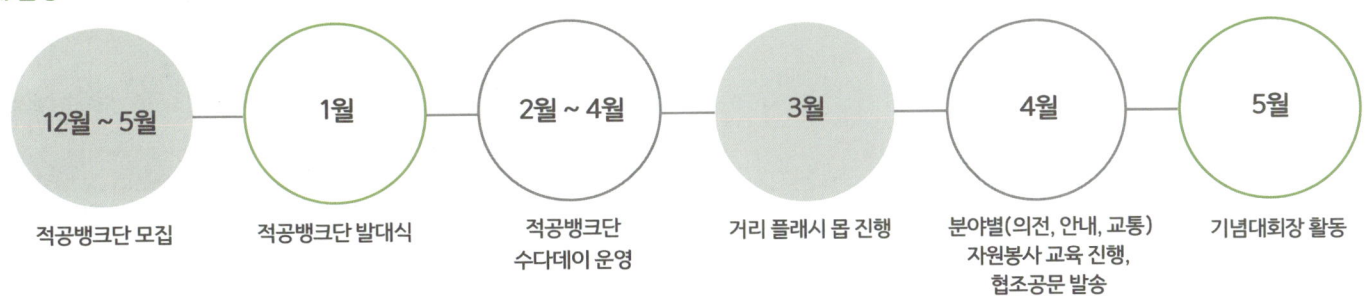

- 처처불상 : 원불교100주년기념대회를 위해서 곳곳에서 활동하는 100년 제자
- 적공 : 기념대회를 위해 다양한 방법으로 공을 쌓음
- 뱅크 : 공을 쌓아가는 100년 제자의 마음 은행

413

모집광고현황

신문사	호수	날짜
원불교신문	1781호	15.12.18
원불교신문	1782호	15.12.25
월간원광	vol.497	16.01.01
한울안신문	970호	15.12.20~12.26
한울안신문	971호	15.12.27~01.02
한울안신문	973호	16.01.10~01.16

적공뱅크단 발대식 초대장

2016년 1월 23일 처처불상 적공뱅크단 발대식

처처불상 적공뱅크단 발대식
장소 : 스페이스노아 커넥트홀

처처불상 적공뱅크단 발대식 장소로 흑석동 서울회관 대각전이 거론되었으나 서울광장 인근에 있는 '스페이스 노아'로 기획하여 추진하게 된 배경은 다음과 같다.

스페이스 노아는 '사회혁신가들을 위한 베이스캠프'를 지향하는 코워킹 형태의 새로운 공간으로
공간 공유 및 재생 그리고 함께 사는 더 나은 세상, 아름다운 세상을 꿈꾸며 세상의 변화를 꿈꾸는 사람들이 모이는 플랫폼이다.

원불교100주년기념대회가 진행되는 일련의 움직임들이 가능하면 더 다양한 사람들과 만날 수 있기를 바라는 마음으로
발대식 행사 장소를 서울광장 인근 스페이스 노아로 선정했다.
발대식 프로그램을 실내행사와 함께 4월 25일 특별천도재 종재 장소인 서울광장을 들러 지신밟기를 하고 광화문광장까지 가는 과정에
거리홍보를 하며 세상과 만나는 의미있는 포스트(빅이슈 구매, 할머니의 설탕뽑기, 희망사진관 촬영)를 배치하였다.

1.23 발대식

| 1 | 2 |
| 3 | 4 |

1, 2_ 정성과 공경과 믿음으로 노래하는 성(誠)경(敬)신(信)밴드 축하공연
3, 4_ 기념대회 및 적공뱅크단 역할 안내
소태산, 개벽, 적공, 천도라는 열쇠말로 기념대회를 소개하고
왜? 언제? 어디서? 누가? 무엇을? 어떻게? 처처불상 적공뱅크단에 참여 해야 하는 지를 소개하는 자리

1.23 발대식

수산 정상덕 사무총장의 '개벽톡투유'
자원봉사의 역할을 넘어 원불교, 청년, 교화에 관한
다양한 질문과 답변을 듣는 '개벽 톡투유'

1.23 발대식

1 2
3 4

- 대종사단, 사은교무단, 개벽이단으로 구성된, 단별 거리미션 수행
- 거리를 누비며 사회적 약자도 살피며 원불교의 역사도 찾고 거리홍보도 하는 1석 3조의 거리미션 수행
- 4.25 특별천도재 장소인 서울광장 지신밟기/할머니의 설탕뽑기/세월호 분향하기/광화문광장 물길에서 원불교 표지 찾기

1.23 발대식

1_ 출발전 단별 미션 확인
2_ 서울광장 지신밟기
3_ 할머니의 설탕뽑기
4_ 원불교 역사찾기
5_ 거리홍보
6_ 단체사진
7_ 위촉장 수여

매주 수요일 적공데이 운영

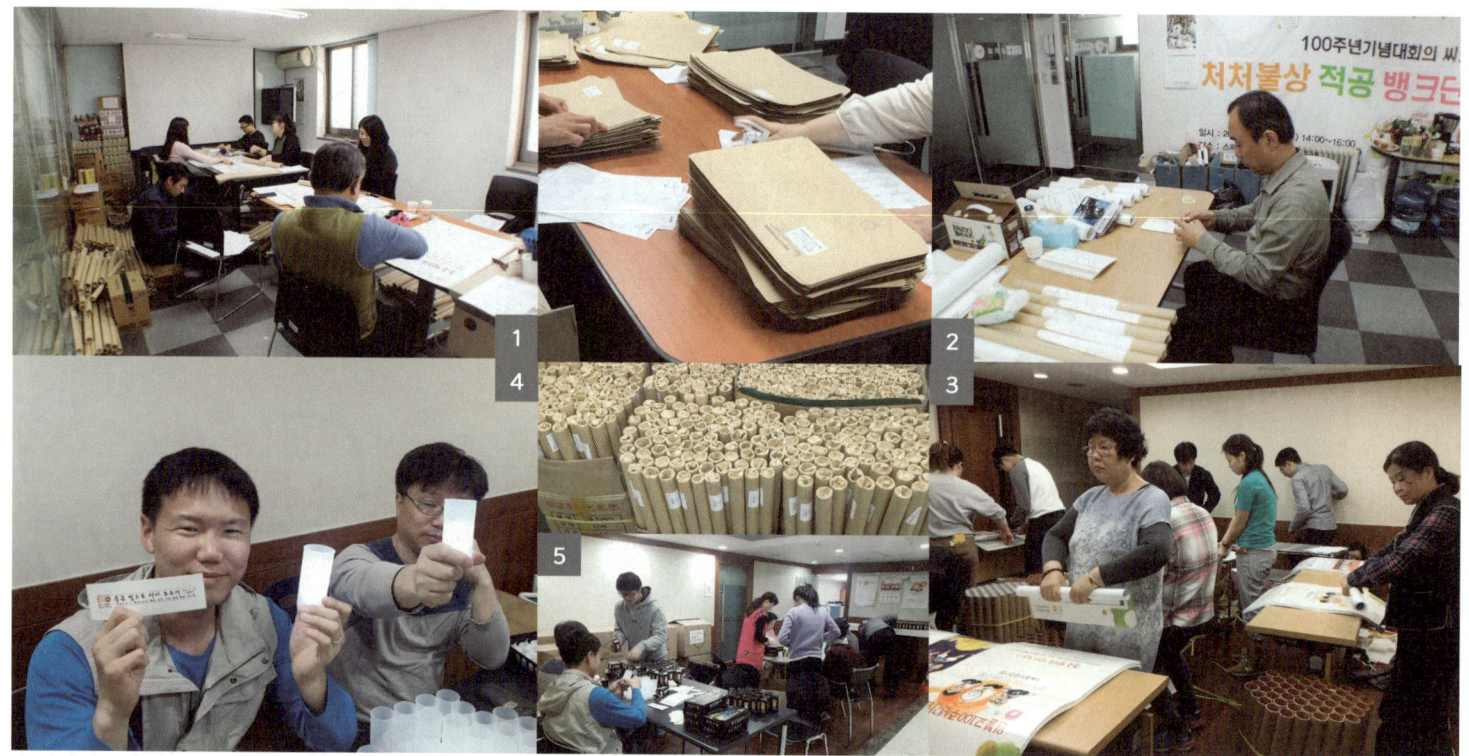

1_ 2.26 천도재 포스터 발송
2_ 3.23 초청장 배포, 발송
3_ 3.30 기념대회 2차 포스터 발송
4_ 4.7 LED초 라벨 작업(천도재 천도법등)
5_ 4.11 LED초 라벨작업(천도재 천도법등)

3.1 거리 개벽플래시 몹_1

3.1 맞이 **31인**의 **3.1km** 개벽 빅워크   원기 101(2016)년 3월 1일 15:00 3.1독립선언기념탑 앞에서 만나요.

2016년 3.1절을 맞이하여 평화를 위한 발걸음을 만들어 갑니다. 개벽 삼총사와 동행해주세요.

Tip: 독립문역 4번출구를 이용하세요.

3시 독립선언기념탑 앞

3시 30분 서대문역

4시 서울 광장

1. 개벽삼총사와 동행해요.
2. Big Walk를 켜고 적공 발걸음을 쌓아요.
3. 개벽송의 첫 공개!
   개벽송과 개벽 플래시몹을 함께 해요.
4. 드레스코드: 잘 보이는곳에 기념대회 차량 스티커를 붙이고 오세요.

누구나 참여 가능합니다.
중간 합류 가능합니다. 도착장소에 개벽 삼총사가 보이지 않는다면 권은솔 간사에게 전화주세요. 010-5483-0468 (오전 9:00~오후 6:00)

- 드레스 코드 : 기념대회 스티커
- 만나는 장소 : 3.1 독립선언기념탑

3.1 거리 개벽플래시 몹 _2

스마트폰에서
빅워크를 켜고 적공 발걸음 쌓아요

빅워크란?
빅워크는 걷기와 IT를 결합한 사회공헌 채널이다. 불특정 다수의 사용자가 앱을 실행하고 걸으면 스마트폰의 GPS기능을 이용하여 걷기 10m에 1포인트(noon)의 걸음이 적립된다. 원불교100주년기념대회 특별천도재 대사회불공 캠페인 모음통을 선택한 사용자가 자신의 걸음 기부를 통해 모음통 목표걸음을 달성하면 원불교가 약속한 재비환원을 실행하는 걸음 기부 캠페인 앱이다.

3.1 거리 개벽 플래시 몹 _3

기념대회를 알리는 홍보 활동시 대중이 쉽게 따라 부를 수 있는 율동송으로 기획했다.

'개벽송'은 원불교100주년기념대회의 주제인 '물질이 개벽되니 정신을 개벽하자'인 개벽(開闢)의 한자 부수에 공통적으로 '門'이 포함되는 것에 착안하여 전래놀이동요인 '문지기 문지기 문열어라'의 반복적인 리듬과 가사를 모티브로 활용했다.
정신개벽의 문(門)을 열어 내가 주체가 되는 하나되는 진리의 세상에 대한 염원을 담는 개벽송의 작사·작곡을 교단내에 의뢰했다.

개벽송
작곡 : 조덕훈 교무 / 작사 : 김도연 교무

개벽이 개벽이 문 열어라 적공 없인 안 되겠네
어떤 적공이 필요할까 처처불상 이구나
개벽이 개벽이 문 열어라 적공 없인 안 되겠네
어떤 적공이 필요할까 사사불공 이구나
개벽이 개벽이 문 열어라 적공 없인 안 되겠네
어떤 적공이 필요할까 정신개벽 이구나
개벽이 개벽이 문 열어라 적공 없인 안 되겠네 (중략)

기념대회, 끝이 아닌 시작

기념대회, 끝이 아닌 시작

기자의 시각

최지현 기자

원기101년 5월1일 원불교100주년기념대회가 거행됐다. 이 날을 위해 전국의 재가출가 교도 5만여 명이 설렌 마음과 거룩한 의지를 가지고 서울로 향했다.

해외에서는 비행기로 한국의 수도 서울로 모여들었으며, 부산에서는 740여 명이 기차를 이용해 서울을 찾았다. SNS에는 '원불교 OO교당' 버스들이 고속도로에 줄을 이었다는 제보도 속출했다.

이처럼 5월1일 오후2시 서울월드컵경기장에서 열린 원불교100주년기념대회는 전 세계 23개국 해외교도는 물론 성업회·교정원·국내 각 교구·교당 등, 모든 이들이 총력을 다해 준비하고 성공적으로 이뤄낸 역사적인 자리였다.

이 날 기념식이 더욱 빛날 수 있었던 데에는 참다운 봉사를 펼친 무아봉공의 자원봉사자들이 있었다. 1800여 명의 처처불상 적공뱅크단과 원광중·고, 원광여중·고, 원광정보예술고, 헌산중, 휘경여중 등 교립학교 학생들은 '노란색 반팔티'를 입고 기념대회 참여부스와 경기장 곳곳에 배치됐다. 그 외에도 원광보건대, 원불교대학생연합회, 원불교청년회, 원불교스카우트, 청운보은동산 등 많은 단체와 기관에서 힘을 보탰다. 기념대회에 참가한 재가출가 교도들은 "선물 받아가세요, 기념품 받아가세요"라고 큰 목소리로 인사를 건네던 '노란옷 학생', 자리를 찾지 못하자 반대편까지 함께 걸어가 자리를 안내해준 '노란옷 청년'에 대한 궁금증과 감사함을 표하기도 했다.

페이스북 '원불교는 치킨 먹어도 돼' 페이지에는 3장의 사진이 게재돼 눈길을 끌었다. 기념대회 후 쓰레기 하나 떨어져있지 않은 월드컵경기장의 모습이 담긴 사진이었다. 이 사진을 본 페이스북 사용자들은 "원불교 자랑스럽다, 갓원불교, 원불교 클라스 대단하다, 사진으로만 봐도 감동이다"며 감탄했다.

지난 1월 100년성업대정진 개벽100일 기도를 시작했던 때가 머릿속을 문득 스쳐 지나간다. 짧다면 짧고, 길다면 긴 100일의 시간동안 우리는 가장 빛나는 신심·공심·공부심으로 하나가 됐다.

기념대회는 끝났지만 '기념적인 날'을 이뤄낸 교단의 역사적 주역이라는 마음가짐으로 정신을 합해 나가자, 가족, 친구, 지인 등 100주년기념대회에 함께한 '한 사람 한 사람'의 인연을 소중히 여기고 맞이해야 한다. 작은 움직임으로 소통과 화합이 이뤄져서 일선 교화현장에 새로운 교화바람이 일어나길 염원한다.

100주년기념대회는 '끝'이 아닌 새로운 '시작'이 될 것이다.

이 날 기념식이 더욱 빛날 수 있었던 데에는 참다운 봉사를 펼친 무아봉공의 자원봉사자들이 있었다. 1800여 명의 처처불상 적공뱅크단과 원광중·고, 원광여중·고, 원광정보예술고, 헌산중, 휘경여중 등 교립학교 학생들은 '노란색 반팔티'를 입고 기념대회 참여부스와 경기장 곳곳에 배치됐다.

그 외에도 원광대, 원광보건대, 원불교대학생연합회, 원불교청년회, 원불교스카우트, 청운보은동산 등 많은 단체와 기관에서 힘을 보탰다. 기념대회에 참가한 재가출가 교도들은 "선물 받아가세요"라고 큰 목소리로 인사를 건네던 '노란옷 학생', 자리를 찾지 못하자 반대편까지 함께 걸어가 자리를 안내해준 '노란옷청년'에 대한 궁금증과 감사함을 표하기도 했다. ◀ 원불교신문 1799호 2016. 05.13 최지현 기자

5.1 상암월드컵경기장

공문번호	발송일	제목	발송처
101-14	160222	원불교100주년기념대회 자원봉사 협조의 건	원광대학교 김도종 총장
101-14	160222	원불교100주년기념대회 자원봉사 협조의 건	원광보건대학교 이정란 학생복지처장
101-15	160225	원불교100주년기념대회 처처불상 적공뱅크단(자원봉사) 모집의 건	각 교구 각 교당 기관 담당 교무
101-17	160229	원불교100주년기념대회 자원봉사 협조의 건	학교법인원광학원 신명국 이사장
101-18	160301	원불교100주년기념대회 의료 자원봉사 협조의 건	학교법인원광학원 최두영 병원장
101-19	160302	원불교100주년기념대회 처처불상 적공뱅크단(자원봉사) 협조요청의 건	청소년국, 원불교청년회, 각 교구 청소년 담당자
101-21	160303	원불교100주년기념대회 자원봉사 협조의 건	원광고등학교, 원광여자고등학교, 원광정보예술고등학교, 원광중학교, 원광여자중학교
101-26	160309	원불교100주년기념대회 개벽, 화합의 발걸음을 위한 빅워크 동참 협조 및 자원봉사 모집의 건	헌산중학교
101-27	160310	원불교100주년기념대회 개벽, 화합의 발걸음을 위한 빅워크 동참 협조 및 교정원 인력 지원의 건	원불교 각 부, 처, 실장
101-32	160316	원불교100주년기념대회 행사 지원 및 협조 요청의 건	원광디지털대학교 총장
101-38	160405	원불교100주년기념대회에 따른 중앙총부 인력 지원 및 역할 배치의 건	중앙총부 기획실장
101-41	160411	원불교100주년기념대회에 따른 인력지원 요청 및 역할 배치의 건	서울교구장, 경기인천교구장
101-46	160418	원불교100주년기념대회에 따른 인력지원 요청 및 역할 배치의 건	원불교대학원대학교 총장

5.1 의전봉사자 인력배치

통역안내
- 통역안내
- 동시통역
- 기타통역

의전안내
- 전무출신
- 의전안내_이동, 정지
- 의전주차
- 방송 언론 안내
- 의전 및 경호안내

응대
- 교정원장 및 부서장

응접인력
- 리셉션홀
- 각 대기실

원불교100주년기념대회 | 기념대회

기념대회, '은혜나눔 자원봉사단' 발대식

원광보건대, 350여 명 참여
의전·교통봉사 등 세부교육

이 날 발대식은 자원봉사단 대표 서진혁(물리치료과) 학생, 임주현(항공서비스과) 학생의 선서문 낭독을 시작으로 기념대회 설명회 및 역할별 세부 교육, 안전교육 등이 실시됐다.

▼ 원불교신문 1795호 2016.04.15 이여원 기자

기념대회, '은혜나눔 자원봉사단' 발대식

원광보건대, 350여명 참여
의전·교통봉사 등 세부교육

원광보건대학교가 원불교100주년기념대회(이하 기념대회) 자원봉사 발대식을 가졌다. 대학교당 주관으로 6일 멀티미디어센터 국제회의실에서 진행된 발대식에는 기념대회의 성공적인 개최를 위해 봉사에 나설 '은혜나눔 자원봉사단' 학생 350여 명이 참석했다.

봉사단은 오는 5월1일 서울월드컵경기장에서 열리는 기념대회의 귀빈 의전 및 행사 안내, 교통정리 등 봉사를 진행할 예정이다.

이날 발대식은 자원봉사단 대표 서진혁(물리치료과) 학생, 임주현(항공서비스과) 학생의 선서문 낭독을 시작으로 기념대회 설명회 및 역할별 세부 교육, 안전 교육 등이 실시됐다. ▷관련기사 12면

원100성업회 정상덕 사무총장은 "학생 개개인이 보유하고 있는 재능을 이번 기념대회에서 나눈다는 것은 매우 은혜로운 일이라 생각한다"며 "아름다운 마음, 정성스러운 손길들이 모여 더욱 풍성한 행사가 치러질 것이라 기대한다"고 감사의 마음을 전했다.

대학교당 박지상 교무는 "기념대회가 세계인의 축제로서 원만히 치러질 수 있도록 일심 합력해 은혜나눔 봉사를 실시할 계획이다"고 전했다.

한편 원광보건대학교는 기념대회에 참가하는 해외 거주 교도들의 항공권 및 숙박, 국내 교통편을 위탁받아 진행하는 등 대학이 보유하고 있는 인적·물적 자원을 최대한 활용해 지원할 예정이다.

이여원 기자 hyun@wonnews.co.kr

원광보건대학교가 기념대회의 성공적 개최를 위해 은혜나눔 자원봉사단 발대식을 가졌다.

5.1 일반봉사자 인력 배치

대상
- 공식 초청자(의전팀 담당)를 제외한 일반 참여자

안내업무
- 좌석 배치
- 당일 현장 안내
- 사전 안내(교구 및 기관 안내) 및 자원봉사자 교육

안내범위
- 주차장에서부터 경기장 교구별 구역까지 안내
  ① 하차지역(주차장 제외) ~ 경기장
  ② 하늘공원 출입도로 ~ 경기장
  ③ 주출입구(서문, 남문, 트랙입구) 안내 부스운영
  ④ 경기장내 복도 안내
  ⑤ 좌석구역별 안내
  ⑥ 퇴장안내

안내파트조직
- **김성진** : 좌석배치, 안내계획 및 동선, 자원봉사 교육일정
- **박화영** : 안내문 작성, 안내자 교육용 자료집 제작
- **박광제** : 시설 및 준비물 일정 점검 및 안내파트 지원

1. 당일 안내 계획
   ① 하차 후 ~ 행사장입구 안내
   ② 지하철역(대합실)에서 행사장 입구 안내
   ③ 기타(시내버스 및 동문쪽)안내
   ④ 접수(남문/북문) : 팸플릿, 기념품 배포
   ⑤ 경기장 자리 안내 / 복도 안내
   ⑥ 합창단, 독경단, 원무팀 안내(대기실 확보)
   ⑦ 주요시설(응급, 휠체어)안내자_부스위치 안내

2. 안내요원 배치
   ① 경기장 주변
   ② 경기장 입구 및 내부 : 총 562명
   ③ 합창단, 독경단, 연화헌공 안내

5.1 일반봉사자 인력배치

> **봉사자 행동 지침서**

1. 업무의 진행에 지금 무엇이 중요한가를 고려하여 업무를 진행한다.
2. 대회 운영방침의 이해와 인지 철저 : 항시 대회 운영방침을 주지하여 실행에 추진력을 가해야 한다.
3. 대회 운영방침의 사전 습득 : 행사 운영요원은 대회 운영에 총력을 집결하여 사기를 높이고 명랑한 분위기를 유지하여야 한다.
4. 대회 운영요원은 정한 시간, 정한 장소에 항시 대기해야 한다.
5. 대회 운영요원은 운영방안 지침에 따라 복장 및 준비물을 빠짐없이 갖추고 대회 현장에 임하여야 한다.
6. 현장에서 예기치 않았던 상황이 발생했을시 계통 보고체계에 따라 신속하게 처리하여야 한다.
7. 운영요원은 운영방침에 따라 스스로의 행동목표를 설정하고 유연한 업무 진행에 임하여야 한다.
8. 운영요원의 모든 행동의 중심은 원불교100주년기념대회 참가자(국내외 전 교도& 시민, 종교, 외국인 등)들이다. 항상 무엇을 찾고 있는가를 염려하고 도와 주어야 한다.
9. 헌신 없는 행사 운영은 대회 운영에 있어 불편을 야기할 수 있으며, 대회 운영방침에 따라 봉사하고 헌신할 수 있는 행동자세를 설정한다.
10. 항시 일어나는 애로사항은 즉시 해결하여 대회 운영 및 진행에 차질이 없도록 해야 한다.
11. 현장에 임할 때, 현장을 떠날 때 사용하던 도구와 비품 또는 쓰레기는 자율적으로 수거 처리해야 하며, 무전기 또는 차량 유도봉 등은 각 팀별로 수거하여 반납해야 한다.
12. 각 팀에서 전달되는(통신기기 : 무전기, 휴대폰) 정보에 신속하게 대처 할 수 있도록 대응해야 한다.
13. 업무장소 및 위치에서 무단으로 이탈할 수 없다.
14. 현장 진행에서 체득한 업무내용 및 자료 등은 유출 및 사용을 금한다.
15. 건강악화 및 진료 필요시는 사전 보고 후 조치를 받도록 한다.
16. 대회참가자들이 무엇을 원하고 필요한 지 핵심파악 후 신속하게 처리한다.
17. 대응장소는 항시 청결하게 유지해야 한다.

5.1 일반봉사자 인력배치

인력총괄계획

구역		내용	소속	담당자	이동 대상자
포스트별 인솔자	지하철→경기장 계단 / (북 문)	지정위치	중앙청년	서지은	원여중 / 휘경여중
	회랑1-7(4번앞에서) / 회랑8-13(9번앞에서)		중앙청년	함은미	
	홈플러스입구		안산국제	최도윤	간호학과 / 휘경여중
	서틀하차장		서울청년	지자은 (배치후이동)	
	서문하차장 / 농구장 / 정자주변 / 횡단보도(남)		강동교당	윤진재	
	남문 주차장 입구		원대연	강혜연	
	연화헌공		화곡교당	변경은	
	독경		화곡교당	김주원	
	합창		원대연	김나연	
	남문 입구길 / 남문 부스		원대연 / 분당교당	고경현 / 류상우	간호학과 / 휘경여중
	북문부스		화곡교당	한다익 (배치후이동)	휘경여중
	트랙입구(휠체어) / 서북측도로		화곡교당	변주현	원광고
	북문선물 배부		돈암교당	서지원교무	원여고
	남문 선물 배부		분당교당 / 원대연	류상우 / 고경현	원여고
	트랙선물 배부		행아웃	고은해	원여고
	트랙안내담당		행아웃	김민수	
	N구역		화곡교당	박동현 (인솔만)	보건대 / 원고
	N구역 하층 / 복도		교정원	이도근 교무	보건대 / 원고
	N구역 상층 / 복도		원대연	이혜은	보건대 / 원고
	W구역		행아웃	김혜원	보건대 / 원여고
	W구역 하층 / 복도		신창교당	문선화	보건대 / 원여고
	W구역 상층 / 복도		신창교당	김희용	보건대 / 원고 / 원여고
	S구역		화곡교당	변지수	보건대 / 원대 간호 / 원여고
	S구역 하층 / 복도		교정원 / 안양교당	구상은, 최규원 교무	보건대 / 원대 간호 / 원여고
	S구역 상층 / 복도		행아웃	최훈	보건대 / 원대간호
	잔디밭		교정원 / 유린교당	이정원, 박광제 교무	원광고
	상층부 구역 계단		서울청년	이수미	원광정보고
	엘리베이터		화곡교당	한다익	
	스카이박스 / 출연진담당		돈암교당 / 원효교당 / 서울 교당	심효선(경화) / 강지은 / 강다운 / 정운진	

5.1 일반봉사자 인력배치 1_행사장 내부

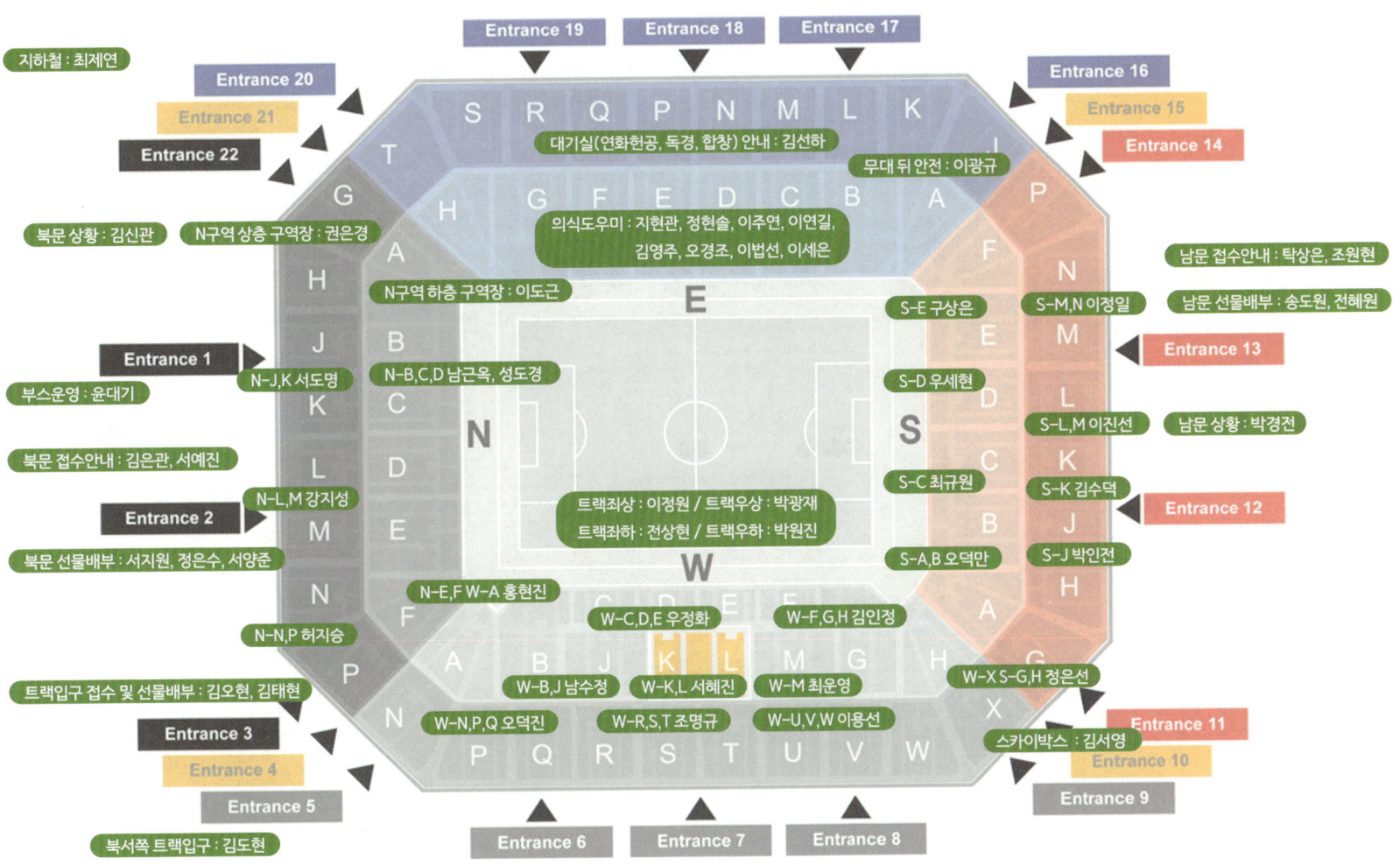

5.1 일반봉사자 인력배치 2_행사장 밖 주차장 포함

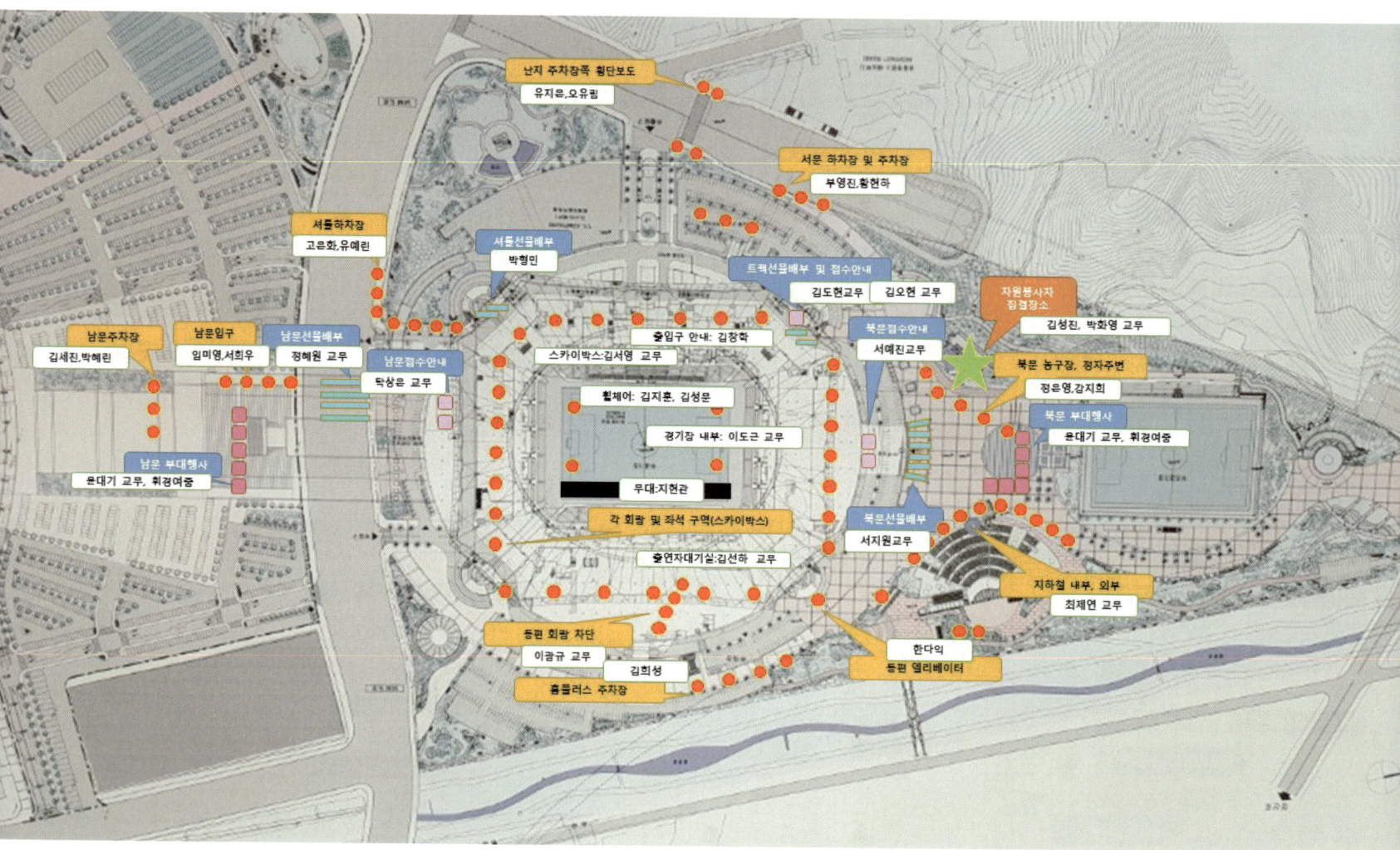

5.1 안내 봉사자 인력배치

역할별 단체복

안내경호   진행   교통   본부

| 원불교100주년기념대회 | 기념대회 |

005

우리는 하나
부대행사

전시	• 햇빛과 바람의 나라, Green Zone • 100년의 발걸음展, 서울순례길展 • 탈핵 발걸음展, 100개 햇빛교당 현수막展
거리행사	• 서울시 하자센터 페스티자 (아프리카춤team & 퍼레이드) • 아프리카 라마코카교당 거리 길놀이 • 모스크바교당 사물놀이팀 거리 길놀이 • 필봉농악 포함 연희단 대규모 퇴장 길놀이
운영시간	• 오전 11시 ~ 오후 4시 30분까지(관객퇴장 후)
운영결과	• 부스별 연인원 1,000명(누적 15,000여 명)

남문(5P)	북문(6P)
[통일] 한겨레중고등학교	- 남문 동일 -
[평화/인권] 인권위원회/평화의친구들	- 남문 동일 -
[일반홍보] 소태산마음학교	- 남문 동일 -
[100성업] 개벽순례단	- 남문 동일 -
[일반홍보] 월간원광	- 남문 동일 -
	[일반홍보] 원음방송
	[상담] 원불교호스피스회

5.1 기념대회 부대행사 - 부스 및 전시 운영(위치)

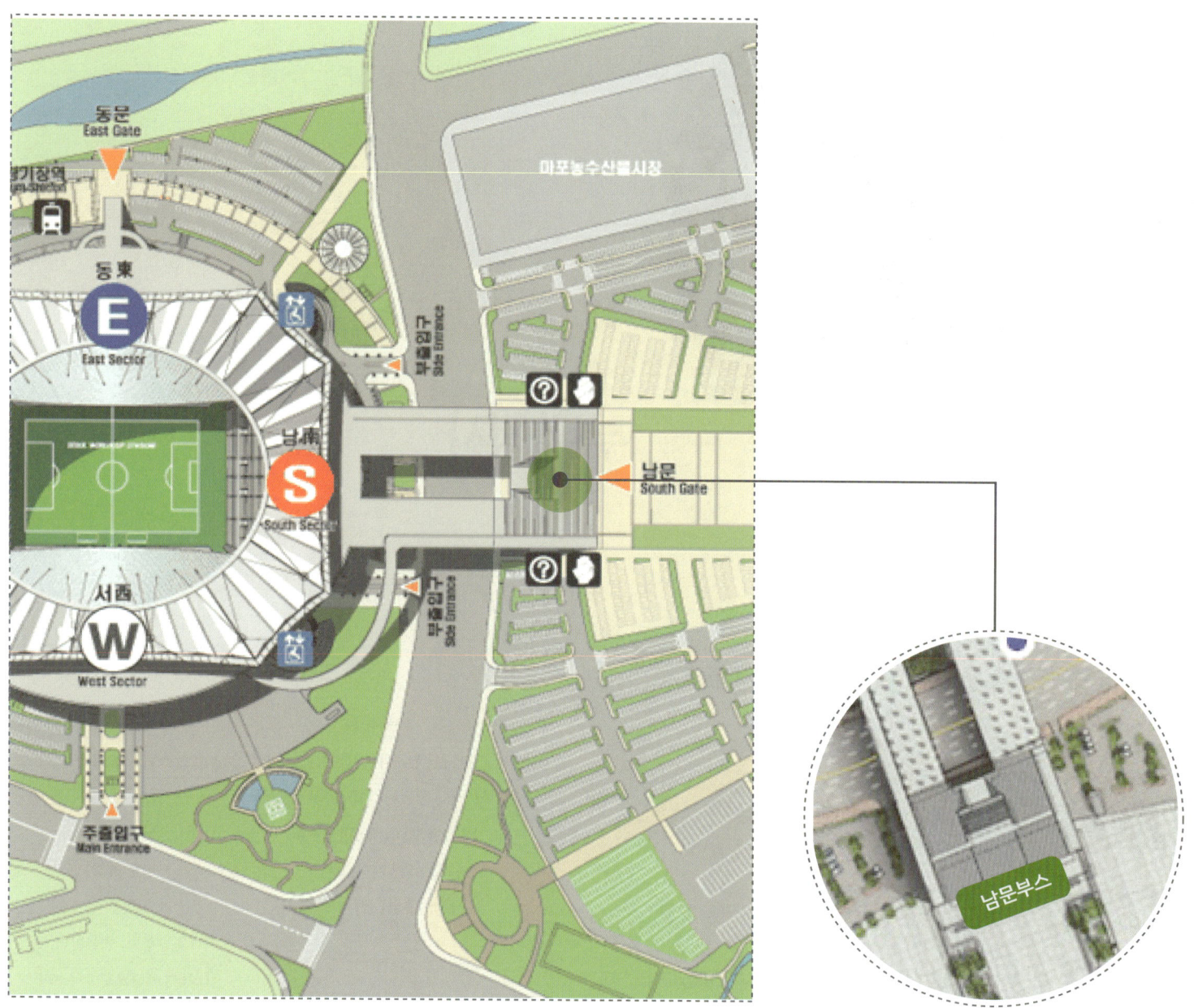

5.1 기념대회 부대행사 - <남문> 부스운영(위치)

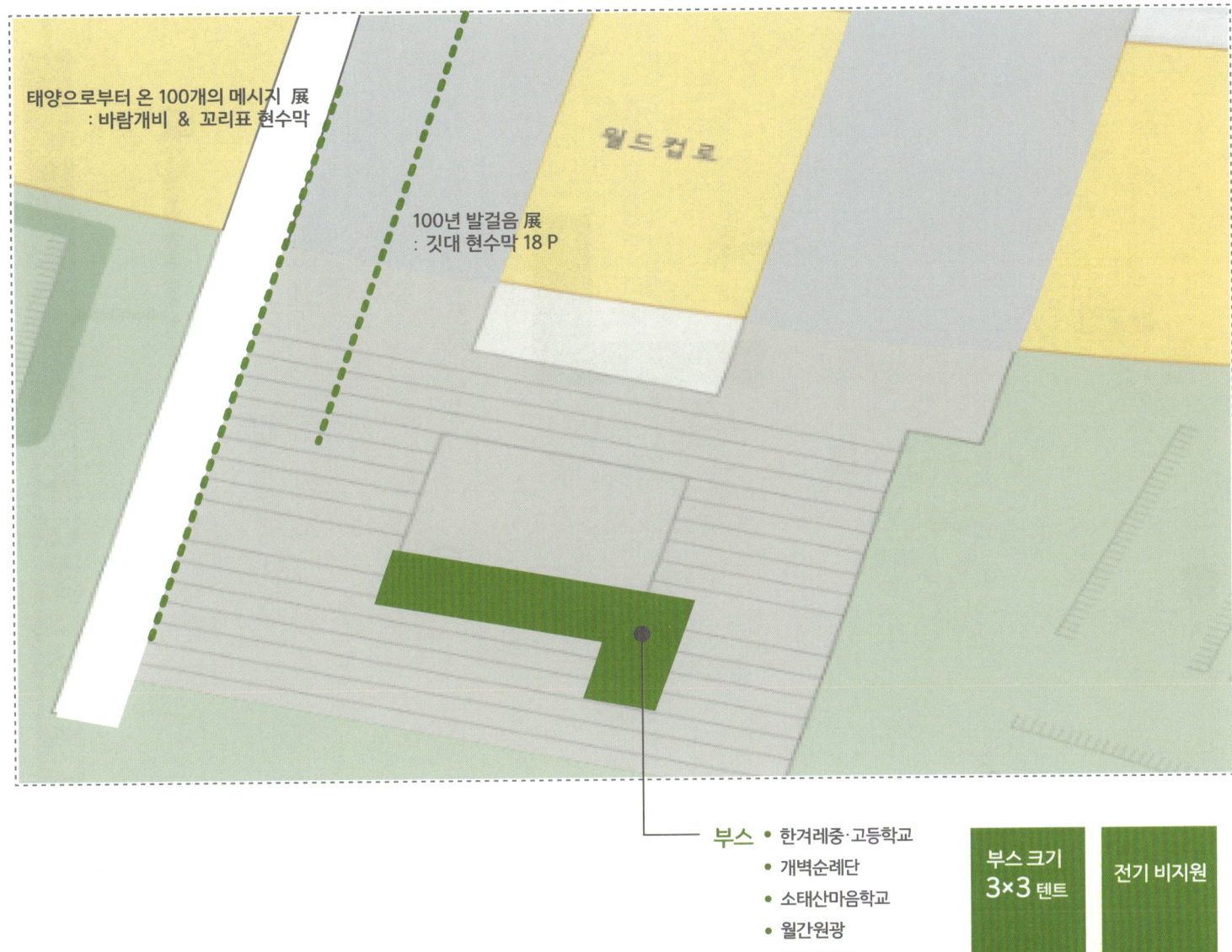

5.1기념대회 부대행사 – <북문> 부스운영(위치)

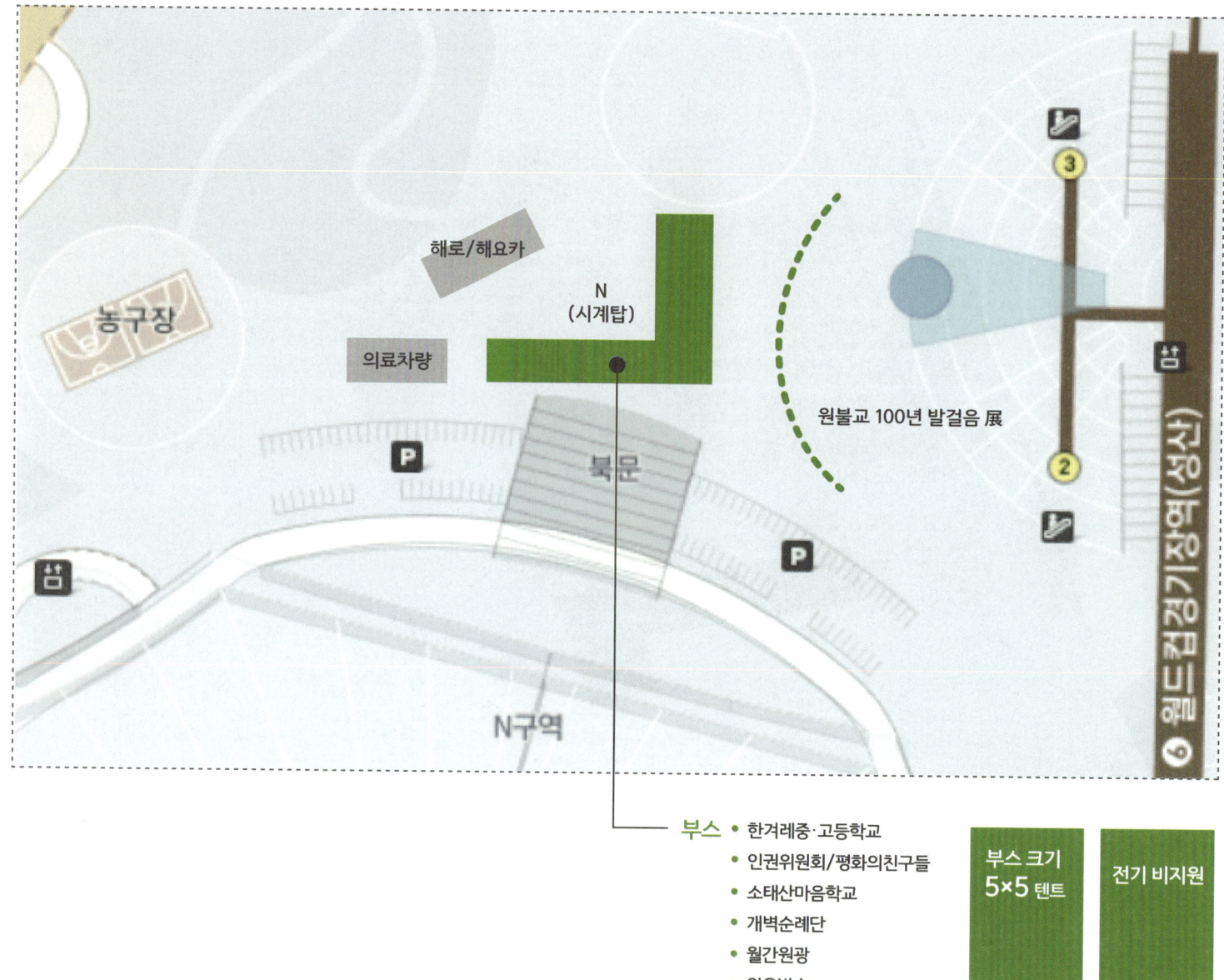

원불교100주년기념대회 | 기념대회

부스현수막 시안

부스현수막 사이즈 : 280cm*50cm/ 480cm*50cm

 원불교100주년기념대회
접 수 / 안 내

 원불교100주년기념대회
평화의친구들 / 인권위원회

 원불교100주년기념대회
개 벽 순 례 단

 원불교100주년기념대회
(사)원불교호스피스회

 **의 전 안 내**

439

거리행사

1_ 서울시 하자센터 페스타자   2_ 러시아 모스크바교당   3_ 아프리카 라마코카교당   4_ 원불교 전국 대학생 연합회 홍보활동

부스

1_ 북문 부스 전경   2_ 원불교 인권위원회 체험부스   3_ (사)평화의친구들 염주 만들기   4_ 둥근햇빛발전 협동조합 100개의 햇빛교당

전시

햇빛과 바람의 나라

햇빛길 / 북문(서울-경인교구 출입구)
소 모듈 : 100개
미니태양광 : 30개
해요, 해로카, 햇빛되지, 탈핵되지 인형

바람길 / 남문(지방교구 출입구)
바람개비 100개
손자보 100개

전시

1, 2 _원불교 100년의 발걸음展　　　　3, 4 _탈핵발걸음展

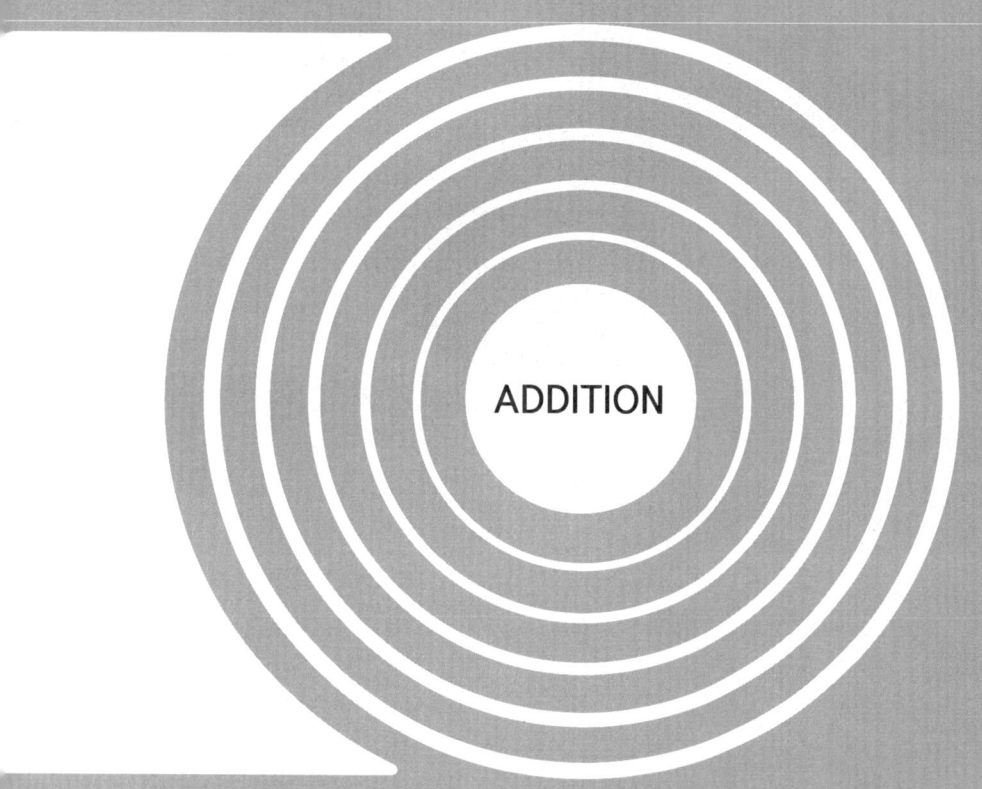

빅워크와 함께하는 원불교

- 원불교 100주년 기념대회 알리기
- 원불교 교화 대불공
- 원불교 천도재 알리기
- 원불교 알리기

2015. 12.
개설을 위한 협의

2016.
01.04~01.20
개설준비(텍스트, 사진, 목표거리, 오픈 일자, 배경, 캐릭터 등)
01.22
모음통 오픈
01.22~05.01
모음통 운영
01.02~01.04
청소년 교화박람회 빅워크 홍보
2월
빅워크 사용설명서 온라인 배포
2월-4월
원불교신문, 한울안신문, 월간원광 광고를 통한 빅워크 홍보
상위권 100인의 참여자 이벤트 진행
03.01
빅워크 발걸음 목표 달성을 위한 개벽 발걸음, 개벽 플래시 몹 운영
04.04
원광고등학교 가정통신문 발송을 통한 빅워크 홍보
05.01
모음통 운영 완료
06.01
총 3,452명의 참여자 중 상위권 100인 참여자 이벤트 선물 발송
(개벽삼총사 피규어)

빅워크란?
적정한 IT기술 등을 활용하여 걸음으로 기부하는 사회공헌 어플리케이션. 사용자가 앱을 실행하고 걸으면 스마트폰의 GPS기능을 통해 걷기 10m에 1포인트(noon)의 걸음이 적립되어 이벤트에 참여하는 방식.
약속한 걸음이 완료되면 원불교100주년 기념대회를 맞아 진행한 특별천도재를 통해 모여진 재비를 대한민국 근·현대 100년의 일제강점기, 한국전쟁, 산업화, 민주화, 재난재해 희생영령을 위해 전액 사회 환원하는 온라인 발걸음 사회공헌

원불교100주년기념대회 | ADDITION

D-100, 원기 101년 1월 22일
세상을 위한 개벽, 적공, 천도 100일의 발걸음을 시작하다.

물질문명의 IT기술을 배척하기보다는 적정하게 선용하여 인류의 지속성과 사회혁신을 위한 사회적 기부를 하는 어플로 전달된 기부금은 근·현대 100년의 희생영령들과 유가족을 위로하는 이소성대의 한 점이 될 것이다.

원불교의 종교언어와 시대언어,
물질문명이 **함께** 걷습니다.

걸을수록 공익심이 생깁니다. 함께 **걸어요!**
그 이름, 빅워크 Big Walk

'빅워크와 함께 걷는다는 것'은 기념대회 문열이 행사인 해원·상생·치유·화합의 특별천도재가 사회공헌 플랫폼에서 구현되는 원불교100주년기념대회 캠페인에 참여한다는 것입니다.

'물질이 개벽되니 정신을 개벽하자'
100년 전 소태산 대종사의 말씀과
100주년기념대회의 주제어를 사회적으로 선용하고, 재해석하여 전 국민이 함께 동참하는 온라인 캠페인으로 확장해 나갑니다.

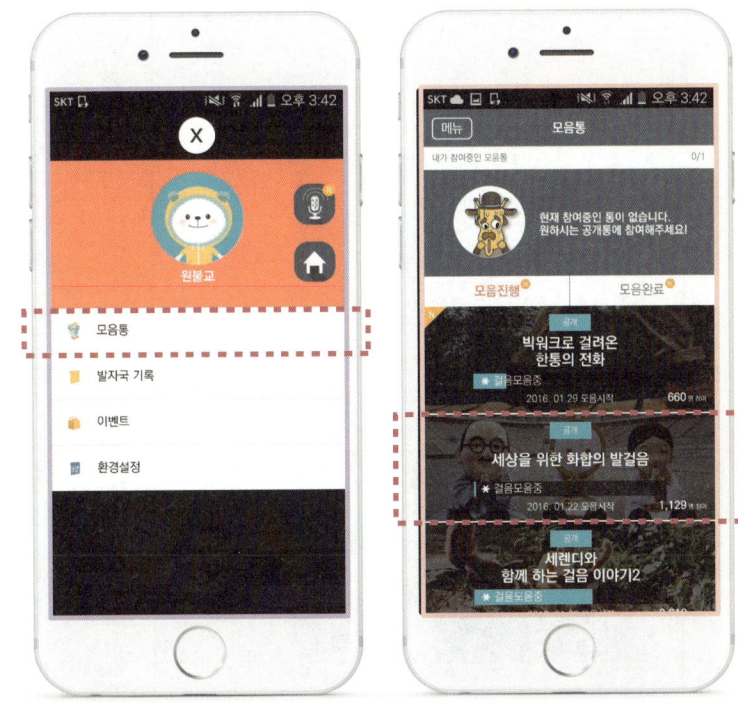

개벽과 화합의 발걸음, '빅워크를 켜라', '함께 걸어요'

영산선학대학교 예비교무들은 스마트폰 어플리케이션 빅워크를 켜고 구인봉을 순례하는 등 산책길에서도 빅워크를 켜고 걷는다고 전했다.

▼ 원불교신문 1792호 2016.03.18 최지현 기자

물질문명의 IT기술을 배척하기 보다는 적정하게 선용하여 인류의 지속성과 사회혁신을 위한 사회적 기부를 하는 어플로 이는 원불교의 영육쌍전, 자리이타의 정신을 사회적으로 전환하는 개념이다.

▼ 원불교신문 1786호 2016.01.29

개벽과 화합의 발걸음, '빅워크를 켜라'

새 기부문화 크라우드 펀딩
14일, 943만 발걸음 누적

원불교 빅워크 화면, 14일 943만 눈이 누적됐다.

영산선학대학교 예비교무들은 스마트폰 애플리케이션 빅워크를 켜고 구인봉을 순례하는 등 산책길에서도 빅워크를 켜고 걷는다고 전했다.

'개벽과 화합의 발걸음, 함께 걸어요'

원불교100주년기념대회 소식 ③

원불교100주년기념대회 홈페이지의 빅워크 캠페인. 빅워크는 스마트폰 기반의 사회공헌기부 어플이다.

개벽과 화합을 향한 큰 걸음, 세상을 향한 '큰 걸음'

▼ 한울안신문 976호 2016.01.31~02.06

한울안신문·원불교100년기념성업회 공동 기획 | 「간다 간다, 개벽이 간다」 ⑤
기념대회와 함께하는 어플리케이션 「빅워크」와 함께

개벽과 화합을 향한 큰 걸음

1월 22일(금), 세상을 향한 힘찬 발걸음 빅워크(Big Walk) 캠페인이 온·오프라인을 통해 문을 열었다. 빅 워크는 사회공헌 기부 프로그램이다. 원불교100주년기념대회와 협력하여 구현되는 영육쌍전(靈肉雙全) 캠페인으로 5월 1일까지 100일 동안 진행된다.

빅 워크 프로그램은 자신이 걷는 걸음만큼 기부가 되는 어플로 스마트폰을 이용하여 다운받아 사용하면 된다. 스마트폰 GPS기능을 통해 10m를 걸으면 1포인트(1noon)의 걸음이 적립되는 이벤트 참여 방식으로 누구나 동참 가능하며, 걷기만 해도 기부가 가능하다.

100주년기념대회는 100일 동안 1억 눈(10m 걸음을 1눈으로 환산, 지구25바퀴를 도는 걸음)을 목표로, 목표 걸음 완료시 기부금(천도재 재비모금 사회환원액 + @ 기부금)이 사회 어려운 이웃들에게 돌아 간다.

만일 5월 1일 전, 목표 걸음을 달성할 경우 모금통이 조기 종료될 수 있으며, 2차 모금통이 개설된다. 최종 모여진 발걸음은 기념식이 끝난 이후 투명한 재비환원으로 사회에 기부된다. 빅 워크를 통한 사회 기부 캠페인은 원불교의 자리이타 정신을 사회에 환원하는 것으로 많은 재가출가들의 합력이 중요시 되고 있다.

100년성업의 결복을 맞아 꿈과 희망을 노래하는 기념대회 주제가가 발표됐다. 주제가는 "백년 꽃이 활짝 피네"로 방길튼 교무가 작사를 맡았으며, 박재완 씨가 작곡했다. 또한 주제가와 함께 박찬미 씨가 작사/작곡한 경축가인 '일원 세계로'와 뮤직비디오가 100주년기념대회자료실을 통해 선보였다.

100주년기념대회는 5월 1일 행사뿐만 아니라, 4월 28일(목)~30일(토) 국립중앙박물관에서 열리는 국제학술대회를 개최할 예정이다. 기조강연에는 배나청(서울대) 명예교수와 플랑 게르하르트(독일 훔볼트대) 명예교수가 '대전환'이라는 화두로 다양한 세션을 두고 학술대회를 진행한다.

또한 4월 25일부터 5월 1일까지 진행되는 '서울 성적지 개벽순례'를 통해 원불교 서울 개벽순례 코스와 관련 교당을 비롯해 이웃종교 코스, 원불교 기관 등 다양한 원불교 서울성적지순례 코스를 체험할 수 있다. 그동안 서울원문화설단원을 통해 공부해 온 설단원들은 직접 사람들에게 원불교 문화를 안내하며 해설사로서 활동을 시작하게 된다.

원불교 홈페이지 내 기념대회 자료실 페이지를 통해, 주제가와 경축가, 홍보영상, 뮤직비디오 등 다양한 정보를 확인할 수 있다.

http://www.won.or.kr/mbs/won/won101/won100_20160501.html

▼ 한울안신문 975호 2016.01.17~01.23

한울안신문·원불교100년기념성업회 공동 릴레이 인터뷰 | 「간다 간다, 개벽이 간다」 ④
기념대회와 함께하는 어플리케이션 「빅워크」와 함께

세상을 향한 '큰 걸음'

박대성 편집장(이하 박) : 빅워크가 태동하게 된 계기가 있으신가요?

이민진 씨(이하 이, 사진 뒷줄 오른쪽 두번째) : 대표님께서 재능기부에 관심이 많으셨고, 그러다 기부라는 것이 굉장히 딱딱하고 어렵다는 생각을 하셨다고 합니다. 고민 끝에 '걸음을 기부로 연결하면 어떨까'라는 아이디어를 가지고 시작을 하셨고, 때마침 스마트폰 어플의 힘이 강해지면서 저희가 여기까지 오게 되었습니다.

박 : 2011년부터 활동을 하셨다고 들었는데 이렇게 기부를 한 사례에서 인상적인 활동이 있으신가요?

이 : 자신이 걷고 있는 길에 코멘트를 남기거나 근방 1Km 사람들이 그 코멘트를 볼 수 있게 된다면 좀 더 재밌는 소통이 되지 않을까 하는 생각이 들어서 그곳과 관련해 새롭게 개발을 하고 있습니다. 조금 더 사용하기 편하게 디자인적인 요소도 바꿀 계획입니다.

박 : 원불교도 종교이기 때문에 원불교만의 색깔을 갖고 하다보면 빅워크의 참신과 어느 정도 상충할 수도 있다고 합니다. 그럼에도 빅워크가 원불교와 같이 하셨다는 결정을 결심하게 된 계기가 있으셨나요?

이 : 저희는 어떤 종교든 기업이든 '왜 하려고 하는지'가 더 중요하다고 봅니다. 제가 물어봤을 때 "이 돈이 민주사회와 근현대 사회에서 아픔을 받으셨던 분들에게 돌아갈 것이다"라고 말씀하셨고, 이 말을 팀원들에게 전하니 "종교적인 부분이 너무 강하지만 않으면 괜찮다"며 흔쾌히 주셨습니다.

박 : 빅워크 자체가 한국 사회에서 꾸고 있는 꿈이 있다면 무엇일까요?

이 : 저희는 조금 더 현대적인 꿈을 꾸고 있습니다. 세계적으로 저희 어플을 사용하시는 분들과 함께 공존선을 찾아가는 꿈을 가지고 있습니다.

팀원들이 각자 꾸는 꿈은 서로 관심 있는 분야에 따라 조금씩 다르지만요.

박 : 종교'만'이 세상을 바꾸는 장이 아니라 사회적 일꾼들과 같이 세상을 바꾼다는 생각이 듭니다. 특정 종교가 아니라 여러분들이 세상을 바꾸는 것 같아서 대신 감사 드립니다.

원불교 개벽과 화합의 발걸음 모음통 개설

기념주간이 시작되는 서울광장 부터 기념대회가 열리는 서울월드컵경기장까지
2016년 1월 22일 시작: 특별천도재 재비 사회환원 6천만 원 목표 설정

2016년은 원불교 개교 100주년이 되는 해입니다.

100주년을 맞아 대화합하는 세상을 위한 개벽, 적공, 천도의 발걸음을 시작합니다.

2016년 5월 1일(일) 서울 월드컵 경기장에서 진행될 원불교100주년기념대회는 대한민국 근·현대 100년의 상처를 위로하고 더 나은 세상을 향해 나아가자는 자리입니다.

많은 사람들이 함께 걸으면서 인류평화와 새로운 희망을 위한 개벽을 향해 나아가고 싶습니다.

우리의 걸음이 모이면 근·현대 100년의 시간 동안 다양한 사건들로 상처받으신 분들에게 4월 25일 진행되는 특별천도재를 통해 모여진 재비를(6,000만 원 이상) 전액 사회 환원 하겠습니다.

종교적 신념을 뛰어넘어 우리 사는 세상의 아픔을 위로하고 포용할 수 있는 걸음을 함께 해주세요!!

원불교100주년기념대회 | ADDITION

2016년 1월 22일
모음통 시작

2016년 5월 1일
모음통 완료

3,452명
총 참여자

25.000.000 (지구 6.5바퀴)
목표 눈

25.000.515
달성 눈

254개
응원 한마디

세상을위한 화합의 발걸음 Big Walk 응원의 한마디 254개

설레이는 100주년 기념대회. 세상을 향한 화합의 발걸음. 적공의 발걸음. 영육쌍전의 발걸음을 응원합니다. 제 발걸음이 이루고자 하는 목표성취에 도움이 되었으면 좋겠습니다. / 함께하는 원불교 100년 기념성업. 와우~~ / 설레는 한걸음한걸음 걸어보겠습니다^^ / 한걸음 한걸음으로 은혜로운 세상이 되기를 두 손 모읍니다! / 한걸음 한걸음 소중하게!!! / 즐겁게 팔짝팔짝!! 뛰어보렵니당~ ㅎ / 원불교의 새로운 100년을 향해 힘차게 걸어가겠습니다. 화이팅!!! / 걸음마다 은혜가득~! / 보보일체 대성경...은혜로운 걸음.. / 두려움이 설레임으로, 말하는대로, 생각하는대로!! / 100년 향해 빠쌰 !!! / 해 지기전에 얼른 한걸음 더..... / 한 걸음 또 한 걸음 힘차게 걸어보겠습니다 / 걷자~~!!걷자~~!! / 매일 매일 초심으로 파이팅! / 우왕~~~~~ 우리의 발걸음 한 데 모아보아요~~ / 한걸음 또 한걸음 힘찬발걸음 !! 저도 열심히 걸어보겠습니다. / 우리는 평화. 한걸음 한걸음에 초심과 축복과 은혜를 담아서 !!! / 열심히 마음 모으겠습니다.. 화이팅!! / 두마리 토끼를 잡아야지. ㅋ / 함께 걸어요 / 행선으로 걸음 걸음 초심으로 축복하며 은혜를 나누자 / 흥해라~~~~~!!! / 함께 걸으면 쑥쑥~ 올라가요~! / 아자!! / 한가로움으로 행복한 나들이. 모두를 은혜로움으로. 감.사.잘.함으로 원불교인답게 살겠습니다. / 한걸음 한걸음에 성자혼을 담아~~백년성업 화이팅!!~^^ / 평화의 발걸음 / 함께 할수 있는 은혜로움 가슴벅찹니다...^^ / 풧팅! / 열심히 걸어보아요~핫팅~^^ / 아자아자 아자 / 지구를 한바퀴 돌아야겠어엄 / 수영선수인데 전지훈련에서 모으는중입니다~~화이팅! / 101년5월1일 그날까지 / 세상을 향한, 세상을 위한, 에코몸매를 위해~ / 반갑습니다 제 인생에 100주년을 맞이하는걸 감사하며 살아가겠습니다. / 첫마음처럼 무소의 뿔처럼 혼자라도 가보리 / 한걸음 또한걸음~~ / 초심으로~ 화이팅! / 드디어 나도 모음통을 갖게 되었다. 무지 모아보자 백주년을 염원하는 마음으로 / 100일간의 개벽과 화합의 발걸음,이소성대와 영육쌍전의 눈이 막 쏟아진다~~ / 은혜를 나누기 위하여 열심히 걷겠습니다. / 원불교 화이팅! 물질이개벽되니 정신을개벽하자 / 한 걸음 또 한 걸음 젊은 원불교 ~ / 작은 물방울 하나가......바다에 이르기까지~~ / 한걸음 한걸음 감사합니다. / 걷기만 해도 기부가 된다니 멋지네요...파이팅 / 원백 만세! / 개벽걸음마! 화합걸음마! 시작했어요. 우리 함께 걸어요. / 개벽이 화이팅! 짱 이다 !!! / 한 걸음 한 걸음 이소성대의 정신으로 다시 시작하는 100년 / 개벽의 한걸음 온세상 하나되는 그날까지 아자~~ / 동참하는 마음은 은혜나눔~~♡♡ / 얼른 날이풀려서 조깅하러 나가고싶네요! / 열심히 걸어 보겠습니다. / 용기를갖고열심히삽시다. ^^핫팅!!! / 내 걸음걸음 행복한 곳에 머물길!! / 걸으면서 보은합시다. / 도전~~ 도전~~ 화이팅 !! 열심히 달려보겠습니다. / 최선을 다하게 하시니 감사합니다 ~^! / 열심히 걷겠습니다. / 우후후 운동도 하고 동참도 하고 / 함께 걸어요 / 쉬운 보은의 방법이! 건강도 챙기고 일석이조~^^♡♡ / 기부도하고 운동도하고 ~~~~ / 원불교 진리와함께하는 세계건설을 위하여우리는 하나~ 성불제중.제생의세!! / 걸음걸음마다 은혜를 심고 은혜를 나누어요. / 너와내가 하나되어 은혜로운 세상을 이루자. / 가자상암경기장에--5월1일 / 내가 먼저 지금 기쁘게 오늘도 초심으로!!! / 많이 걸으면 더 걸을 수 있고 안걸으면 곧 못 걷게 된다. / 아자 아자! / 아이디어 좋네요. / 내 한걸음이 또 다른 시작 / 함께하면 행복해요 / 길을 터라. 화이팅합시다 / 열심히 걸어요 건강하게 삽시다. 원불교 파이팅/ 백주년 백만년의 도약입니다. / 최선을다할 수있는만큼~~~ / 차선이 넓으게 씽씽 걸어보자구 ... / 걸음으로 하나되는 세상 / 앗싸!!! / 신나요. / 열심히 할게요. / 종교 이전에 사람이 먼저입니다. 그런 마음이 사랑이라는 하나겠지요. 모두들 마음 하나된 세상을 꿈꾸며~♥ / 걷는 것이 더욱 신나는 - 저 자신을 봅니다. 나는 걸어서 좋고 후원처는 사회에 기부로 환원해서 좋네요 / 걸음아 거르마 / 멸심히 걷자^~^ / 푸른하늘을 보며 힘찬 발걸음을 시작합니다~^^ / 나의 한 걸음이 세상을 다독인다~^^ / 열심히걸어서 많은 인연 만나지이다. / 헛둘헛둘.... 오늘도 열심히 걷습니다. 이제 기념대회가 며칠 안남았습니다. 1억눈의 자그마한 밑거름이고 싶습니다. / 모두들 열심히 걷자구요 ㅎㅎ / 건강파이팅!!? / 원백화이팅 / 과천교당도 함께 합니다. 101.5.1 상암경기장까지 힘차게 걷겠습니다. / 핫팅팅 / 백주년 화이팅! / 힘힘 / 우와! / 하하하하 평상시에 걷던대로 아침저녁으로 하고 있는데 순위가 앞당겨지네요. 재밌습니다. / 오늘도 함께 / 그냥 열심히 걸어서 참여해보겠습니다. / 열심히 걸은 덕분에 건강해지고 있습니다. 상생의 은혜를 느낍니다. 모두 모두 화이팅, 찌아요우 / 우리 모두 마음공부 행복의 공식 파이팅!!! / 열심히 걷고 살도 빼고~~ / 응원합니다. / 원불교 100주년 파이팅! / 우리 함께 해요 / 원불교 백주년을 축하합니다. / 으라차차~~^^ 힘~!! / 더불어 함께하는 따뜻한 세상을 위해^^ / 원불교 100주년 파이팅 입니다. / 감사한 마음으로 함께합니다. / 수산님 설법 동영상보니 힘이 납니다.감사합니다. / 응원합니다. / 100주년 축하합니다... / 100주년 축하드립니다. / 힘내자 아자~!!!!ㅎ / 추카추카 감사감사 열씨미~♥♥♥ / 함의 생활화♡♡ / 여러분 반가워요. 함께 합시다. / 야 저도 드디어 함께합니다. 열심히 건강도 챙기고 100년 성업도 동참합니다. / 반갑습니다. 한번 신나게 걸어볼까요 / 모두의 100주년 축하합니다.^^ / 힘내세요 함께 합니다 / 함께합니다.^^ / 이제겨우 앱 깔았음. 오늘부터 함께합니당 / 함께해요 / 함께하고 싶어요.^-^ / 감○사●잘○삶을 축복하자/열심히걷겠습니다 / 보보일체대성경 / 오늘의 한 걸음이 내일의 희망씨앗이 되길 기원 합니다. / 혜원, 상생, 치유.화합을 기원합니다! / 처처불상사사불공 건강도 챙기고 교화 대정진에 함께합시다~~^^ / 힘차게 / 즐거운 발걸음 / 다같이함께해요./ 함께합니다. / 보보일체 대성경! / 감사해요! 사랑해요! 잘했어요! 함께해요! / 일석이조 ㅋ 파이팅 / 즐거운 마음으로 모두 함께해용~!!ㅎ ㅎ / 좋아요~~ / 힘찬 발걸음 / 보은의길 열어주셔서 감사해요. / 상생하는 세상이 되길.. / 사랑해요 / 으쌰!!! / 걸음걸음이 보은이되는 상생어플 / 힘내세요~^^화이팅~!!! / 오케고!ㅋㅋ / 걸어서 건강 찾고, go. go. Go / 우리 모두 함께해요~핫팅 / 건강하go, 기부하go, 기분좋go / 처음엔 그냥 걸었죠.. 그렇게 시작합니다. / 원불교는 아니지만 참여합니다. 세상에 평화를..! / 보보일체대성경 / 네 감사합니다 / 걸음걸음이 화합으로 이어지길 .. / 걷고 걷자 뚜벅뚜벅!! / 종교는 없지만 좋은 뜻에 함께합니다^^ / 모두 함께 건강도 챙기고 기부도 함께...백주년 핫팅♡ / 행복하게 살자 / 고~투게더. 군종!!! / 진리로 가는 길 일보 일보 또 일보 / 나아 가자! / 개벽이 개벽이 문열어라 ㅋㅋ / 100% 달성을 향하여~~뚜벅 뚜벅! / 아자아자 하면 된다이~~^^ / 원만한 백주년기념대회로 교단2세기를 힘차게 열어가는 소중한기회가 되기를 아자아자 / 달려라 이웃을 위하여 / 달려랏~~~ / 가 봅시다~~^^ / 100주년기념 달려보자! / 파이팅입니다 / 갑시다 !!!!! / 힘차게 걸어봅시다. / 함께해요~~응원합니다 / 이제 한달도 안남은 100주년 더 열심히 걸어갑니다 모두 다 함께하니 행복해요. 파이팅 / 저도 함께합니다. / 5000명만 채워서 돌진합시다 ^^ / 아자아자 하이팅~! / 차타고 다니면 까풀 ㅇㅅ? 어 dw / 올 봄엔 걸으며 마음도 몸도 가볍게~~~~ 룰루랄라 / 작은 걸음들이 모여 큰 변화가 일어나네요. 마지막까지 화이팅!/아자아자 화이팅!~ / 상처받은사람의 기준이 뭐에요? / 식중독으로 며칠쉬었더니 - 이제 또 걷자 / 오늘 가입했어요. 내일부터 열심히 걸어 볼랍니다. / 우리 모두 아자아자!!많이 걷기!!목표치를 채워야겠지요?^^! / 운동! 걷기 운동이 최고!!! / 매일 매일 걷는 습관 좋은 습관. / 난 요즘 빅워크 덕에 매일 매일 운동을 한다. / 저 오늘가입했는데 안녕하세요 내일부터 화이팅할게요 / 마음을 모아 운동합니다. / 마지막까지 화이팅해요! / 화이팅! / 모두가 은혜입니다. / 마지막 일주일 모두 모두 화잇팅입니다^^ / 백주년 대각개교절이 다가오는데 보은걸음걸음에 한걸음도 합할수 있음에 감사합니다~ / 남은기간 최선을 다하여 걸어보겠습니다 / 오늘 대각개교절을 상암경기장 행사 준비하면서 맞이했습니다. 둥근 경기장을 가득 메울 모습을 그려보며 열심히 걷고 걷습니다 / 걷는 것은 내 특기 · 서울월드컵경기장에서 뵈요 동지님/감사잘함!!!/등산하면서 켜도되지요? 10년 대정진 기도로 마음변하고 빅워크로 건강 변하고 -----좋아요 / 드디어 낼 모레 기념대회!! 지금 상암에선 리허설 진행중!! / 이제 하루 반 남았습니다!! 아직도 우리에겐 개벽과 화합의 발걸음을 적공할 시간의 선물이 남아있습니다!!^___^ / 힘내세요 목표달성하시게요 / 오늘도 힘차게 뗍시다 / 오늘입니다. 설레는 가슴 안고 상암으로 갑니다. 함께하신 모든 분들 안전하고 은혜가득한 하루되시기를 기도합니다. 횟팅! / 의미있는 발걸음! 보다 더 일찍 시작하고 홍보하여 1억눈 달성 목표를 수정없이 진행했더라면 더욱 좋았을텐데요. 혹한의 맹추위에도 담요두르고 거지꼴로 미친듯 걷던때가 엊그제같은데 마쳐지니 아쉽네요 ㅋㅋㅋ 다들 참여하느라 수고많았습니다. 오늘도 힘차게 뛰어 목표달성 합시다.

원불교 빅워크 모음통 성공

걸음을 세는 방식인 눈(noon), 눈이 쌓여 약속한 발걸음이 쌓이고 사회환원이 완료되면 '눈사람'이 완성.

2016년 5월 1일 완료: 특별천도재 재비 사회환원 5억 2천만 원 달성

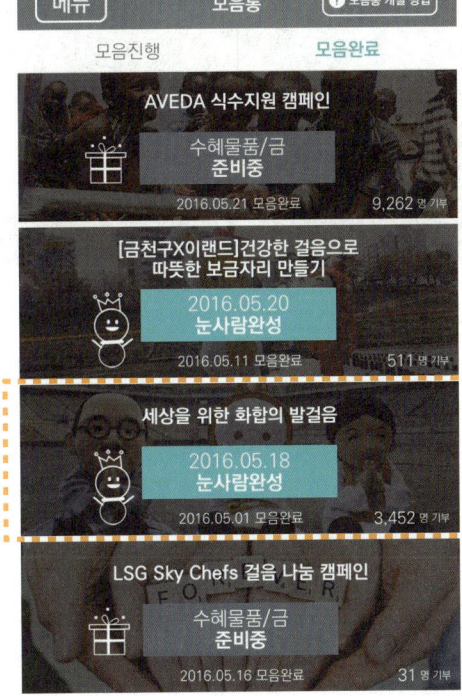

대한민국 근·현대 100년 특별천도재 재비 사회환원

30개 단체 (2016년 9월 15일 기준)

총 **5억 2천만 원** 사회환원

- 3·15 의거기념사업회
- (사)4·16세월호참사가족협의회
- (사)민주화운동유가족협의회
- (사)민주화운동정신계승국민연대
- (사)장준하기념사업회
- (사)한국전쟁전후민간인희생자전국유족회
- 거제포로수용소위령제
- 광주5·18민주화운동기념사업회
- 군인권센터
- 김경숙 추모사업회
- 대구지하철화재사고유족회
- 대전산내희생자유족회
- 민족민주열사희생자추모단체연대회의
- 민주화운동실천가족협의회
- 비정규직없는세상과 노동열사추모를위한네트워크
- 생태지평
- 양심수후원회
- 여정남추모기념사업회
- 원불교인권위원회
- 원불교환경연대
- 인천민주화운동계승사업회
- 일본군 '위안부피해할머니 역사문화관'건립추진위원회
- 전국민족민주유가족협의회
- 전태일재단
- 제주4·3희생자유족회
- 진주대첩기념사업회
- 태평양전쟁피해자보상추진협의회
- 환경운동연합
- 한국전쟁전후민간인피학살자전국유족회
- 한국전쟁전후민간인희생자 전국유족회(영광유족회)

대한민국 근·현대 100년 특별천도재 재비 전액을 사회에 환원했다.
이 재비는 원불교100주년기념대회를 준비하며 음성공양을 서원한 200여 명
독경단원들의 독경단 참가비가 작은 씨앗이 되어 전 세계, 전 교도 원불교인들의
기도와 마음이 담긴 5억 2천여만 원의 사회환원재비로 조성되는 밑거름이 되었다.
5대 영위 유족회 단체 카페에 특별천도재 종재 초대글을 올리고,
유족회 초대 공문을 통해 초청했다.
재비 전달 단체 선정은 원불교 교법에 근거하여 5대 영위 관련 활동을 하는 유족회와
단체를 대상으로 4월 25일 특별천도재 종재에 참석하신 단체를 우선으로 하여 전국
교구와 연계하여 추천받아 공의를 거쳐 선정했다.

천도재 재비 사회환원은 망각에 대한 또다른 저항의 발걸음

한울안신문·원불교100년기념성업회 공동 기획 「간다 간다, 개벽이 간다」(끝)

원불교100주년기념대회 봉행위원회 김도경 기획운영실장

천도재 재비 사회환원은 망각에 대한 또다른 저항의 발걸음

"나중에 알았습니다. 그날 군인들이 지급받은 탄환이 모두 팔십만 발이었다는 것을. 그때 그 도시의 인구가 사십만 이었습니다. 그 도시의 모든 사람들의 몸에 두 발씩 죽음을 박아 넣을 수 있는 탄환이 지급되었던 겁니다.

문학상을 받은 『채식주의자』(창비)보다 『소년이 온다』(창비)가 많이 읽혔으면 좋겠습니다. 제 책이 많이 읽히면 좋겠다는 생각을 처음으로 했습니다. 정말로, 많은 분들이 읽어주셨으면 좋겠어요. 제 소설은 광주 민주화운동에서 시작된 근원적 질문에 답하는 과정이라고 할 수 있습니다"

5.18 광주민주화운동 기념일 하루 전인 지난 5월 17일, 소설가 한강이 한국인은 물론 아시아인 최초로 맨부커상 인터내셔널 부문(Men Booker International Prize)수상자로 결정되면서 작가의 이력과 작품 세계에 대한 관심이 높아지고 있다. 1970년 광주에서 태어난 한강은 서울로 올라온 뒤 13세 때 계엄군에 의해 광주민주화운동에서 학살된 사람들의 모습을 담은 사진첩을 통해 5월의 광주를 목도하게 된다. 그 생생한 사진은 그녀를 기억하게 만들었고 인간에 대한 끊임없는 근원적 탐문을 하게 만들었다.

원불교100년, 대한민국 근·현대100년 해원·상생·치유·화합의 특별천도재 《둥근 빛으로 다시 오소서》에서 모인 재비가 '5.18 민주화운동 기념일'을 맞아 사회환원의 첫 발걸음을 뗐다.

'세상을 위한 화합의 발걸음, 빅워크'를 통해 대사회적인 커밍아웃을 하며 재비 3천만 원 사회환원을 약속한 천도재 발걸음 캠페인은 시간이 지나며 6천만 원으로 다시 8천만 원으로 상향조정되었다. 3.13일 전 세계 원불교 교도의 7.7 천도재 초재를 기점으로 재비는 가파르게 상승곡선을 그리며 재를 거듭할수록 음계와 양계의 정성이 모여들었다. 100주년기념대회 천도재 가장 밑바닥의 본의는 진영논리를 넘어서는 대한민국 사회통합이며 시대의 아픔을 망각하지 않고 기억하고자 한 대사회 치유의 불공이었다. 영가들은 물론 살아있는 우리들의 의식제고 및 천도를 지향하는데 뜻을 같이하며 동참한 유족회는 모두 14개 단체였으며, 시청광장 천도재 현장에서 모인 재비만 4900만 원이었다. 5월 18일 현재 재비로 모인 정성은 5억 원을 돌파했으며 약속했던 100% 재비환원의 첫 발걸음을 대한민국 민주화열사 제위 유족회에 장학금을 환원하는 것으로 의미있게 시작했다.

이어 5월 19일 100주년기념대회 봉행위원회 4차 심임위원회에서는 재비 100%를 일시에 사회환원하는 것으로 최종 결의했다.

100년기념성업회는 천도재를 통해 수많은 분들이 모아주신 음계의 기도와 양계의 재비 정성이 시대의 아픔에 대해, 종교적 회심의 근원성을 잃지 않고 더 깊고, 더 진중하게, 더 가치 있게 100% 사회환원되도록 약속의 발걸음을 진행할 것이다.

지금까지 기념대회 소식을 읽어주신 분들을 비롯하여 모든 분들께 이 자리를 빌어 깊은 감사의 인사를 올린다.

5월 18일(수) 위령제 직후, 5·18 기념재단에 천도재 재비 첫 전달

'세상을 위한 화합의 발걸음, 빅워크'를 통해 대사회적인 커밍 아웃을 하며 재비 3천만 원 사회환원을 약속한 천도재 발걸음 캠페인은 시간이 지나며 6천만 원으로 다시 8천만 원으로 상향조정되었다.
3.13일 전 세계 원불교 교도의 7.7 천도재 초재를 기점으로 재비는 가파르게 상승곡선을 그리며 재를 거듭할수록 음계와 양계의 정성이 모여들었다. 100주년기념대회 천도재 가장 밑바닥의 본의는 진영논리를 넘어서는 대한민국 사회통합이며 시대의 아픔을 망각하지 않고 기억하고자 한 대사회 치유의 불공이었다.
5월 18일 현재 재비로 모인 정성은 5억 원을 돌파했으며 이에 100년기념성업회는 약속했던 100% 재비환원의 첫 발걸음을 대한민국 민주화영령 제위 유족회에 장학금을 환원하는 것으로 의미있게 시작했다.

◀ 한울안신문 991호 2016.05.29~06.04

원불교100주년기념대회 현수막과 우리는
'100주년기념대회 현수막 새 몸 받기' 프로젝트. UPCYCLING으로 다시 태어나다

▲ 한울안신문 991호 2016.05.29~06.04

> 2016년 8월에 진행한 청소년 희망캠프에서 기념대회 현수막 업사이클링 프로젝트는 학생들의 참여율이 매우 높았다. 오전 프로그램 중 유일하게 정원마감이 될 만큼 호응도가 제일 높았다.
>
> 향후 현수막 업사이클링 프로그램은 원불교 4축 2재 등 정례행사에서도 지속적으로 연구하고, 기획하여, 이후에도 계속 발전적인 계승을 진행하려 한다.
> _청소년국 윤대기 교무

4월 STEP1 계획

5월 STEP2 설치, 수거

6월 STEP3 업무협력

7~8월 STEP4 프로그램 운영

설치, 수거. 약 600여 개
2016.04.25~5.1

업무협력
2016.5.12
원불교100년기념성업회, 청소년국, 환경연대 MOU

100주년 기념대회 현수막을 업사이클링한 환경교육 운영

2016.05.21 – 05.22
어린잎학교 운영 중 해먹, 깔판 제작

2016.08.05 – 08.07
청소년 희망캠프 중 에코백,
이어폰 와인더, 줄넘기 제작

강동교당 김동현 학생은 "교당에서 10여 명의 친구들과 함께 희망캠프에 참여하게 됐다. 오랫동안 기다려온 첫 캠프이기 때문에 참여 전부터 기대가 높았다."며 가장 즐거웠던 프로그램은 교당 친구가 노래 솜씨를 뽐낸 용광로 미니콘서트와 에코백을 만든 '모든 마음 쓸모공간'이다.
100주년기념대회에서 쓰임을 다한 현수막이 가방으로 다시 재탄생 하는것을 보고 가치있는 일을 한 것 같아서 기분이 좋았다"고 소감을 전했다.

▲ 원불교신문 1810호 2016.08.12 최지현 기자

업사이클링되는 기념대회

쓰레기 순환으로 업사이클링되는 기념대회

원불교100주년기념대회 소식 ⑬

쓰레기가 너무 많다. 사무실에서도, 가정에서도 매일 버려지는 쓰레기의 양이 어마어마하다.

5월1일 기념대회 D-13일인 기념대회 준비팀 사무실에도 매일 엄청난 종이 쓰레기와 프라스틱, 비닐 쓰레기들이 넘쳐나 재활용박스를 날마다 비워도 오후가 되면 수북하게 쌓이는 것을 볼 수 있다.

5천 여명이 모여 치유화합의 장이 될 천도재, 5만 여명이 함께하는 초심과 소통의 장이 될 기념대회의 감동과 동시에 행사 뒷자리의 모습을 상상해본다. 북적대는 행사 후 원불교인이 돌아간 자리를 세상에 어떻게 보여줄 것인가.

행사장은 물론이고 경기장 입구와 주변 도로에 우리는 무엇을 남기고 갈 것인가. 음식물 쓰레기와 돗자리, 우비, 비닐봉투, 휴지, 은박지 도시락, 버려진 팜플릿과 행사장을 장엄했던 엄청난 양의 현수막, 대형 행사를 치르고 나면 불거지는 쓰레기 몸살 문제로 대형행사에 대한 후속 평가에 '쓰레기 대책'이 중요 평가항목이 되고 있다. 시민들의 눈은 매섭다. 행사내용도 중요하지만 행사를 치른 주최측과 참가자들의 의식에 있어 뒤처리에 대한 평가는 날카롭다. 이것을 간과해서는 안된다.

교당에 이미 배포한 행사 안내문에 휴지 사용으로 인한 쓰레기를 줄이기 위한 방안으로 손수건 지참을 당부했다. 한 가지 더 추가한다. 5월1일 참가자들을 반갑게 맞이하고, 이동 동선을 알려줄 3500여 개의 현수막을 업사이클링하는 방안을 기념대회팀은 행사 마무리 기획으로 준비하고 있다.

100주년 엠블럼이 나온 후, 서울역 고가철거 시민참여행사 때 사용된 거리홍보용 현수막.

수명이 다한, 쓰임을 다하고 폐기처분을 앞둔 물건들에 디자인을 가미해 새로운 것으로 탄생시키는 작업을 업사이클링이라고 한다. 영국의 '엘비스 앤 크레세(ELVIS & KRESSE)'는 영국 소방단의 fire horse로 제품을 만든다. 이들이 사용하는 소방호스는 25년 이상 사람들의 목숨을 구하고 제 할 일을 다 한 것들이다. 더 이상 사용되지 않지만 소방호스의 소재로 인해 내구성이 뛰어나다.

영국 소방단체로부터 호스를 공급받으며 제품의 이익 중 50%는 소방 자선단체에 기부하고 부상을 당하거나 순직한 소방관을 지원하는데 사용되면서 전세계적으로 멋진 사례를 보여주고 있다.

기념대회의 장엄이 될 수 백개의 현수막에는 일원상, 소태산 대종사께서 전해주신 '물질이 개벽되니 정신을 개벽하자' 주제어, 원불교100주년의 엠블럼, 개벽삼총사가 가장 많이 인쇄돼 있다. 이 100주년의 저 록된 상징들을 한낱 쓰레기로 만들지 않고, 사회적으로도 가치가 충분한 개념있는 순환(O)의 일원을 함께 고민해 보자. 흔한 에코백이 아니라 원불교의 정신개벽 메시지를 담은 현수막의 다채로운 재탄생으로 원불교100주년기념대회 이야기를 계속 이어지게 할 수 있을 것이다.

원100기념대회 봉행위 김도경 기획운영실장

> 우리는 본래 하나의 생태,
> 하나의 연결고리로 되어있다.
> 그것이 어느 순간 인간이 자연을 오염을 시키기 시작하며
> 그 원래 하나인 생태가 끊어졌다.
> 그 고리를 다시 잇는다는 것이 불교의 연기론 사상이며,
> 끊어진 원이 복원되어 이어져야 한다.
> 이는 즉, 우리가 지은 죄를
> 우리가 다시 참회하고 새로이 진화돼야 한다.
> 그것이 결국은 업사이클링이다.
>
> _수산 정상덕 원불교100년기념성업회 사무총장
> (16.05.12 업사이클링 MOU 업무협약시)

◀ 원불교신문 1796호 2016.04.22

원불교100주년기념대회 | ADDITION

우리는 개벽삼총사와 함께

어디서부터 어떻게 원불교를 말할 것인가?
원불교100주년기념대회 공식 캐릭터 개벽삼총사
개벽삼총사 캐릭터로 원불교 교화대불공을 이어가다

다양한 이미지개발

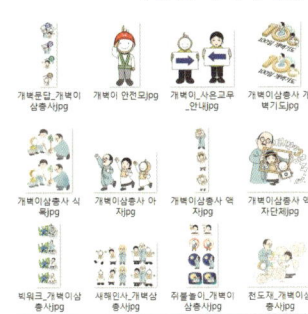

저작권 등록

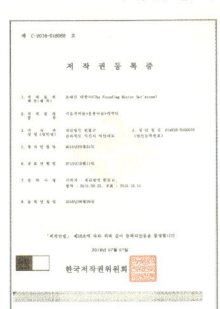

움직이는 교화활동

삼총사 피규어

교당 맞춤 활용

움직이는 교화활동
개벽삼총사 제작일지

2015년
- 09월
  - 대시민 친화 홍보전략을 위한 제작기획
  - 업체선정 및 제작 의뢰(장금신아트워크)
- 10월
  - 디자인 작업, 수정
  - 세부조형 협의
  - 조형물 제작, 검수
  - 삼총사 의복 제작
- 11월
  - 개벽삼총사 홍보 활동 시작

(도식화) 9차례에 걸친 수정작업

삼총사 제작 의뢰서

법등이 예뻐서 이 캐릭터로 신청드려요.
캐릭터 그림보다 법등이 더 예쁘게 나온 것 같아요.
신발도, 몸도 다 인형화 해주세요.

지켜보고 있다   대종사님_2.jpg   대종사님_5.jpg

잊지 말고 귀엽고, 튼튼하게 달아주세요 숫자100 이랍니다.

뒤에는 뒷통수(머리)부분에 글 넣어주세요.
원불교100년기념대회 물질이 개벽되니, 정신을 개벽하자

뒷모습 참고.

손은 자유성이 좀 있지요?.

이 회색 옷은, 흰색으로 변경부탁드립니다.

여기에 글씨 삽입해주세요.
원불교100년기념대회주간
2016.4.25-5.1, 서울

어울리는 검정신발 신겨주세요.
(예:스폰지밥 신발)

참고사진.

| 원불교100주년기념대회 | ADDITION |

사은교무 쪽진머리 조형물 감수

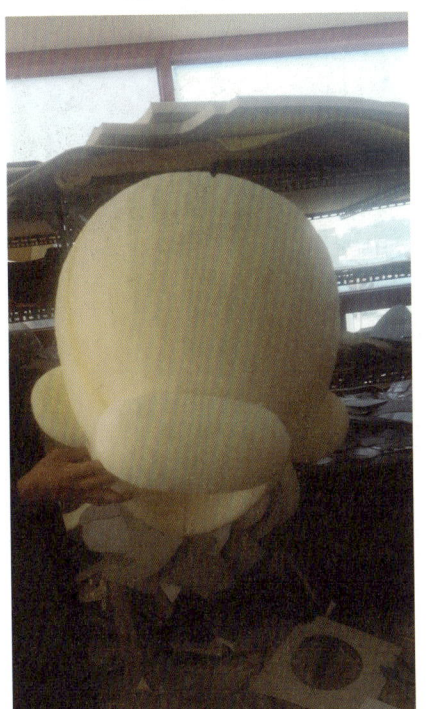

개벽이 얼굴 조형물 감수

원단샘플 : 의상 색상, 옷감 선택

인쇄 내용
원불교100주년기념대회
2016년 5월 1일(서울)
개벽삼총사 거리 홍보시 정체성을 알리기 위한 의복 글자인쇄 진행
신발에도 인쇄하고자 하였으나 불가능하여 의복에만 진행

개벽삼총사와의 동행

2015

- 10.11 익산 마라톤 대회
- 10.18 부산울산교구 환경 콘서트
- 11.07 원불교 100년 총회(1일차)
- 11.08 원불교 100년 총회 (2일차)
- 11.09 서울원문화해설단 입학식
- 11.15 14회 서울봉공회 자원봉사자축제
  환경연대 햇빛밥상
- 11.22 여의도교당 인화법회
- 11.26 여성회 20주년 훈련
- 12.06 대전충남교구 교의회
- 12.13 서울교구 교의회
- 12.15 월간원광 개벽삼총사 촬영
- 12.17 원불교신문 신년호 표지 촬영
  세월호부스 방문
  광화문 홍보
- 12.19 서울청년연합법회
- 12.25 서울역 사람길
- 12.31 보신각 제야의종
  세월호 50번째 기도 참석
  개벽삼총사 크로마촬영

2016

- 01.15 개벽이, 빅워크 현장 방문 및 인터뷰
- 01.17 분당교당 성업동참 기도. 서원정진 기도 결제식 법회
- 01.18 원불교100주년기념대회 독경단 1차훈련(중도훈련원)
- 01.23 처처불상 적공뱅크단 발대식
- 02.03 청소년교화박람회
- 02.14 잠실지구 재가교역자 대회 중 개벽삼총사
- 02.20 순천지구 재가교역자 훈련 여수교당 개벽삼총사 동행
- 02.21 마산교당_대보름 맞이 서원 연날리기
- 02.28 수원교당 법회 맞이 활동
- 03.01 개벽빅워크 플래시몹(서대문형무소~서울시청)
- 03.01 경기인천교구 산상기도 동행
- 03.13 제주교구 좌산 상사 내방 교구 합동법회
- 03.18 경남교구 출가교역자 협의회
- 04.01 원불교100주년기념대회 안내영상 촬영
- 04.02 전북교구와 처처불상 적공뱅크단이 함께하는 원불교 홍보데이
- 04.03 정읍지구 화동한마당
- 04.13 여의도, 가락교당 합동 여의도 봄꽃축제 마라톤
- 04.17 가락교당 원불교 및 원불교100주년기념대회 홍보
- 04.23 가락교당 원불교 및 원불교100주년기념대회 홍보
- 04.24 화정교당 대각개교절 및 원불교100주년기념대회 홍보
- 04.25 천도재 당일 서울광장 주변 홍보
- 05.05 영광교구 옥당골 어린이 민속 큰잔치
- 05.06 부산울산교구 동래교당 어린이 법문축제

원불교100주년기념대회 | ADDITION

소개 메뉴얼북

" 인격체로 탄생한 개벽삼총사
대여가 아닙니다. **동행**입니다. "

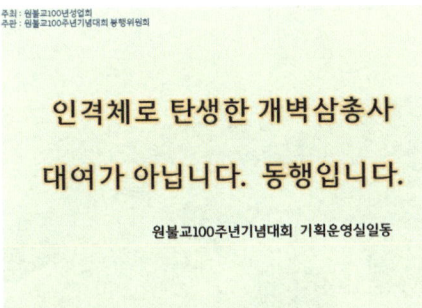
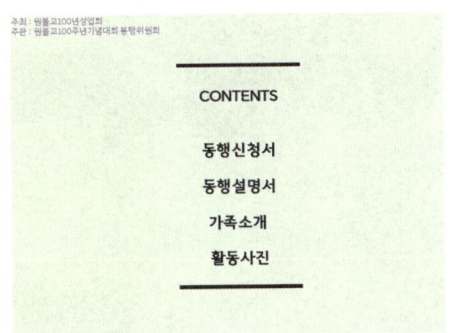
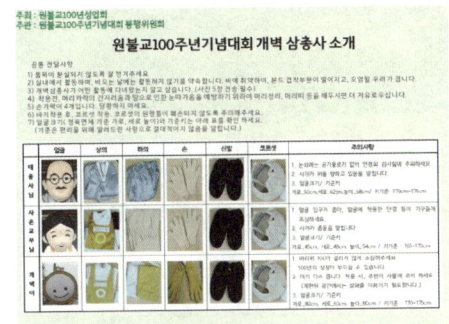

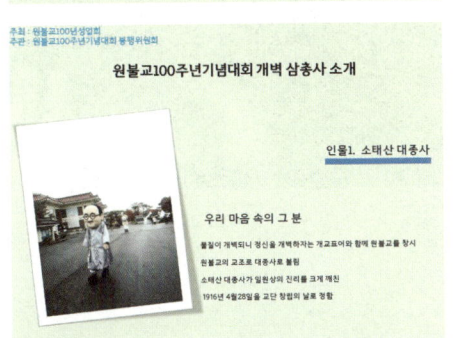
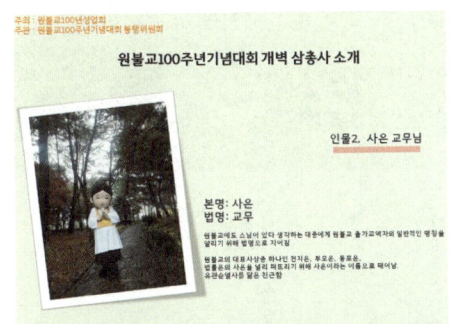

함께 걸어준 개벽삼총사

개벽삼총사로 참여하신 모든 분들의 얼굴을 담지 못해 아쉽습니다.

원불교100주년기념대회 | ADDITION

감사합니다.

원불교100주년기념대회 | ADDITION

0번째 이야기.

저는 개벽삼총사의 제작담당을 맡아 탄생시킨 기념대회 000입니다.
때는 바야흐로 원기 100년 9월 23일 수요일이었죠.
깨어있을 때는 물론이요 꿈에서도 기념대회만 생각하는 봉행위원회는 총부에서 진행되는 출가교역자 총단회 홍보부스에서 기념대회 홍보활동을 하고 서울로 올라오고 있었지요. 뒷자리의 저는 피곤하여 졸고 있었고, 앞자리의 두 분은 힘들지도 않은지 대중에게 쉽고, 친근하게 **원불교를 알리는** 방안에 대한 왕수다가 한창..
머리에서 탄생하여 **손**으로 그려져 지금은 **눈**앞에서 움직이며 교감하는 개벽 삼총사.
개벽 삼총사의 이야기를 들려드립니다.

1번째 이야기. 왜 태어났니? 태어나 주셔서 감사합니다.

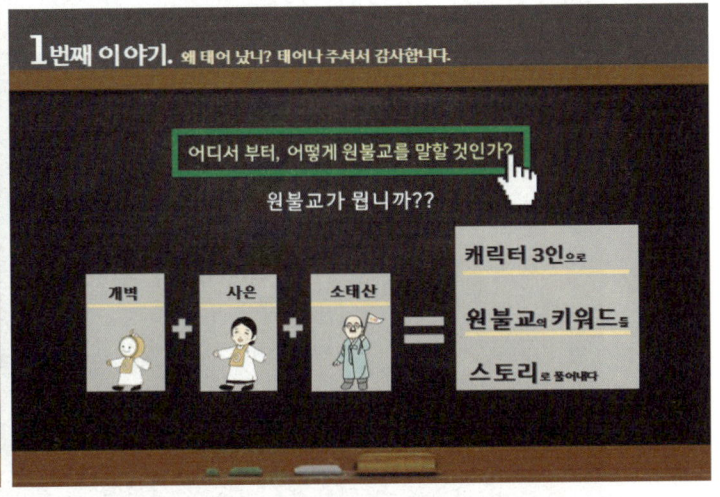

2번째 이야기. 어떻게 태어났니? 출생과정이 궁금해.

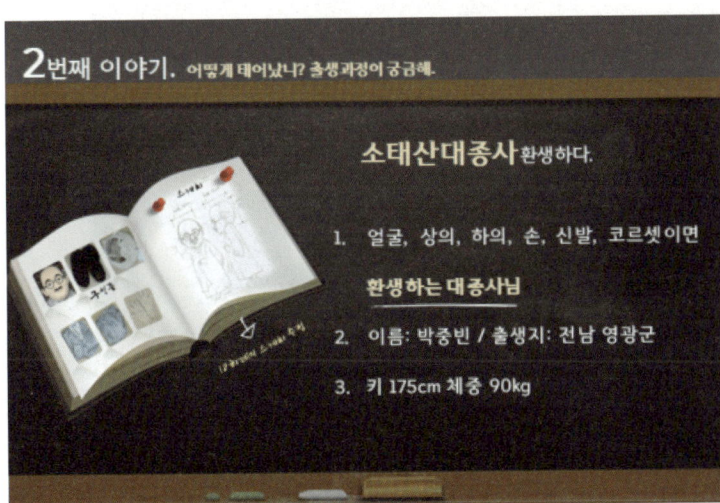

2번째 이야기. 어떻게 태어났니? 출생과정이 궁금해.

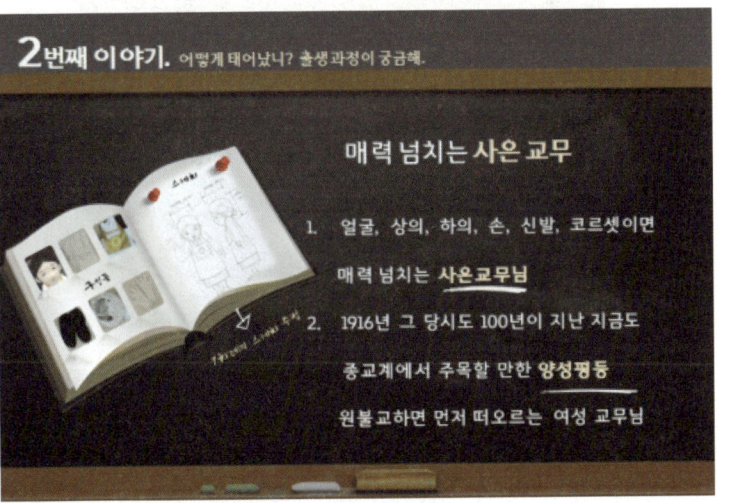

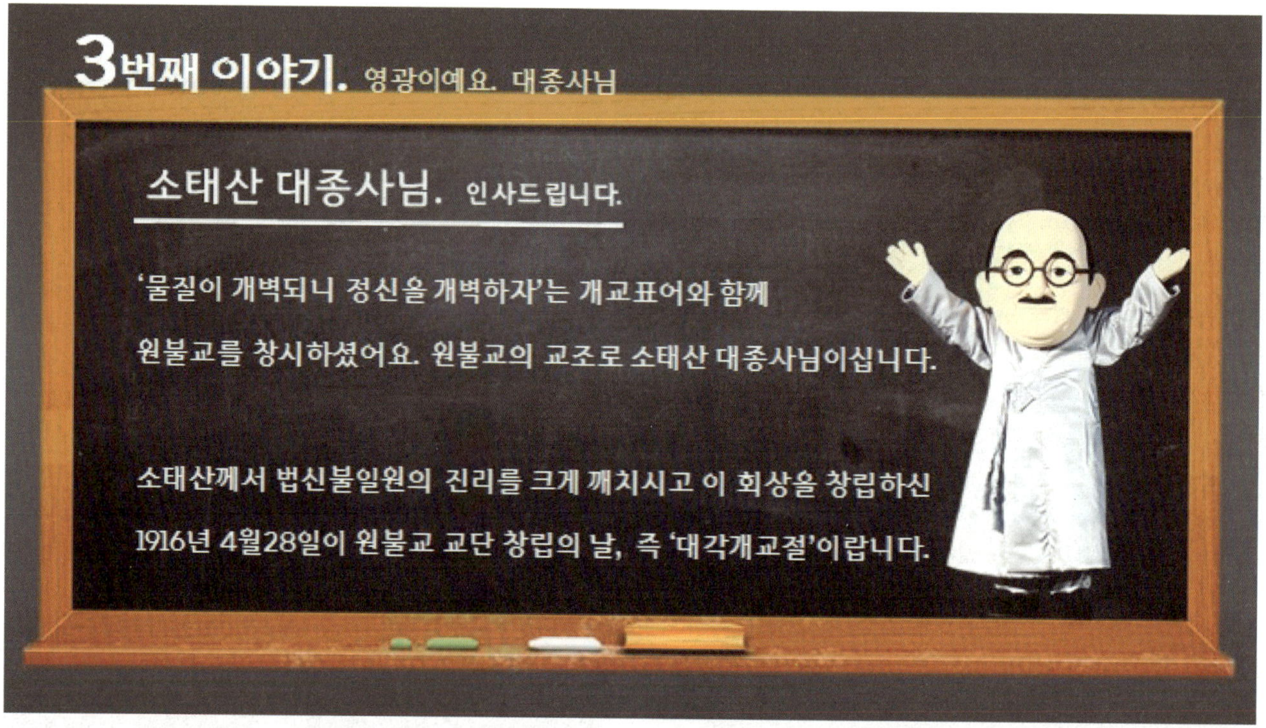

3번째 이야기. 영광이예요. 대종사님

소태산 대종사님. 인사드립니다.

'물질이 개벽되니 정신을 개벽하자'는 개교표어와 함께 원불교를 창시하셨어요. 원불교의 교조로 소태산 대종사님이십니다.

소태산께서 법신불일원의 진리를 크게 깨치시고 이 회상을 창립하신 1916년 4월28일이 원불교 교단 창립의 날, 즉 '대각개교절'이랍니다.

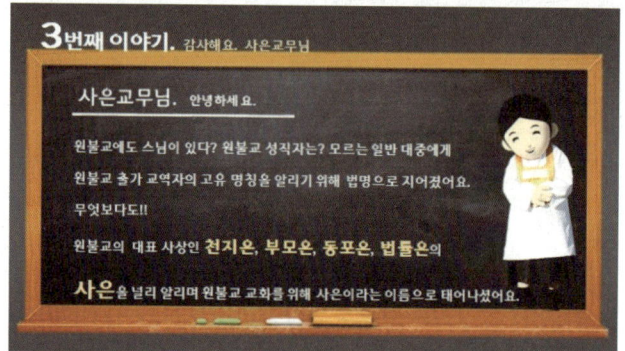

3번째 이야기. 감사해요. 사은교무님

사은교무님. 안녕하세요.

원불교에도 스님이 있다? 원불교 성직자는? 모르는 일반 대중에게 원불교 출가 교역자의 고유 명칭을 알리기 위해 법명으로 지어졌어요. 무엇보다도!!

원불교의 대표 사상인 **천지은, 부모은, 동포은, 법률은**의

사은을 널리 알리며 원불교 교화를 위해 사은이라는 이름으로 태어나셨어요.

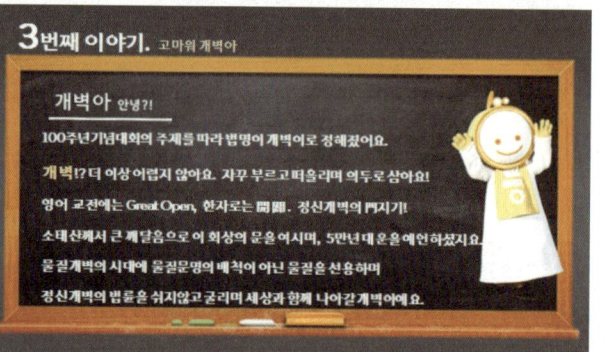

3번째 이야기. 고마워 개벽아

개벽아 안녕?!

100주년기념대회의 주제를 따라 법명이 개벽어로 정해졌어요.

개벽!? 더 이상 어렵지 않아요. 자꾸 부르고퍼뜨리며 의두로 삼아요!

영어 교전에는 Great Open, 한자로는 開闢. 정신개벽의 씨앗이지!

소태산께서 큰 깨달음으로 이 회상의 문을 여시며, 5만년 대운을 예언하셨지요.

물질개벽의 시대에 물질문명의 배척이 아닌 물질을 선용하며

정신개벽의 법률을 쉬지않고 굴리며 세상과 함께 나아갈 개벽이예요.

동행을 위한 지침서 제작
신청서, 소개 매뉴얼북, 포장 매뉴얼북, 안내영상(한국어, 영어)

포장 매뉴얼북

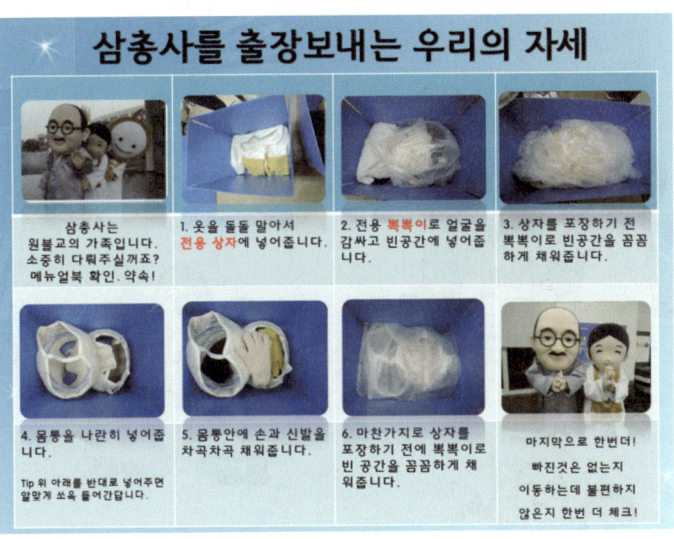

개벽삼총사 다양한 이미지 개발

원불교 중앙총부 전산실의 협조로 탄생한
다양한 개벽삼총사 이미지

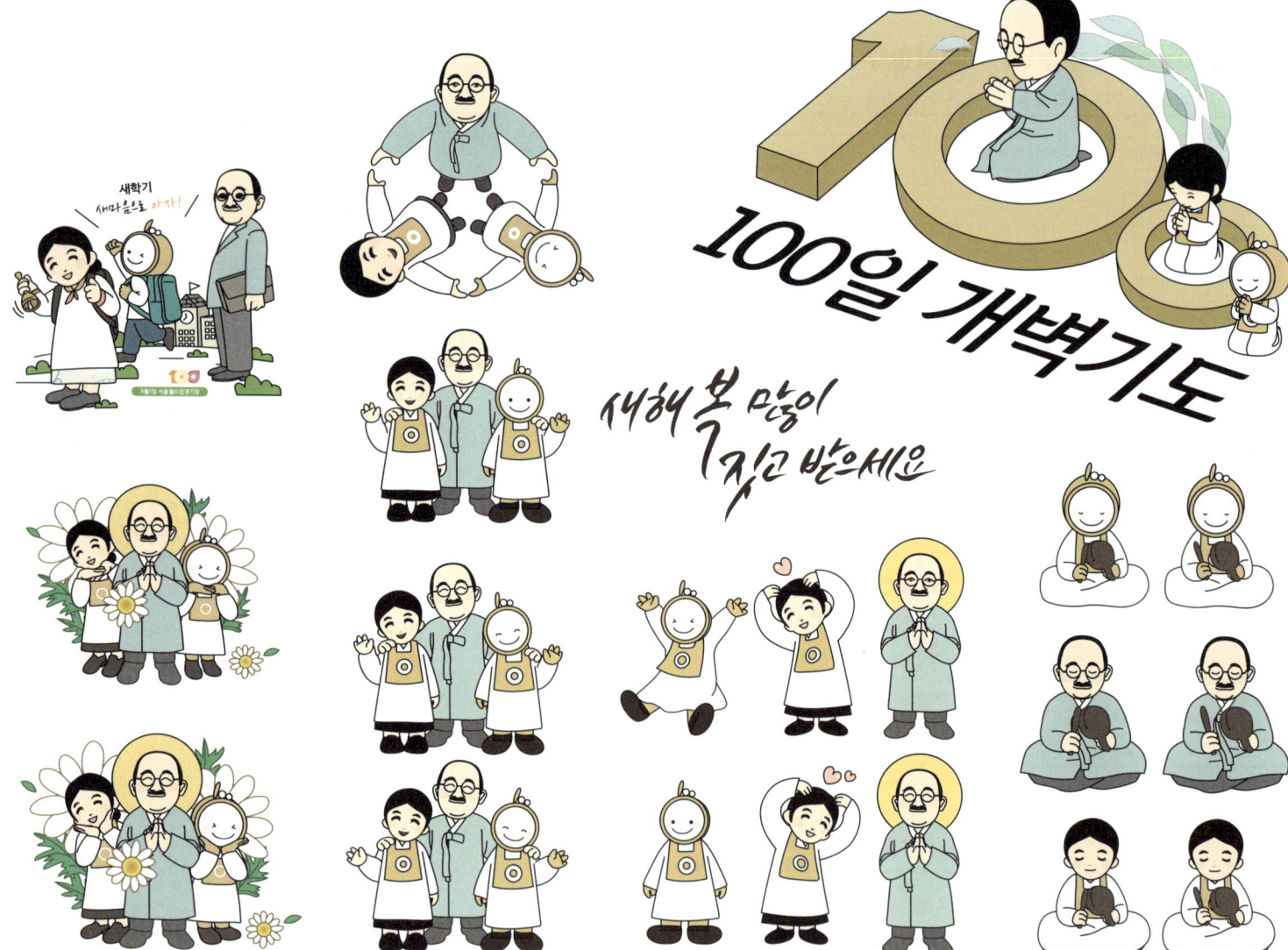

원불교100주년기념대회 | ADDITION

개벽삼총사 피규어 제작일지

2016년

1월~2월
- 피규어 제작 검토 및 5개 업체 미팅
- 제작업체 확정

3월
- 03.06 제작을 위한 상세사진 촬영
- 03.10 제작회의
- 03.16 점토 이미지 확인 및 수정
- 03.17 발판과 문구 색깔 협의
- 03.18~03.27 채색 견본 확인 및 조정
- 03.31 샘플 도착

4월
- 04.01~04.12 최종점검(형태, 색깔)
- 04.13~04.14 포장 디자인 협의
- 04.25~05.29 5,000개 도착(소형)
- 05.31 소형 피규어 판매시작 (원불교 중앙총부 기념품센터)

5월
- 05.29~06.10 300개 도착완료 (대형)

개벽삼총사 피규어 색상 선정 및 수정

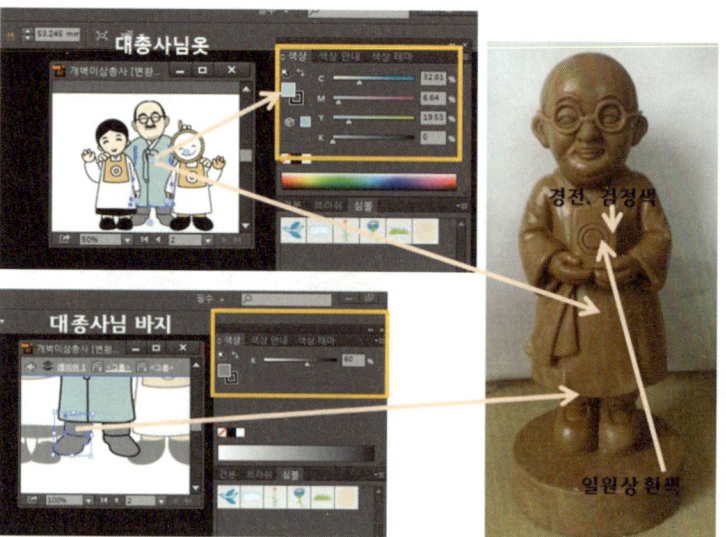

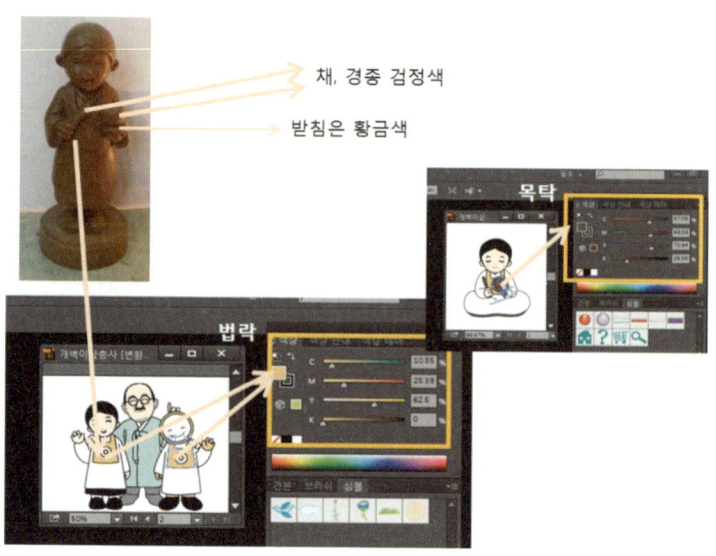

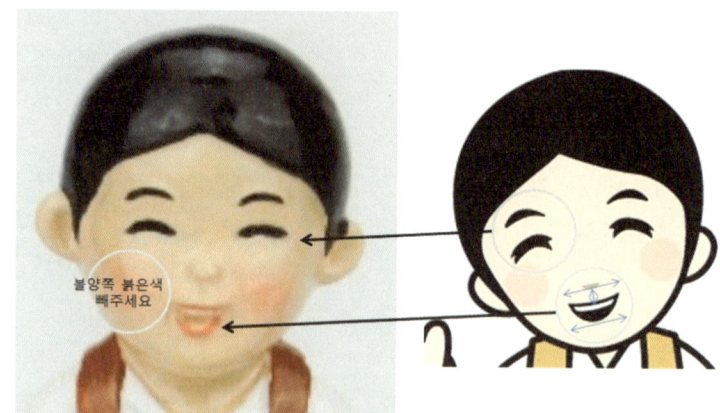

원불교100주년기념대회 | ADDITION

발판 색상 선정 및 수정

소형 개벽삼총사(세로: 9.5~10.5cm,　가로 3.9cm)

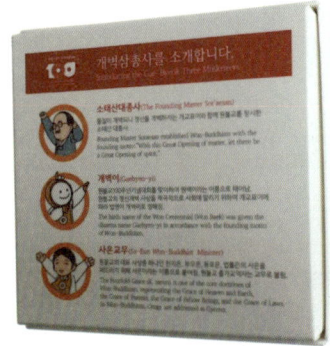

소형 개벽삼총사 포장박스 디자인

개벽삼총사 이벤트 및 판매

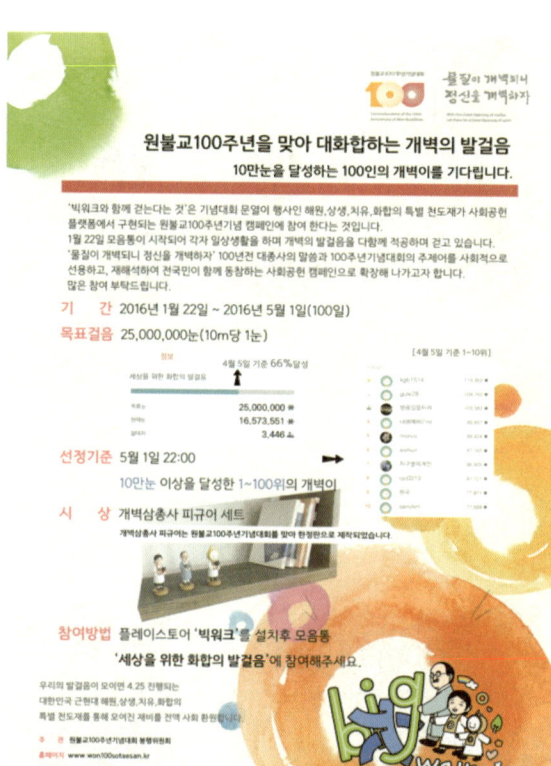

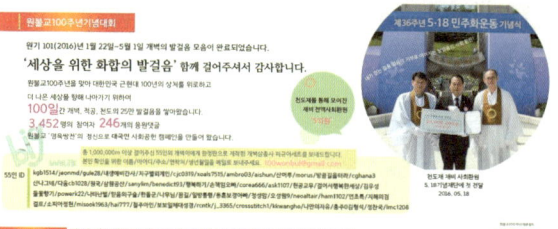

대형 개벽삼총사 포장박스 디자인

대형 개벽삼총사 (세로: 20~22cm, 가로 6.4cm)

교화대불공의 사명, '개벽삼총사'

2015익산전국마라톤대회

원불교100주년기념대회 뮤직비디오 촬영

원불교 서울교구 교의회

▼ 원불교신문 1803호 2016.6.10 이여원 기자

'교화대불공의 소임, 개벽삼총사'

기념대회 김도경 기획운영실장
캐릭터 지적재산권등록 진행

"개벽삼총사는 기념대회를 알리는 것을 넘어 원불교를 어디서부터 어떻게 알릴 것인가에 대한 질문에서 탄생했다."

기념대회 공식 캐릭터로 알려내는 소임을 다했던 개벽삼총사가 피규어로 재탄생했다. 기념대회 봉행위 김도경 기획운영실장은 개벽삼총사 탄생 의미를 무엇보다 중요하게 부각시켰다.

"개벽삼총사는 소태산 대종사의 진리를 알리고자 하는 교화대불공의 '강렬한 열망'이라고 할 수 있다. 그것이 개벽삼총사 소임의 시작이자 끝이다"고 전한 그는 "기념대회 이후로도 콘텐츠로써 지속가능한 매스티지(masstige) 개념으로 접근한 피규어 기념품을 기획·제작했다"고 덧붙였다. 매스티지란 매스(mass)와 고급을 의미하는 프레스티지(prestige)의 합성어로 이제는 일반 대중들이 프레스티지 상품의 주 문화 소비자로 떠오르게 된 것을 표현하는 용어다.

그는 "개벽삼총사 피규어는 기획단계에서부터 기념대회를 통한 교단 내외 홍보용과 판매용의 투 트랙으로 기획했다"며 "기념대회 행사용 공식 홍보 캐릭터로 그치는 것이 아니라 '그 다음을 준비하라'는 관점으로 기획한 콘텐츠다"고 부언했다. 1일부터 중앙총부 기념품센터에서 개벽삼총사 피규어 2000세트가 한정 판매되고 있다.

그는 "한정 판매한 사연은 기념대회를 통해 원불교 문화교화 콘텐츠로써 자리매김하기 위한 파일럿 제작을 했기 때문이다. 파일럿 운영을 통해 단계적으로 면밀하게 보완해 세계보편 종교문화상품으로 업그레이드된 다양한 개벽삼총사를 점진 교화용품으로 만나게 할 계획이다"고 전했다.

이를 위해 기념대회팀은 개벽삼총사 캐릭터 저작권 및 상표등록을 위한 지적재산권 등록 작업을 진행 중이다. 지적재산권 작업은 천도재 재비환원과 연계한 스마트폰앱 기반의 'Big Walk' 사회공헌기부캠페인처럼 새로운 플랫폼으로의 진입, 그 자체가 교화 활동의 확장을 의미하고 있다.

그는 "지난해부터 얼굴 없는 주인공으로, 땀 흘리며 헌신했던 현장의 수많은 개벽삼총사들을 잊지 못한다"는 말로 가슴 속 깊은 감사를 전했다.

이여원 기자 hyun@wonnews.co.kr

STEP1
100주년기념대회를 알리는 것을 넘어 원불교를 어디서부터 어떻게 전할 것인가?에 대한 질문에서 탄생한 원불교 문화교화콘텐츠 개벽삼총사 100주년기념대회를 공식 캐릭터로서 알려내는 소임을 다했던 개벽삼총사

STEP2
행사 현장에서 몸으로 만날 수 있었던 개벽삼총사는 교정원 전산실의 발 빠른 협업으로 20여 종의 상황별 일러스트로 재구성되어 온라인 콘텐츠로 확장

STEP3
내 손에 잡히는 개벽삼총사 피규어로 재탄생

STEP4
세상과 만나는 다양한 플랫폼에 전략적으로 접근, 진입, 안착, 재구성해 나가는 플랫폼적 사고와 실행을 위한 저작권 등록 완료

저작권등록증

제 C - 2016 - 016068 호
소태산 대종사

제 C - 2016 - 016069 호
개벽이

제 C - 2016 - 016070 호
사은교무

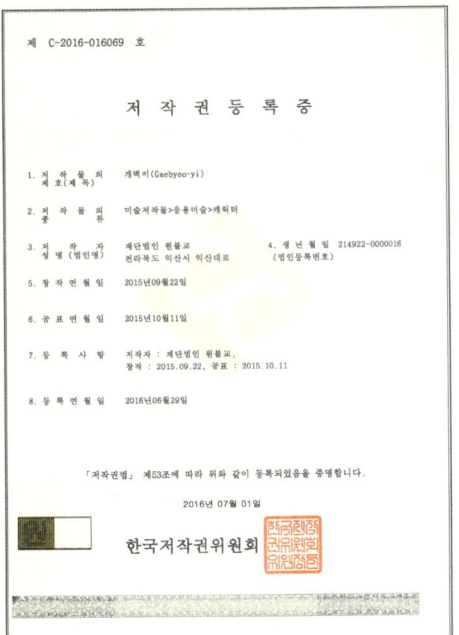

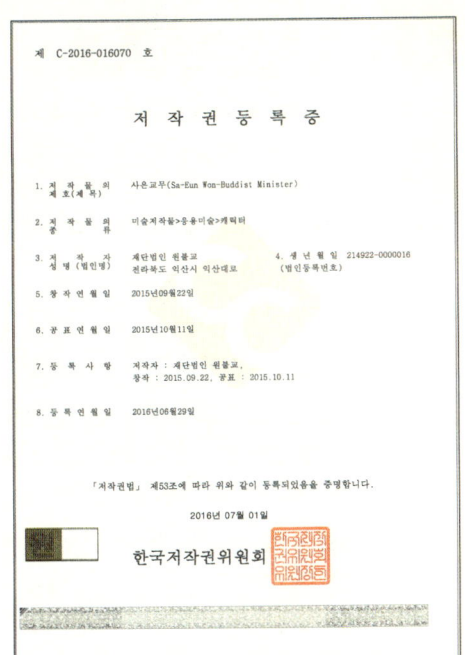

원불교 100주년 기념우표 발행

소태산 대종사를 세상에 알리고 모시는 의지로 진행되어 발행된 100년의 우표발행

원불교의 성지는 대한민국이다. 지난 1916년 당시 일본의 식민지배를 받던 암울한 시대에 소태산 박중빈 대종사의 깨달음(大覺)으로 창교됐고, 2015년은 원불교 탄생 100년이 되는 뜻깊은 해이다. 원불교 탄생 100주년을 기념하여 원기 101년인 2016년 4월 25일부터 5월 1일까지 서울 곳곳에서 '원불교100년기념대회'가 펼쳐진다.
'원불교100년기념대회봉행위원회&세계봉공재단'은 우정사업본부와 함께 원불교100년기념대회가 갖는 의미를 되새기고자 기념우표를 발행한다.
이 땅에서 탄생해 100년의 역사를 가진 원불교는 개벽세상의 새 종교이자 한국 4대 종교로 소태산 대종사는 '물질이 개벽되니 정신을 개벽하자'는 개교 표어를 내세웠다. 개교 표어를 주제로 '원불교 100년기념대회'가 개최된다. '대한민국 근·현대 100년의 상처를 치유하는 해원·상생 천도재', 원불교 100년의 대적공 발걸음을 옮기는 것이 곧 기부가 되는 '개벽순례단', 원광대학교 70주년, 원광보건대학교 40주년을 맞아 인류가 직면한 위기들을 점검하고 새로운 대전환의 시대를 준비하는 '국제학술대회', 과학과 영성이 만나는 미래종교로서의 비전을 약속하는 '원불교 100년 기념식' 등으로 주간행사기간에 약 5만여 명의 참가가 기대된다.
원불교100년을 상징하는 우표에는 '물질이 개벽되니 정신을 개벽하자'란 기념대회 주제어와 100년 성업 상징이 담겨 있다. 즉, 물질의 풍요가 가져다 줄 인간성 소외현상을 인문학적 사고로 극복할 의지를 표명했다. 우리 인류가 시대의 암울함을 뛰어넘어 물질문명의 노예생활을 벗어나 과학문명과 도덕문명의 조화로움을 통해 진급의 삶을 살아가도록 이정표를 제시한 것이다.
원불교 경산 종법사가 친필로 개벽 세상 염원에 대한 선진의 뜻과 에너지를 받들어 미래를 향한 염원을 담았다. 또한, 원불교 창교자인 소태산 대종사와 구인선진 백지혈인의 법인기도 모습을 담아 원불교 100년을 맞아 신 개벽을 위한 종교적 회심을 구현한다. 원불교100년기념대회는 종교적 사명을 일깨워 대한민국이 정신문명의 지도국으로 부상하고, 세계 평화의 생산지로 해원상생의 통일성지로 도약하는 신 개벽의 계기가 될 것이다.
이번에 발행되는 기념우표는 영원우표로 제작·발행된다.
_우정사업부에 제출한 원불교 100주년 우표 발행 1차 홍보글 (2015년 10월/기획운영실 제출) *** 2015년 10월 당시 공식명칭 '원불교100년기념대회'

원불교100주년기념대회 | ADDITION

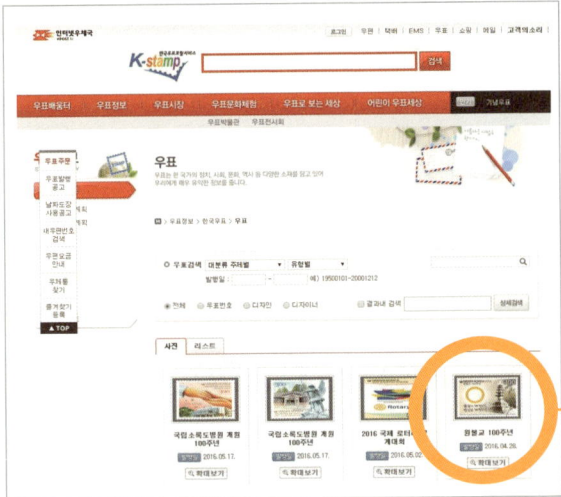

우표발행 4월28일(목) 원불교100주년 기념우표

원불교 100주년 우표발행 이벤트

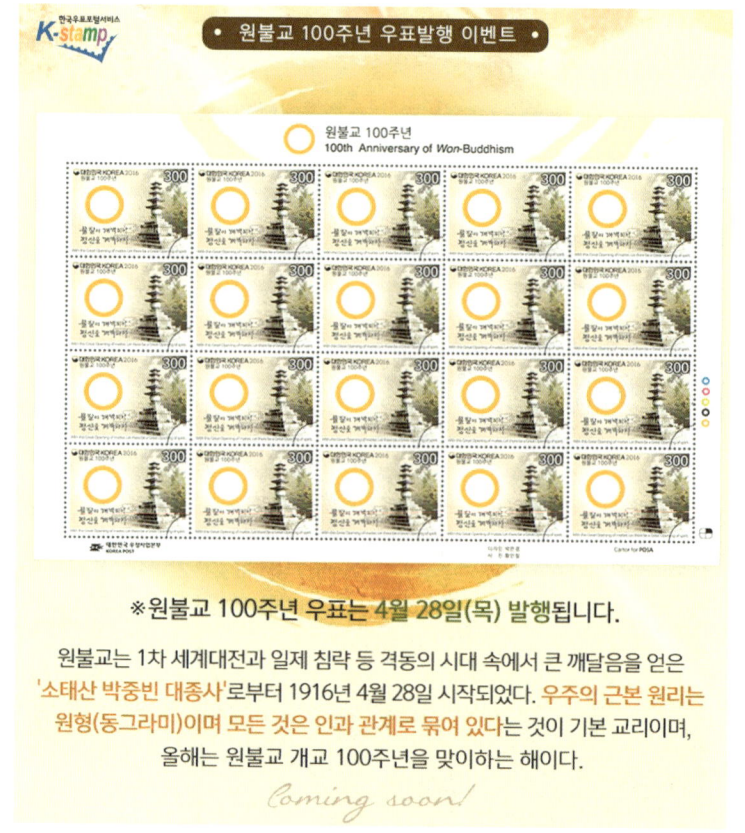

원불교 100주년 우표 포장 패키지

원불교100주년기념대회의 기록집, 화보집

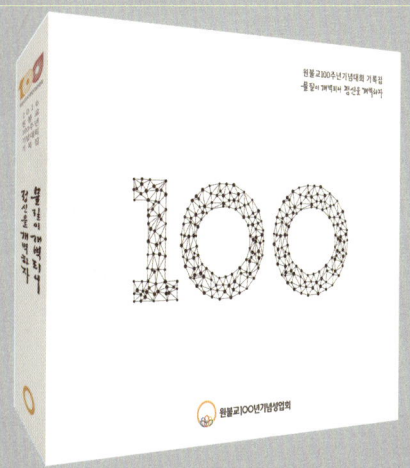

기록집

화보집

화보집 북케이스

" 2016년 5월 1일, 5만 교도의 운집과 종교, 정치, 사회, 문화, 교육인들이 함께 한 봄날은 행복했습니다.
걸음마다 감동이었습니다.
"물질이 개벽되니, 정신을 개벽하자"는 100년 전 소태산의 개교정신을 온전히 새기며 세상에 한 발 더 다가서는 자리였습니다.
은혜로운 순간들, 마음을 담은 소중한 장면들을 담아내고자 하였고,
더 나아가 원불교100주년의 역사 기록물이 되어 지금 여기와 다음을 잇는 징검다리가 되기를 염원합니다.
원불교100주년기념대회 기록집과 화보집이 원불교 의식콘텐츠의 개념과 종교적 상징성을 알리는 원불교 교화대불공 콘텐츠가 되어
원불교 100주년의 감동을 이어갈 수 있기를 바랍니다. "

편집위원 구성

편집위원회 1차 2016.07.15

편집위원회 2차 2016.07.26

출가
수산 정상덕 사무총장, 훈타원 박성연 서울지구장,
치산 류경주 기획실장, 은타원 김은경 교무, 백산 고원주 교무,
양타원 박명은 교무, 하성래 교무

재가
김동원 총연출감독,
이여원 원불교신문 기자

기획, 콘텐츠 설계 구성
기획운영실 김도경, 정소이, 이은정

전문가
출판사 천정한 대표

편집위원

기록집, 화보집 제작일지

2016

- 05.20~06.30 콘텐츠 설계&구성 작업
  (4만컷 이미지 1차 필터링, 텍스트 구성)
- 06.09 화보집 TFT팀 구성 및 회의 1차
- 06.15 화보집 텍스트 선별, 영어번역 의뢰
- 06.17 화보집 구성회의 2차
- 06.28 화보집 구성회의 3차
- 06.29 이미지 2차 필터링
- 07.01 기록집 TFT팀 구성완료
- 07.05 기록집 구성회의 1차
- 07.15 1차 편집위원회
- 07.18 기록집 구성회의 2차
- 07.24 이미지 3차 필터링
- 07.26 2차 편집위원회
- 08.03 화보집 가제본 검토, 텍스트 영문 감수의뢰
- 08.08 교정원장 보고
- 08.12 화보집 확정 사진 보정의뢰
- 08.17 화보집 최종 교정
- 08.22 화보집 인쇄(초판)
- 08.26 화보집 케이스, 카드, 책갈피, 포스터 인쇄
- 09.02 기록집 2차 가제본 인쇄 및 검토
- 09.09 기록집 교정
- 09.12 기록집 최종 교정 및 종이 최종확정
- 09.19 화보집 2쇄 인쇄, 기록집 초판 인쇄

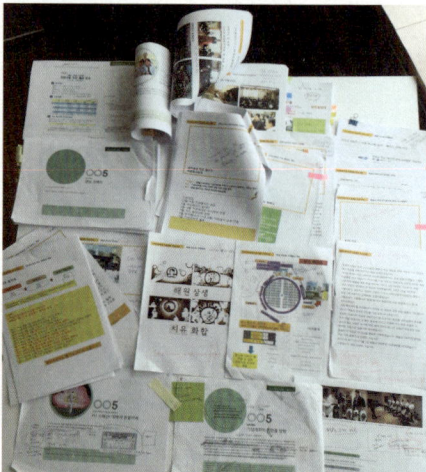

기록집 개요

- **목적**
  - 원불교100주년기념대회 기록집 (ISBN부여)
- **형태**
  - 가로230mm x 세로190mm
  - 4도 칼라 미색 모조지 80g(본문), 콩기름 잉크 인쇄
  - 반양장, 랑데뷰 내추럴(속표지 240g, 겉표지 160g)
  - PUR제본, 북케이스, 무광코팅, 별색 인쇄
- **제목** : 2016 원불교100주년기념대회 기록집
- **부제** : 물질이 개벽되니 정신을 개벽하자
- **부수** : 2,000부
- **쪽수** : 544쪽
- 원불교 홈페이지 QR코드
  100주년기념대회 하이라이트 동영상 QR코드 포함

사진
- 기념대회 준비작업부터 이후 후속작업까지 담아낸 이미지 750여 컷

텍스트
- 행사 주요 큐시트에 따른 의식콘텐츠(천도재, 기념대회)
- 주요 산출물 – 관련 주요 문서, 광고, 홍보물
- 기념대회 스토리텔링 텍스트
  (주요 의식 내레이션 및 참가자 워딩)

기타
- ISBN 978-89-8076-278-1 03200
- 교당, 기관, 전국 주요 도서관, 언론사 배포

판매가
- 10,000원
  (인터넷 및 오프라인 대형서점, 중앙총부 기념품점 판매)

기록집 컨셉

원불교100주년기념대회 | ADDITION

기록집 메인 칼라 컨셉 및 구성

5챕터 5색

원불교100주년기념대회
엠블럼색상 4color 추출
(yellow, red, pink, gray)

+

자연과 인간의 색상
(green)

화보집 개요

사진
- 총 750여 컷(본문260여 컷, 부록490여 컷)
- 1주일간의 기념대회 주요장면
- 개벽삼총사, 독경단 및 서울원문화해설단, 합창단, 처처불상 뱅크단
- 단체 인증샷 및 기념대회 참가 인증샷 이벤트
- 자원봉사자, 행사의 다양한 모습 등
- 기념대회 주요행사와 연계된 사전 준비 컷 등

텍스트
- 총 272페이지
- 주요 텍스트 번역(영어) : 송원중 박사, 류정도&송상진 교무 감수
- 법문, 독경 : 교전 발췌

기타
- 원불교 홈페이지 QR코드
- 100주년기념대회 하이라이트 동영상 QR코드 포함
- ISBN : 원불교출판사,국회 및 대학도서관, 전국 시립도서관, 언론사 배포
- 엽서 2매 사은품 제공 / 북케이스로 내구성 및 홍보 제고

판매가
- 32,000원
  (인터넷 및 오프라인 대형 서점, 중앙총부 기념품점 판매)
- 제작유통 정한책방 (구입문의 070-7724-4005/팩스 02-6971-8784)
- ISBN : 978-89-8076-276-7 03200

- **목적**
  - 원불교100주년기념대회 기록물이자 홍보용 사진집

- **형태**
  - 가로188mm X 세로227.5mm
  - 4도 칼라, 아르떼 내추럴지 130g(본문)
  - PUR제본, 반양장, 비닐팩
  - 북케이스
  - 표지 위 먹박

- **제목** : 2016년 원불교100주년기념대회 화보집
- **부제** : 물질이 개벽되니 정신을 개벽하자
- **부수** : 3,000부(초판), 1,000부(2쇄)
- **쪽수** : 272쪽

원불교100주년기념대회 | ADDITION

사진 총 데이터 약 4만 컷 중 3차 필터링을 통해 800여 컷 최종 선별

화보집 컨셉

원불교 의식 콘텐츠에 담긴
개념과 종교적 가치를 알리는
교화대불공 콘텐츠

기념대회 주간 행사의
주요 장면, 연계된 텍스트,
법문으로 구성

PUR제본
펼침성, 내구성

대중적인 판형
가독성이 용이한 편집
리듬감이 있는 이미지 배치

소장용 행사 기록물이자
대중 홍보용 화보집

화보집 구성

원불교100주년기념대회 | ADDITION

타이틀 페이지 구성

리듬감 있는 이미지 배치, 흑백과 칼라사진의 조화

행사 전체 소개 페이지

대표 이미지와 법문 듀얼 배치

정전 배치로 원불교 주요 교리 전달

종합평가 	1. 해원·상생·치유·화합의 특별천도재로 대사회불공의 종교적 회심 구현 2. 전 세계 교도들의 10년 기도정성이 만들어낸 대적공으로 신앙수행의 원천 마련 3. 정신개벽 서울선언문 선포로 정신개벽의 주체로 원불교를 알림 4. 소태산의 서울성적지를 개척하여 대한민국을 원불교의 성지로 선포 5. 10개 언어 교서 정역 완수를 통해 세계보편종교로 자리매김

CONTENTS

100주년의 기쁨을 자축하기에 앞서 종교의 울을 넘어 시대의 아픔을 치유하고자 한 특별천도재. 일제강점기 희생영령, 한국전쟁 희생영령, 산업화 희생영령, 민주화 희생영령, 재난재해 희생영령의 넋을 위로한 것은 어느 종교에서도 보지 못한 거룩한 종교의식으로 비종교인들에게도 깊은 감동과 감응을 불러일으켜 종교적 회심을 구현했다는 평가를 받았다. 이에 종교적 영성으로 사회 갈등 치유 영성 프로그램 등이 보다 다양하게 개발돼 앞으로 매년 5대 영위 특별천도재를 지내 지속적인 대사회불공에 나설 필요가 있다는 의견이 적극적으로 거론되는 분위기다.

100일 동안 진행한 사회공헌 기부 플랫폼 '빅워크(스마트폰 어플리케이션)'는 젊은 세대와 일반인들이 폭넓게 참여한 천도재 재비환원 걸음기부 콘텐츠다. IT 등 빠르게 발달하는 물질문명을 활용한 '빅워크'는 새로운 교화방법이며, 그것이 곧 정신을 개벽하는 적극적 방안이기도 하다. 또한 천도재비 전액 사회환원 메시지가 TV, 라디오, 포털, 앱, 언론 광고를 통해 알려지며 사회적으로 화제가 됐다.

원불교100주년기념대회를 통해 새롭게 생성한 콘텐츠들은 인문, 음악, 미술 등 여러 영역에서 원불교의 문화적 역량이 결집하고 발현하여 다양한 유형의 콘텐츠 창출 기반이 될 것으로 기대된다는 평가를 받았다. 기념대회는 주 행사 프로그램이 2시간 동안 펼쳐졌지만 전혀 지루하다는 느낌이 들지 않을 만큼 함축적이고 빠르게 진행하여 성공적인 개최였다는 것이 전반적인 평가다. 특히, 다양하고 촘촘하게 설계된 영상콘텐츠가 대단히 돋보였으며 원기 1년부터 100년까지의 사진 역사, 10대 언어 정역 콘텐츠는 참석한 이들의 감동과 교도로서의 긍지를 느낄 수 있게 했다는 평가를 받았다. 외국인 참가자를 위한 영문 팸플릿, 5월 1일 기념대회 동시통역 등은 준비되었으나 대형스크린을 통한 행사 식순 자막 서비스가 연계되지 못한 것과 큐단위 리허설을 촘촘하게 할 시간이 확보가 되지 못한 점이 아쉬운 부분으로 남았다.

SPACE

지난 5월 1일 열린 원불교100주년기념대회는 대한민국 수도 서울에서 세계보편종교로서의 원불교를 독자적으로 당당하게 알리는 대회였다. 서울시대를 공식적으로 맞이하는 원불교가 교화의 새로운 전기를 마련했다는 것과 국제도시 서울의 공간성이 세계 진출의 도화선이 될 것이라는 대내외적 평가를 받았다. 100년간 원불교 주요 행사를 중앙총부가 자리한 전북 익산을 중심으로 치렀으나, 100주년기념대회의 주요행사 공간을 서울로 이동한 것은 특징적 선택이었다. 기념대회 문열이 행사인 4월 25일 특별천도재 종재를, 주요 사회현안의 공론장으로 장소적 상징성이 높은 서울시청광장에서 완성도 높게 개최하며, 7일간의 주간행사를 사고 없이 무사히 치러냈다. 또한, 5만 2천여 명이 모인 문닫이 행사 5월 1일 기념대회를, 2002년 월드컵 축제의 기운과 성취감이 오롯이 서린 서울 월드컵경기장에서 성공적으로 개최하여 뿌듯한 경험과 자부심을 제공하였다.

HUMAN

원불교100주년기념대회는 각 단체들의 응집과 비교도들의 참여, 청소년들의 유입이라는 인적자원의 토대를 마련하였으며, 역대 최대 인원이 참석한, 대화합 5만의 열정으로 만들어낸 원불교 새 역사의 한 마당이 된 축제였다. 무대, 시설 등 그간의 행사보다 한층 향상된 행사였다는 평가를 받았다. 박근혜 대통령 영상축사와 함께 여야 당대표들과 이웃종교 지도자 등 각계각층 인사들이 대거 참석해 국내 언론의 주목을 받게 된 것은 원불교가 100년간 우리 사회에 영향력 있는 종교로 발전해 왔다는 것을 평가받은 것이기도 했다.
기념대회에 앞서 음성공양을 서원하며 전국에서 모인 200여 명 재가출가 독경단원들의 자발적 참가는 기념대회를 향한 합력의 기운을 모아냈다.
독경단 참가비가 작은 씨앗이 되어 49일간의 천도재 동안 5억 2천여만 원의 사회환원 재비가 가파르게 조성되는, 엄청난 대사회불공을 이뤄 기도적공과 재비적공의 영육쌍전을 이뤘다는 평가를 받고 있다.
지난 6월 14일, 서울 최초 신축교당이었던 창신동터 매입은 더욱 역사적인 사건이다. 100주년기념대회 콘텐츠로 기획한 서울성적지순례는 많은 재가출가 교도들이 서울성적지 매입 필요성을 공감하는 계기가 되었다. 100주년기념대회 이후를 바라보며 문화교화대불공의 마중물로 기획한 서울 원문화해설단은 대회 이후로도 보수교육과 매주 서울성적지순례를 이끌며 그 공감대를 넓혀가고 있다. 이런 기운은 교도들이 자발적으로 서울성적지 매입 자금을 마련하는 '금붙이 모으기 운동'으로 이어지고, 서울 원문화해설단은 서울교구에 정식 단체등록을 마치며 교단의 문화콘텐츠를 생성하고 확산시키는데 있어 주체나 협력관계, 진행 방향 등의 롤모델이 되고 있다. 100주년기념대회가 남긴 또 하나의 귀한 결실로, 교단 역사가 서려있는 다른 지역의 성적지 복원 및 순례에 좋은 선례가 될 전망으로 평가된다.

SAFETY

일주일간의 행사기간 동안 한 건의 안전사고 없이 무사히 진행되었다. 수많은 스텝들과 자원봉사자들의 헌신적 노력 덕분이었다.
구조물 방염 안전 승인을 비롯한 행사장 안전점검, 내빈 및 대중 이동로 및 행사장 위험 구간 안전 요원 배치 및 안전 펜스 설치, 외부 및 내부 경호 인력 배치, 응급환자를 위한 앰불런스 및 의료진 이동 진료소 운영으로 행사장 내외 안전관리 체계를 원만히 유지했다는 평가를 받았다.
또한, 중구 및 마포구 관내 소방서경찰서 등 유관기관 관계자들로 구성된 종합지원상황 네트워크를 구축하여 위급 상황발생에 대한 적시 대응과 신속한 처리를 위한 통합지휘체계를 운영하였다.
주말 경기장 주변 극심한 주차난을 예상하여 5월 1일 기념대회 행사장 주변 주차공간을 유관기관과 사전협의하여 확보하였다. 부족한 주차공간은 다소 떨어진 국방대의 협력으로 국방대 주차장 확보, 마포구 이면도로 주차에 대해 사전협의하여 주차공간을 최대한 마련하였다. 수색역 기차 이용 교구 및 원거리 버스 주차 교도들의 교통불편 해소를 위해 임시 셔틀버스를 입장 및 퇴장 시 운영하였다. 재가출가교도, 예비교무, 자원봉사자들의 신속한 교통안내 활동으로 참가자들의 행사장 진입과 행사종료 후 귀가를 위한 승하차 대책, 1만 5천여 명의 월드컵경기장역 임시열차 운행도 사전협의하여 퇴장상황을 실시간 소통하며 5만 2천여 명의 참가자를 교통대란 없이 원활하게 소통시켰다는 평가를 받았다.

NEXT

주요 문제점과 개선방안을 중심으로 살펴보면, 기념대회 규모의 행사를 치르려면 실무자들을 좀 더 시간을 갖고 체계적으로 조직했어야 한다는 것과, 집행부와 교정원과의 핫라인을 만들어 밀도감 높고 견고한 협력체계를 마련하는 것이 필요했다는 평가다. 기념대회 행사의 종교적 역할이 더욱 빛을 발하기 위해서는 조직 인프라의 보완을 비롯하여 교정원의 지원대책 등 장기적인 로드맵이 필요하며 천도재와 기념대회라는 대규모 행사 두 개를 주간 행사로 치르려면 운영팀을 분리하여 운영하는 것이 매우 필요했다는 지적도 있었다.
또한, 현장중계와 방송중계를 분리하지 않고 하나로 진행하면서 진행상의 어려움이 발생하여, 이후에는 분리하여 진행하는 것이 바람직하는 평가였다.
행사에 참여한 대중 서비스는 전반적으로 안정적이었으며, 행사장 안팎에서 스텝들과 자원봉사자들을 비교적 쉽게 찾을 수 있어서 적절한 도움을 받을 수 있었다는 평가다. 행사에 참여한 2,000여 명의 청소년 자원봉사자의 친절하고 밝은 표정에 원불교 미래세대에 희망을 갖는 측면도 있었지만, 자원봉사자에 대한 행사 현장 답사 및 교육을 충분히 실시하지 못한 점과 원거리 자원봉사자 비율이 높아 인력 교육 및 활용의 어려움이 많았다.
이후 대규모 행사의 현장성과 실제성을 담보한 자원봉사자 교육 및 매뉴얼이 보완되어 지속적으로 두터운 관계 성장이 될 수 있도록 해야 한다.
기념대회 때 청소년과 대학생, 청년들이 자원봉사활동을 통해 스스로의 성업을 이루었기에, 이들을 지속적으로 교화시키고, 교단의 재원으로 성장시키기 위한 방안을 마련해야 하는 과제가 남아있다. 100년 이후를 준비하는 교단 차원의 대과업은, 2세기 도약을 위한 응집의 자리로 만들어진 기념대회를 거치며 조성된 인적자원과 어떻게 관계 맺기를 해 나가느냐에 달려있다는 평가를 받고 있다.

편집후기

원불교100주년기념대회의 소중한 역사와 자료를 기록했습니다.
무수한 시행착오 과정을 경험하면서 기념대회를 준비했고, 기념대회의 이모저모를 기록하면서 끝까지 붙들고 놓지 않은
심중의 기준은 '응시하는 외부자의 시선'이었습니다.

원불교100주년기념대회가 원인(原因)이 되어 만난 은혜로운 순간들, 마음을 담은 감동의 이야기들을 [기록집]이라는 솥에 담아
훈증(燻蒸)하여 세상에 내보냅니다.
원불교100주년기념대회로 하루를 시작하고 하루를 정리하길 1년 7개월. 묽고 느린 시간이면서 동시에 빠르게 농축된 시간이었습니다.
천지개벽의 시간과 경험이기도 했습니다.
이 기록집이 원불교100년의 역사 기록물이 되어 '지금 여기'와 '다음'을 연결하는 작은 징검다리가 되길 염원합니다.
각기 다른 작은 점들이 연결되어 선을 이루고, 마침내 면을 만들어 가듯이, 이 기록물도 이소성대(以小成大)의 점 하나가 되어 교화대불공의
원을 이루는 소임을 하기를 상상합니다.

원불교100주년기념대회의 내밀한 기획 포인트는 '연결성'입니다.
인간에게 기본적인 연결 욕구가 있듯이 [화보집]과 [기록집]으로 원불교와 세상이 소통하고 교류하며 연결하는 고리가 되기를 바랍니다.
정보와 자료 그리고 추억과 이야기들이 세대간 소통하는 창구역할이 되고, 소장하고 메모하며 이따금 꺼내보고 싶은 기록집이 되어,
세월의 무게를 견뎌내며 전해지고 전해지기를 기대해봅니다. 살피고 또 살폈지만 미처 다 담아내지 못한 귀한 얼굴들과 이야기들이 있을 것입니다.
훗날 아쉬운 부분들을 수정 보완하여 개정판을 낼 수 있다면 더욱 좋겠습니다.
이제 원불교는 2세기를 준비하는 출발선에 다시 서 있습니다. 끌림 없는 순일한 적공의 조각들이 모여,
시작과 끝이 하나로 이어진 원의 이치를 깨달아 웅비하는 날개 짓이 되기를 기원합니다.
이 회상의 꿈을 현실로 함께 만들어주신 수많은 얼굴과 이름들을 찬찬히 떠올립니다. 기억하겠습니다. 고맙습니다.

원기101(2016)년 9월, 원불교100주년기념대회 기획운영실 김도경, 정소이, 이은정 합장

언론사 광고 목록

대분류	중분류	언론사	호 수	주 제	기사명	발생일
교단 내	광고	한울안신문	926호	100주년기념대회	주제가 및 경축가 가사 공모	15.01.04~01.10
교단 내	광고	한울안신문	932호	100주년기념대회	출범봉고식	15.02.15~02.21
교단 내	광고	한울안신문	933호	100주년기념대회	출범봉고식	15.03.01~03.07
교단 내	광고	한울안신문	933호	100주년기념대회	봉행위원회 출범식	15.03.01~03.07
교단 내	광고	한울안신문	937호	100주년기념대회	주제가 작곡 공모	15.03.29~04.04
교단 내	광고	한울안신문	942호	국제학술대회	국제학술대회 준비를 위한 공청회	15.05.10~05.16
교단 내	광고	한울안신문	945호	100주년기념대회	팀장 팀원모집	15.05.31~06.06
교단 내	광고	한울안신문	946호	100주년기념대회	원100기념대회 직원채용 공고	15.06.07~06.13
교단 내	광고	한울안신문	950호	100주년기념대회	원불교100주년기념대회_팀장,팀원모집	15.07.12~07.18
교단 내	광고	원불교신문	1772호	서울원문화해설단,개벽순례	[서울원문화해설단] 모집	15.10.16
교단 내	광고	한울안신문	962호	서울원문화해설단,개벽순례	[서울원문화해설단] 모집	15.10.18~10.24
교단 내	광고	원불교신문	1773호	서울원문화해설단,개벽순례	[서울원문화해설단] 모집	15.10.23
교단 내	광고	한울안신문	963호	서울원문화해설단,개벽순례	[서울원문화해설단] 모집	15.10.25~10.31
교단 내	광고	원불교신문	1774호	서울원문화해설단,개벽순례	[서울원문화해설단] 모집	15.10.30
교단 내	광고	한울안신문	964호	서울원문화해설단,개벽순례	[서울원문화해설단] 모집	15.11.01~11.07
교단 내	광고	원불교신문	1775호	독경단	특별천도재 재가 출가 각100명 독경단 모집	15.11.06
교단 내	광고	한울안신문	965호	독경단	출.재가 각 100명 독경단 모집	15.11.08~11.14
교단 내	광고	한울안신문	966호	독경단	출.재가 각 100명 독경단 모집	15.11.15~11.21
교단 내	광고	원불교신문	1777호	독경단	특별천도재 출.재가 각100명 독경단 모집	15.11.20
교단 내	광고	한울안신문	967호	독경단	출.재가 각 100명 독경단 모집	15.11.22~11.28

대분류	중분류	언론사	호수	주제	기사명	발생일
교단 내	광고	원불교신문	1778호	독경단	특별천도재 출.재가 각100명 독경단 모집	15.11.27
교단 내	광고	월간원광	vol.496	독경단	특별천도재 출.재가 각100명 독경단 모집	15.12.01
교단 내	광고	한울안신문	968호	독경단	출.재가 각 101명 독경단 모집	15.12.06~12.12
교단 내	광고	한울안신문	969호	독경단	출.재가 각 100명 독경단 모집	15.12.13.~12.19
교단 내	광고	원불교신문	1781호	자원봉사단	처처불상 적공뱅크단(자원봉사자)'모집	15.12.18
교단 내	광고	한울안신문	970호	자원봉사단	자원봉사자 모집	15.12.20~12.26
교단 내	광고	한울안신문	970호	천도재	천도발원문에 대하여	15.12.20~12.26
교단 내	광고	원불교신문	1782호	서울원문화해설단,개벽순례	[서울원문화해설단] 모집	15.12.25
교단 내	광고	원불교신문	1782호	자원봉사단	기자가 선정한 올해의 뉴스_자원봉사단 모집	15.12.25
교단 내	광고	한울안신문	971호	자원봉사단	자원봉사자 모집	15.12.27~01.02
교단 내	광고	원불교신문	1783호	100주년기념대회	처처불상 적공뱅크단 자원봉사자 모집	16.01.01
교단 내	광고	월간원광	vol.497	자원봉사단	처처불상 적공뱅크단 자원봉사자 모집	16.01.01
교단 내	광고	한울안신문	972호	100주년기념대회	자원봉사자 모집	16.01.03~01.09
교단 내	광고	한울안신문	972호	100주년기념대회	크리스마스 마지막 서울역 고가 개방	16.01.03~01.09
교단 내	광고	원불교신문	1784호	100주년기념대회	원불교100주년기념대회 원기 101년 1월 적공의 발걸음 알림	16.01.08
교단 내	광고	한울안신문	973호	100주년기념대회	1월 적공의 발걸음	16.01.10~01.16
교단 내	광고	한울안신문	973호	자원봉사단	자원봉사자 모집	16.01.10~01.16
교단 내	광고	한울안신문	974호	100주년기념대회	원불교100주년기념대회 원기101년 1월 적공의 발걸음 알림	16.01.14~01.30
교단 내	광고	원불교신문	1785호	개벽기도	100일 개벽기도 대적공 대적공 대적공	16.01.22
교단 내	광고	한울안신문	975호	100주년기념대회	원불교100주년기념대회 원기100년 1월 적공의 발걸음 알림	16.01.24~01.30

대분류	중분류	언론사	호 수	주 제	기사명	발생일
교단 내	광고	원불교신문	1786호	100주년기념대회	원불교100주년기념대회 포스터	16.01.29
교단 내	광고	한울안신문	976호	100주년기념대회	원불교100주년기념대회포스터	16.01.31~02.06
교단 내	광고	월간원광	vol.498	100주년기념대회	원불교100주년기념대회 포스터	16.02.01
교단 내	광고	원불교신문	1787호	개벽기도	원100주년기념대회 준비위 출범, 총부 개벽100일기도봉행	16.02.05
교단 내	광고	원불교신문	1787호	빅워크	세상을 위한 개벽과 화합의 발걸음	16.02.05
교단 내	광고	한울안신문	977호	빅워크	함께 걸어요! 세상을 위한 개벽과 화합의 발걸음	16.02.07~02.13
교단 내	광고	원불교신문	1788호	개벽카	나는 개벽카다 우리 모두가 개벽카입니다!	16.02.19
교단 내	광고	한울안신문	978호	개벽카	나는 개벽카다. 우리모두가 개벽카입니다.	16.02.21~02.27
교단 내	광고	원불교신문	1789호	개벽카	나는 개벽카다 우리 모두가 개벽카입니다!	16.02.26
교단 내	광고	원불교신문	1789호	빅워크	세상을 위한 개벽과 화합의 발걸음	16.02.26
교단 내	광고	원불교신문	1789호	천도재	천도재포스터	16.02.26
교단 내	광고	한울안신문	979호	빅워크	3.1맞이 31인의 3.1km 개벽 빅워크	16.02.28~03.05
교단 내	광고	월간원광	vol.499	빅워크	세상을 위한 개벽과 화합의 발걸음 함께 걸어요~ 빅워크!	16.03.01
교단 내	광고	원불교신문	1790호	100주년기념대회	나는 개벽카다 우리 모두가 개벽카입니다!	16.03.04
교단 내	광고	원불교신문	1790호	천도재	천도재포스터	16.03.04
교단 내	광고	한울안신문	980호	천도재	천도재포스터	16.03.06~03.12
교단 내	광고	한울안신문	980호	독경단	자력독경으로 영육쌍전	16.03.06~03.12
교단 내	광고	원불교신문	1791호	천도재	천도재포스터	16.03.11
교단 내	광고	원불교신문	1791호	빅워크	세상을 위한 개벽과 화합의 발걸음	16.03.11
교단 내	광고	원불교신문	1791호	100주년기념대회	영상공모전	16.03.11

대분류	중분류	언론사	호수	주제	기사명	발생일
교단 내	광고	한울안신문	981호	천도재	천도재포스터(초재)	16.03.13~03.19
교단 내	광고	원불교신문	1792호	서울원문화해설단,개벽순례	서울원문화해설단 7일간의 서울 성적지 개벽순례	16.03.18
교단 내	광고	원불교신문	1792호	100주년기념대회	영상공모전	16.03.18
교단 내	광고	한울안신문	982호	서울원문화해설단,개벽순례	7일간의 서울 성적지 개벽순례	16.03.20~03.26
교단 내	광고	원불교신문	1793호	서울원문화해설단,개벽순례	서울원문화해설단 7일간의 서울 성적지 개벽순례	16.03.25
교단 내	광고	원불교신문	1793호	국제학술대회	국제학술대회	16.03.25
교단 내	광고	원불교신문	1793호	10년대정진기도,해제식	백년성업 10년 대정진기도 해제식	16.03.25
교단 내	광고	원불교신문	1793호	100주년기념대회	원불교100주년기념대회 포스터	16.03.25
교단 내	광고	한울안신문	983호	100주년기념대회	법연의 손잡고 5월1일 기념대회 함께해요	16.03.27~04.02
교단 내	광고	한울안신문	983호	100주년기념대회	영상공모전	16.03.27~04.02
교단 내	광고	월간원광	vol.500	천도재	특별천도재 포스터	16.04.01
교단 내	광고	월간원광	vol.500	100주년기념대회	원불교100주년기념대회맞이 영상공모전	16.04.01
교단 내	광고	월간원광	vol.500	10년대정진기도,해제식	10년 대정진 기도 해제식	16.04.01
교단 내	광고	월간원광	vol.500	100주년기념대회	기념대회 천도재 포스터	16.04.01
교단 내	광고	한울안신문	984호	서울원문화해설단,개벽순례	7일간의 성적지 개벽순례 참가신청안내	16.04.03~04.09
교단 내	광고	원불교신문	1794호	국제학술대회	국제학술대회	16.04.08
교단 내	광고	원불교신문	1794호	서울원문화해설단,개벽순례	성적지개벽순례	16.04.08
교단 내	광고	원불교신문	1794호	100주년기념대회	기념대회 천도재 초대장	16.04.08
교단 내	광고	원불교신문	1794호	10년대정진기도,해제식	백년성업 10년 대정진기도 해제식	16.04.08
교단 내	광고	원불교신문	1794호	빅워크	100인의 개벽이	16.04.08

대분류	중분류	언론사	호 수	주 제	기사명	발생일
교단 내	광고	한울안신문	985호	빅워크	원불교100주년을 맞아 대화합하는 개벽의 발걸음	16.04.10~04.16
교단 내	광고	한울안신문	985호	100주년기념대회	서울교구 기념대회 이벤트	16.04.10~04.16
교단 내	광고	한울안신문	985호	100주년기념대회	서울교구 기념대회 전광판 홍보실시	16.04.10~04.16
교단 외	광고	경상일보		100주년기념대회	원불교100주년기념대회	16.04.12
교단 내	광고	원불교신문	1795호	100주년기념대회	축하영상메세지	16.04.15
교단 내	광고	원불교신문	1795호	서울원문화해설단,개벽순례	7일간의 서울 성적지 개벽순례	16.04.15
교단 내	광고	원불교신문	1795호	100주년기념대회	기념대회 천도재 초대장	16.04.15
교단 내	광고	원불교신문	1795호	10년대정진기도,해제식	10년대정진 기도해제식	16.04.15
교단 내	광고	원불교신문	1795호	국제학술대회	국제학술대회	16.04.15
교단 내	광고	한울안신문	986호	100주년기념대회	서울교구 기념대회 이벤트	16.04.17~04.23
교단 내	광고	한울안신문	986호	서울원문화해설단,개벽순례	7일간의 성적지 개벽순례 참가신청안내	16.04.17~04.23
교단 내	광고	한울안신문	986호	100주년기념대회	축하영상메세지	16.04.17~04.23
교단 내	광고	원불교신문	1796호	100주년기념대회	티비광고인증사진이벤트	16.04.22
교단 내	광고	원불교신문	1796호	10년대정진기도,해제식	10년대정진 기도해제식	16.04.22
교단 내	광고	원불교신문	1796호	천도재	천도재	16.04.22
교단 내	광고	원불교신문	1796호	국제학술대회	국제학술대회	16.04.22
교단 내	광고	한울안신문	987호	100주년기념대회	기념대회포스터	16.04.24~04.30
교단 내	광고	한울안신문	987호	서울원문화해설단,개벽순례	서울성적지 개벽순례 안내도	16.04.24~04.30
교단 내	광고	한울안신문	987호	100주년기념대회	기념대회 행사장안내	16.04.24~04.30
교단 내	광고	한울안신문	987호	100주년기념대회	기념대회포스터	16.04.24~04.30

대분류	중분류	언론사	호수	주제	기사명	발생일
교단 외	광고	국제신문		100주년기념대회	원불교100주년기념대회	16.04.26
교단 외	광고	부산일보		100주년기념대회	원불교100주년기념대회	16.04.28
교단 외	광고	서울신문		100주년기념대회	원불교100주년기념대회	16.04.28
교단 외	광고	조선일보	29642호	100주년기념대회	원불교100주년기념대회	16.04.28
교단 외	광고	중앙일보		100주년기념대회	원불교100주년기념대회	16.04.28
교단 내	광고	원불교신문	1797호	100주년기념대회	기념대회	16.04.29
교단 내	광고	원불교신문	1797호	국제학술대회	원불교, 이 시대 대전환을 선언하다	16.04.29
교단 내	광고	원불교신문	1797호	빅워크	개벽의발걸음	16.04.29
교단 내	광고	원불교신문	1797호	100주년기념대회	경기장안내도	16.04.29
교단 내	광고	한울안신문	988호	천도재	둥근 빛으로 물들이다	16.05.01~05.07
교단 내	광고	한울안신문	988호	100주년기념대회	월드컵경기장안내	16.05.01~05.07
교단 내	광고	원불교신문	1798호	100주년기념대회	감사광고	16.05.06
교단 내	광고	원불교신문	1798호	빅워크	화합의발걸음 감사광고	16.05.06
교단 내	광고	원불교신문	1798호	100주년기념대회	정신개벽서울선언문	16.05.06
교단 내	광고	원불교신문	1799호	100주년기념대회	감동인증샷이벤트	16.05.13
교단 내	광고	원불교신문	1799호	100주년기념대회	감사광고	16.05.13
교단 내	광고	한울안신문	990호	100주년기념대회	감사광고	16.05.15~05.21
교단 내	광고	원불교신문	1800호	업사이클링	업사이클링	16.05.20
교단 내	광고	월간원광	vol.502	100주년기념대회	정신개벽서울선언문	16.06.01
교단 내	광고	한울안신문	992호	서울원문화해설단,개벽순례	개벽순례단모집	16.06.05~06.11

대분류	중분류	언론사	호 수	주제	기사명	발생일
교단 내	광고	한울안신문	995호	천도재	천도재비 전달식	16.06.26~07.02
교단 내	광고	원불교신문	1812호	100주년기념대회	결과보고서 화보집	16.08.26
교단 내	광고	한울안신문	1002호	100주년기념대회	결과보고서 화보집	16.08.21~8.27
교단 내	광고	월간원광	vol.505	100주년기념대회	결과보고서 화보집	16.09.01

연재 칼럼

언론사	1차 분류	기사명	발생일
원불교신문	1736호	대서원의 첫 새벽을 맞아	15.01.02
원불교신문	1741호	100년 성금, 개벽 종자로 새겨	15.02.13
원불교신문	1746호	봄, 원기 원년과 100년	15.03.27
원불교신문	1751호	원불교 100년성업과 세월호	15.05.01
원불교신문	1756호	100년 성업 100개 햇빛교당	15.06.12
원불교신문	1761호	안된다 바이러스	15.07.17
원불교신문	1766호	한국은 원불교 성지다	15.08.28
원불교신문	1771호	새 시대를 여는 명당, 영산성지	15.10.09
원불교신문	1776호	원100성업의 주인공은 누구인가?	15.11.13
원불교신문	1785호	원기 101년을 빛낼 원불교 키워드	15.12.25
원불교신문	1791호	기념대회 의미 극대화하려면	16.03.11

기념대회 소식 연재

언론사	호 수	기사명	발생일
원불교신문	1784호	[기념대회소식1] 개벽이 삼총사는 왜 탄생했을까?	16.01.08
원불교신문	1785호	[기념대회소식2] 개벽삼총사 동행 안내서	16.01.22
원불교신문	1786호	[기념대회소식3] 개벽과 화합의 발걸음, 함께 걸어요	16.01.29
원불교신문	1787호	[기념대회소식4] 100일 개벽기도, 말하는대로 기도하는대로	16.02.05
원불교신문	1788호	[기념대회소식5] '일원과 개벽의 법륜을 굴려라'	16.02.19
원불교신문	1789호	[기념대회소식6] '핫플레이스'에 대해 궁금한 세가지	16.02.26
원불교신문	1790호	[기념대회소식7] 대통물을 맞이하는 마중물	16.03.04
원불교신문	1791호	[기념대회소식8] 손끝에서 시작하는 원불교100주년 홍보	16.03.11
원불교신문	1792호	[기념대회소식9] 일심 정성의 천도재, 해원상생의 나비효과로	16.03.18
원불교신문	1793호	[기념대회소식10] 교당에서 특별천도재 5대영위 유족찾기	16.03.25
원불교신문	1794호	[기념대회소식11] 그것이 궁금하다! 원불교100주년기념대회 1	16.04.08
원불교신문	1795호	[기념대회소식12] 그것이 궁금하다! 원불교100주년기념대회 2	16.04.15
원불교신문	1796호	[기념대회소식13] 쓰레기 순환으로 업사이클링되는 기념대회	16.04.22
원불교신문	1797호	[기념대회소식14] 서울광장, 일심합력 축원으로 둥근 빛 되다	16.04.29
원불교신문	1799호	[기념대회소식15] 마침 그리고 다시 출발	16.05.13
원불교신문	1800호	[기념대회소식16] 기념대회 현수막 업사이클링 업무협력 체결	16.05.20

기념대회 기획 연재

언론사	호 수	기사명	발생일
원불교신문	1783호	Part1 [기획1 원불교100주년기념대회 의미] 원불교100주년기념대회, 종교적 회심 향한 대적공 전환기	16.01.01
원불교신문	1784호	Part1 [기획2 기념대회 이모저모] 미리 가보는 원불교100주년기념대회	16.01.08
원불교신문	1785호	Part1 [기획3 기념식 청사진] 천년을 열어갈 축제, 5월1일 원불교100주년기념식	16.01.22
원불교신문	1786호	Part1 [기획4 기념대회 준비현장] 처처불상 적공뱅크단 발대식	16.01.29
원불교신문	1790호	Part2 [기획1 기념대회 각 분야별 준비상황] 기념대회는 어떻게 이뤄지나	16.03.04
원불교신문	1791호	Part2 [기획2 각 교구,교당별 현장 홍보 및 체감도] 교구별 홍보 체감 격차, 세심한 접근 필요	16.03.11
원불교신문	1792호	Part2 [기획3. 한국사회에서 바라본 원100년(좌담)] 원불교 100년 , 산술적 숫자에 머물지 말아야	16.03.18
원불교신문	1793호	Part2 [기획4. 서울선언문에 담긴 미래 제시] 세상과의 약속, 정신개벽 서울선언문	16.03.25
원불교신문	1794호	Part3 [기획1 서울원문화해설단 북촌길 코스(창덕궁~계동길~조계사)] 서울문화유산과 어우러진 경성교화 태동지	16.04.08
원불교신문	1795호	Part3 [기획2 서울원문화해설단 창신길 코스(동대문성곽공원~낙산~돈암동)] 새 회상 교화지, 개벽순례 창신길 코스	16.04.15
원불교신문	1796호	Part3 [기획3 서울원문화해설단 남산길 코스(서울역~남산~장충단)] 남산 올라 시국변화와 교단미래 전망하다	16.04.22

언론사	호 수	기사명	발생일
원불교신문	1797호	Part3 [기획4 서울원문화해설단 우이령 코스(봉도청소년수련원~한국보육원)] 봉도수련원, 앞으로 수도도량 될 터	16.04.29
원불교신문	1799호	Part4 [기획1 원불교100주년기념대회 분석과 평가] 기념대회 계기로 다채로운 콘텐츠 생성	16.05.13
원불교신문	1800호	Part4 [기획2 원불교100주년기념대회 이후 교단방향] 원불교2세기, 대사회 콘텐츠 개발해야	16.05.20
원불교신문	1802호	Part5 [기획1.의식교화 콘텐츠와 활용방안] 특별천도재에 뿌려진 적공 대사회환원 교화 콘텐츠	16.06.03
원불교신문	1803호	Part5 [기획2.유형문화 콘텐츠와 활용방안] '인문 환경 영상'교단 2세기 빛낼 문화콘텐츠 부상	16.06.10
원불교신문	1804호	Part5 [기획3. 문화교화 콘텐츠와 활용 방안] 성적지순례 학술대회 성가에서 본 대사회화 방향	16.06.17
원불교신문	1805호	Part5 [기획4.인적교화 콘텐츠와 활용방안] 인적 인프라 원불교 2세기 교화로 이어가야	16.06.24

기념대회 기획 연재

언론사	호 수	기사명	발생일
한울안신문	972호	**간다간다, 개벽이가 간다 1** _애쓰셨어요, 여러분	16.01.03~01.09
한울안신문	973호	**간다간다, 개벽이가 간다 2** _처처불상 적공뱅크단 1호 개벽이	16.01.10~01.16
한울안신문	974호	**간다간다, 개벽이가 간다 3** _나는 개벽이 입니다	16.01.14~01.30
한울안신문	975호	**간다간다, 개벽이가 간다 4** _세상을 향한 큰 걸음	16.01.17~01.23
한울안신문	976호	**간다간다, 개벽이가 간다 5** _개벽과 화합을 향한 큰 걸음	16.01.31~02.06
한울안신문	977호	**간다간다, 개벽이가 간다 6** _100일 개벽기도, 음계의 인증이 쏟아져야	16.02.07~02.13
한울안신문	978호	**간다간다, 개벽이가 간다 7** _개벽의 법륜을 굴려라! 일원의 법륜을 굴려라!	16.02.21~02.27
한울안신문	979호	**간다간다, 개벽이가 간다8** _원불교 100주년 우리는 무엇을 할 것인가?	16.02.28~03.05
한울안신문	980호	**간다간다, 개벽이가 간다 9** _서울원문화해설단의 개벽순례 발걸음 따라	16.03.06~03.12
한울안신문	981호	**간다간다, 개벽이가 간다 10** _개벽이, 개벽이, 문열어라	16.03.13~03.19
한울안신문	982호	**간다간다, 개벽이가 간다 11** _감응의 100주년 천도재 (1)	16.03.20~03.26
한울안신문	983호	**간다간다, 개벽이가 간다 12** _감응의 100주년 천도재 (2)	16.03.27~04.02
한울안신문	984호	**간다간다, 개벽이가 간다 13** _알고싶어요, 원불교100주년기념대회	16.04.03~04.09
한울안신문	985호	**간다간다, 개벽이가 간다 14** _나는 이 일을 할 팔자(1)	16.04.10~04.16
한울안신문	986호	**간다간다, 개벽이가 간다 15** _나는 이 일을 할 팔자(2)	16.04.17~04.23
한울안신문	988호	**간다간다, 개벽이가 간다 16** _콘텐츠 순환으로 업사이클링되는	16.05.01~05.07
한울안신문	990호	**간다간다, 개벽이가 간다 17** _시작과 끝이 하나로 이어진 원의 이치로, 다시 출발	16.05.15~05.21
한울안신문	991호	**간다간다, 개벽이가 간다 끝** _천도재 재비 사회환원은 망각에 대한 또다른 저항의 발걸음	16.05.29~06.04

기념대회 기획 연재, 원100성업현장

언론사	호 수	기사명	발생일
원불교신문	1778호	[원100성업현장] 원불교100년기념대회 천도재 / 세상의 공물, 지극정성으로 해탈천도 염원	15.11.27
원불교신문	1782호	[원100성업현장] 개벽순례길 알리는 원불교100년 역사문화 적공단	15.12.25
원불교신문	1786호	[원100성업현장] 우주 만유 모든 생령 진정으로 위로하는 정성	16.01.29
원불교신문	1788호	[원100성업현장] 원불교100주년기념대회 봉행위원회 개벽문답	16.02.19
원불교신문	1792호	[원100성업현장] 3.1km 개벽 빅워크 / 개벽삼총사와 함께하는 거리홍보 퍼레이드	16.03.18
원불교신문	1796호	[원100성업현장] 원불교100주년기념대회, 해외교당도 장엄 합력	16.04.22
원불교신문	1800호	[원100성업현장] 원불교100주년기념대회 종합평가	16.05.20
원불교신문	1811호	[성업현장] 원불교100주년기념대회 화보집, 결과보고서	16.08.19

서울원문화해설단 연재_지상강의록

언론사	분류	기사명	발생일
한울안신문	967호	서울원문화해설단 지상강의록 1강	15.11.22 ~ 11.28
한울안신문	969호	서울원문화해설단 지상강의록 2강	15.12.13 ~ 12.19
한울안신문	970호	서울원문화해설단 지상강의록 3강	15.12.20 ~ 12.25
한울안신문	971호	서울원문화해설단 지상강의록 4강	15.12.27 ~ 01.02
한울안신문	972호	서울원문화해설단 지상강의록 5강	16.01.03 ~ 01.09
한울안신문	973호	서울원문화해설단 지상강의록 6강	16.01.10 ~ 01.16
한울안신문	974호	서울원문화해설단 지상강의록 7강	16.01.14 ~ 01.30
한울안신문	975호	서울원문화해설단 지상강의록 8강	16.01.17 ~ 01.23
한울안신문	977호	서울원문화해설단 지상강의록 9강	16.02.07 ~ 02.13
한울안신문	978호	서울원문화해설단 지상강의록 10강	16.02.21 ~ 02.27
한울안신문	979호	서울원문화해설단 지상강의록 11강	16.02.28 ~ 03.05
한울안신문	980호	서울원문화해설단 지상강의록 12강	16.03.06 ~ 03.12
한울안신문	981호	서울원문화해설단 지상강의록 13강	16.03.13 ~ 03.19

TV 방송 목록

언론사	기사명	발생일
매거진원(7회)	처처불상 적공뱅크단 발대식	16.01.31
매거진원(7회)	초대석-원불교100주년기념대회 총연출 김동원교수	16.01.31
매거진원(8회)	원불교100주년기념대회 100일 개벽기도	16.02.01
매거진원(12회)	원불교100주년기념대회 독경단 훈련	16.02.25
매거진원(15회)	원불교100년기념성업회 2차 독경훈련	16.03.12
매거진원(16회)	적공뱅크단 3.1절 개벽삼총사 걷기 홍보, 기념대회준비소식, 원문화해설단졸업식	16.03.25
매거진원(19회)	초대석-원불교100년기념성업회 정상덕 사무총장	16.04.15
매거진원(20회)	원문화해설단 개벽순례준비, 전주홍보, 홍보 걷기대회, 기념우표발행	16.04.18
매거진원(21회)	서울교당,안암교당 특별천도재 6재	16.04.24
jtbc	원불교 100주년 특별 천도재 열려…재비는 전액 기부	16.04.26
KBS	아침마당(아프리카 검은 땅에 밝힌 희망의 등불)	16.04.26
전주MBC생방송뷰	원불교100주년기념대회	16.04.27
SBS NEWS	원불교 100주년 기념식 "정신개벽 계승 발전"	16.05.01

TV 방송 목록

언론사	기사명	발생일
jtbc	박대통령, 원불교100주년 축하 메시지서 "북한 핵포기에 노력 다할 것"	16.05.01
jtbc	원불교 100주년, 5만여 교도들 운집 평화세상 기원	16.05.01
KBS NEWS	원불교 100년 기념대회 열려…"정신 개벽의 세상 열자"	16.05.01
MBC	원불교개교100주년기념대회, 비전 선언문 발표	16.05.01
SBS NEWS	100주년기념식 "정신 개벽 계승 발전"	16.05.01
연합뉴스	원불교 정신을 개벽하자 100주년기념대회	16.05.01
연합뉴스	원불교 100주년 기념식 "정신개벽 계승 발전"	16.05.01
jtbc	원불교100주년기념대회…"정신개벽 운동 온 세상에"	16.05.02
YTN	여야 지도부, 원불교 100주년 대회 참석	16.05.02
매거진원(22회)	원불교100주년기념대회특집(천도재, 개벽기도, 홍보, 뉴스, 축하인사)	16.05.02
매거진원(23회)	기도해제식, 국제학술대회, 기념대회종합, 개벽순례발대식	16.05.09
전주KBS	일요일에 만난 사람	16.05.15

기사 목록

대분류	언론사	호 수	기사명	발생일
교단 내	한울안신문	926호	특별좌담회 '원불교 100년을 말하다'	15.01.04~01.10
교단 내	한울안신문	927호	원불교100년기념대회 조직위 사무소 개소식	15.01.11~01.17
교단 외	전북도민일보		원불교 100주년, 기념성업 잇따라 펼쳐	15.01.30
교단 내	월간원광	vol.486	원불교100년!교화의 동맥경화를 풀 수 있는 찬스다	15.02.01
교단 내	한울안신문	934호	봉행위원회 출범봉고식	15.03.08~03.14
교단 내	한울안신문	935호	원불교는 이제 세상의 공물. 출범봉고식	15.03.15~03.21
교단 외	전북일보		전북일보_원불교 100년…정신 개벽 실천한다	15.04.24
교단 내	원불교신문	1752호	100년기념대회 D-365 특별기도	15.05.08
교단 내	한울안신문	942호	100년기념대회 D-365 특별기도_다시 한 호흡	15.05.10~05.16
교단 외	뉴스천지		원100년, 세계인 담을 '그릇' 소망하는 원불교	15.06.08
교단 외	통일뉴스		원불교 3년간 치르는 100주년 행사 '금강에 살으리랏다'	15.06.26
교단 내	한울안신문	949호	공감, 화합, 내실_100년기념대회 상임위원회	15.06.28~07.04
교단 내	원불교신문	1763호	10년의 발자취가 재가지도자 키웠다_성지도보순례	15.08.07
교단 내	한울안신문	954호	성지도보순례 스승님을 따라 걷다	15.08.16~08.22
교단 내	한울안신문	956호	국제학술대회조직위원회 공식 출범	15.08.30~09.05
교단 내	원불교신문	1770호	기념식, 원기101년 5월1일 서울상암월드컵경기장	15.09.25
교단 내	원불교신문	1771호	원100기념대회 주요 일정 공유	15.10.09
교단 내	한울안신문	965호	특별기획[그것이 알고 싶다1] 원불교100년기념대회, 어떻게 열리나요	15.11.08~11.14
교단 내	한울안신문	965호	100년기념대회, 백년의 걸음	15.11.08~11.14

기사 목록

대분류	언론사	호 수	기사명	발생일
교단 내	원불교신문	1776호	원100기념대회' 성공에 전력하자	15.11.13
교단 내	원불교신문	1776호	서울선언문'에 주목한다	15.11.13
교단 내	원불교신문	1776호	원불교100년기념대회' 총 결집 다짐	15.11.13
교단 내	한울안신문	966호	백년의 역사와 문화의 적공_서울 원문화해설단 개강	15.11.15~11.21
교단 내	한울안신문	966호	특별기획[그것이 알고 싶다2] '해원상생치유와화합	15.11.15~11.21
교단 내	원불교신문	1777호	원불교100년기념대회 기념우표 발행	15.11.20
교단 내	원불교신문	1777호	서울 교화 역사 알릴 대장정 나서/개벽길 발굴 서울원문화해설단	15.11.20
교단 내	한울안신문	967호	특별기획[그것이 알고 싶다3]개벽순례로 원불교100년을 서울에 새긴다	15.11.22~11.28
교단 내	월간 종교와 평화		KCRP 월간 종교와 평화_원불교100년 기념대회, 정신개벽으로 종교적 회심을 말하다	15.11.23
교단 내	원불교신문	1778호	150여일 앞으로 다가온 해제기도	15.11.27
교단 외	뉴스천지		원불교,내년 5월 100주년 기념대회 "물질이 개벽되니 정신을 개벽하자"	15.12.01
교단 외	뉴스천지		원불교, 내년 5월 100주년 기념대회 "물질이 개벽되니 정신을 개벽하자"	15.12.01
교단 내	한울안신문	968호	서울원문화해설단 지상강의록_문화해설사의 이해	15.12.06~12.12
교단 내	한울안신문	968호	스승님의 말씀을 전할 100년 제자의 설레임	15.12.06~12.12
교단 내	원불교신문	1780호	원불교100주년기념대회 명칭 확정	15.12.11
교단 내	한울안신문	969호	서울원문화해설단단원들의 목소리를 듣다	15.12.13~12.19
교단 내	한울안신문	970호	기념대회 명칭확정	15.12.13~12.19
교단 내	한울안신문	970호	지상설교_적공100년 다시1000년의 적공1	15.12.20~12.26

기사 목록

대분류	언론사	호수	기사명	발생일
교단 내	원불교신문	1782호	기자의 시각/ 떴다! 개벽이 삼총사	15.12.25
교단 내	원불교신문	1782호	원100성업회 미담/김도경 기획운영실장_기념대회 준비에 담긴 소중한 기도	15.12.25
교단 내	한울안신문	971호	지상설교_적공100년 다시1000년의 적공2	15.12.27~01.02
교단 내	원불교신문	1783호	개벽삼총사 광화문에서 개벽을 외치다	16.01.01
교단 내	원불교신문	1783호	사설/원기101년을 맞이하며	16.01.01
교단 내	월간원광	vol.497	상암벌에서 다시 개벽의 역사가 시작되다	16.01.01
교단 외	THE ASIAN N		김덕권의 훈훈한 세상 '원불교 100주년 기념대회'가 성공해야하는 까닭	16.01.04
교단 내	원불교신문	1784호	기자의 시각/ 원불교 100주년 기념대회	16.01.08
교단 외	뉴스천지		"원불교, 하나의 세계와 은혜의 세상 이루자"	16.01.12
교단 내	한울안신문	975호	천도로 음계의 기운을 돌리자 _ 100주년기념대회특별천도재 독경 훈련	16.01.17~01.23
교단 외	세계일보		"종교, 인간의 삶에 희망 줘야 합니다"	16.01.19
교단 외	연합뉴스		100주년 원불교"서울시대준비,사이버교화 강화"	16.01.19
교단 외	한국경제		원불교100주년맞은 한은숙교정원장"일상 속으로 찾아갈 새 방법 모색"	16.01.19
교단 외	jtbc		"초심 실천하고 은혜 나누기, 원불교 100년 첫 걸음"	16.01.20
교단 내	원불교신문	1785호	100주년기념대회 협조 당부 요청	16.01.22
교단 내	원불교신문	1785호	초점 있는 한 편의 서사시 같은 무대	16.01.22

기사 목록

대분류	언론사	호 수	기사명	발생일
교단 내	원불교신문	1785호	기념대회 대정진 개벽기도	16.01.22
교단 외	매일종교신문		종교는 인간의 삶에 희망 줘야 합니다	16.01.22
교단 내	한울안신문	976호	대적공 대적공 대적공 _ 처처불상 적공뱅크단 발대식	16.01.31~02.06
교단 내	한울안신문	976호	100주년기념대회 D-100 기도식	16.01.31~02.06
교단 내	월간원광	vol.498	원100기념대회 그 후	16.02.01
교단 내	월간원광	vol.498	가락은 여러 개, 마음은 하나 _ 대동천도재 출.재가 독경단	16.02.01
교단 외	뉴스천지		"내가 걷는 한 걸음이 기부금으로" 원100년기념대회 '빅워크'	16.02.02
교단 내	원불교신문	1789호	원100기념대회 홍보 본격화	16.02.26
교단 내	원불교신문	1789호	원100기념대회 다함께 '불공의 신'염원	16.02.26
교단 내	한울안신문	979호	원불교100년 원광대70년 학술대회 개최	16.02.28~03.05
교단 내	월간원광	vol.499	개벽이 삼총사가 달려간다	16.03.01
교단 내	월간원광	vol.499	이달의 소식. 적공뱅크단 발대식	16.03.01
교단 내	원불교신문	1790호	기념대회 구체적 실천방안 공유	16.03.04
교단 내	한울안신문	980호	사무국장협의회 기념대회 현장답사 성공적인100주년기념대회를 위해	16.03.06~03.12
교단 내	원불교신문	1791호	사설_100주년 기념대회, 만전을 기하자	16.03.11
교단 내	원불교신문	1791호	둥근 빛으로 다시 오소서	16.03.11
교단 내	원불교신문	1791호	부산울산교구 교도회장단훈련 백년성업 주역으로 활동다짐	16.03.11
교단 내	원불교신문	1792호	10개국어 교서정역 막바지. 원100기념대회 봉정식 계획	16.03.18

기사 목록

대분류	언론사	호수	기사명	발생일
교단 내	원불교신문	1792호	기념대회, 주요 행사 골격 잡혀	16.03.18
교단 내	원불교신문	1792호	개벽과 화합의 발걸음, '빅워크를 켜라'	16.03.18
교단 내	원불교신문	1792호	성공적인 기념대회로 교화 대불공	16.03.18
교단 내	원불교신문	1792호	성적지코스개발힘쓸것(김성각)	16.03.18
교단 내	원불교신문	1792호	경성교화 서울성적지 알릴 해설단 탄생	16.03.18
교단 내	원불교신문	1792호	100주년기념대회 적극 홍보할 것	16.03.18
교단 내	한울안신문	982호	둥근빛으로 다시 오소서 근현대100년 해원상생치유화합을 위하여	16.03.20~03.26
교단 내	한울안신문	982호	천도재 경산종법사 법문	16.03.20~03.26
교단 내	한울안신문	982호	서울원문화해설단 졸업여행 '불연을 이어주리'	16.03.20~03.26
교단 내	한울안신문	982호	서울원문화해설단 졸업식, 선두 기러기 날다!	16.03.20~03.26
교단 외	전북일보		원불교 100년 하나 되는 세상을 그리다 ⑨ 100주년 기념사업	16.03.21
교단 외	THE ASIAN N		원불교100년 4월25일 서울광장 특별천도재로 민주화 산업화 세월호 영령 위로한다	16.03.23
교단 내	한울안신문	983호	환희의 백주년, 우리의역할(경기 인천교구 출가교역자협의회)	16.03.27~04.02
교단 내	한울안신문	983호	서울 전역 기념대회 홍보(전광판광고)	16.03.27~04.02
교단 내	한울안신문	983호	서울원문화해설단 준비위원회 활동 시작 이제 곧 걷습니다!	16.03.27~04.02
교단 내	한울안신문	984호	원광대 원불교사상연구원 구인선진 선양 학술대회 개최	16.03.27~04.02

기사 목록

대분류	언론사	호수	기사명	발생일
교단 외	THE ASIAN N		원불교100주년기념대회 정상덕 사무총장 "소태산 대종사 뜻 이어 생명 평화 정신으로 통일 맞이"	16.03.28
교단 외	아시아기자협회		원불교 100주년 기념대회 정상덕 사무총장 "소태산 대종사 뜻 이어 생명·평화 정신으로 통일 맞이"	16.03.28
교단 내	월간원광	vol.500	원불교2세기의 선봉대, 원불교100주년기념대회 봉행위원회 _ 5월 1일 그날의 성공을 위하여!	16.04.01
교단 외	중앙일보		원불교사상연구원, 원불교 100주년 기념 학술대회	16.04.03
교단 내	한울안신문	984호	감상 원문화해설단 교육을 마치며(권도연교도)	16.04.03~04.09
교단 내	한울안신문	984호	미리 가보는 7일간의 개벽순례 "소태산, 경성의 발자국"	16.04.03~04.09
교단 내	원불교신문	1794호	월드컵경기장 찾은 전국 교의회의장단	16.04.08
교단 내	원불교신문	1794호	기자의 시각 / 교화생태계 공익플랫폼으로	16.04.08
교단 내	원불교신문	1794호	원100주년 기념 플랩시몹	16.04.08
교단 내	원불교신문	1794호	기념대회 성공적 개최 염원. 원광보건대학교	16.04.08
교단 내	원불교신문	1794호	100년성업 종합예산 조정	16.04.08
교단 내	원광대학교신문		[특집] 특별 기고 - 원불교 100주년, 원광대학교 70주년 소태산 개벽 사상 - 미래 인류와 세계변화 예견하고 개벽을 실현	16.04.10
교단 내	한울안신문	985호	원불교100주년 기념우표 발행	16.04.10~04.16
교단 내	한울안신문	985호	미리 가보는 7일간의 개벽순례 "소태산, 경성의 발자국"(2,3)	16.04.10~04.16
교단 내	원불교신문	1795호	기자의 시각/ 기념대회 참석 교도에게 박수를	16.04.15
교단 내	원불교신문	1795호	기념대회, '은혜나눔 자원봉사단'발대식	16.04.15
교단 내	원불교신문	1795호	혈인기도 이은 '대정진 10년 기도'해제/김진웅교도	16.04.15
교단 내	원불교신문	1795호	천도, 치유된 아픔이 평화세상 이끈다	16.04.15

기사 목록

대분류	언론사	1차분류	기사명	발생일
교단 내	원불교신문	1795호	원100기념대회 VIP의전맡아/원광보건대 임주현씨	16.04.15
교단 외	매일신문		원불교100주년' 5만여 교도 내달 1일 서울서 기념대회	16.04.15
교단 내	한울안신문	986호	서원으로 피어나는 일원화 원불교100주년기념대회 성공적 개최를 위한 황도국 서울교구장 특별법문	16.04.17~04.23
교단 내	한울안신문	986호	미리 보는 원불교100주년기념대회	16.04.17~04.23
교단 내	한울안신문	986호	원불교100주년기념대회 성공적 개최를 위한 서울교구장 특별법문	16.04.17~04.23
교단 내	한울안신문	986호	미리 가보는 7일간의 개벽순례 "소태산, 경성의 발자국"(4)	16.04.17~04.23
교단 외	경향신문		"만물은 하나…개벽.상생을 함께 열어가야"	16.04.19
교단 외	매일경제		정신 개벽해 물질 노예화 막아야 다음달1일 원불교100주년기념대회	16.04.19
교단 외	서울경제		원불교 100년..세계 신도 5만명 서울 모인다	16.04.19
교단 외	서울신문		'창교 100주년' 원불교의 오늘과 내일 새달 1일 국내외 교도 등 5만명 참여 기념대회	16.04.19
교단 외	세계일보		일제강점기부터 세월호 사고까지… 세상의 아픔 치유하는 천도재 연다	16.04.19
교단 외	연합뉴스		원불교 "정신 개벽할 때" 내달 1일 100주년 기념대회	16.04.19
교단 외	연합뉴스		원불교 100주년 기념대회' 기자간담회	16.04.19

기사 목록

대분류	언론사	호 수	기사명	발생일
교단 외	한국경제		정신개벽 내건 원불교 100주년 잔치 풍성	16.04.19
교단 외	한국일보		"현대사 희생 영령 위로하고 화합 기원"	16.04.19
교단 외	새전북신문		원불교100주년 기념, 25일부터 대규모 대회	16.04.20
교단 외	세계일보		한은숙 교정원장 "집단이익도 극복하는 것은 '우리는 하나' 인식"	16.04.20
교단 외	중앙일보		원불교100년 " 물질 개벽시대, 정신도 개벽해야 "	16.04.20
교단 외	헤럴드경제		원불교 개교 100주년, 기념대회 5만명 운집, 시대의 아픔을 위로	16.04.20
교단 외	헤럴드경제		원불교 100돌, 시대의 아픔을 위로하다	16.04.20
교단 외	매일종교신문		원불교 5월1일 월드컵경기장서 100주년 기념대회	16.04.20
교단 외	경북매일신문		원불교 "물질 이어 정신 개벽할 때"	16.04.21
교단 내	원불교신문	1796호	원불교100주년기념대회 기념우표 발행	16.04.22
교단 내	원불교신문	1796호	여의도 봄꽃축제 마라톤대회 마라톤참가로 기념대회 알려	16.04.22
교단 내	원불교신문	1796호	10년 대정진 기도 교단적 대합력 이끌어(특별좌담)	16.04.22
교단 내	원불교신문	1796호	사설/100주년기념대회 임박하다	16.04.22
교단 외	매일신문		원불교, 24일 특별천도재 마쳐	16.04.22

기사 목록

대분류	언론사	호수	기사명	발생일
교단 외	조선일보		100세 '생일잔치', 근현대사 100년의 넋 위로하다	16.04.22
교단 외	민중의 소리		개교 100주년 원불교, 일제강점기부터 세월호까지 특별 천도재 연다	16.04.23
교단 내	한울안신문	987호	새로운 세기의 문을 열다. 원불교100주년기념대회 주간일정안내	16.04.24~04.30
교단 내	한울안신문	987호	특별천도재 종재식 '둥근빛으로 다시 오소서'	16.04.24~04.30
교단 내	한울안신문	987호	멈춤과 고요 하늘공원 걷기 명상 안내	16.04.24~04.30
교단 내	한울안신문	987호	100년성업 대정진기도 회향 '기도운동의 새로운 장을 열다'	16.04.24~04.30
교단 내	한울안신문	987호	기념대회장 입장, 퇴장안내	16.04.24~04.30
교단 내	한울안신문	987호	차량 주차 세부 안내	16.04.24~04.30
교단 내	한울안신문	987호	원불교100주년기념대회 홍보마라톤 '함께 달린다는 것'	16.04.24~04.30
교단 내	한울안신문	987호	평화의 새 기운이 솟아나는 장으로	16.04.24~04.30
교단 외	KBS NEWS		원불교 개교 100주년 맞아 상생화합 '특별천도재'	16.04.25
교단 외	news1		대동화합의 길로 함께 가자 원불교 천도재	16.04.25
교단 외	news1		원불교 개교 100주년 맞아 상생화합 '특별천도재'	16.04.25
교단 외	NEWSIS		화합의 특별천도재	16.04.25
교단 외	NEWSIS		원불교100주년기념 특별 천도재	16.04.25
교단 외	NEWSIS		서울광장에서 열린 특별 천도재	16.04.25
교단 외	미주중앙일보		10년기도끝났다 "물질 개벽되니, 정신 개벽하자" 100주년맞는원불교	16.04.25

기사 목록

대분류	언론사	기사명	발생일
교단 외	서울신문	원불교 "대동화합의 길로 함께 가자" 6.25전쟁피해자 유족 등 수천명참석	16.04.25
교단 외	연합뉴스	분향하는 이한열 열사어머니	16.04.25
교단 외	연합뉴스	위로의 눈물	16.04.25
교단 외	연합뉴스	"대동화합의 길로 함께 가자" 원불교 천도재	16.04.25
교단 외	연합뉴스	원불교 100년, 대동화합의 천도재	16.04.25
교단 외	충청일보	원불교 개교 100주년 기념대회	16.04.25
교단 외	통일뉴스	원불교 근현대 100년 상처 위로하는 천도재 개최 100주년 기념대회 첫 행사 대각개교절 국제학술대회로 이어져	16.04.25
교단 외	NEWSIS	대동화합의 특별 천도재	16.04.26
교단 외	뉴스쉐어	원불교, 특별 천도재 열어	16.04.26
교단 외	뉴스천지	원불교 12교무, 희생 영령들을 위한 연화 헌공	16.04.26
교단 외	뉴스천지	원불교, 근대역사에 희생된 영령들을 위한 진혼무	16.04.26

기사 목록

대분류	언론사	기사명	발생일
교단 외	뉴스천지	"허공 떠도는 영령들, 일원의 자비 아래 거듭나길"	16.04.26
교단 외	뉴스천지	[원불교100주년] "시대의 아픔 위로하는 대국민 상생 천도재"	16.04.26
교단 외	뉴스천지	천도재 올리러 서울광장 가득 메운 원불교 성직자와 교도들	16.04.26
교단 외	문화일보	'우리 사회 상처·갈등 치유' 원불교 개교 100돌 천도재	16.04.26
교단 외	Focusnews	원불교 개교 100주년'기념우표 발행	16.04.27
교단 외	광주일보	원불교100년 영광 등서 대각개교절행사(기념대회, 천도재)	16.04.27
교단 외	세계일보	원불교100주년 기념 상생 화합의 특별 천도재	16.04.27
교단 외	CNB NEWS	부산우정청 '원불교 개교 100주년'기념우표 발행	16.04.28
교단 외	대구일보	"불교 혁신 생활화한 종교 지역민에 도움 주고 싶어"	16.04.28
교단 외	부산일보	원불교 100주년 "국제 무대로"	16.04.28
교단 외	일요신문	우정사업본부 원불교 개교 100주년 기념우표 발행	16.04.28
교단 외	전민일보	전북우정청 원불교 100주년 우표 발행	16.04.28
교단 외	전북일보	원불교 100주년 봉축법쇠 "선 실천하며 살면 행복의 문 열립니다"	16.04.28

기사 목록

대분류	언론사	호수	기사명	발생일
교단 외	조선일보		"물질이 개벽되니 정신을 개벽하자"	16.04.28
교단 외	중앙일보		원불교 100주년 기념우표 나와 오늘부터 판매	16.04.28
교단 외	중앙일보		원불교100주년 원불교 '개벽'현재 진행형 정신과 물질 문영 조화 이루는것	16.04.28
교단 내	원불교신문	1797호	해원 상생 치유 화합 천도재 '둥근 빛으로 다시 오소서'	16.04.29
교단 내	원불교신문	1797호	기자의 시각/ 감응 큰 근현대 100년 천도재	16.04.29
교단 내	원불교신문	1797호	원불교100주년 kbs 국악한마당 공개방송	16.04.29
교단 내	원불교신문	1797호	천도재 다채로운 부대행사	16.04.29
교단 내	원불교신문	1797호	특별천도재로 음계 인증받아야/ 안양교당 이상선 교무	16.04.29
교단 외	매일종교신문		"물질이 개벽 되니 정신을 개벽하자" 원불교 100주년 기념 상생·화합의 특별 천도재 서울광장에서 개최	16.04.29
교단 외	전북도민일보		원불교100주년 "물질이 개벽되니 정신을 개벽하자"	16.04.29
교단 외	국제신문		원불교100년, 1000년을 향한 개벽의 시작	16.04.30
교단 외	나눔일보		원불교개교100주년기념대회,원음방송 등 생중계 월드컵경기장 23개국 5만여명 참석	16.04.30
교단 외	KBS NEWS		원불교 오늘 개교 100주년 기념대회 개최	16.05.01
교단 외	KBS NEWS		여야 지도부, 원불교 100주년 기념대회 참석	16.05.01

기사 목록

대분류	언론사	기사명	발생일
교단 외	NEWSIS	원불교 100주년 기념식, 박근혜 대통령 축하 영상	16.05.01
교단 외	NEWSPIM	박대통령, 원불교100주년기념대회 영상 봉축메시지	16.05.01
교단 외	The korea news	여야3당대표, 오늘 일제히 원불교 기념대회 참석 원유철 김종인 안철수 한자리에 총선 이후 첫 조우	16.05.01
교단 외	YTN	원불교, 개교100주년 기념대회 열어	16.05.01
교단 외	경향신문	"정신개벽으로 희망을 열자" 원불교100주년 기념대회 개최	16.05.01
교단 외	계룡투데이	"원불교 100주년 기념대회" 1일, 서울월드컵경기장 "물질이 개벽하니 정신을 개벽하자"	16.05.01
교단 외	금강일보	1일 월드컵경기장에서 원불교100주년 기념대회 개최	16.05.01
교단 외	뉴스천지	박근혜대통령 원불교 100주년 영상 축하 메시지	16.05.01
교단 외	뉴스천지	100주년 기념대회 성료..새로운 100년 맞아 희망에 부푼 원불교	16.05.01
교단 외	뉴스천지	원불교100주년 맞아 서울 상암 월드컵경기장서 축제	16.05.01
교단 외	미디어펜	[포토뉴스] 원불교 100주년기념대회 '이모저모'	16.05.01
교단 외	미디어펜	박대통령 "원불교는 우리 사회의 빛"	16.05.01

기사 목록

대분류	언론사	호 수	기사명	발생일
교단 외	미디어펜		[포토뉴스] 원불교 100주년기념대회 '이모저모'	16.05.01
교단 외	스타서울TV		원불교100주년기념대회, 여야대표 한자리에	16.05.01
교단 외	연합뉴스		"정신개벽의 세상 열자" 원불교 100년 기념대회	16.05.01
교단 외	오마이뉴스		"물질이 개벽하니 정신을 개벽하자" 원불교 100주년 기념대회	16.05.01
교단 외	전북도민일보		박대통령 원불교 100주년 봉축	16.05.01
교단 외	중앙일보		박대통령, 원불교100주년 축하 메시지서 "북한 핵 포기에 노력 다할 것"	16.05.01
교단 외	한국일보		원불교 100주년 기념대회	16.05.01
교단 외	한국일보		"도덕과 과학이 조화로운 세상 만들자" 원불교100주년기념대회 5만여명운집	16.05.01
교단 내	한울안신문	988호	해원 상생 치유 화합으로 함께 하리	16.05.01~05.07
교단 내	한울안신문	988호	영령들이여, 둥근 빛으로 다시 오소서	16.05.01~05.07
교단 내	한울안신문	988호	개벽순례단 출정 '성자 혼을 체받으라'	16.05.01~05.07
교단 내	한울안신문	988호	돈암동 서울교당터 '제자리를 찾다'	16.05.01~05.07
교단 내	한울안신문	988호	종교인 토크쇼 소수의견 출연자들의 원불교 100주년 축하 인사	16.05.01~05.07
교단 외	KBS NEWS		원불교 100년 기념대회 열려…"정신 개벽의 세상 열자	16.05.02

기사 목록

대분류	언론사	호 수	기사명	발생일
교단 외	가톨릭프레스		원불교 개교 100주년, "정신개벽 위해 모든 종단과 연대할 것"	16.05.02
교단 외	머니위크		원불교100주년기념대회, 여야대표 총선 후 첫 대면 "인류평화에 새로운 희망 열자"	16.05.02
교단 외	여성신문		"새로운 100년도 정신개벽" 원불교 100주년 기념대회 성료	16.05.02
교단 외	중앙일보		물질에 취한 인류는 현재 응급실에 있다 정신 개벽해야	16.05.02
교단 외	한국경제		정신 개벽의 세상 열자 신도 5만명의 염원. 원불교 100주년 기념대회 열려	16.05.02
교단 외	세계일보		원불교 개교 100주년 맞아 기념대회 개최	16.05.03
교단 내	원불교신문	1798호	물질이개벽되니정신을 개벽하자 세계선포	16.05.06
교단 내	원불교신문	1798호	일원대도 만방 세계 석학 종교지도자 성업동참	16.05.06
교단 내	원불교신문	1798호	특별천도재 해원 상생 치유로 희생영령 넋 위로	16.05.06
교단 내	원불교신문	1798호	화보/원불교100주년기념대회	16.05.06
교단 내	원불교신문	1798호	숫자로 바라본 기념대회	16.05.06
교단 내	원불교신문	1798호	생명을 존중하는 바른 실행' 정신개벽 서울선언문	16.05.06
교단 내	원불교신문	1798호	기념대회, 2천명 자원봉사자 활동 빛나	16.05.06
교단 내	원불교신문	1798호	다채롭고 성대한 개막공연'	16.05.06
교단 내	원불교신문	1798호	경산종법사 설법 정신을 개벽해 낙원세계를	16.05.06
교단 내	원불교신문	1798호	경산종법사, 종교간 대화 소통 강조	16.05.06

기사 목록

대분류	언론사	호 수	기사명	발생일
교단 내	원불교신문	1798호	원불교100주년축하 세계종교지도자 환영 만찬	16.05.06
교단 내	원불교신문	1798호	기념대회 첫 행사, 하늘공원서 개벽명상	16.05.06
교단 내	원불교신문	1798호	3654일 10년 이어온 감응의 기도	16.05.06
교단 내	원불교신문	1798호	100년성업 대정진기도 결산	16.05.06
교단 내	원불교신문	1798호	대정진기도는 내게 은혜	16.05.06
교단 내	원불교신문	1798호	원불교 이제 근대적 민족종교에서 세계 종교로/ 조희연교육감 특별기고	16.05.06
교단 내	원불교신문	1798호	종교 정치 경제 생명 대전환, 시대적 사명 국제학술대회	16.05.06
교단 내	원불교신문	1798호	원불교100주년기념대회, 2세기 정신개벽운동 천명	16.05.06
교단 내	원불교신문	1798호	원불교는 우리 사회의 빛(대통령 축하메시지)	16.05.06
교단 내	원불교신문	1798호	이웃종교, 각계 지도자 한마음으로 축사	16.05.06
교단 내	원불교신문	1798호	은생수) 기념대회를 맞이하기까지/김성은교도	16.05.06
교단 내	원불교신문	1798호	(뚜벅뚜벅 교리여행) 소중한 선물, 그리고 인연_이도광교무	16.05.06
교단 내	원불교신문		대한민국 근·현대 100년 특별천도재	16.05.06
교단 내	원불교신문	1798호	국제학술대회 특별세션/ 생명평화활동가 한마당	16.05.06
교단 내	원불교신문	1798호	성업 대정진기도 해제식·국제학술대회·세계종교지도자포럼	16.05.06
교단 내	한울안신문	989호	원불교 2세기의 비전을 가슴에 품다	16.05.08~05.14
교단 내	한울안신문	989호	스승님의 경륜을 우리의 서원으로	16.05.08~05.14
교단 내	한울안신문	989호	정신개벽으로 다시 쓰는 새로운 역사'	16.05.08~05.14
교단 내	**한울안신문**	989호	원불교100주년기념대회 '백년의 결실로 천년의 결복을'	16.05.08~05.14
교단 내	한울안신문	989호	정신개벽 서울 선언문	16.05.08~05.14

기사 목록

대분류	언론사	호수	기사명	발생일
교단 내	한울안신문	989호	청정한 마음으로 명상순례	16.05.08~05.14
교단 내	한울안신문	989호	교정원장 감사인사	16.05.08~05.14
교단 내	한울안신문	989호	조희연교육감 특별기고 인공지능 시대의 정신개벽	16.05.08~05.14
교단 외	대구신문		오피니언/원불교 개교 100주년을 돌아보며	16.05.09
교단 외	미주중앙일보		원불교 100주년 기념대회를 마치고	16.05.10
교단 외	주간경향		우정이야기 깨달음 추구하는 원불교 100주년 우표	16.05.10
교단 내	원광대학교신문		"물질이 개벽되니 정신을 개벽하자" 원불교 100주년 기념대회-서울 월드컵경기장 5만여 명 참가	16.05.13
교단 내	원불교신문	1799호	1.기도하는 삶의 목적/ 오민웅교도(원불교청년회장)	16.05.13
교단 내	원불교신문	1799호	기자의 시각/ 기념대회 끝이 아닌 시작	16.05.13
교단 내	원불교신문	1799호	100주년기념대회 내빈 참석 명단	16.05.13
교단 내	원불교신문	1799호	ACRP,세계종교갈등 해법제시. 20개국 종교지도자 현안 논의. 100주년기념대회 만찬 참석	16.05.13
교단 내	원불교신문	1799호	은생수) 기념대회 감동의 대환희/전종만 교도	16.05.13
교단 외	빛가람뉴스		5.18희생영령들을 위한 원불교 위령재, 36년동안한결(천도재재비환원)	16.05.15
교단 내	한울안신문	990호	원불교100주년기념대회를 본 감상 "감사와 회고와 미래를 위한반성"	16.05.15~05.21
교단 내	한울안신문	990호	큰 미래를 만들자	16.05.15~05.21
교단 내	한울안신문	990호	대전환과 큰적공 국제학술대회	16.05.15~05.21

기사 목록

대분류	언론사	호 수	기사명	발생일
교단 외	경향신문		원불교 5.18위령재 지내며 '항쟁의 타종' 재현 (재비환원)	16.05.16
교단 외	연합뉴스		원불교, 5.18 희생영령 위령재 (천도재 재비환원)	16.05.16
교단 외	중앙일보		안철수 '원불교 백주년 축하드리며..'	16.05.17
교단 외	한국경제		정신개벽 내건 원불교 100주년 잔치 풍성	16.04.19
교단 내	원불교신문	1800호	2.원불교100년과 나의기도/양제관교도(서광주교당)	16.05.20
교단 내	원불교신문	1800호	허경진의 문화코드/ 원불교100주년기념대회	16.05.20
교단 내	원불교신문	1800호	원광대학교병원 의료지원팀. 의료봉사로 기념대회 성공 기여	16.05.20
교단 내	원불교신문	1800호	서울성적지는 과거 미래 소통창구/윤지승교도	16.05.20
교단 내	원불교신문	1800호	일석이조 전광판 인증샷 이벤트	16.05.20
교단 내	원불교신문	1801호	3.소중한 자신성업봉찬 시간/최성근교도(부산율선교구 여성회장)	16.05.27
교단 내	원불교신문	1801호	100주년기념대회 경과보고	16.05.27
교단 내	원불교신문	1801호	천도재비 사회환원, 망각의 또 다른 저항	16.05.27
교단 내	원불교신문	1801호	좌담회-교단 무엇을 준비할 것인가/기념대회 이후 무엇을 준비할 것인가	16.05.27
교단 내	원불교신문	1801호	기념대회 봉행위원회 결과보고. 서울 원문화해설단 운영방안 등 안건 협의	16.05.27
교단 외	충청일보		원불교100년기념성업회 현수막 재활용 프로젝트 가동	16.05.30
교단 내	월간원광	vol.502	원불교100주년기념대회 기념화보	16.06.01

기사 목록

대분류	언론사	호 수	기사명	발생일
교단 내	월간원광	vol.502	마음에 일원상을 그려보세요. 경산종법사 편편법문	16.06.01
교단 내	월간원광	vol.502	원불교100주년기념대회주간 행사 다시보기	16.06.01
교단 내	월간원광	vol.502	원불교100년기념성업회가 걸어온 10년	16.06.01
교단 내	월간원광	vol.502	원불교100년기념성업회 정상덕 사무총장 미니인터뷰	16.06.01
교단 내	월간원광	vol.502	감상담 박경석(동래교당)	16.06.01
교단 내	월간원광	vol.502	감상담 조태형(버클리교당 교무)	16.06.01
교단 내	월간원광	vol.502	감상담 조윤수(성지송학중학교)	16.06.01
교단 내	원불교신문	1802호	4.나를키운기도적공/기정교교도(대구교당)	16.06.03
교단 내	원불교신문	1802호	서울성적지순례	16.06.03
교단 내	원불교신문	1802호	100주년이 선물한 훈련	16.06.03
교단 내	한울안신문	992호	사무총장) 기념대회 성공의 몫은 현장의 교무님과 교도님들의 몫	16.06.05~06.11
교단 내	한울안신문	992호	불지를향하여 비상해여_기념대회 감상	16.06.05~06.11
교단 내	원불교신문	1803호	5.마음아침밥 챙기셨나요/황인덕교도(원남교당)	16.06.10
교단 내	원불교신문	1803호	교화대불공의 소임 개벽삼총사	16.06.10
교단 내	원불교신문	1804호	6. 50대의 행복한 시간/최혜남교도(대구경북교구 여성회부회장)	16.06.17
교단 내	한울안신문	992호	우리는 계속 걷는다. 개벽순례 100주년기념대회 이후도 계속 이어져	16.06.19~06.25
교단 내	한울안신문	994호	한울안 오피니언1) 성적지 북촌과 낙산을 아십니까	16.06.19~06.25
교단 외	연합뉴스		원불교, 특별천도재 재비 5억원 유족회에 전달	16.06.21

기사 목록

대분류	언론사	호 수	기사명	발생일
교단 외	뉴스천지		원100기념성업회 정상덕 사무총장"종교의 공익, 헌식 실현하고 싶었다"	16.06.22
교단 외	뉴스천지		원불교 한은숙 교정원장 "환원한 천도재 재비 교도들의 정성과 마음"	16.06.22
교단 외	뉴스천지		가족을 잃은 유족에게 원불교의 진심이 전해지길 바랐어요	16.06.23
교단 내	원불교신문	1805호	7.봉공활동과 100년성업기도/이승오교도(대연교당)	16.06.24
교단 외	통일뉴스		원불교,26개 유가족단체에 특별재비 5억 2천만원 전달	16.06.24
교단 내	한울안신문	996호	성찰과 참여로 사회적 역할 수행 특별천도재 헌공재비 사회환원 전달식	16.07.03~07.09
교단 내	한울안신문	996호	한울안 오피니언2) 원불교 최초 서울 교화지 낙산을 걷다	16.07.03~07.09
교단 내	원불교신문	1806호	8.나를변화시킨 대정진 10년기도/김용현교도(구로교당)	16.07.08
교단 내	원불교신문	1806호	해원 상생 치유 화합의 특별천도재 재비환원	16.07.08
교단 내	원불교신문	1807호	9.기도순례, 폭우 강풍속에 빛났다/김진응교도(원불교청운회장)	16.07.16
교단 내	원불교신문	1807호	희망캠프2016, 젊음과 희망 담아낸 '용광로 프로젝트'	16.07.16
교단 내	원불교신문	1808호	10.청운실천단과 100년 성업기도/한양직교도(중흥교당)	16.07.22
교단 내	원불교신문	1808호	환희와 반성 그리고 미래	16.07.22
교단 내	원불교신문	1809호	11.기도로 제주교화 새바람/허재원교도(제주교구 청운회장)	16.07.29
교단 내	원불교신문	1809호	교단 2세기, 어떻게 맞을까?	16.07.29
교단 내	원불교신문	1810호	사이버교화 6. 포켓몬스터와 개벽삼총사	16.08.12

원불교100주년기념대회 | ADDITION

'우리 사회 상처·갈등 치유' 원불교 개교 100돌 천도재

원불교는 25일 서울시청 앞 광장에서 일제강점기·한국전쟁·산업화·민주화·재난재해 희생 영령을 위한 대국민 특별 천도재를 열었다. 원불교 개교 100주년 기념행사의 하나로 열린 이번 천도재는 좌와 우, 진보와 보수를 넘어 한국 사회의 상처와 갈등을 씻어내자는 취지로 마련됐다. 이번 천도재에는 한국전쟁전후민간인피학살자 유족회, 민주화실천가족운동협의회, 태평양전쟁피해자보상추진협의회, 야스쿠니(靖國)무단합사철폐소송 원고단 등 천도 대상자 유가족 1000여 명을 비롯해 원불교 신자 등 수천 명이 참석했다.

한은숙 원불교 교정원장은 이날 천도재에서 "대한민국의 현재는 영령들의 희생으로 건설될 수 있었다"면서 "천도재를 기연으로 서로 존중하고 배려하는 정신의 지도국, 도덕의 부모국을 이루자"고 말했다.

엄주엽 선임기자 ejyeob@munhwa.com

원불교 100주년기념 특별 천도재

기사등록 일시 [2016-04-25 20:52:49]

[서울=뉴시스] 권현구 기자 = 25일 오후 서울 중구 서울시청 앞 서울광장에서 원불교 개교 100주년 맞아 일제강점기 한국전쟁 산업화 민주화 재난재해 희생 영령을 위한 특별 천도재가 열리고 있다. 2016.04.25.

stoweon@newsis.com

분향하는 이한열 열사 어머니

연합뉴스 입력 2016.04.25. 20:27

원불교 "대동화합의 길로 함께 가자"

서울광장서 개교 100주년 특별 천도재

6·25전쟁 피해자 유족 등 수천명 참석

원불교는 25일 서울시청 앞 광장에서 일제강점기 한국전쟁 산업화 민주화 재난재해 희생 영령을 위한 대국민 특별 천도재를 열었다.

(서울=연합뉴스) 홍해인 기자 = 이한열 열사 어머니 배은심 씨(오른쪽 둘째)가 25일 오후 서울 태평로 서울시청 앞 광장에서 원불교 100주년을 맞아 열린 일제강점기 한국전쟁 산업화 민주화 재난재해 희생 영령을 위한 대국민 특별 천도재에서 분향하고 있다. 2016.4.25

hihong@yna.co.kr

(끝)

〈저작권자(c) 연합뉴스, 무단 전재-재배포 금지〉

박 대통령 "원불교는 우리 사회의 빛"
원불교 100주년 기념대회 영상 메시지

[미디어펜=이상일 기자] 박근혜 대통령은 원불교 100주년 기념대회에서 "원불교가 국민의 바른 삶을 이끈데 감사한다"며 "우리 사회를 밝히는 빛이다"고 밝혔다.

박 대통령은 1일 서울 상암 월드컵경기장에서 열린 원불교 100주년 기념대회에 영상축사를 통해 "올해 100주년을 맞는 원불교는 참 문명 건설과 근면정진, 종교의 생활화에 앞장서 왔다"며 "경제 자립과 참 마음 활동, 바른 사회 만들기에 주력, 우리사회를 밝히는 빛이다"고 축하했다.

이어 "원불교 100주년 기념대회를 진심으로 축하하며 새로운 100년의 도약을 다짐하는 뜻깊은 자리가 되기를 축원한다"고 밝혔다.

박 대통령은 "최근에는 북한의 도발로 인한 안보위기 상황에서 국가와 국민의 안녕을 위해 항상 기도해주고 계신 데에 감사드린다"며 "정부는 북한이 핵을 포기하고 변화의 길로 나서도록 만들어 한반도에 진정한 평화와 안정이 깃들도록 모든 노력을 다하겠다"고 강조했다.

한편 박 대통령은 당초 원불교 100주년 기념대회에 참석키로 했으나 정상 경제외교를 위해 이날 이란에 국빈자격으로 출국했다.

[미디어펜=이상일 기자]

세계일보

문화 > 종교·학술 입력 2016-04-19 21:21:14, 수정 2016-04-19 21:21:14

일제강점기부터 세월호 사고까지… 세상의 아픔 치유하는 천도재 연다
원불교 100주년 기념대회

원불교 개교 100주년 기념대회가 오는 25일부터 7일간 서울과 원불교 본산인 전북 익산 등지에서 펼쳐진다. 대회 기간에 국내외에서 교도 5만여명이 참가해 창시자인 소태산 대종사의 개교정신을 기리고, 대한민국 근현대사의 아픔을 치유하는 특별 천도재 등이 진행된다. 또한 원불교 서울시대 개막 선언과 함께 세계평화 종교연합운동도 전개될 예정이다.

우선 25일에는 개벽순례가 진행되고, 이날 오후 7시 서울광장에서 '해원상생 치유화합 천도재'가 거행된다. '둥근 빛으로 다시 오소서' 주제로 열리는 이번 천도재는 일제강점기부터 세월호 사고까지 우리 사회의 아픔을 위로하는 치유의 불공을 전 교도들이 100일 개벽기도와 7.7 천도재를 동시에 지내는 마지막 종재다.

26~27일에도 개벽순례가 이어진다. 개벽순례는 소태산 대종사가 과거 100회 이상 서울교화를 위해 발걸음을 옮겼던 서울 곳곳을 되짚어 보는 자리다. 향후 원불교 서울성지 순례코스를 발전할 전망이다. 28일에는 익산 중앙총부와 각 교당에서 대각개교절 행사가 열리고, '대전환과 큰 적공-원불교 100년, 종교·문명의 대전환을 꿈꾸다' 주제로 학술대회의 막이 오른다. 또한 29일 오후 6시30분 서울 세종문화회관에서 세계종교지도자포럼이, 30일에는 개벽순례와 학술대회가 마무리 된다.

2016년은 원불교 개교 100주년이 되는 해입니다.

원불교 100주년 기념대회를 맞아 선보인 '개벽삼총사' 캐릭터. 개벽삼총사는 소태산 대종사와 원불교 대표사상인 사은(四恩) 천지의 부모은 동포은 법률은), 한신의 주인공인 여성교무(원복부터)를 각각 상징화했다.

원불교100주년기념대회 | ADDITION

박 대통령, 원불교 100주년 축하 메시지서 "북한 핵 포기에 노력 다할 것"
[중앙일보] 입력 2016-05-01 14:52

"물질에 취한 인류는 현재 응급실에 있다, 정신 개벽해야"
[중앙일보] 입력 2016.05.02 01:24 수정 2016.05.02 02:54

1일 서울 상암동 월드컵경기장에서 '원불교 100주년 기념대회'가 열렸다. 한국의 근현대 100년사와 역사를 함께 하는 원불교는 "소태산 대종사의 가르침은 인류의 아픔을 보듬어 온 개벽의 소식이다. 원불교의 다음 100년도 정신개벽 실천운동"이라고 선언했다. [사진 조문규 기자]

국내 4대 종단으로 성장한 민족종교 원불교가 개교 100주년을 맞았다. 1일 서울 상암동 월드컵경기장에서 열린 '원불교 100주년 기념대회'에는 5만여 명이 참석했다. 이날 기념대회의 표어는 '물질이 개벽되니 정신을 개벽하자'였다. 이는 1916년 원불교를 연 소태산 대종사의 말씀이기도 하다.

원불교는 이날 미래 100년의 방향을 담은 '정신개벽 서울선언문'도 발표했다. 경산 종법사는 "인류는 현재 병원의 응급실에 있다. 우리는 물질에 취해 버렸다. 물질의 노예가 돼선 곤란하다. 정신이 물질을 이끌어야 한다. 그러려면 정신을 개벽해야 한다"고 강조했다.

chosun.com

종교·학술

100세 '생일잔치'... 근현대사 100년의 넋 위로하다

김한수 종교전문기자

입력 : 2016.04.22 03:00

- 100주년 맞은 원불교
25일 시청광장서 대규모 천도재... 5월 1일엔 상암경기장 기념대회
한 교정원장 "이념·진영 떠나 모든 구성원이 한마음 될 것"

원불교가 28일 백 살 생일을 맞는다. 원불교는 1916년 4월 28일 새벽 소태산(少太山) 박중빈(朴重彬·1891~1943) 대종사가 "물질이 개벽되니 정신을 개벽하자"며 문을 연 민족종교. 대종사와 9명의 제자로 시작한 원불교는 이제 세계 23개국 600여 교당, 교무(성직자) 2000명, 교도(신자) 137만명에 이르는 규모로 성장했다. '생활 불교'를 내세운 원불교는 비슷한 시기에 등장했던 민족종교들 가운데 가장 착실히 성장해 국내 4대 종교의 반열에 올랐다는 평가를 받는다.

원불교 100주년 기념 대회 캐릭터 '개벽 삼총사'. 원불교를 창시한 소태산(오른쪽) 대종사와 원불교 성직자인 교무(가운데) 그리고 원불교의 정신개벽을 각각 상징한다. /원불교 제공

기념대회 일지(요약)

1	주관행사	100년기념대회 봉행위원회 출범봉고식	15.03.07
2	기획조정협의회	사전 기획조정협의회 회의	15.04.21
3	기획조정협의회	제1차 기획조정협의회	15.04.29
4	주관행사	D-365 선포 기도식	15.04.29
5	기획조정협의회	제2차 기획조정협의회	15.05.15
6	기획조정협의회	제3차 기획조정협의회	15.05.27
7	내부 행사	원불교100주년기념대회 주제가 작곡 공모전 시상식	15.05.27
8	전문위원회의	제1차 전문위원회	15.06.11
9	상임위원회	제1차 상임위원회 중간보고	15.06.18
10	기획조정협의회	제4차 기획조정협의회	15.07.02
11	기획조정협의회	제5차 기획조정협의회	15.07.17
12	기획조정협의회	제6차 기획조정협의회	15.07.29
13	원불교 내 단체 행사 답사	성지도보순례	15.07.30~08.02
14	전문위원회의	전문위원 회의	15.08.03
15	기획조정협의회	제7차 기획조정협의회	15.08.12
16	주관행사	서울성적지순례	15.08.14
17	외부행사 답사	광복70주년 광화문일대 행사	15.08.15
18	외부행사 답사	나는대한민국 (상암월드컵경기장)	15.08.15
19	상임위원회	2차 상임위원회 중간보고	15.08.20
20	기획조정협의회	제8차 기획조정협의회	15.08.28
21	보고	출가 교화단 총단회 중 업무보고	15.09.23

기념대회일지

22	외부행사 중 홍보활동	익산 마라톤 대회 개벽이 홍보활동	15.10.11
23	원불교 내 단체 행사 중 홍보활동	부산울산교구 환경 콘서트 개벽이 홍보활동	15.10.18
24	내부행사 중 홍보활동	원불교 100년 위원총회 중 원불교학과생들과 개벽삼총사 홍보활동	15.11.07
25	주관행사	원문화해설단 개강 1주차	15.11.09
26	자문회의	원광디지털대학교와 총감독, 연출에 대한 회의	15.11.12
27	소회의	청운회 브리핑	15.11.12
28	협조 요청 회의	서울교구 브리핑	15.11.13
29	연출회의	원광디지털대 총연출회의	15.11.19
30	비전추진위원회	100년성업 비전추진위원회 (한은숙 교정원장 참석)	15.12.02
31	위촉식	100년기념대회 감독 위촉식 수여	15.12.02
32	공지사항	공식 명칭 확정 "원불교100주년기념대회" 보고	15.12.02
33	종법사 친견	종법사님 친견보고- 기념대회 중간보고 및 총감독, 연희감독 배알	15.12.16
34	홍보활동	서울청년연합법회 홍보활동	15.12.19
35	녹음	주제가 경축가 녹음	15.12.27
36	외부행사 중 홍보활동	제야의 종 타종 홍보활동	15.12.31
37	세월호 부스	세월호 50번째 기도 참석	15.12.31
38	주관행사	원불교100주년기념대회 해원상생치유화합 독경1차훈련	16.01.17~18
39	집행위원회	원불교100주년기념대회 집행위원회 및 위촉식	16.01.18
40	내부 답사	감독진 익산총부 순례 및 대각전 새벽좌선 참가	16.01.19
41	주관 행사	화합의 발걸음, 원불교 빅워크 오픈	16.01.21
42	청년연합회 회의	적공뱅크단 발대식 관련 서울청년연합회 회의	16.01.21

기념대회일지

43	D-100	D-100 개벽기도 시작	16.01.22
44	주관행사	처처불상 적공뱅크단 발대식	16.01.23
45	기념대회 홍보 브리핑	청소년교화박람회 참여 및 홍보	16.02.02~04
46	기념대회 홍보 브리핑	예비교무 겨울 정기훈련 강의	16.02.03
47	원무시연	예비교무 겨울 정기훈련 중 원무 시연	16.02.03
48	기념대회 홍보 브리핑	사무국장협의회, 기념대회 브리핑	16.02.04
49	연출회의	의식진행 의식연출 회의	16.02.12
50	사무실 이사	서울회관 철거, 용산 한준빌딩	16.02.12
51	협조 요청	종교UR캠프 기념대회 홍보 및 자원봉사 독려	16.02.12~02.13
52	기념대회 홍보 브리핑	기념대회 발표(잠실 재가교역자대회)	16.02.14
53	기념대회 홍보 브리핑	기념대회 발표(전북교구 출가교역자협의회)	16.02.14
54	위촉식	서청톡톡 처처불상 적공뱅크단 위촉장 수여	16.02.20
55	기념대회 홍보 브리핑	김제지구 재가 교역자	16.02.21
56	기념대회 홍보 브리핑	전주지구 재가 교역자	16.02.21
57	기념대회 홍보 브리핑	기념대회 발표(서울지구)	16.02.21
58	기념대회 홍보 브리핑	여의도 지구2 재가교역자훈련	16.02.21
59	기념대회 홍보 브리핑	한겨레중고등학교 교사연수, 헌산중 기념대회 발표	16.02.22
60	기념대회 홍보 브리핑	출가교화단 각항단 합동훈련 중 기념대회 브리핑	16.02.24
61	주관행사	원불교100주년기념대회 2차 독경훈련 서울교당	16.02.26
62	기념대회 홍보 브리핑	서울교구 교도회장단(화랑대교당)	16.02.27
63	내부행사 답사	개벽순례 특별코스 답사	16.02.27

기념대회일지

64	기념대회 홍보 브리핑	원남지구 지구훈련 중 기념대회 브리핑	16.02.28
65	기념대회 홍보 브리핑	기념대회 발표(산수교당)	16.02.28
66	주관행사	3.1 개벽빅워크 플래시 몹(서대문형무소~서울시청)	16.03.01
67	사무국장협의회	사무국장협의회 (상암)	16.03.02
68	집행위원회	원불교100주년기념대회 집행위원회(하이원 다목적홀)	16.03.03
69	기념대회 홍보 브리핑	경인교구 회장단, 단체장, 분과장 훈련 중 기념대회 브리핑	16.03.05
70	기념대회 홍보 브리핑	마포교당 기념대회발표	16.03.06
71	상임위원회	원불교100주년기념대회 봉행위원회 상임위원회 3차 중간보고 회의	16.03.08
72	원무 연화헌공	원무 연화헌공 연습 1	16.03.11
73	종법사 친견	원문화해설단 종법사님 친견	16.03.12
74	주관행사	서울 원문화해설단 졸업여행	16.03.12
75	주관행사	전국 교당 근현대100년 특별천도재 중 초재 시작	16.03.13
76	주관행사	서울 원문화해설단 졸업식	16.03.14
77	기념대회 홍보 브리핑	경남교구 출가교역자 협의회 중 기념대회 발표	16.03.18
78	기념대회 홍보 브리핑	경인교구단장훈련 중 기념대회 브리핑	16.03.20
79	주관행사	천도재 2재	16.03.20
80	외부행사 답사	적공뱅크단 서울시청광장 잔디밟기 행사	16.03.24
81	기념대회 홍보 브리핑	중앙교의회 의장단 기념대회 브리핑 및 답사	16.03.26
82	연화헌공 워크샵	연화헌공 워크샵 1	16.03.26
83	주관행사	천도재 3재	16.03.27
84	계약회의	원광여행사-원불교100주년기념대회 MOU체결	16.03.29

기념대회일지

85	영상촬영	원불교100주년기념대회 안내영상 촬영	16.04.01~04.02
86	외부광고	원불교100주년기념대회 전광판 광고	16.04.01~05.01
87	주관행사	천도재 4재	16.04.03
88	홍보활동	신촌거리 플래시 몹	16.04.03
89	홍보활동	라디오 광고 음원 녹음	16.04.04
90	주관행사	원광보건대학교 자원봉사 발대식 및 의전, 안내교육	16.04.06
91	주관행사	천도재 5재	16.04.10
92	외부광고	원불교100주년기념대회 MBC 라디오광고	16.04.12~04.25
93	연화헌공 워크샵	연화헌공 워크샵 2	16.04.16
94	외부광고	KBS, JTBC TV광고	16.04.16~04.25
95	녹음	합창단 사전녹음	16.04.17
96	주관행사	천도재 6재	16.04.17
97	안내교육	서울교구 청교협 중 안내교육	16.04.19
98	원문 연화헌공	원무 연화헌공 연습 2	16.04.21
99	외부광고	다음 포털사이트 배너광고	16.04.21~04.27
100	주관행사	원불교100년 근·현대100년 해원·상생·치유·화합의 특별천도재	16.04.25
101	주관행사	개벽순례 출정식	16.04.25
102	내부교육	원광대학교 간호학과 자원봉사자 OT	16.04.26
103	성업회	10년 대정진 기도해제식	16.04.27
104	주관행사	우표발행	16.04.28
105	성업회	국제학술대회	16.04.28~04.30

기념대회일지

106	주관행사	원불교100주년기념대회	16.05.01
107	주관행사	빅워크 목표달성(25,000,000 noon)	16.05.01
108	평가회	기념대회 평가회 1차	16.05.11
109	주관 행사	100주년기념대회 현수막 업사이클링 협약식	16.05.12
110	재비환원	제36주년 5.18 민주화운동 기념식 중 첫 재비환원_5.18 희생자 유족회	16.05.18
111	상임위원회	4차 상임위원회(기념대회 2차평가), 원불교100주년기념대회 봉행위원회 해체	16.05.19
112	후속사업	화보집 계약	16.06.17
113	재비전달	특별 천도재비 전달식(22개 단체 선정)	16.06.22
114	후속사업	개벽삼총사 저작권 등록 완료	16.06.29
115	주관행사 이관	개벽순례단 서울교구 단체등록	16.07.13
116	후속사업	화보집, 기록집 편집위원회 1차	16.07.15
117	후속사업	화보집, 기록집 편집위원회 2차	16.07.26
118	후속사업	빅워크 완료 메시지 게시	16.08.01
119	후속사업	화보집, 기록집 교정원장님 보고	16.08.08
120	후속사업	화보집 인쇄(초판)	16.08.22
121	후속사업	서울 원문화해설단 발단식	16.09.11
122	후속사업	특별 천도재비 전달(8개 단체 추가 선정 - 총 30개 단체)	16.09.12
123	후속사업	기록집 인쇄(초판), 화보집 2쇄인쇄	16.09.19
124	후속사업	기록집, 화보집 전국 도서관 600여 곳 배포 계획 확정	16.09.19

개벽 백 년

햇빛에 감사합니다
바람에 감사합니다
한 그루 보리수
한 송이 수련
한 마리 산노루에 깃든
불성에 감사합니다
초목과 산천
천지 부모에 감사합니다

눈에 보이진 않으나
참으로 면면한
당신과의 선한 인연
당신에 감사합니다
당신이 있어
대각 백 년
일원상 백 년
적공 백 년입니다
당신이 있어 우리가 있습니다

열 손가락 끝을 동그랗게 모으고
정좌하고 앉으면
거기 다시 온 몸을 감싸는
하나의 원
그 안에 오롯이 비어있는 충만함
소란하고 헛된 욕심들이
가라앉은 뒤
천천히 자리 잡는
일심 대자유
자성으로 돌아가는
원융의 시간에 감사합니다

소요 백 년의 역사를
고요 백 년으로
이끌어주셔 감사합니다

처처불상
오늘 내가 만나는 이들이
다 부처임을 알려주셔서
깊은 산중 천년 고찰 아니라
먼지 많은 세상에서
먼지를 떠나 살게 해주셔서 감사합니다
일터에서든 거리에서든 순간순간
적적성성의 시간에 들 수 있어
감사합니다

우주의 여름에서 가을까지
당신이 동행해 주셔서 감사합니다
내 인생의 가을을
당신과 함께 가고 있어 다행입니다

대각전의 그 종소리 들립니다
아직도 개벽의 시간입니다
이후 백 년도
마음개벽의 시간입니다
꽃무릇 가득 피어 있을 것입니다
당신을 따라 기러기떼처럼 열을 지어
또 백 년의 하늘을
세세생생 날아갈 것입니다

감사하고
감사합니다

詩 도종환

원불교 모바일
홈페이지

 원불교100주년기념대회
하이라이트 영상

2016 원불교100주년기념대회 기록집
물질이 개벽되니 정신을 개벽하자

초판 인쇄 원기 101(2016)년 9월 19일
초판 발행 원기 101(2016)년 9월 24일

사진 원불교100주년기념대회 공동취재단, 황헌만, 장명확
기획·콘텐츠 설계구성 김도경, 정소이, 이은정
편집위원장 정상덕
편집위원 박성연, 김은경, 류경주, 고원주, 박명은, 하성래, 김동원, 이여원, 천정한
교정·교열 주성균, 천지은
디자인 김시연

펴낸곳 원불교출판사
펴낸이 원불교100년기념성업회
출판등록 1980. 4. 25(제1980-000001호)
대표전화 063)854-0784
팩스 063)850-3341
홈페이지 www.won.or.kr
주소 전라북도 익산시 익산대로 501

제작 도서출판 한미서점
인천광역시 동구 금곡동 14-4
032)773-8448

책값은 뒤표지에 있습니다. 잘못된 책은 구입처에서 바꿔드립니다.
ISBN 978-89-8076-278-1 03200
ⓒ원불교100년기념성업회, 2016

이 책자의 저작권은 '원불교100년기념성업회'에 있습니다.
허락없이 무단으로 부분이라도 복제 또는 전재하거나 변형할 수 없습니다.

이 책은 인체무해한 콩기름잉크로 인쇄하였고
어느 페이지든 쉽게 펼쳐지고 활짝 펼쳐도 책장이 뜯기지 않습니다.